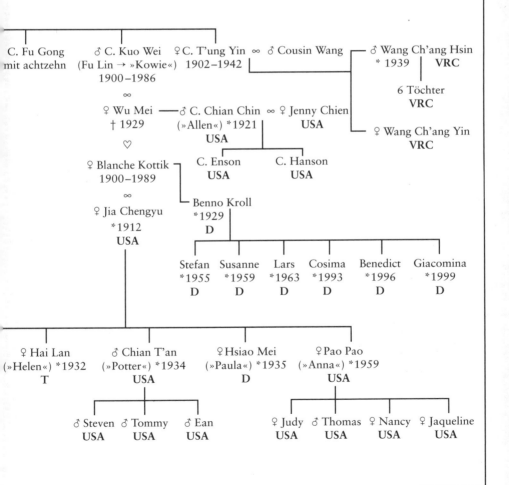

Benno Kroll
DER CLAN DER CHANGS

Benno Kroll

DER CLAN DER CHANGS

Die Geschichte eines Deutschen und
seiner chinesischen Familie

Droemer

Besuchen Sie uns im Internet:
www.droemer.de

Die Folie des Schutzumschlags sowie die Einschweißfolie sind
PE-Folien und biologisch abbaubar.
Dieses Buch wurde auf chlor- und säurefreiem Papier gedruckt.

Copyright © 2003 bei Droemersche Verlagsanstalt Th. Knaur Nachf., München
Alle Rechte vorbehalten. Das Werk darf – auch teilweise – nur mit
Genehmigung des Verlages wiedergegeben werden.
Auf Wunsch des Autors wurde dieses Buch in
traditioneller Rechtschreibung gesetzt.
Umschlaggestaltung: ZERO Werbeagentur, München,
unter Verwendung eines Fotos von Bernd Jonkmanns
Satz: Ventura Publisher im Verlag
Druck und Bindung: Clausen & Bosse, Leck
Printed in Germany
ISBN 3-426-27283-0

2 4 5 3 1

Inhalt

Der Urahn 7

Unbekanntes China 9

Kindheit unter dem Himmelssohn 12

Kindheit unter dem Hakenkreuz 32

Ein chinesischer Patriot 48

Früher Sieg und erste Flucht 69

»Dein Vater ist Chinese« 89

»Entartete« Liebe 111

Die Schöne aus der Gentry 121

Der Partisan 144

Lauernd im Glück: der Tod 158

Eine chinesische Karriere 173

Krieg 199

Die Adresse 224

Später Sieg und letzte Flucht 233

Der Clan zerbricht 251

Beim Vater 268

Großer Sprung nach vorn 293

Wie ich Reporter wurde 306

Familienrecherche 317

Das vergessene Dorf 347

Schreibweise chinesischer Begriffe 359

Danksagung 361

Personenregister 363

DER URAHN

Im siebenten Jahrhundert abendländischer Zeitrechnung, als die klassischen Künste unter den frühen Kaisern der Tang-Dynastie (618–906) ihr goldenes Zeitalter erfuhren, lebte in der Provinz Shandong der Mann, in dem der Clan der Changs seinen Urahn verehrt.

Sein Name war Chang Yi. Er wurde außergewöhnlich alt, weit über hundert Jahre. So steht es geschrieben im Familienbuch der Changs. Acht Generationen waren ihm zu seinen Lebzeiten gefolgt, und keiner seiner Nachkommen hatte das Haus verlassen. Alle lebten unter dem Dach des Patriarchen. Mit ihm selbst waren es neun Generationen.

In China galt es bis über den Sturz der Monarchie hinaus als ehrenvoll, wenn Familien über Generationen hinweg im selben Haus beisammenblieben. Familien aus fünf Generationen wurden öffentlich gewürdigt. Die größte Ehrung aber wurde Chang Yi zuteil, als Kaiser Gaozong (Regierungszeit 649–683) ihn in seinem Haus besuchte. Der Kaiser hob den Greis behutsam aus dem Kotau auf die Füße und fragte ihn, wie er es angestellt habe, neun Generationen beisammenzuhalten. Chang Yi, der im Alter die Sprache verloren hatte, aber ein guter Kalligraph war, griff nach dem Pinsel und schrieb unter den Augen des Kaisers hundertmal das Schriftzeichen des Messers über das Schriftzeichen des Herzens. In dieser Zuordnung sind sie das Ideogramm für Geduld. Das Bildsymbol macht anschaulich,

7

daß der Mensch kaltes Blut, aber auch den Schutz des Himmels braucht, wenn er die Tugend der Geduld erstrebt:

Zu Beginn des zwanzigsten Jahrhunderts bauten die Changs in Su Song, ihrer Kreisstadt in der Provinz Anhui, ein für ländliche Verhältnisse prachtvolles Clubhaus. Sie nannten es »Halle der hundertfachen Geduld«. Doch in dem von Revolution, Krieg und Bürgerkriegen, von Fremdherrschaft und landeseigener Tyrannei heimgesuchten Jahrhundert, in das die Changs ahnungsvoll eintraten, verloren sie ihre Geduld, es sei denn, sie wurde ihnen von den jeweils Herrschenden abgefordert. Auch blieben die Generationen nicht mehr beisammen, nicht unter demselben Dach, nicht im Dorf, nicht in ihrer Heimat am großen Fluß, nicht einmal in China. Der Clan wurde auseinandergetrieben und versprengt über die Welt.

Unbekanntes China

Als ich zehn Jahre alt wurde, standen deutsche Truppen vor Warschau. Es war der 22. September 1939 und, wenn meine Erinnerung mich nicht täuscht, ein sonniger Tag. Ich war stolz, ein Deutscher zu sein. Ich habe vergessen, was ich geschenkt bekam, den Globus jedenfalls nicht, den ich mir gewünscht hatte. Den bekam ich nie. Der alte Mann, den ich für meinen Vater hielt, hatte sich hoch verschuldet. Er hatte, um meine schöne, ehelose Mutter ins Nest zu locken, ein Haus gebaut, das er sich nicht leisten konnte. Nun schuftete er für die Zinsen, die er bezahlen mußte.

»Gibt es ein schöneres Geschenk als den Sieg unserer tapferen Soldaten?« fragte er rhetorisch. Wenige Tage später kapitulierte Warschau. Wir hatten kein Radio. Wir hörten die Fanfaren, mit denen der Deutschlandsender die Siegesmeldung verbreitete, durchs sommerlich offene Fenster, und Nachbarn, die ein Radio besaßen, brüllten sie ins Treppenhaus. Die Erwachsenen beneideten die Kinder, weil sie »in dieser großen Zeit« erwachsen wurden, und ich sah mich mit ihren Augen. Ich wußte nicht, daß der knorrige Alte, der das Abzeichen der Nazipartei wie einen Orden trug, bei dem ich aß, der für meinen Unterhalt sorgte und meinem Stolz die Richtung wies, meines Blutes nicht war. Niemand hatte mich über meinen leiblichen Vater aufgeklärt. Ich wußte nicht, daß er Chinese war.

China gab es nicht. Wir Kinder hörten nur von Tschungking-

9

China, und Tschungking-China war der Feind. Mein Erdkundelehrer artikulierte das sperrige Kompositum im Tonfall der Herabsetzung. In meinen Ohren klang es, als spräche er von einem Todgeweihten, dessen Hinscheiden die Welt nicht beweinen würde. Tschungking-China – das war der Westen der chinesischen Landmasse, den Hitlers japanische Bündnispartner in ihrem damals bereits achtjährigen Raubzug nicht unterworfen hatten. In Tschungking (Chongqing) herrschte der kleine glatzköpfige Generalissimus Chiang Kai-shek über das ihm verbliebene Restreich.

Damals sah ich in der *Berliner Illustrirten Zeitung* das Foto einer Stadt am Jangtsekiang, es könnte Tschungking gewesen sein: Ich sah eine verschlammte Straße, geborstene, wie Vogelnester an graue Felsklippen geklammerte Häuser, und auf dem Geröllstrand am Fluß, auf den die Straße zulief, halbnackte, magere Gestalten in zerrissenen Lumpen – Kulis, mutmaßte ich mit einer scheelen Regung. Sie starrten mich aus schwarzen Schlitzaugen feindselig an. Das bräunlich patinierte Bild weckte zwiespältige Gefühle in mir. Es schockierte mich. Indes muß es mich auch betört haben, denn es fesselte lange meinen Blick. Gibt es die Stimme des Blutes?

Meine Mutter war eine zarte Frau mit braunen Augen und bemerkenswert schönen Beinen. Mit ihrer kastanienbraunen Bubikopffrisur glich sie dem Midinettentyp der zwanziger Jahre. Sie hatte eine leise, dennoch beredte Art zu lächeln, die ihr, da sie gewöhnlich stumm lächelte, etwas Geheimnisvolles verlieh. Ich war zwölf, vielleicht auch dreizehn, als ich, ohne selbst zu wissen, weshalb, auf dem Bett liegend wie in einem Schüttelkrampf zu schluchzen begann. Meine Mutter kam aufgestört zu mir, sie strich mir über den Kopf und fragte, warum ich weinte. Weniges hat meine Erinnerung so unzweifelhaft bewahrt wie die Antwort, die ich ihr gab: »Weil ich doch nichts weiß!« Ich sehe noch, wie betroffen sie war. Sie sagte: »Eines Tages wirst du alles erfahren.«

Meine Mutter sprach nie über China. Sie erzählte oft und erin-
nerungsselig von Brüssel, wo sie groß geworden war, auch von
Paris, wo ihre Brüder lebten, doch über China verlor sie, bis ich
einundzwanzig wurde, nie ein Wort.

KINDHEIT UNTER DEM
HIMMELSSOHN

Mein Vater wurde unter der sterbenden Qing-Dynastie geboren – am einundzwanzigsten Tag des ersten Monats im sechsundzwanzigsten Regierungsjahr des vorletzten Kaisers Guangxu. In Europa schrieb man den 30. März 1900. In China hieß er Chang Kuo Wei. Meine Mutter, der er siebenundzwanzig Jahre später in Berlin verfiel, erfuhr nur seinen romanisierten Namen: Kowie Chang. Das Dorf, aus dem er stammte, bedeckt einen flach gewölbten Erdbuckel über dem fruchtbaren Schwemmland des Jangtsekiang in der ostchinesischen Provinz Anhui. Damals hieß es Shi Long An (Stein, Dorf, Tempel). Knapp siebzig Jahre später verordneten ihm die Kommunisten die Benennung Xin Qian (Neun, Vorne). Die Roten Garden hatten den Tempel (An) zerstört, jetzt wollten sie ihn auch im Gedächtnis der Bauern tilgen, die sich, die Handflächen über der Stirn zusammengelegt, vor dem Bilde Buddhas und den Götterpuppen des Tao verneigt hatten. In deren Herzen aber war der angestammte Name des Dorfes unsterblich. Er überdauerte die Kulturrevolution so vital wie die gleichfalls geächtete Verehrung ihrer Ahnen, die Shi Long An in dunkler Vergangenheit seinen Namen gegeben hatten.

Das Dorf, etwa zwölf Kilometer nördlich des mächtigen Jangtse gelegen, Asiens längstem Strom, gehört zum Kreis Su Song.

In meines Vaters Kindheit gab es dort nur eine Straße, es gibt sie heute noch. Sie ist eng, gerade so breit, daß die Menschen mit ihren einrädrigen Schubkarren hindurchkamen. Im regenreichen Winterhalbjahr war sie ein gelber Morast, in dem die Passanten bis zu den Waden versanken. Auch das hat sich in hundert Jahren nicht geändert. Gegen Ende des zwanzigsten Jahrhunderts wurde parallel zur alten eine zweite Straße angelegt. Sie wurde grob asphaltiert, obgleich es im ganzen Dorf kein Auto gibt.

An der alten Straße drängen sich, ohne eine geradlinige Flucht zu bilden, Wand an Wand die Häuser, niedrige, engbrüstige Katen, die das Jahrhundert überdauerten oder in der alten Bauart neu errichtet wurden. Niemand würde aus bloßer Anschauung sagen können, daß dieses Haus ein altes und jenes ein neues ist. Unter Wolkenbrüchen und subtropischer Hitze, die das Mauerwerk ausglüht, wurden auch neue Lehmwände in Jahresfrist hinfällig, und kein Bewohner hat sich je die Mühe gemacht, irgend etwas auszubessern, betraf es nur die Schönheit. Die Häuser sind mit lasierten Dachziegeln, viele aber immer noch mit Stroh gedeckt. Ihre Wände sind aus Reiswurzeln gefügt. An das lotrecht gestapelte, plan geschnittene Wurzelgeflecht der Wände bindet sich der luftgehärtete Lehm, der das Dorf erscheinen läßt, als wäre es der gelben Erde entwachsen, die es trägt. Die von den Sedimenten des Jangtse gesättigte Erde gibt dem Dorf die Farbe. Als ich es 1998 besuchte, sah ich es diesseits der neuen Straße in dem Erscheinungszustand, der meinem Großvater das Bild seiner Heimat war. Das zwanzigste Jahrhundert veränderte die Welt, nicht das Dorf meiner Vorfahren.

Gut hundert Familien lebten unter Chinas letzten Kaisern in Shi Long An. Sie waren Bauern oder Händler oder beides. Das Dorf war von einem Kranz kleinerer Weiler umgeben, deren Bewohner an der alten Straße all das kauften, was sie nicht selbst herstellten: Öl für ihre Lampen, Papiergeld für die lange Reise der

Verstorbenen, Räucherwerk für den Hausaltar, Nähnadeln, Äxte, Seide für eine Hochzeit, Salz oder den teuren, überaus kostbaren Zucker. Unter dem Patronat attraktiver Damen städtischer Herkunft gab es auch einige Teehäuser. Sie waren zur Straße hin durch ein größeres Tor kenntlich und im Innern fast finster. Das Klappern der Mah-Jongg-Steine und das Geseufze der Spieler, das ihrer gedrosselten Atmung Mal um Mal entwich, mischte sich in das Zirpen der Dreisaitenlaute. Das Leben der Landbewohner war eintönig, Abwechslung erfuhr es nur bei den jahreszeitlichen Festen. Beim Mah-Jongg ergaben sie sich dem Kitzel des Nichtalltäglichen. Beim Glücksspiel hofften sie ihr Geschick zu wenden und der Armut zu entkommen. Doch am Ende verspielten sie nur ihre Häuser, landbesitzende, dennoch arme Bauern ihre Schweine, ihre Äcker und wahrhaft hungerleidende Pachtbauern gelegentlich ihre Töchter.

Die Bauern, ihre Frauen, ihre Kinder schon, arbeiteten zwölf Stunden täglich und sieben Tage die Woche. Sie hatten rissige Hände, schrundige, genarbte Beine, ihre Gesichter waren früh gerunzelt. Aber ihre Rücken waren nicht gekrümmt, sie gingen die aufrechte Gangart der Chinesen, graziös bis zum Tod. Die Männer hielten sich so, die Frauen auch, sogar jene unter den Frauen, denen man, damit sie einem Brautwerber gefielen, im Säuglingsalter die Füße zerbrochen und dann eingebunden hatte. Doch auf dem Lande tippelten nur Töchter vergleichsweise wohlhabender Familien auf »Lilienfüßen«. Arme Pachtbauern verkrüppelten die Füße ihrer Töchter nicht. Sie brauchten ihre Kinder unversehrt für die Arbeit auf dem Feld. Manches Mädchen mußte Wasser auf die Reisfelder schleppen. Kam es dann mit fünfzehn ins heiratsfähige Alter, also nach sieben, acht oder gar neun Jahren schwerer Plackerei, hatte es Senkfüße, und die Zehen waren gespreizt. Die Männer mochten keine Frauen mit großen Füßen. Ein kleiner Frauenfuß stimulierte ihren Trieb heftiger als eine dralle weibliche Brust. Die Bauerntochter

14

indes, die ihre Füße breit und platt geschuftet hatte, bekam trotzdem einen Mann. Denn eine Frau mit »großen Füßen«, wenn sie zudem aus einer armen Familie kam, verhieß ihm Fügsamkeit und Fleiß.

Bei aller Mühsal blieben die Bauern ihr Leben lang arm. Ihre Kleider nähten bei sparsam gedrosselten Öllampen nachts ihre Frauen, das Garn spannen sie aus Flachs, Schuhwerk flochten sie aus Weidenbast. Im April, wenn die Rispen auf den Reisfeldern noch grün und in den kühlen Erdgruben unter den Häusern der Vorrat an Süßkartoffeln und Gemüse verbraucht war, suchte der *Chunhuang* sie heim, der gefürchtete Frühjahrshunger. Nun kochten die Frauen auf ihren gemauerten, mit Maisstrünken befeuerten Herdstellen dünne Bohnenquarksuppen. Sie wärmten sich die klammen Hände über dem Topf, denn im Frühling ist es noch kalt, die Häuser hatten (und haben) keine anderen Feuerstellen als den Herd, die Frauen froren. Und sie waren hungrig.

Anhui ist mit Wasserreichtum und üppigem Pflanzenwuchs gesegnet, »ein Land von Fisch und Reis«, wie die Chinesen sagen. Die Bauern ernten zweimal im Jahr. Doch in meines Vaters frühen Jahren konnte das Land die gewachsene Zahl auf ihm, von ihm lebender Menschen nicht mehr ernähren. In den Jahrzehnten zuvor hatte sich die Bevölkerung explosionsartig vermehrt, am stärksten in den ohnehin am dichtesten besiedelten Provinzen am Jangtse und im Süden. Der Boden mußte zu vielen Menschen genügen. Die Flurstücke waren winzig, sie waren durch Erbteilung immer kleiner geworden. Wenige Bauern bestellten einen ganzen Hektar Land. Den Wasserreis, den sie anbauten, verzehrten sie mit ihren Familien zur Hälfte selbst, die andere Hälfte nahmen ihnen, wenn sie Pachtbauern waren, die reichen Grundbesitzer. Zum Verkauf blieben ihnen Eier und die Fische, die sie in den Seen fingen. Solche Ware wurde mit Kupferkäsch bezahlt, gelochten Münzen, die an Schnüren hingen. Silberstücke, Silberbarren, wertbeständiges Geld also, bekamen die

Leute von Shi Long An selten in die Finger. Silbergeld brachte nur der Tabak. Doch die Tabaksträucher bedurften der besten Böden, und die gehörten den Landlords.

Es gab (und gibt) zu viele Esser. Schon als mein Vater geboren wurde, lebten in China 426 Millionen Menschen, heute sind es dreimal so viele. Doch die Erde von Shi Long An enthüllt das Drama der Raumnot in einem Panorama, das die Sinne betört: Das Land ist in eine Unzahl kleiner und kleinster, von Bewässerungsgräben umspülter Feldstücke zersplittert, und jeder Bauer bringt auf seiner Parzelle eine andere Saat zur Reife. Bei Tagesanbruch, solange auf der Frucht die Tautropfen perlen, funkeln die unterschiedlichsten Getreide- und Gemüsesorten, in alle Nuancen der Grünskala gebrochen, inmitten glitzernder Wasserläufe wie ein organisches Patchwork in der Sonne. Das Dorf, der Flickenteppich seiner Feldstücke und die ihm nächstgelegenen Weiler bilden eine Landzunge in einem vom Jangtse gespeisten Seengürtel. Das Land fällt vom Rand des Dorfes in Wellen zu den Seeufern ab. Die großen, spiegelglatten Gewässer, aus denen morgens der Nebel steigt, schimmern durch die Korbweiden am Ufer: der Lange See, der mit ihm durch einen Wasserarm verbundene Daguan-See, dahinter der Gelbe See, der sich tief in den Norden erstreckt. Über den Schilfsäumen fliegen mit trägem Flügelschlag die weißen Reiher. Bei Shi Long An ist der Landmangel Chinas Poesie. Im Mienenspiel der Bauern und ihrer Frauen jedoch erfährt die Anmut der Welt, in der zu leben ihnen gegeben ist, keinen Reflex.

Vor hundert Jahren und lange noch danach veräußerten viele Kleinbauern ihr Flurstück an die Grundbesitzer, wenn es sie und ihre Familien nicht mehr ernährte. Sie pachteten etwas mehr zurück und ließen sich um die Hälfte der Ernte schröpfen. Doch das war ihnen nicht das Schlimmste. Am meisten litten sie unter der Unredlichkeit der Beamten, von der mein Vater früh begriff, daß sie die Geißel Chinas war. Im Gemischtwarenladen meines Großvaters hörte der Heranwachsende die Bauern murren, und er begriff ihre Ohnmacht als Naturgesetz, unabwendbar wie die Fäulnis an den Reisschößlingen, die der Blattkäfer hervorruft.

Noch sah er nicht voraus, daß er die Korruption sein halbes Leben lang bekämpfen – und ihr am Ende unterliegen würde. Aber er wußte als Zehnjähriger schon, daß der mächtige Beamte, der für den Kaiser Grund- und Kopfsteuern eintrieb, der Menschen Feind war. Dieser hatte das Mandat vom Gouverneur, mithin vom Kaiser. Die Bauern waren seiner Willkür ausgeliefert, und er besteuerte sie vorwiegend für seine Privatschatulle. Die Veruntreuung öffentlicher Gelder, Ämterkauf, Bestechung waren der chinesischen Gesellschaft innewohnend wie ein unabwendbares Schicksal. Es hat Kaiser gegeben, die dem entgegentraten. Die letzten Herrscher aber hatten dafür nicht mehr die Kraft. Sie waren in Hofintrigen verstrickt, von Rebellionen geschwächt, vom imperialistischen Ausland gedemütigt. Ihre Untertanen hatten sich von alters her mit dem Übel arrangiert. Jeder Chinese zog die Korruption ins Kalkül seiner Überlebenskämpfe wie Krankheit und Tod. In China war Korruption Kultur.

Die mit der Erhaltung der Deiche und Flußregulierungsanlagen beauftragten Mandarine schöpften von den Geldern, die sie von der Regierung für die Ausübung ihrer Pflichten bekamen, große Beträge für den eigenen Beutel ab oder steckten sie ganz in die Tasche. Unausbleiblich kam es zu den ersten Flutkatastrophen. Die Schubkräfte des Jangtse, dessen Wasserführung doppelt so stark wie jene des Mississippi ist und dessen Einzugsgebiet ein Fünftel der chinesischen Landmasse umfaßt, durchbrachen die vernachlässigten Deiche. Zweimal kurz nacheinander, 1910 und 1911, überschwemmte der wilde Fluß viele Millionen Hektar und vernichtete die Ernten. Hunderttausende starben. Sie ertranken nicht. Sie verhungerten. Sie waren um ihrer Mühe Lohn geprellt. Sie konnten sich auch nichts kaufen, denn die Katastrophe hatte die Getreidepreise in die

Höhe getrieben. Den Flutopfern waren diese Preise uner-
schwinglich.

Shi Long An liegt auf seinem Hügel, die Flut schwappte nicht
ins Dorf, doch von der Abbruchkante bis zum Horizont hatte
sie jeden Halm verdorben. Die Bewohner starrten auf ein suppi-
ges Meer, aus dem kein Dach und kein Wipfel ragte. Die Teehäuser schlossen, bis das Wasser in den Jangtse zurückfloß. Allzu wenige hatten jetzt noch Käsch für das Mah-Jongg. Anhui,
die Provinz von Fisch und Reis, war zu einem Landstrich des
Elends verkommen.

Dies war der Landstrich, in dem mein Großvater Chang Hong
Chu, der 1861 als Sohn eines Hungerleiders ins Leben getreten
war, der reichste Grundbesitzer seines Dorfes wurde. Seine
Karriere ist ein Glanzstück chinesischer Regsamkeit und ein
Hohelied auf den vitalen Eigennutz. Mein Vater fand sie mir ge-
genüber nie einer Erwähnung wert; auch in seinen Memoiren,
die 1980 in Taiwan veröffentlicht wurden, streift er sie nur bei-
läufig. Aber die in Shi Long An zurückgebliebenen Männer des
Clans, denen Großvaters Hinterlassenschaft bis zum letzten
Nagel während der kommunistischen Landreform genommen
wurde, erzählten mir die Geschichte dieses Aufstiegs. Es ist ihr
Lieblingsthema.

Das prächtige Haus meines Großvaters, der unser aller Stamm-
vater war, das er in seinem fünften Lebensjahrzehnt zu bauen
begann und dann Stück um Stück erweiterte, bis es alle Gebäude in Dorf und Region an Größe übertraf, fackelten die Rotgardisten ab. Die jüngeren Changs haben es nie gesehen. Doch es
bildet sich in den Träumen ab, die auf ihren Netzhäuten schimmern, wenn sie den Erzählungen der alten Schwätzer lauschen.

Als die Hinterlassenschaft meines Urgroßvaters Chang Chih
P'u 1881 verteilt wurde, war mein Großvater zwanzig. Er hatte
zwei jüngere Brüder, vermutlich auch einige Schwestern, doch
die zählte niemand, auch waren sie am Erbe nicht beteiligt.
Mein Vater ließ sie in seinen Erinnerungen unerwähnt. Mein

Großvater war bereits verheiratet, sein erstes Kind, ein Sohn, bereits geboren, als sein Vater starb. Es war ein Frühlingstag, der Reis eben gesetzt, die Vorräte waren verzehrt. Was die Brüder erbten, habe ich nicht erfahren. Er aber bekam fast nichts, nur ein paar Dou Reis (ein Dou = zehn Liter). Immerhin halfen sie ihm und seiner Familie über den *Chunhuang*. Vielleicht bekam er so wenig, weil sein jüngerer Bruder Chang Hung Fei noch für die staatlichen Beamtenprüfungen büffelte und finanzieller Zuwendung bedurfte.

Hung Fei war ausersehen, die Tradition der Familie fortzusetzen, in der es, wie mein Vater mir erzählte, immer Bauern und Gelehrte gegeben hatte. Tatsächlich bestand Hung Fei zuerst in der Kreisstadt Su Song, dann in der damaligen Provinzhauptstadt Anqing die Examen. Er wurde *Xiu Cai*, später *Chu Ren* – anfangs ein niederer, schließlich ein mittlerer Mandarin des Kaisers. Er verwaltete den südlichen Distrikt Su Song und war in dieser Eigenschaft auch der Steuereinnehmer. Die Alten in Shi Long An haben sich darüber nicht geäußert, und mein Vater hat nichts hinterlassen, aber da wir nun wissen, wie Steuereinnehmer verfuhren, dürfen wir annehmen, daß mein Großonkel Hung Fei den Aufstieg seines älteren Bruders, dem er Respekt schuldete, nicht unwesentlich begünstigt hat. Wie? Irgendwie. In Shi Long An spricht man nicht darüber, nicht zu mir. Korruption ist im China des roten Kapitalismus ein Gefahr verheißendes Wort. Dem Käuflichen droht die Todesstrafe. Welche chinesische Karriere indes wurde nicht von Verwandten gefördert? Nepotismus galt in China nie als unehrenhaft. Auch mein geradliniger Vater, der die Nichte eines früheren Premierministers heiratete, wird davon profitiert haben.

Mein Großvater war, gemessen am Wuchs südlich der Großen Mauer beheimateter Chinesen, ein ungewöhnlich in die Höhe gewachsener Mann, sagen die Alten im Dorf. Er strahlte eine stolze Würde aus – die Gewißheit, einer ehrwürdigen Ahnenreihe zu entstammen. Sein Haar war über der Stirn rasiert und in seinem Nacken zum Zopf geflochten. Das war die Haartracht, die unter der Qing- oder Mandschu-Dynastie jeder chinesische Mann tragen mußte, sie war das ihm abgeforderte Zeichen seiner Unterwerfung unter die fremdblütige Oberklasse der Mandschuren, die China im siebzehnten Jahrhundert erobert hatten. Die Mandschuren manifestierten ihren höheren Rang mit zopflosem Haar. Als die Nachricht vom Sturz der Dynastie Shi Long An erreichte, soll mein Großvater im ganzen Dorf der letzte gewesen sein, der sich den Zopf abschnitt. Anders als die meisten Bauern war er des Lesens mächtig. Er war nur vier Jahre zur Schule gegangen, an seiner Ausbildung war eingespart worden, was seinem jüngeren Bruder zugute kam. Doch er hatte die »Fünf Klassiker« gelesen. Er kannte die Morallehre des Konfuzius. Und wenn er eine Zeitung bekam, es war meist eine alte, las er sie.

Irgendwann in seiner frühen Jugend eröffnete er in Shi Long An einen Gemischtwarenladen und nannte ihn *Guan Xing,* das heißt »Blühendes Geschäft«. Ein Nachbar hatte ihm dafür Geld geliehen, weil er ihn, wie mein Vater schreibt, für »einen ehrlichen, fleißigen Mann« hielt. Fleißig war mein Großvater. Aber er war auch gewitzt. Irgendwie hatte er sich die Fertigkeit des Schlachtens angeeignet. Er schlachtete den Bauern, denen dafür offenbar die Befähigung abging, die schwarzweißen Schweine, die – denn niemand besaß einen Koben – im Unrat der Dorfstraße an Abfällen fett wurden. Er ließ sich mit Ferkeln bezahlen, die sich dann ebenfalls selber mästeten. Er hatte ein Stück Land gepachtet, auf dem er Naßreis anbaute. Wenn seine Schweine im Dorf nichts Nahrhaftes mehr fanden, weil die Menschen ihre Küchenabfälle selbst verzehrten, fütterte mein Großvater die Tiere mit Reiskleie. Dann, eines Tages, begann er mit Salz zu handeln.

Der Salzhandel war ein staatliches Monopol. Die Qing-Kaiser ließen die Produktion in den Salzgärten an ihren Küsten und in den binnenländischen Bergwerken überwachen. Verkaufen durfte das Produkt nur eine Handvoll ausgesuchter Männer, die von der Regierung lizenziert sein mußten. Diese Salzhändler gehörten gewöhnlich den lokalen Eliten an, denen sich mein Großvater in seinen frühen Jahren noch nicht zurechnen durfte. Wie er die Lizenz erworben hatte, steht nirgends geschrieben. Aber es kann wohl keinen Zweifel geben, daß sein einflußreicher Bruder ihm dazu verholfen hat.

Eine Freikarte ins Paradies der Müßiggänger war die Lizenz keinesfalls. Noch war mein Großvater arm. Noch aßen er und seine junge Frau tagelang nichts anderes als Knoblauchzehen, die sie ins trockene Brot drückten. Aber sie waren fleißig. Indes ist Fleiß ein Wort, das in bezug auf meinen Großvater zu leicht wiegt. Arbeitsam waren auch jene Dörfler, die aus ihrem Elend nie herausfanden. Mein Großvater aber war von dem Willen gestählt, dieses Elend hinter sich zu lassen, und dieser steinharte Wille durchdrang ihn. Von den Chinesen wird oft gesagt, sie liebten das Geld. Das läßt sich auch von meinem Großvater sagen, wie wir noch sehen werden. Die Substanz dieser Neigung aber ist eine andere als bei einem Kapitalliebhaber in der abendländischen Zivilisation. Der mag sich an Zahlen vergnügen. Doch meines Großvaters Leidenschaft für das Geld begnügte sich nicht mit den Ziffern in seinen Büchern, sie war sinnlicher. Mein Großvater hat sich am Glanz seiner Silberdollars noch erfreut, als er längst ein Bankkonto hatte. Verliehenen Orden gleich beglänzten sie seinen Sieg über die Armut. Sie zwinkerten ihm zu, wenn er sie befühlte. Sein Kapital versicherte ihn und seine größer werdende Familie gegen den Hunger und bedeutete ihm Einfluß. Aber ebenso war es ihm – und ist es vielen Chinesen – eine Quelle metaphysischer Wollust. Reiche Chinesen zählen ihr Geld nicht, sie empfinden es.

Als er sich anschickte, seinen späteren Reichtum im Salzhandel zu verdienen, holte er das Salz mit einer einrädrigen Schubkarre aus Su Song. In Shi Long An und Umgebung verkaufte er es in kleinen Mengen an die Bauern, in größeren vielleicht auch an nichtlizenzierte Schmuggler. Die bezahlten keine Salzsteuer. Sie schifften die Schmuggelware auf strohgedeckten Sampans den Jangtse hinab nach Hankou. Allwöchentlich, wenn er sich in Su Song mit Salz eindeckte, stand er auf, bevor die Hähne krähten, und spät erst, unter dem Lockruf der Nachtigall, sank er ins Bett. Su Song ist fünfzehn Kilometer von Shi Long An entfernt. Mein Großvater schaffte die dreißig Kilometer Gesamtstrecke über den Schotter oder durch den Schlamm der unbefestigten Straße an einem Tag. Auf seinem Weg zurück hatte er einhundertfünfzig Kilo Salz geladen. Wenn er seinen Hunger nicht aushielt und ein Teehaus aufsuchte, begnügte er sich mit der billigsten Suppe. In die ließ er heimlich den hölzernen Fisch sinken, den er sich für diesen Zweck in den Strick gesteckt hatte, der seine Hose hielt. Andere Gäste sollten die geschuppte Attrappe für einen Kochfisch halten. Sie sollten nicht glauben, daß der verschwitzte Esser so arm war, wie er aussah. Ging er weiter, legte er sich den gefälschten Fisch auf die Zunge und lutschte ihn aus, bis dem spröden Bambusholz die letzte Prise Suppe, die es aufgesogen hatte, entlutscht war. War er durstig, trank er das trübe Wasser, das in den Reisfeldern stand.

Der Gewinn, den er solcher Mühsal entrang, war nicht üppig. Doch er sparte sich und seiner wachsenden Familie jedes Stück Kupferkäsch, das nicht dem Nötigsten gewidmet war, vom Munde ab. Im Laden ließ er sich seine Waren möglichst mit Tabak bezahlen. Den gesammelten Tabak brachte er über die Seen nach Anqing und verkaufte ihn an Einkäufer aus Schanghai. Es gab keinen direkten Zugang zum Fluß, den zu befahren müheloser gewesen wäre. Shi Long An war von der Seenbarriere gegen den Jangtse isoliert, es war ein entlegenes Dorf, in das sich kein Fremder verlief. Im Krieg haben es nicht mal die japanischen Eroberer betreten, als sie in ihren Eisenbooten am Ufer entlangpreschten. Mein Großvater fuhr mit einem geliehenen Sampan über die Seen und mit einem von gemieteten Ochsen oder Wasserbüffeln gezogenen Karren auf schlüpfrigen Wegen zur fünfzig Kilometer entfernten Provinzhauptstadt. Hatten sich seine Gewinne ein wenig angehäuft, kaufte er kleine Äcker. Er verpachtete sie landlosen Bauern, ein Stück ums andere. So wurde er im Laufe der Jahrzehnte ein reicher Grundbesitzer. Er verfuhr mit seinen Pächtern nicht anders als der Grundherr, dem er ehedem selbst botmäßig hatte sein müssen: Wie jener, wie jeder Landverpächter, nahm er ihnen die Hälfte ihrer Ernte als Pacht und bürdete ihnen fünfundzwanzig Prozent Zinsen auf, sofern er ihnen Kredit gewährte. Trotzdem – vielleicht aber auch deshalb – achteten die Dörfler von Shi Long An meinen Großvater wie keinen sonst, er tat ja in aller Ehrbarkeit nichts als das Übliche. Sie begannen ihre Köpfe zu senken, wenn sie ihn grüßten. Sie vertrauten ihm. Und eines Tages machten sie ihn zu ihrem Schlichter.

Unter den Mandschu-Kaisern war die Gerichtsbarkeit unredlich. Richter waren Magistrate wie Großonkel Hung Fei. Sie sicherten die Beweismittel und fällten die Urteile. Es gab keine unabhängigen Rechtsanwälte. Den Verdächtigen stand kein Verteidiger zur Seite. Wenn sie nicht geständig waren, wurden sie mit einer Holzstange verprügelt oder in hölzernen Schraubstöcken gefoltert. Da die Tortur nicht selten mit dem Tod der »Befragten« endete oder sie als Krüppel zurückließ, hatten die meisten Chinesen vor ihrer Justiz einen Heidenrespekt. So vertrauten sie ihre Streitfälle lieber einem Schlichter an. Der Mann wurde nicht ernannt, nicht berufen, nicht gewählt. Er entwuchs, ohne sich um das Amt zu bewerben, der Wertschätzung seines Volkes wie die Wildrose dem Granit. Ein solcher Mann war mein Großvater. Er entschied Streitfälle um Grundbesitz und Erbschaften. Er beaufsichtigte auch die Dorfscheune, die Begräbnishalle und die später in Betrieb gesetzten Fähren. Er war der »Dorfkaiser«.

Im politischen System Chinas, das dem Erwerbsstreben nachsichtige Grenzen zog, muß mein Großvater ein rechtschaffener Mann gewesen sein. Er war gewissenhaft. Niemand vermochte ihn zu bestechen, um einen für ihn günstigen Schiedsspruch zu erwirken. Er schickte seinen Pächtern keine bewaffneten Büttel, um sich der Pachtgelder zu versichern, er schickte seine Söhne, als sie noch Kinder waren. Überdies ließ er es sich nicht in der Stadt gut sein wie die Landedelleute. Er blieb im Dorf, als er zu Wohlstand kam. Er blieb ein Bauer unter Bauern. Wenn er Hungerleidern Arbeit gab, beköstigte er sie, und er zahlte – anders als andere Grundherren – auf das Kupferstück korrekt den Lohn. In den Erinnerungen meines Vaters lese ich – und ich empfinde seine taktvolle Rücksichtnahme auf das tote Familienhaupt – , die Menschen von Shi Long An hätten an ihrem Schlichter vor allem dessen Aufrichtigkeit geschätzt. Als mein Großvater 1943 starb, sollen sie ihn betrauert haben wie jäh verwaiste Kinder.

War er so? Oder sitze ich einer Idealisierung auf, die der chinesischen Ahnenverehrung als Tugend eigentümlich ist? Oder vermag ich die Chinesen, denen ich nur im Blute und das bloß zur Hälfte zugehöre, noch immer nicht an der Elle ihrer autonomen Kultur zu messen, an ihrer kulturbedingten Eigentümlichkeit? In europäischer Beurteilung war mein wackerer Großvater, was seinen Erwerbsinstinkt betrifft, nicht humaner als die anderen Großgrundbesitzer. Wie diese hatte er sich an den Flutkatastrophen bereichert. Wie sie hatte er sich die Not der Flutopfer zunutze gemacht und ihnen weit unter Wert verödete Böden abgekauft. Damals mag er den tiefliegenden, höchst ertragreichen Landstreifen erworben haben, der jenseits des Langen Sees, das kleine Dorf Hui Kou umschließend, an den Jangtse grenzt. Später baute er auch dort ein Haus. Jedenfalls besaß er eines Tages die Böden, auf denen Tabak gedieh.

Tabak brauchte von der Aussaat bis zur Reife nur vier Monate. Auch diese Frucht erntete mein Großvater zweimal im Jahr. Chinas Wirtschaft befand sich unter den letzten Kaisern in einer schmerzlichen Rezession, doch der Tabakhandel boomte. Die Zigarettenfabrikation war in den Jahren des Abschwungs der bedeutendste Industriezweig. In den Tabak ihrer langen Silberpfeifen mischten Millionen Opiumraucher die Droge.

Der Großvater trocknete die einträglichen Tabakblätter unter einem bambusgestützten Strohdach hinter dem Haus und lieferte sie ballenweise in die Metropolen des Ostens. So konnte er seinen Söhnen außer Obstgärten, Fischteichen und seinem Haus eintausend Mu gutes Land hinterlassen, das waren siebzig Hektar. In Deutschland wäre er damit nur ein bemittelter Bauer gewesen und auch das nur auf gesegneter Erde. Aber in der fertilen chinesischen Armutsprovinz Anhui war jemand schon ein Landlord, wenn er zehn Hektar besaß.

So viel hatte mein Großvater nicht, als mein Vater ein Knabe war. Seine Armut hatte er überwunden, doch er war noch nicht reich, und er hatte viele Mäuler zu stopfen. Meine Großmutter hatte in den kargen Jahren des Aufbaus zehnmal geboren, die zahlreichen Fehlgeburten nicht gerechnet. Ihrem Mann war sie eine gute Frau, das heißt, daß sie ihm chinesischer Erwartung gemäß ihr Leben hingab. Sie starb zehn Jahre vor ihm. Ihr Name war Wang Feng t'ai, aber er nannte sie »Mao«. Solange ihr Mann ein armer Bauer war, also gut zwanzig Jahre lang, hatte sie geboren, gestillt, geheilt, das Haus besorgt, beim Schweineschlachten die Kaldaunen gekuttelt, im Laden Eier und Gemüse verkauft und nachts im Funzellicht einer gedrosselten Öllampe gesponnen und genäht. Im Winter war sie in den – heute abgeholzten – Wald geschlichen, um Reisig für den Herd zu stehlen. Die Wälder waren bewacht, die Wächter bewaffnet. Die Büttel des Besitzers erwischten Mao beim Holzdiebstahl, und der Umstand, daß sie eine Frau war, hinderte sie nicht daran, sie erbarmungslos zu verprügeln. Als mein Vater davon erfuhr, weinte er, und es schmerzte ihn noch, als er seine Erinnerungen aufschrieb. Daran ermesse ich, daß sie ihm eine gütige, liebevolle Mutter war. Doch ihre jüngste Tochter, ihr letztes Kind, hat sie unmittelbar nach deren Geburt verschenkt. Da die Bauern keine Weiden und somit kein Milchvieh hatten, wurden ihre Kinder, Söhne vor allem, bis ins achte Lebensjahr gestillt. Meine Großmutter hatte meinen Vater noch an der Brust, als zwei Jahre nach ihm dieses Mädchen ins Leben trat. »Mao« gab es als »Kindsbraut« eines ebenfalls just geborenen Neffen an eine ihr blutsverwandte Familie – der wenige Monate alte »Bräutigam« war ihrer Schwester Sohn. Solche Übereignung einer »kleinen Schwiegertochter« war unter bedürftigen Chinesen ein häufiger Vorgang. Die Eltern der Kindsbraut begrenzten auf diese Weise von vornherein die gefürchteten Kosten der späteren Hochzeit, denn sie ersparten sich die blumengeschmückte Sänfte, in der eine Braut zum Haus ihres Angetrauten getragen werden mußte, außerdem die zu mietenden Träger, die Seidenbanner und die Mietmusikanten, die der Sänfte auf der Zweisaitengeige voranzufiedeln hatten. Ihrerseits begaben sie sich der Arbeitskraft ihres Kindes, das nun nicht ihnen, sondern seinen Schwiegereltern ab seinem siebten Lebensjahr im Haus und auf dem Acker als Kleinmagd zur Hand gehen würde. Meist wurde sie gehalten wie eine Sklavin. Heute noch nennen die Chinesen eine Frau, die von ihrem Mann schlecht behandelt wird, eine »Kindsbraut«.

Aus Gründen, die mir verborgen blieben, kehrte meines Vaters kleine Schwester eines schönen Tages ins Haus ihrer Eltern zurück. Auch den Zeitpunkt ihrer Heimkehr habe ich nie erfahren. Mein Vater muß zwischen sechs und neun Jahren alt gewesen sein, als sie nach Hause kam. Für ihn begann damit eine glückliche Zeit, denn er liebte keine seiner Schwestern so wie diese. Mit ihr spielte er unter den Pfirsichbäumen des großen Gartens. Gemeinsam ließen sie auf dem glatten See die Steine springen. Und gemeinsam brachten sie den Arbeitern meines Großvaters in der Hitze des langen Sommers heißen Tee auf die Reisfelder. Als ich meines Vaters Memoiren las, erschienen mir diese Erinnerungssplitter wie Metaphern eines nicht wieder empfundenen Glücks. Jäh entgleitet ihm der prosaische Ausdruck, als er sich dieser Jahre erinnert. Überschwenglich nennt er die Schwester »eine Lilie im Tal« und »eine Rose in der Wüste«. Als sähe er sich genötigt, einen in ihm selbst aufkeimenden Verdacht zu beschwichtigen, betont er: »Die Geschwisterliebe war bei uns echt und natürlich.« Seinen Frauenaffären, auch der mit meiner Mutter, hat er solcherart Lyrik nicht gewidmet. Sie finde ich fast nüchtern erwähnt.

Das Heiratsversprechen, das meine Großmutter in bezug auf ihre jüngste Tochter der Familie ihrer Schwester gegeben hatte, blieb freilich bindend. Im alten China bestimmten die Eltern, oft die Mütter, über die Partnerbindung ihrer Kinder. Das war – und ist – in vielen Gesellschaften so. Doch in China wurden Kinder einander oftmals schon versprochen, bevor sie geboren waren. »Kommen beide Kinder als Knaben zu Welt«, sagte man, »dann werden sie Blutsbrüder.« Durch solche Verträge kamen sich Familien näher, fortan bildeten sie eine neue Schutzgemeinschaft. Ein Vertragsbruch war ihnen unvorstellbar, er hätte ewige Zwietracht heraufbeschworen. Mein Vater, damals wohl ein Teenager, flehte seine Eltern dennoch an, die Schenkung zu widerrufen und den kindhaften Bräutigam finanziell abzufinden. Denn der Junge wuchs zu einem tumben Burschen heran. Er ging nicht zur Schule und hatte die Wassersucht. Schon als Knabe mähte er in den Aquakulturen bauchtiefer Fischteiche die Algen, die seine Eltern trockneten und als Heizmaterial verkauften. Seine Beine waren chronisch geschwollen, er wurde von Jahr zu Jahr häßlicher. Die ihm Versprochene aber war grazil, sie hatte feine Züge und eine helle Haut. Mein Vater kniete vor seinen Eltern, wenn er für die geliebte Schwester ein besseres Los zu erbetteln suchte. Er sprach von ihrer Intelligenz, er verwies auf den Bildungsmangel ihres Verlobten. Er weinte. Doch meine Großeltern ließen sich nicht umstimmen.

Ich versuche auf zwei alten Fotos, den einzigen, die von ihnen erhalten sind oder je von ihnen gemacht wurden, ihre Gesichtszüge zu entschlüsseln, um dem Geheimnis ihrer Starrköpfigkeit eine Andeutung abzuringen. Ich sehe eine Frau, die vermutlich jünger ist, als sie auf der Fotografie aussieht. Sie war neunzunddreißig, als sie meines Vaters Schwester gebar. Über eingesunkenen Augen scheinen ihre chinesisch kurzen Brauen hochgezogen und in dieser Stellung für immer erstarrt wie in einem Ewigkeitsschmerz. Ich blicke in ein Steinsgesicht. Ich erblicke den halbgeöffneten Mund einer Frau, der die Worte auf der Zunge absterben. Was diese erschöpfte Frau auch verweigert haben mag, denke ich bestürzt, irgend etwas, das stärker war als sie, muß es ihr abgezwungen haben.

Anders wirkt das Foto meines Großvaters. Ich sehe einen schütterbärtigen Mann jenseits seiner Lebensmitte. Unter dem rasierten Haaransatz des pflichtgemäß bezopften Chinesen erkenne ich den beinahe unchinesisch offenen Augenschnitt, den mein Vater geerbt hat wie ich auch. Mein Großvater sieht zufrieden aus. In seinen Augen meine ich Verschlagenheit, aber auch Güte zu erkennen, die erstere unter dem Abglanz der letzteren verborgen. Doch warum hat er sich seinem Sohn verweigert? Weshalb hat er die Preisgabe seiner unglücklichen Tochter nicht widerrufen? In China sagt man: »Eine Frau kommt nach Hause, wenn sie heiratet.« Mein Großvater mag sich das gedacht haben. Mädchen galten nicht viel in jener Zeit. Manche Familien der niederen Stände gaben den Töchtern nicht einmal einen Namen. Doch meines Vaters Schwester war benannt. Sie hieß T'ung Yin: »Silberkind«.

Als mein Vater zur Schule kam, war er acht Jahre alt. Damals nannte man ihn noch bei seinem Milchnamen Fu Lin: »Wald des Glücks«. Es gab keine staatlichen Schulen. Es gab nur die »Geschlechterschule« im Haus einer Familie, die von einigem Wohlstand war. Jeder, der zum Gehalt des Privatlehrers einen Teil zuschießen konnte, schickte seine Söhne in diese Schulen, so auch mein Großvater. An der Wand des Schulraumes hing eine Tafel mit dem Namen des Konfuzius. Daneben waren mit fetten Pinselstrichen die Ehrennamen aufgetuscht, die ein

Kaiser der Yuan-Dynastie dem Philosophen verliehen hatte: »Höchster Geheiligter. Ewiger Meister. Geistlicher Thron«. Allmorgendlich, bevor der Unterricht begann, und abends, wenn er endete, mußte mein Vater sich dreimal vor der Tafel verneigen. »Es gab Chinesen, die Konfuzius für einen Gott hielten, aber ich hatte nie das Gefühl, einen Gott anzubeten«, schrieb mir der Christ gewordene Freigeist ein halbes Jahrhundert später in einem Brief. »Konfuzius war auch kein Religionsstifter, wie man in Europa glaubt. Nur ein großer Lehrer. Ohne ihn hätte ich vielleicht nicht zu Jesus Christus gefunden. Ich fand die Morallehre des Konfuzius in Jesu Bergpredigt. Wenn ich mich als Kind vor ihm verbeugte, erwies ich ihm den Respekt, den ich stärker noch als Christ empfinde.«

Der von den Bauern honorierte Lehrer war nicht teuer und darum schlecht. Er vermochte die Lehren des Konfuzius nicht faßlich zu erklären. Überdies war er, wie mein Vater rückblickend urteilt, »nicht streng genug«. Mit des Lehrers Nachsichtigkeit erklärte er sich und mir, daß er, während er die achtgliedrigen Schriftzeichen lernte, nie ein Kalligraph wurde. Mein Großvater ließ es freilich an erzieherischer Strenge nicht fehlen. Wenn er eine Bestrafung angesetzt hatte, rief er alle Familienmitglieder in die Halle seines Hauses. Unter ihren in Schreck und Mitleid aufgerissenen Augen züchtigte er den jeweiligen Missetäter unbarmherzig mit der Bambusrute.

Die älteren Brüder meines Vaters mußten für meinen Großvater arbeiten, seit sie zehn Jahre alt und der mütterlichen Obhut entrissen waren. Der Zweitälteste war kurz nach seiner Geburt gestorben, vier ältere Brüder lebten. Diese vier hatten nur drei Jahre in die Geschlechterschule gehen dürfen. Danach begann für sie das Bauerndasein. Die Schwestern meines Vaters, drei ältere und die geliebte jüngere, gingen gar nicht in die Schule. Es war nicht üblich, Töchtern die Schule zu bezahlen. Im Jahre 1909 waren in ganz China nur 13 000 Mädchen an einer Schule eingeschrieben. Es waren die Töchter wohlhabender, aufge-

29

klärter Familien in großen Städten. Auf dem Lande lernten die Frauen, was die Mutter wußte, und das gaben sie ihren Töchtern weiter. Vor allem lernten sie zu arbeiten. Meines Großvaters Nachkommen, Jungen wie Mädchen, pflanzten Reissetzlinge, schnitten, schlugen, polierten den erntereifen Reis, schufteten im Weizen und in der Sorghumhirse. Sie richteten abgeerntete Getreidefelder für den Reisanbau her. Sie trugen an der Bambusjochstange Bastkörbe voll schwerer Erde auf die Felder, schütteten Wälle auf und lenkten das Wasser aus den Bewässerungsgräben in die Furchen. Nach ihrem ersten Arbeitssommer hatten sie ihrer Kindheit Unschuld hinter sich.

Diese Art Kindheit, im chinesischen Landleben damals die übliche, blieb meinem Vater erspart. Onkel Hung Fei, der Mandarin von Süd-Su-Song, hatte meinem Großvater geraten, seinen Jüngsten auf weiterführende Schulen zu schicken, mochten sie sich auch in fernliegenden Städten befinden. »Spare bei diesem Jungen nicht an den Kosten«, sagte er, »er hat eine Zukunft, und die ist auch die deine. Er wird die staatlichen Examen bestehen und ein hoher Beamter werden.« Mein Großvater war einsichtig. Beamter sein bedeutete Macht. Von seinem gehorsamen Sohn, so er denn Beamter würde, versprach mein Großvater sich Schutz vor der Willkür anderer Beamter sowie des Provinzgouverneurs. Die Zeiten waren unruhig. In vielen Städten gärte es. Das Jahr 1911 war angebrochen. Aber daß Doktor Sun Yat-sen, ein kantonesischer Aufwiegler, von dem er wenig Gutes gehört hatte, im Herbst die Monarchie stürzen würde, das konnte und wollte er sich nicht vorstellen. Er war konservativ. Der unmündige Kaiser war ihm gleichgültig. Doch mein Großvater fürchtete den Wandel.

Er schickte meinen Vater, der damals elf war, auf die niedere Mittelschule in Su Song. Für etwas Kupferkäsch fand er bei einer Familie Li für seinen Sohn Quartier. An schulfreien Tagen lief mein Vater, denn ihn trieb die Sehnsucht nach T'ung Yin, zu Fuß ins heimische Dorf, und auf seinen Füßen bewältigte er am gleichen Tag den Rückweg. Su Song war die erste Stadt, die er zu sehen bekam. Sie war ringsum von einer acht Meter hohen, sehr breiten Steinmauer umwallt und hatte in jede Himmelsrichtung ein bohlengefügtes Tor. Am Fuß der Mauer köpfte der Henker manchmal einen auf dem Rücken gefesselten Mann, und die Menge sah zu. Das Kopfabschlagen galt als milde Bestrafung, denn der Delinquent mußte nicht lange leiden. Auf den Straßen boten Drechsler, Friseure, Suppenverkäufer, Wahrsager ihre Dienste an, umherziehende Fußpfleger entfernten Hühneraugen, Männer mit Guckkästen gewährten für kleine Münze einen Blick in die Welt.

Mein Großvater hatte seinen Sohn vor der Stadt gewarnt, vor der betrügerischen Gesinnung der Stadtbewohner. Er hatte manchen schädlichen Einfluß benannt, dem ein charakterlich noch ungefestigter Knabe ausgesetzt sein würde, Rebellion beispielsweise und das Glücksspiel, doch das andere Geschlecht hatte er nicht erwähnt. Und so machte mein Vater eine Initiationserfahrung, die er in der Rückschau auf jene Zeit nicht verschweigt, da mein Großvater sie mutmaßlich gebilligt hätte. Von älteren Mitschülern dazu ermuntert ging er, eben dreizehn, zu einer, wie er sie nennt, »illegalen« Prostituierten.

KINDHEIT UNTER DEM HAKENKREUZ

Als Kind sah ich aus großer Höhe auf die Welt hinab, die Gott mir als Schule des Lebens zugewiesen hatte. Ich ahnte ziemlich früh, daß es meine Welt nicht war. Ich wuchs in der Havelstadt Werder auf, unter dem Giebeldach eines dreigeschossigen engbrüstigen Hauses, das den Höhenzug über dem westlichen Ufer der Havel bekrönte wie ein Mäuseturm. Durch die Fenster unserer kleinen Dachwohnung konnte ich die eisblaue Havel und die schilfgesäumte Altstadtinsel mit der Kirche und den schmucklosen Fischerhäusern überblicken. Über den Fluß und das Gehölz des ehemals kaiserlichen Wildparks hinweg sah ich den Kuppelbau der Potsdamer Nikolaikirche. So hatte ich als Kind bereits im Blick, was mich formte, was sich auch meinem chinesischen Vater eingrub, als er in Berlin studierte: Preußen. Das ließ meinen Vater nicht los, und es blieb in mir. Preußisches Soldatentum fühlte ich noch in den Knochen, als ich längst Pazifist war. Das kulturelle Erbe Preußens feierte ich noch, als die italienische Renaissance mich bezauberte. Das preußische Ethos, das preußisch Solide werden mir im Alter wieder wichtig. Doch Heimat wurde Preußen mir nie, nicht als Land, nicht als Ethnie.

Werder ist vierzig Autominuten vom Berliner Kurfürstendamm entfernt. Mit seinen gottgegebenen Vorzügen – an einem lieblichen Fluß gelegen, inmitten moosgrüner Kiefernwälder und vier glitzernder Seen – verhält sich die Stadt zu Berlin wie Fontainebleau zu Paris. Zwar ist die Havelstadt mit zehntausend Bewohnern kleiner als Fontainebleau. Auch war sie nie ein Schauplatz historischer Denkwürdigkeiten. Doch mit ihren landschaftlichen Reizen wäre sie zu Glanz gekommen, hätten Weltkrieg, Sowjetisierung und Mauerbau sie nicht aus ihrer naturgewollten Konjunktur verbannt. Mein Knabenherz indes blieb stumm, wenn ich aus unseren Giebelfenstern auf Werder hinuntersah. Zur Havel hin senkten sich knorrig bewachsen und hoffnungsgrün belaubt die Obstgärten, die meine frühe Jugend mit dem Gepränge ihrer Frühlingsblüte dekorierten. Doch ich sehnte mich fort. Mißfällig beobachtete ich die Obstzüchter, wenn sie ihre Bäume mit Jauche düngten, wenn sie mit hartem Zugriff Blütenzweige schnitten, Triebe kürzten, Kirschen pflückten. Mich bedrückten diese Menschen. Wir waren arm. Doch bewohnten wir ein Blickfeld, in das reiche Leute Villen bauten.

Die Schönheit der Landschaft spiegelte sich weder in den Augen ihrer Bewohner, noch hat sie in deren Seelen ein Licht entzündet. Dieses Völkchen knochiger, blickscheuer, in sich selbst verkapselter, mehrheitlich vermögender Obstzüchter, deren Urväter sich während der ganzen Dauer des Dreißigjährigen Krieges auf der städtischen Havelinsel verschanzt hatten, bewohnte das Privileg einer begnadeten Natur so argwöhnisch, als würde es immer noch die Schweden fürchten. Ich habe diese Leute so selten lächeln sehen, daß ich die Artgebärde des Lächelns als Heranwachsender für unmännlich hielt und zu vermeiden suchte. Die in ihrer Mehrheit mißgelaunt schweigenden Werderaner waren weltabgewandt, regsam und prüde. Dabei genoß die Stadt im nahen Berlin einen ähnlichen Ruf wie der Wienerwald in Wien. Es war eine von Gebrüll und Gelächter berstende Lustbarkeit, der Werder seinen ordinären Ruhm und den Leumund der Frivolität verdankte: die alljährliche Baumblüte mit Budenzauber und Jux. Doch das Fest der Kirschblüte war nicht die Sause der Werderaner. Es war das Bacchanal der Berliner Kleinbürger, die in den Jahren meiner Kindheit mit dem Vorortzug, mit Motorrädern, einige sogar im Auto, aus den Arbeitervierteln Berlins anreisten und sich am billigen Obstwein berauschten.

Die Werderaner tranken nicht mit; sie gingen im Ernst der Belustigung auf. Sie füllten die Berliner mit ihrem süßen, heimtückischen Wein ab. Hinter ihren Höfen, die zu anderen Jahreszeiten so verschlossen waren wie sie selbst, schenkten sie ihn aus – Glas um Glas, Faß um Faß, in einem Duftgemenge aus Apfelblüte und Pferdejauche, indessen ohne Empfänglichkeit für die lasziven Glücksgefühle, die er hervorrief. Die Vorgärten vermieteten sie an Schießbudenbesitzer und Speiseeisverkäufer. Auch unser Paterfamilias Heinrich Kroll, »der Alte«, wie er von Mama und Oma genannt wurde, stand mit Kaiser-Wilhelm-Schnurrbart und spiegelblanker Glatze an der Straße und verkaufte aus behaarter Faust Kirschblütensträuße, einmal sogar an Hitlers Propagandaminister Goebbels, seinen Guru.

Im Innern unseres Hauses war alles niedrig und eng. Unsere Wohnung lag im obersten Stockwerk und war von drei übereinanderliegenden Behausungen die kleinste. Wir hatten zwei kleine Zimmer mit dachschrägen Wänden, eine enge, selten gelüftete Kammer, die »der Alte« bewohnte, eine Küche mit Gas- und Kohleherd und ein wäßrig blau getünchtes Kabuff, das ein Wasserklosett, eine klumpig emaillierte Badewanne und einen eisernen Ofen barg. Wir hatten kein Radio, nicht einmal Hitlers billigen Volksempfänger. Die Küche lag zum Garten hinaus, sie war das Bollwerk der beiden Frauen. Hier verschanzten sie sich vor »dem Alten«. Wenn Oma mich durchs Küchenfenster zu den Mahlzeiten rief, tat sie es französisch und per Sie: »Benno!! Allez! Allez!«

Die größeren Wohnungen in den beiden unteren Etagen hatte »der Alte« vermietet. Sogar im Keller hauste eine Miete zahlen-

34

de Familie. Mit deren Kindern durfte ich nicht spielen, denn diese Leute waren noch ärmer als wir. Mama lebte seit meiner Geburt unverheiratet mit »dem Alten« zusammen, der unser Haus unter Entbehrungen gebaut hatte. Mama hatte mir gesagt, daß er ihr Mann und mein Vater sei. Er war siebenundzwanzig Jahre älter als sie. Ihr Ehemann wurde er – nach seiner langwierig erstrittenen Scheidung von seiner ersten Frau – 1939, im letzten Sommer vor dem Krieg.

An jenem unfrohen Hochzeitstag, der den Kleinstadtskandal einer unzeitgemäß wilden Ehe spät beendete und kleinlaut mit Bienenstich und Erdbeerwein gefeiert wurde, ohne daß mich jemand wissen ließ, worum es ging, bekam ich seinen Familiennamen. Noch wußte ich nicht, wie Kinder erschaffen werden. Doch in meine Einbildung drang wie ein mystisches Geflüster bereits der Zweifel an der Vaterschaft des »Alten«. Er war mir ein Fremder bis zu seinem letzten Tag. Im Jahr seiner verschämten Eheschließung, am 22. September, wurde ich zehn Jahre alt. Der Zweite Weltkrieg hatte begonnen. Der »Alte« stellte freudig fest, daß auch Hitlers General Keitel, der den Krieg kommandierte, an diesem Tag Geburtstag hatte. Und Polen, das schwache Polen, war geschlagen.

Damals war »der Alte«, den ich Papa nannte, sechsundsechzig Jahre alt. Er hatte es bei den Husaren des Kaisers zum Feldwebel »mit« – wie ich in seinem abgegriffenen Soldbuch lesen durfte – »Geeignetheit zum Feldwebelleutnant« und als Beamter der Weimarer Republik zum Oberregierungssekretär gebracht. Das waren die höchsten Ränge, die ein Achtkläßler der Volksschule im preußischen Staatsdienst damals erklimmen konnte. Nun jedoch war er pensioniert. Er war der Nazipartei beigetreten, bevor Hitler die Regierungsmacht übernahm, und er war stolz auf die niedrige Mitgliedsnummer in seinem Parteibuch. Er war ein stocksteifer, hagerer Patron mit starken Händen und dem bockbeinigen Selbstgefühl des subalternen Aufsteigers. In seinem Garten, auf zwei Morgen teils gepachteter, teils eigener Erde, zog er süße und saure Kirschen, Äpfel und Beerenobst. In der Erntezeit fuhr er mit einer Handkarre voller gehäufter Bastkiepen unter den Sommerdüften seiner Ware nachts mit dem Zug nach Berlin, um frühmorgens als erster auf dem Markt zu sein.

Sonntags spionierte er in den Dörfern der Umgebung für die Auskunftei Schimmelpfeng. Er nahm mich gelegentlich mit; wir unternahmen lange Fußmärsche. Dabei sprach er mit empfundener Bewegung, die ihm einen nassen Film auf die Netzhäute rief, über »die große Zeit«, in die hineingeboren zu sein ich den Vorzug hatte. Das waren Momente, in denen ich mich dem »Alten« näher fühlte. Am Ziel trank er einen Schnaps und ein kleines Helles im Dorfkrug. Er strich sich den Bierschaum aus dem Schnurrbart und erkundigte sich beiläufig beim Wirt nach dem Leumund jener, über die in der Auskunftei ein Dossier angelegt wurde. Er war ein rastloser Arbeiter, der den eigenen Fleiß gerne mit der Untätigkeit unserer vornehmen Nachbarn verglich, die mit geringerer Mühsal zu größerem Wohlstand gekommen waren. Wochentags war er Obstbauer, am Sonntag Schnüffler. Ihn drückten die Hypotheken, die er sich meiner Mutter wegen aufgebürdet hatte. Um der ledigen Kindsmutter zu gefallen, um sie an sich zu binden und sich ihrer Dankbarkeit zu versichern, hatte er das Haus gebaut. Im Umgang mit mir war er schüchtern und von distanzierter Güte. Er hatte keine eigenen Kinder. Er wußte, daß er nicht mein Vater war. Aber da ich seinen Namen trug und jeder mich für seinen Sohn hielt, schmückte er sich mit meinem Leben als Erweis des eigenen. Ich vermochte nicht, ihn zu lieben. Denn Mama liebte ihn nicht. Und Oma, die Mutter meiner Mutter, haßte ihn.

Meine gehbehinderte Großmutter lebte bei uns, seit ich acht war. Die Knochentuberkulose hatte ihr ein Bein verbildet. Oma stützte das entbeinte Fleisch mit einer schenkelhohen Manschette aus Stahlschienen und Leder. »Der Alte« hatte sie, denn er spielte mit kleinen Nazibonzen Skat, vor der Euthanasie bewahrt. Es wurde ihm nicht gedankt. Beide Frauen verabscheuten Hitler, Oma unverblümter als Mama. Der »Alte« nahm es mürrisch schweigend hin, daß unsere Fenster an Hitlers Geburtstag nie mit der Hakenkreuzfahne beflaggt wurden. Er wagte nicht, in der Wohnung ein Hitlerbild aufzuhängen. Denn mehr als er seinen Führer liebte, begehrte er sein Weib. Sie hatten sich auf ein lebensgroßes Hindenburgbild in Öl geeinigt, in das ich mit den Gummibolzen einer Spielzeugpistole ein häßliches Loch schoß. Doch »der Alte« verprügelte mich nicht, er war nur traurig. Er prügelte mich nie, so als scheute er ein Fleisch und Blut, das nicht das seine war. Die Pflicht der Züchtigung oblag Mama, die sie mit der flachen Hand ausübte, sowie dem Lehrer in der Volksschule, der sich ihrer mit dem Rohrstock entledigte. Der »Alte« mühte sich nur, den fransigen Leinwandriß über des Feldmarschalls Schwarzem Adlerorden mit seinem groben, bei dieser Bemühung jedoch unsagbar zärtlichen Daumen glattzubügeln.

Er war fast taub und verstand nicht, was die Frauen beim kargen Abendessen über ihn sprachen. Wenn Ausströmungen des Gesagten sein Bewußtsein erreichten, sah er argwöhnisch fragend von seiner Kartoffelsuppe auf. Doch er löffelte weiter, sobald die Familie unter diesem Blick verstummte. Ich jedoch verstand jedes Wort, das gesprochen wurde. Mama zog mich, wissentlich oder meiner Wachsamkeit ungewiß, ins Komplott, wenn sie mit Oma in dessen Gegenwart über »den Alten« herzog. Sein Mißtrauen, seine kraftlose patriarchalische Dominanz und seine Knauserigkeit waren in meiner ganzen Kindheit des Geflüsters Thema.

Der »Alte« ahnte natürlich, daß er in dem amorphen Geraune, das ihn wie ein Geruch umgab, der Gefoppte war. Unter struppigen weißen Brauen sah er aus blaßblauen Augen in die Welt, Augen, die ein nie besänftigter Argwohn trübte. Und wenn er sich äußerte, sprach er ungewollt zu barsch. Meist war es eine Bekundung über Marktpreise, Düngemittel, Kreditzinsen oder des Führers historische Größe, manchmal eine bängliche Frage nach Mamas Woher und Wohin. »Der Alte« hatte sich an seiner jungen Frau verhoben, wohl nicht ganz zu Unrecht mißtraute er ihrer ehelichen Rechtschaffenheit. So kam es jeden Tag zu gellenden Zänkereien mit Wortgebrüll und Türenknall. Ich wuchs in einer Familie auf, die nie eine glückliche Stunde erlebt hat.

Auch meine Großmutter, Bauerntochter aus Mecklenburg, hatte im knospenden Backfischalter einen unehelichen Sohn zur Welt gebracht. Ein entlassener Fremdenlegionär tschechischer Herkunft war von ihrer Schande unbeeindruckt und heiratete sie trotzdem, ließ jedoch ihr Bankert im Waisenhaus zurück. Er wurde Vater meiner Mutter, eines weiteren Mädchens und zweier Söhne. Als einstiger »képi blanc« war er Franzose und dann Parkettlegermeister geworden. Er zog mit der Familie nach Sankt Petersburg, wo er dem Zaren, dann nach Lüttich, wo er dem Bischof zu edlen Dielen verhalf. 1900, im gleichen Jahr wie mein chinesischer Vater, kam in Lüttich Mama zur Welt. Unter dem Kreuzreliquiar von Sainte-Croix wurde sie auf den Namen Blanche getauft: »Die Reine«. Später zog die Familie nach Brüssel, mein Großvater hatte im Schloß des Königs Beschäftigung gefunden. Mama und ihre dort geborenen Geschwister waren halb Tschechen, halb Deutsche, dem Paß nach Franzosen, und sie gingen in belgische Schulen.

Der Fremdenlegionär, Veteran der französischen Unterwerfungskriege in Algerien, verschied während des Ersten Weltkriegs im Bett. Ungefähr zur gleichen Zeit kämpfte Omas ehelicher Sohn Edgar als Infanterist der *grande armée* gegen die Boches, während ihr deutscher Bastard Hans, der im Waisenhaus zurückgeblieben war, für Wilhelm Zwo bei Verdun sein Leben ließ. Nach dem Ende des Ersten Weltkriegs zogen die im Ausland geborenen Brüder meiner Mutter, die ihn überlebt hatten, nach Paris. Einer gründete eine Familie. Der andere, der, den ich lieber mochte, Onkel Arthur, nahm sich einer be-

törenden Pariser Kokotte wegen das Leben. Mama folgte Oma
1918 in deren mecklenburgische Heimat. Sie war achtzehn und
lebenshungrig, sie reiste weiter nach Berlin. In der Auslandsabteilung des Statistischen Reichsamts fand sie einen Job als Bürohilfe. Sie war klein, 1,58 etwa. Sie sprach deutsch mit der
Attraktion französischer Akzentuierung. Sie hatte kastanien-
braunes Haar, haselnußbraune Augen, den großen Blick einer
Kurzsichtigen ohne Brille, schlanke Beine und bis in die tristen
Jahre ihrer Ehe hinein »Verehrer«, wie man damals sagte.
In der Statistikbehörde hatte ein chinesischer Doktorand eine
Praktikantenstelle: mein Vater. Er war ein unaufdringlicher,
schlitzäugiger Belami, der Frauen mit seiner asiatischen Zu-
rückgenommenheit für sich einnahm, neben einigen anderen
auch meine Mutter. Sie war so grazil, daß sie seiner Kleinwüch-
sigkeit in idealer Abmessung gemäß war. Sie kamen sich näher.
Es waren die »Goldenen Zwanziger«, als Berlin mit den Traditionen des Kaiserreichs brach, und sie waren mittendrin. Die
Auslandsabteilung der Behörde hatte ihre Büros in einem ehemals eleganten Hotel am betriebsamen Kurfüstendamm, den
der junge amerikanische Schriftsteller Thomas Wolfe einmal
»das größte Caféhaus Europas« nannte. Sie bildeten ein auffäl-
liges Paar, der Chinese und die Weiße mit den langen Beinen.
Doch wenn sie nach Dienstschluß auf diese Straße traten, durften sie sich sicher fühlen. Der Kurfürstendamm war ein libera-
ler Boulevard. Die Avantgarde der Literatur – Frank Wedekind,
Erich Mühsam, Carl Sternheim – saßen, fünfhundert Meter
vom Reichsamt entfernt, im Café des Westens. Aber manchmal stürmten Hitlers SA-Horden über die Prachtstraße. Mama
hatte gesehen, wie sie Passanten, die sie für Juden hielten, über
den Fahrdamm hetzten, um ihnen handgreiflich zu vermitteln,
was ihr Führer von Juden hielt.
Mein Vater hat diese Facette des deutschen Wesens nicht begriffen. Wenn ich später die Rede darauf brachte, sah er mir
starr ins Gesicht und senkte den Blick. Er schüttelte nur den

Kopf. Er wußte von anderen Grausamkeiten, denn in China tobten, während er in Berlin war, die Warlordkriege. Folter und gewaltsamer Tod waren in seiner Heimat an der Tagesordnung. Er war in die politischen Aktivitäten der nach Berlin ausgewichenen chinesischen Intelligenzija verstrickt. Das Judenthema gefährdete die Bewunderung, die er für die Deutschen hegte.

Ich weiß nicht, was die beiden in Berlin unternahmen. Gingen sie zum *five o'clock tea*, der in den Cafés am Kurfürstendamm gegeben wurde? Tanzten sie, mit geschlossenen Knien und herausgedrehten Füßen, Charleston? Von meinem Vater kann ich mir das schwerlich vorstellen. Doch Mama schwärmte für Josephine Baker, die in Berlin gastierte. Die US-Diseuse aus Paris hatte die schwarze Balz zum Berliner Modetanz gemacht. Mein Vater beschreibt Mama in seinen Memoiren als »lebhaft, munter und naiv«. Doch sie zeigte sich ihm auch liebevoll. Als er sein Doktorexamen bestand, schenkte sie ihm, wie er vermerkt, rote Rosen und eine Gesamtausgabe der Werke Goethes.

Im Statistischen Reichsamt arbeitete zu jener Zeit auch »der Alte«. Für den subalternen Beamten aus dem biederen Werder, der verheiratet und aus Deutschland nie herausgekommen war, muß die französische Bürohilfe aus der Auslandsabteilung eine unkeusche Anfechtung gewesen sein. Ich mag mir nicht vorstellen, wie der spröde Hagestolz ihr die Cour machte. Jedenfalls wird Mama ihn erhört haben, kurz nachdem sein Nebenbuhler, den er als Rivalen mutmaßlich unterschätzte, Berlin verlassen hatte. Mein chinesischer Vater hatte ein sentimentales Herz, das er im Alter weniger versteckte. Als ich ihn das letzte Mal sah, schenkte er mir die Handschrift seiner Erinnerungen. Er gab sie nur mir. Ich ließ sie übersetzen und fand bestätigt, was Mama beteuert hatte, als sie mich über meine Herkunft aufklärte: Er hatte sie nicht, wie ich manchmal geargwöhnt hatte, mit ihrem ungewollten Baby sitzenlassen. Dessen hatte mich auch ein in Berlin lebender Chinese versichert, ehe ich meinen

Vater fand. Er hatte gesagt: »Ein chinesischer Mann bekennt sich stets zu einem Sohn. Vielleicht nicht zu einer Tochter. Jedoch zu einem Sohn.«

Mein Vater hat mich noch gesehen, als ich im Kinderwagen lag. Zwischen Zeigefinger und Daumen hat er meine Stirn abgemessen und gesagt: »Er hat meine Stirn.« Er trug Mama die Ehe an. Doch sie mochte ihm in seine unruhige Heimat nicht folgen. So fuhr er traurig allein nach China. Vater kannte »den Alten« nur aus den finsteren Fluren der Behörde. Er wußte nicht und hätte sich auch nicht vorstellen können, daß Mama sich diesem Mann verband, weil er ihrem Sohn eine Heimstatt gab.

Ich liebte Mama, in der ich die Geisel des »Alten« sah, mit der Inbrunst des parteilichen Kindes. Einmal wöchentlich ging »der Alte« zur Naziversammlung, einmal zum Skat mit seinen Parteigenossen. Das waren die Abende, an denen Mama durchatmete und sich ein Gläschen Likör genehmigte oder ins Kino ging. Sie schlief nicht mit ihrem Mann im Ehebett, sondern mit mir, ihrem Günstling, der seit seinem zwölften Lebensjahr heimlich neben ihr onanierte, freilich nicht so unbemerkt, wie er hoffte. »Der Alte« nächtigte in der Kammer nebenan, in der ein Nachtgeschirr den Geruch von Altmännerurin verbreitete. Wenn er mit Mama die Ehe vollziehen wollte, bremste sie ihn mit dem Geheiß, er müsse vorher baden. Das war eine versteckte Zurückweisung, denn wir hatten nur die ofengeheizte Badewanne. Der eiserne Ofen fraß für den hochentwickelten Sparsamkeitssinn des »Alten« zu viele Briketts. Doch einmal im Monat kam er zu Mama und fragte schüchtern: »Soll ich heute baden?«

Als der Zweite Weltkrieg ein halbes Jahr alt war, mußte ich – so wollten es Hitlers Gesetze – dem Deutschen Jungvolk in der Hitlerjugend beitreten, denn ich war zehn. Ich trug das braune Uniformhemd, ich war ein »Pimpf«, und ich war stolz auf meine Uniform. Aber immer noch fragten mich meine Kameraden mit hämischem Unterton, ob ich chinesischer Abstammung sei. Ich hatte kaum geschlitzte Augen, jedoch den kurzen Kopf, die kurzen Brauen, das dunkle Haar und die weiche, getönte Haut der Asiaten. Dieses Ensemble verriet Hitlers wachsamen Novizen, was sich mir selbst nicht erschloß. In der Potsdamer Oberschule, die ich, seit ich zehn war, mit dem Vorortzug erreichte, nannten die Klassenkameraden mich höhnisch »Mongolenfurz«. Doch ich verstand das nicht. Ich sah mich nicht so.

Zu Hause stand ich oft lange vor dem Spiegel und studierte meine Gesichtszüge. Ich suchte das Asiatische, das die anderen sahen. Ich fand es nicht. Ich sah einen aufgeschossenen Sprößling mit weichen Zügen in einem Kopf, der mir kürbisartig zu groß, aber keineswegs asiatisch erschien. Den Germanen, der ich gern gewesen wäre, denn er war des Führers Augenstern, fand ich allerdings auch nicht. Ich hatte mir manchen Schulkameraden als Freund gewünscht, doch es gelang mir nicht, ihn zu gewinnen. Er kam mir nahe, ich war ihm fremd.

So wortschöpferisch wie die Jungen in der Oberschule waren die Kinder in der Werderschen Volksschule nicht. Sie gaben mir keine Spitznamen. Sie verprügelten mich. Ich war ihnen ausgeliefert. Eine Schiefhalsoperation hatte mich für die ersten zwei Lebensjahre partiell gelähmt; meine Arme, die in Gips gelegen hatten, waren abgezehrt und dünn. Oma bestrich meine Blessuren mit Jod. Sie ballte ihre zarte Faust und rief: »Du mußt dich wehren!« Doch ich versuchte es gar nicht. Ich hielt mir nur die Fäuste vors Gesicht, wenn die plumpen Zwillinge des Schlächters Gnädig und ihre Kumpane auf mich einschlugen. Während der letzten täglichen Schulstunde zitterte ich auf meiner Bank. Wenn dann die Klingel schrillte und mir wie ein Sirenenheulton ins Herz fuhr, raffte ich meine Sachen zusammen und rannte panisch aus dem düsteren Backsteinbau der Schule. Ich rannte auch, wenn mir keiner folgte. Manches Mal schlich ich, um die Meute zu täuschen, auf beschämenden Umwegen nach Hause. Ich hatte ein quälendes Empfinden für das Ehrenrührige meiner Angst, doch ich kam nicht gegen sie an. Die schlimmste Demütigung erfuhr ich, als ein Lehrer den Jungen suchte, der auf dem

Schulhof eine Leberwurststulle weggeworfen hatte. Mit der Stulle in der Hand appellierte der Lehrer an unser Ehrgefühl. Er forderte den Missetäter auf, sich zu melden. Als keiner den Finger hob und der Klasse eine kollektive Strafe drohte, schlichen die Zwillinge Gnädig zu mir und drohten mir Prügel an, falls ich mich nicht bekennen würde. »Ich war es nicht«, raunte ich. »Wissen wir«, zischten sie, »melde dich trotzdem! Wenn nicht, schlagen wir dir die Zähne in den Hals!« Die satten Schlachterjungen hatten die kriegsbedingte Rarität eines Leberwurstbrotes selber weggeworfen und waren zu feige, dafür einzustehen. Ich haßte sie aus tiefster Knabenseele und war doch nicht mutiger als sie. Hinter mir sitzend stießen sie mir ihre Rückhandknöchel in die Nieren. Obwohl ich an der Demütigung verging, wies ich ihr Ansinnen nicht zurück, sondern hob aus Angst vor ihren Fäusten die Hand. »Na, also«, rief der Lehrer, »da hat endlich einer den Mut zur Wahrheit!« Er schrieb einen Tadel ins Klassenbuch und ließ mich das Wurstbrot vor der Klasse aufessen. Die Zwillinge grinsten. Das Brot war trocken und hart, aber eine Wurst, schmackhaft wie diese, bekam ich zu Hause nie. Es beschämt mich bis heute, daß sie mir schmeckte.

Ich war kein Opfer rassistischer Verfolgung. Die Werderschen Raufbolde peinigten den, der dem propagierten Idealtypus des Aggressors nicht gerecht wurde. Chinesen wurden zu Beginn der Nazizeit nicht verfolgt. Aber das »Gesetz zum Schutz des deutschen Blutes und der deutschen Ehre« galt auch für sie. »Mischehen« waren verboten. Wenn es zwischen einem Chinesen und einer deutschen Frau zu intimer Verbundenheit kam, fand sich oft ein Deutscher, der das Paar anzeigte. Die Gestapo verhaftete die beiden, und der Chinese wurde wegen »Erregung öffentlichen Ärgernisses« zu einer langjährigen Gefängnisstrafe verurteilt, die er meist im Konzentrationslager verbüßte. Dann aber, als Deutschland sich 1940 mit Chinas langjährigem Kriegsgegner Japan verbündete, kamen auch der »Blutschande« nicht bezichtigte Chinesen ins Konzentrationslager. In Werder war das freilich nicht bekannt. Und ich war ja kein Chinese. Ich war nur ein schwächlicher Hitlerjunge, dessen Fäuste niemand fürchten mußte.

Aber es gab Hänschen Brüning, einen kräftigen, dunkelblonden Arbeiterjungen aus der Finkenberg-Siedlung am Rande der Stadt. Ich habe ihn nie vergessen. Der Finkenberg war »rot«, er war als »kommunistisch« verrufen, Hänschen Brüning somit wie ich ein Außenseiter. Er ging in meine Klasse, hatte aber einen anderen Schulweg. Er war nicht einmal mein erklärter Freund, doch in unerklärter Anhänglichkeit begleitete er mich mitunter. Er wußte, was uns bevorstand, und tat es dennoch. Sobald die Meute am Straßenrand aus dem Gebüsch brach und über mich herfiel, drängte sich der kräftige Junge dazwischen. Er fing die Schläge mit seinem Körper ab und verteidigte mich mit seinen Fäusten. Ich habe seine Familie nicht kennengelernt, denn mit den Kindern vom Finkenberg durfte ich nicht spielen. Heute jedoch wüßte ich gerne, wer ihm vermittelt hat, daß der Edle den Schwächeren verteidigt. Ein Kommunist?

Als ich zwölf war, dann dreizehn wurde, ließen die Prügelgefährten meiner Schulwege von mir ab. Denn ich war zu Kräften gekommen und zahlte es ihnen mit gleicher Münze heim. Während der Fahrt zur Oberschule geriet ich mal mit einem gleichaltrigen Jungen aneinander. Ich schlug ihm mit einem Haß ins Gesicht, der mich selbst befremdete. In einer jäh aufkochenden, glutheißen Wut boxte ich ihm die Nase und die Augenbrauen blutig. Es saßen Erwachsene im Abteil. Sie schwiegen wie erstickt. Unter ihren bestürzten Blicken erlosch mein Haß. Meine Genugtuung schwand, bevor sie mich erquicken konnte. Doch mein malades Ehrgefühl genas fortan durch meine Faust.

Seit der Sudetenkrise war Mama nur noch sonntags zu Hause. Da sie fließend französisch sprach, war sie von Görings Luftwaffe dienstverpflichtet und zur Abwehr kommandiert worden. Im Marstall des Neuen Palais in Sanssouci versah sie einen geheimnisvollen Dienst, über den sie nichts verlauten ließ. Von

Montag bis Samstag nächtigte sie im Dormitorium ihrer Dienststelle. An Baumblütensonntagen wurde sie in Werder von schneidigen Offizieren in unserem Garten besucht. Die Herren machten ihr hackenschlagend mit eckiger Courtoisie den Hof, während »der Alte« taub, jedoch nicht blind, mit einem Kirschblütenstrauß in der geballten Faust dabeistand. Nach der Kapitulation Frankreichs war Mama ständig weg. Die Abwehr hatte sie ins besetzte Paris versetzt. Dort half sie ihrem Bruder und seiner Familie hinter dem Rücken der Gestapo über die Hungerjahre unter den Deutschen hinweg. In Werder schlich »der Alte« verstimmt durch Haus und Garten, beklagte sich aber nicht, denn seine Frau stand für Führer und Vaterland im Krieg. Doch er mag sich vorgestellt haben, daß sie in der fernen Stadt des Lichts das Leben lebte, das sie unter seiner Kuratel so lange entbehrt hatte. Sie kam selten auf Urlaub nach Hause. Wenn sie nach zwei viel zu kurzen, von ihrer Zärtlichkeit verzauberten Wochen wieder abreiste und ich in Berlin auf dem Bahnsteig zurückblieb, während ihr Zug aus der Halle dampfte, dann sah ich sie am Fenster weinen. Und ich erlosch an meinem tränenlosen Schmerz.

In Werder besuchte ich einmal in meiner Pimpfenuniform unangemeldet Frau von Eberstein, Mamas adlig verheiratete jüdische Freundin. Sie sah an meiner Uniform vorbei, servierte mir auf weißblauem Porzellan Kuchen und Kakao und befragte mich nach dem Ergehen meiner Mutter. Die Frauen hatten sich lange nicht gesehen. Frau von Eberstein respektierte einsichtsvoll die Besorgnisse Mamas, die – wie Mama mir flüsternd erklärt hatte – als Angehörige der Abwehr mit einer Jüdin keinen Umgang haben durfte. Frau von Eberstein war eine dunkelhaarige, bronzehäutige Frau, die dem krummnasigen Judenbild, das Schule wie Hitlerjugend uns vermittelten, in nichts entsprach. Ich wußte von Mama, daß ihre verleugnete Freundin, seit sie den Judenstern tragen mußte, nicht mehr auf die Straße ging. Sie war eine Schönheit. Mein Herz klopfte. Mit meinen

ermannten Fäusten hatte ich mir eine Pimpfenkarriere er-
kämpft – ich hatte eine rotweiße Kordel auf der Brust und hoffte, die heimlich Angebetete würde davon beeindruckt sein.
Kurz nach meinem Besuch starb ihr nichtjüdischer Mann. Dadurch verlor sie die fragile Immunität, die sie durch die Ehe mit
einem »Arier« erfahren hatte. Als zwei Gestaposchergen kamen, um sie abzuholen, ging sie unter einem Vorwand ins
Schlafzimmer und erschoß sich mit der Pistole ihres toten Mannes. Oma seufzte laut auf, als sie von diesem Freitod erfuhr – es
war ein Schrei. Dann sagte sie, so sei es besser. Sonst wäre Frau
von Eberstein »nach Auschwitz« gekommen. Oma ballte ihre
kleine Faust und schrie: »In Auschwitz quält die SS die Juden!«
Offenbar wußte sie nichts vom Gas, aber sie wußte vom KZ. Sie
wußte, weil sie wissen wollte.
Als der Krieg zu Ende ging, war meine Mutter wieder zu Hause.
Werder erwartete den Vorstoß der Roten Armee wie einen
Weltuntergang. Ich wurde, fünfzehn Jahre alt, an Panzerfaust
und Maschinengewehr ausgebildet. Der Kommandant des
Werderschen Volkssturms, ein bejahrter Nazi, der an Hitlers
Endsieg glaubte, machte mich zu seiner persönlichen Ordonnanz. Mama erschrak, denn der Mann hatte ernstlich vor, Werder mit Kindern und Alten zu verteidigen. Da ich an seiner Seite
kämpfen sollte und soldatisches Heldentum für eine Tugend
hielt, fürchtete Mama um mein Leben. Doch bevor die Russen
kamen, wurde ich ins Wehrertüchtigungslager der Kriegsmarine nach Dänemark einberufen. Die brandenburgische HJ-Führung meinte freilich, ich würde an der Heimatfront gebraucht,
und forderte den Einberufungsbefehl zurück.
Bevor ich der neuerlichen Anordnung genügen konnte, packte
Mama, ohne mit mir zu verhandeln, meinen Tornister, steckte
den Einberufungsbefehl, der gleichzeitig meine Fahrkarte war,
in ihre Pariser Handtasche und fuhr zwei Tage zu früh mit mir
nach Berlin. Vom Potsdamer Platz zum Lehrter Bahnhof, wo
sie mich in einen der letzten Züge nach Warnemünde setzte,

46

mußten wir laufen. Wir liefen durch die brennende Stadt. Es war noch finster – der frühe Morgen des 20. April 1945, Hitlers letzter Geburtstag. Im Tiergarten, zwei Steinwürfe von seinem Bunker entfernt, gingen wir an einer ausgebrannten Villenruine vorbei. Hinter geborstenen Fenstern feierten junge Offiziere einen offenbar soeben mit dem Ritterkreuz dekorierten blonden Leutnant mit Sekt und trunkenen Gesängen. Er war wenige Jahre älter als ich. Der Orden schaukelte am langen Band von seinem Hals, und ich beneidete ihn. Zwei Reisetage später war ich in Dänemark und meiner Chance entrückt, es dem schönen Leutnant gleichzutun und mir den Hals zu schmücken.

Denn ich war nicht dabei, als der Werdersche Volkssturmkommandeur die Stadt nahezu allein verteidigte. Weil er auf die einrückenden Sowjetsoldaten noch schoß, nachdem die Parteibonzen geflohen waren und die Werderaner mit Bettlaken, Decken und allem, was weiß war, kapituliert hatten, stellten ihn die wütenden Russen an seine Hofmauer und erschossen ihn. Sie erschossen auch seine Frau und seine halbwüchsigen Kinder. Eine Ordonnanz, die sein Heldenschicksal nach aller Logik jener Tage hätte teilen müssen, stand ihm nicht zur Seite.

Am gleichen Tag, dem 1. Mai 1945, wurde ich mit zweihundert Kameraden meines Alters auf Hitler vereidigt. Daß er sich tags zuvor umgebracht hatte, war im dänischen Holbœk noch nicht bekannt. In der Uniform der Marine, mit Stahlhelm und Karabiner, traten wir im Karree an, unsere Offiziere und Bootsmänner trugen weiße Handschuhe. Ein letztes Mal ging mir mein Pimpfenherz auf. Wir schworen Adolf Hitler, von dem wir nicht wußten, daß er uns feige im Stich gelassen hatte, Treue bis in den Tod. Keiner von uns war älter als fünfzehn. Im Sinne der Genfer Konvention waren wir dennoch Kombattanten. Das hatte freilich keine Bedeutung mehr für mich, denn in Dänemark streckte die Wehrmacht kampflos die Waffen. Von Bedeutung war, daß englische Soldaten uns in ein Gefangenenlager brachten. Als Gefangener war ich endlich frei. Ich wußte es nur noch nicht.

47

EIN CHINESISCHER PATRIOT

Meines Vaters Lieblingsschwester T'ung Yin heiratete mit fünfzehn. Sie heiratete den kranken Gimpel, dem sie versprochen war. Er war kein schmucker Hochzeiter, die Wassersucht hatte ihm Schenkel und Augenlider aufgetrieben. Mein Vater, der seiner Schwester Halt gegeben und den sie so geliebt haben mag wie er sie, war nicht mehr in Shi Long An, er besuchte auch die Schule in Su Song nicht mehr. Seit Jahresfrist ging er fern von ihr in der Provinzhauptstadt Anqing aufs Gymnasium, das jeder »die lange Schule« nannte, und natürlich wohnte er im Dormitorium der Anstalt. So konnte er leibhaftig nicht bei seiner Schwester sein, als sie heiratete. Und doch war er bei ihr: Er dachte an sie, seit ihn der Gedanke an ihren Hochzeitstag wie ein Faustschlag geweckt hatte. Vor dem Einschlafen quälte ihn seine Phantasie mit der Zwangsvorstellung, wie sie tomatenrot umschleiert dem maladen Tor zur Seite saß, der nun ihr Gebieter war. Er sah die roten Lampions über der Festtafel im Nachtwind glühen, und er fühlte so deutlich, als hätte er die Blässe ihrer Wangen sehen können, wie seine Schwester in sich hineinweinte.

Als mein Vater mir gegen Ende seines Lebens in einer an Erinnerungen verlorenen Stunde von seiner Schwester erzählte, tat er es in so dürren Worten, daß ich ihm die Gefühle von den

48

Augen ablesen mußte. »Die Geschwisterliebe war bei uns echt und natürlich«, las ich im Skript seiner Memoiren. Das klang wie ein Schwur. Es klang aber auch wie eine Deduktion aus Chinas bedeutendem Sittenroman *Der Traum der roten Kammer*. Der Autor Cao Xueqin, Sohn einer begüterten Familie des achtzehnten Jahrhunderts, erwähnt die erotischen Anzüglichkeiten, mit denen Knaben und Mädchen einer Familie von Rang sich in kindlicher Unschuld neckten. Dann aber gibt eines der Mädchen sich den Tod, weil ihr Kindheitsgeliebter die Braut heiratet, die seine Eltern ihm bestimmt hatten. Als ich das las, fragte ich mich: War T'ung Yin in diesem Sinn meines Vaters Schwester? Hat er sie unziemlich amüsiert? Hat er sie heftiger geliebt, als einem Bruder ansteht? Wie hielten es die Chinesen in der konfuzianisch verpflichteten Gesellschaft überhaupt mit dem Sex? Im *Traum der roten Kammer* wachsen die Kinder, Jungen wie Mädchen, zu faunischen Lüstlingen heran, die sich ohnmächtige Bedienstete gefügig machen. Und ich glaubte, Grund zu der Annahme zu haben, daß mein Großvater sich Konkubinen hielt.

Ich ging auf die Siebzig zu, als dieser Verdacht in mir aufstieg. Ich fragte mich, ob T'ung Yin und mein Vater Kinder derselben Frau waren. Doch welchem meiner Verwandten konnte ich diese Frage stellen? Die Familienchronik der Changs kennt als Frau meines Großvaters nur jene, die er »Mao« nannte. Das in bemühter Kalligraphie auf feinstem Papier handgeschriebene, vielbändige Konvolut bezeugt die Lebensläufe der Männer und Eckdaten, spärliche nur, vom Erdendasein ihrer Frauen. Die Changs von Shi Long An hatten es während der Kulturrevolution unauffindbar versteckt, so entging es den Scheiterhaufen der Roten Garden. Nun hat es den Rang einer Reliquie. In ihm ist »Mao« die Mutter T'ung Yins. Durfte ich das bezweifeln?

Mit den Enkelkindern meines Großvaters, meinen sechs Halbgeschwistern sowie ungezählten Cousinen und Cousins, stand ich ohne eine mir bewußte Ausnahme in Gesprächskontakt, mit einigen über Jahrzehnte, mit manchen nur für die Minuten einer höflichen Begrüßung. In allen über die Sprachbarriere hinweg geführten, oft banalen Unterhaltungen war irgendwann von unserer gemeinsamen Abkunft die Rede. In Shi Long An hörte ich: »Blut ist dicker als Wasser.«

Doch von meiner Großmutter war selten die Rede, so als hätte sie nicht gelebt oder als hätte sie, da sie eine Frau war, keine Bedeutung.

Und ich zügelte meine Wißbegierde. Denn mich fragte man auch nichts. Nie fragte man nach meiner Mutter, nie nach ihrem Mann, allenfalls nach Geschlecht und Zahl meiner Kinder. Fragen von intimerer Bedeutung schienen einem Versuch unschicklicher Aneignung gleichzukommen. Also habe auch ich nichts gefragt. Ich war im Clan der Quereinsteiger, der eine andere Sprache spricht, der in ihrem Geist urteilt, und manchmal, wenn die Changs mit zurückgeneigten Köpfen lange schwiegen, war mir, als fürchteten sie ebendies: mein abendländisches Urteil. Familiendramen, chinesisch eigentümliche zumal, verschwiegen sie mir, mochten sie auch lange zurückliegen. Niemand zweifelte daran, daß ich ein Blutsverwandter war. Manche sagten, ich sähe meinem Vater ähnlicher als seine anderen Söhne. Immer wurde ich freundlich aufgenommen – und lächelnd ferngehalten.

Eines Tages, sehr spät allerdings, begann ich, gegen ihre lächelnden Gesichter anzufragen. Denn ich bin Reporter. Ich lebe von der Neugier, sie ist in mir wie ein Trieb. In bezug auf meine chinesische Abkunft wurde der Trieb desto stärker, je deutlicher ich fühlte, daß mein Leben dahingeht. Diesmal sollte er mich zu meinen Wurzeln führen. Ich recherchierte keine fremde Familie, sondern die, in der ich mich zu finden hoffte. Mein Aufenthalt in Shi Long An gab mir den letzten Stoß. Seither fragte ich unverblümt. Zu meiner Verblüffung wurde mir manchmal geantwortet. Wir waren alle älter geworden. Dinge, die den Befragten früher wichtig erschienen, waren es nun nicht mehr. Einigen meiner Verwandten brachte mich das Fragen näher. Dann begegnete ich einem Ausbruch von Wärme – wie Parzifal beim Gral, als er, dem Tode nahe, die Erlösungsfrage stellte. Über T'ung Yin wußten sie kaum mehr als die Tatsache ihres kurzen Lebens. Fragen biologischer Mutterschaft hatten sie nie interessiert. So erschien hinter mancher Antwort, die mir gegeben wurde, eine andere Frage, und hinter manchem Licht blieb ein unbetretenes Dunkel.

Als ich das Dorf unserer Ahnen besuchte und bei allen Mitgliedern des Clans auf eine vulkanisch hervorbrechende Zuneigung stieß, führten sie mich zum Grab meines Großvaters. Der tafelförmig geschnittene Grabstein steht über dem weiten Land, das einst das seine war. Er war von den Blessuren entstellt, die ihm die Rotgardisten beigebracht hatten: Ich sah die Lotosornamente zerstoßen und die behutsam in das Sedimentgestein gravierten Schriftzeichen verstümmelt.

Die Frauen der Changs und einige ihrer Männer warfen sich in das nasse Gras. Sie berührten den Boden neunmal mit der Stirn und bedeuteten mir, es ihnen gleichzutun. Sie sind aus der Hölle des Nihilismus erlöste Buddhisten. Ihre Ahnenverehrung feit den Toten gegen Leiden im Jenseits. Mein Vater war Christ. Ich bin es auch, doch ich habe keine Kirche. Ich fiel auf die Knie. Kniend sammelte ich mich. Kniend faßte ich den Grabstein meines Großvaters ins Auge und lauschte in mich hinein. Dabei wurde ich mir der vier kleineren Grabsteine bewußt, die – zwei zu jeder Seite – seinen größeren flankierten. Wer lag unter ihnen begraben? Ich konnte die Changs im Moment meines Innewerdens nicht fragen, denn sie überwachten meine Demut. Tiefer, gaben sie mir winkend zu verstehen. Tiefer! Und so streckte ich meine Glieder und senkte meinen Kopf neunmal ins Gras. Erst nachdem ich aufgestanden war und mir die Halme von der Hose geklopft hatte, fragte ich: »Wer liegt unter den vier kleineren Grabsteinen?« Die Köpfe der Changs flogen zu Ming Hsin,

51

dem Clanältesten. Der zögerte nicht zu antworten. Er sagte grinsend: »Dort liegen Großvaters Frauen.« Da von meines Großvaters legitimer Gemahlin, sofern sie überhaupt Erwähnung fand, stets im Singular die Rede war, wurde mir erst in diesem Augenblick klar, daß er Konkubinen hatte.

Es war also keinesfalls sicher, daß die ihm angetraute Frau seine zehn Kinder allein geboren hatte. Als T'ung Yin geboren wurde, war »Mao« fast vierzig. Das war für eine Chinesin jener Tage ein ungewöhnlich hohes Gebäralter, um so mehr wenn ihr Gebieter seine Rechte wahrnahm und sich Konkubinen hielt. Ihn verlangte es nach seinen in aller überlieferten Regel jüngeren Nebenfrauen. Und mein Vater hatte mit einem gepreßten Seufzer hervorgestoßen, er fühle sich schuldig, weil ihm zuteil geworden war, was seiner Schwester versagt blieb: die Liebe der Mutter. Welcher? »Mao« mußte ihres Mannes Kinder nicht selbst geboren haben, um deren Mutter zu sein. In der Familienhierarchie stand die Erstfrau eines chinesischen Mannes über seinen Nebenfrauen, und deren Kinder gehörten ihr, als hätte sie selbst ihnen das Leben geschenkt. Wie er erwartete auch sie von seinen Konkubinen, daß sie Söhne zur Welt brachten. In diesem Licht erscheint es fast logisch, daß eine als unnütz begriffene Konkubinentochter aus dem Haus gegeben wurde. Wenn sie es denn war.

Als seine Schwester heiratete, war mein Vater siebzehn. Kurz darauf, er war nun achtzehn, aber noch ein Schüler, heiratete er selbst. Auch er nahm die zur Frau, die seine Eltern ihm erwählt hatten. Sie hieß Wu Mei. Sie war ein Kind der Familie, in deren Haus die von meinem Vater besuchte Geschlechterschule ihren Unterrichtsraum hatte. Es war fünfhundert Meter vom Wohnsitz meines Vaters entfernt. Oft spähte er in die Zimmer, die dem Klassenraum benachbart lagen. Er folgte seiner natürlichen Begierde, die Frau zu betrachten, der er ohne Liebe angehören sollte. Doch er bekam seine Kindsbraut erst wenige Tage vor der Hochzeit zu Gesicht. Was sah er, als er sie sah?

Das verschweigen seine Memoiren. Er schreibt: »Ich hatte von anderen gehört, wie sie aussah.« Also wie? Nichts.

Im Frühherbst 1921 brachte sie einen Sohn zur Welt, meinen acht Jahre älteren Halbbruder Chian Chih, der Lan Ch'un genannt wurde, bis er, wie alle Geschwister, einen westlichen Namen bekam: Allen. Er wurde der unter den Changs, der mich am offenherzigsten an sich heranließ – ein Bruder. Als er die Achtzig schon überschritten hatte und ich die Siebzig und wir in seinem kalifornischen Haus über China sprachen, erlag ich angesichts seiner einer somnambulen Täuschung: Er berichtete aus seiner Kindheit. Er beschrieb Großvaters Haus. Es sei groß gewesen, sagte er, hundert Meter breit, dreißig Meter tief. »Nein!« rief ich. »So groß war es doch noch nicht, als du Kind warst!« Allen sah mich verwundert an. »Gewiß, es war so groß«, antwortete er. Er hatte von seiner Kinderzeit erzählt, doch in meiner Imagination sah ich die Knabenwelt meines Vaters. Mir war entrückt, daß Allen zu mir sprach. In dieser unendlichen Minute sah ich in seinem Gesicht wie hineingeschmolzen das Antlitz meines Vaters. Wir tranken grünen Tee. Es war heller Morgen. Doch in meinem Bruder erschien mir der Tote. Dann, abtauchend wie ein Traumbild im Licht, wich das eine Gesicht aus dem anderen – und ich erkannte Allen wieder. Ich brauchte Zeit, um zu mir zu kommen, wie ein aufgestörter Schlafwandler.

Ich habe oft versucht, mir von meinem Vater ein Jugendbild zu machen, eines, das mehr aussagt als das Schülerfoto, auf dem er mit aufgestülpten Lippen nur seinen knabenhaften Trotz darbietet. Ich habe ihn von Angesicht zum erstenmal gesehen, als er vierundsechzig war. Der Zauber bewahrter Vitalität und einer noch unverbrannten Gedankenglut umgaben ihn damals. In seiner Jugend war er voller Leidenschaft, ihn empörte Chinas Machtlosigkeit. Bevor er sich den politischen Zwängen beugte, denen später alle Chinesen unterworfen wurden, welcher Ideologie sie auch folgten, war er Rebell, dann Partisan. Er ließ sich

53

begeistern, vermochte sich hinzugeben – an die Schwester, an seine romantischen Neigungen, auch an finstere Ehrenmänner, die er als Jüngling nicht durchschaute. Und er war nicht ganz ohne Leichtsinn.

Er hatte die Pubertät gerade hinter sich, als er seinem Vater Geld stahl, um in Shi Long An ein Teehaus aufzusuchen. Die Patronin und deren Tochter waren schöne Frauen, erinnerte er sich im Alter, ohne freilich mitzuteilen, was ihn mehr bezauberte – die Gegenwart lockender Weiblichkeit oder der Reiz des Glücksspiels. Jedenfalls spielte er und verlor das gestohlene Geld. Als sein Vater das erfuhr, kam es zu der bereits beschriebenen Prügelstrafe in der Familienöffentlichkeit. Danach verzieh ihm sein Vater, er sich selbst aber nie. Seither haßte er das Mah-Jongg. Als wir am Abend seines Lebens in Taipei durch eine von langen Spieltischreihen gesäumte, ärmliche Hüttenstraße gingen, in der die Mah-Jongg-Steine auf langen Tischreihen klapperten, die Spieler hatten ihre Welt vergessen, die Zeit, sich selbst, da hörte ich meinen Vater grollen: »Das Glücksspiel ist ein Gift, das die Seele unseres Volkes zersetzt. Es ist so schädlich wie das Opium.«

Sein ansehnlichster Charakterzug war in seiner frühesten Jugend schon seine Loyalität. Von seiner bedingungslosen Treue sollten Männer profitieren, die in der jüngeren Geschichte Chinas eine Blutspur hinterließen. Der erste, dem er bis über dessen Tod hinaus verbunden blieb, war sein Onkel Hung Fei, der den Bezirk Süd-Su-Song als Mandarin regierte. Die Bauern, die ärmsten Landpächter ebenso, mußten ihm die Steuern in Silber bezahlen. Sie verdienten aber nur Kupferkäsch, so daß sie es eintauschen und dem Geldwechsler eine Kommission lassen mußten. Und er war der Gerichtsherr, der, wie mein Vater schrieb, »die Räuber und Diebe streng bestrafte«. Ob er sich ihrer Geständnisse, wie damals in China üblich, durch die Folter versicherte, überlieferte mein Vater nicht, möglicherweise, weil das allseits Bekannte der Erwähnung nicht bedarf. Aber er schrieb auf, wie der Autokrat seinen Neffen abstrafte, weil der sich auf ein Mah-Jongg-Spiel eingelassen hatte: Er prügelte den Jungen, bis »seine Lunge platzte und das Blut aus ihm herausfloß«, und er hätte ihn zu Tode geknüppelt, wäre ihm mein Großvater nicht in den Arm gefallen. Über die Wirksamkeit Hung Feis als Regierender schrieb mein Vater: »Er war streng. Der Bezirk hatte Frieden.«

Doch er entäußerte sich keines distanzierenden Wortes. Hung Fei liebte meinen Vater. Er förderte ihn. Und mein Vater entbot ihm, wie Konfuzius ihn gelehrt hatte, Respekt. Seine Loyalität war durch skeptische Vorbehalte, die er gehabt haben mag, denn er hatte ein sensibles Gespür für Gerechtigkeit, schwer zu erschüttern, auch später nicht, als er Chiang Kai-sheks Abwehrchef Dai Li zur Seite stand (zu jener Zeit gab es keinen Mächtigen, den das Volk mehr gefürchtet hätte). Andächtig entsann er sich der »prächtigen Gedichte«, die sein Onkel verfaßt hatte. Er klagte, daß dessen Neffe sie verlor. Vielleicht war es dieser, dem unter des Onkels Knute einst die Lunge aufriß. Meines Vaters Loyalität Mächtigen gegenüber, die das Volk mit ihrer Unnachsichtigkeit einschüchterten, ist ein Moment seines Wesens, das mich, den abendländisch, den heute Urteilenden, verstört. Doch bedarf es der Einschätzung, daß er treu war, als andere untreu wurden.

In jenen Jahren des Umbruchs vom Kaiserreich zur Republik, als zwanzig Millionen Chinesen Hungers oder eines gewaltsamen Todes starben, hatte die konfuzianische Tugend der Loyalität keine Konjunktur. Wenige, denen die Dynastie prachtvolle Ämter verliehen hatte, sahen sich verpflichtet, für den fallenden Kaiser zu sterben. Wenige, deren Streben der Republik gegolten hatte, ließen sich herbei, ihr uneigennützig zu dienen, als sie sich taumelnd aus den Trümmern der Monarchie erhob. Mein Vater aber tat es, seit er neunzehn war.

1908, als mein Vater in die Geschlechterschule kam, war Kaiser Guang Xu gestorben, nur einen Tag nachdem die ehemalige kaiserliche Konkubine Ci Xi, die ein halbes Menschenleben zuvor die Macht an sich gerissen und China seither beherrscht hatte, dahingeschieden war. Der zweijährige Pu Yi war auf den Thron gekommen, Chinas letzter Kaiser. Nach dem Wortlaut der dynastischen Verfassung war dieses Kind nun das »ursprüngliche, vollkommene, uneingeschränkte, heilige und keiner Gerichtsbarkeit unterworfene Haupt des Reiches«. Das blieb es drei Jahre. 1911 brach in Wuhan eine Militärrevolte aus. Als sie sich auf das Land ausweitete, ließ General Yuan Shikai, Führer der Beiyang-Armee, seinen Kindkaiser im Stich. Der Hof erklärte im Namen Pu Yis des Kaisers Demission. Die Revolutionäre riefen die Republik aus und wählten ihren Führer Sun Yat-sen zum Präsidenten. Er blieb es sechs Wochen. Dann zwang ihn Yuan Shikai, ein kleiner, fetter Autokrat, der sich auf seine neu ausgehobene, nach westlichem Vorbild bewaffnete und gedrillte Armee stützte, das Amt an ihn abzutreten. Sun Yat-sen, Gründer der Republik China, ging nach Japan ins Exil. Die Mandschu-Dynastie war gestürzt – und China taumelte befreit ins Chaos. Außenpolitisch hatte sich nichts geändert. Immer noch verletzten fremde Mächte Chinas territoriale Integrität. Sie maßten sich Hoheitsrechte an, die Rechtstitel des souveränen chinesischen Staates waren.

Wenn mein Vater in den Ferien zu Hause war, wenn er tagsüber vor die Haustür trat und den Blick nach Süden wandte, sah er in der Ferne den »Lushan«, einen der heiligen Berge Chinas. Ging er nachts nach draußen, erblickte er die Scheinwerferbündel der britischen oder japanischen Kanonenboote, die auf dem Jangtse Patrouille fuhren. Er kannte diese Himmelslichter schon lange. Er hatte sie beobachtet, seit er in die Welt guckte. Als er noch klein war, machte der Anblick ihm die Brust weit. Das über ihn hinschweifende Licht, das aus weiter Ferne strahlte, machte ihn für die Weite der Welt empfänglich, und er sehnte sich in sie hinaus. Aber er war älter geworden und gedankenvoll. Wenn er jetzt die knochenbleichen Lichtfinger über den nachtdunklen Langen See nach den Feldern seiner Familie greifen sah, fühlte er sich gedemütigt. Den geistig Erwachenden ließen sie spüren, daß China den Chinesen nicht gehörte. In ihrem gleisnerischen Licht, das für fremde Usurpatoren leuchtete und über dem Land seiner Ahnen den Himmel beleidigte, wurde er, was er sein Leben lang blieb: ein chinesischer Patriot.

Vaterlandsliebe war in den Weiten Chinas noch keine landläufige Empfindung. Die Hingabe an das eigene Land entsteht aus dem Wissen, daß es andere Länder gibt. Die Bauern aber kannten nur ihre engere Heimat, und sie wußten, daß sie einen Kaiser hatten. Telefon, Telegraph gab es bloß in den großen Städten. Auf dem Land war das Gerücht der Nachrichtendienst. Und für Politisches interessierten sich wenige, die Bauern hatten mit sich selbst zu tun. In Shi Long An erfuhren sie oft nicht einmal, daß irgendwo im Reich, an den Grenzen, den Küsten, im fernen Norden, ein Krieg geführt wurde. Aber als das Gerücht vom Ende der Monarchie das Dorf erreichte und sich zur Gewißheit steigerte, wurde es in den Läden an der alten Straße plötzlich still. Das Geschrei der Händler, mit dem sie Kundschaft gelockt hatten, erstickte in ihrer ahnungsvollen Furcht. Sie hörten, daß auf den Flußdampfern die Fahrpreise gestiegen waren. Erst als mein Großvater in Su Song Erkundigungen einzog und an sie weitergab, was er erfahren hatte, begriffen sie, daß eine neue Zeit anbrach. Das machte ihnen Angst. Das machte auch meinem Großvater Angst. Er trotzte ihr, indem er sich ein Jahr lang weigerte, den mandschurischen Zopf abzuschneiden.

Er war jetzt fünfzig und noch immer ein kräftiger Mann. Doch in jenem Jahr war sein Bruder Hung Fei gestorben, und das bedeutete nichts Gutes. Nun würden die Landedelleute ihre Köpfe hochwerfen, die ihnen aufs Hemd gekippt waren, sobald sie den Bezirksgewaltigen in seiner Sänfte über Land schaukeln sahen. Sie hatten meinem Großvater den Erfolg nicht gegönnt. Sie neideten ihm sogar die Zahl seiner Söhne. Jetzt würden sie seine Pächter gegen ihn aufbringen. Sie würden die einfältigen Toren mit der hohlen Zusage billigerer Pachten von seinem Land weglocken. Ihm selbst würden sie die Fahrt durch ihre Ländereien verwehren. Und – das Ärgste – sie würden dafür sorgen, daß man ihm die Salzlizenz entzog.

Über der Präfektur von Su Song wehte nun die Fahne der Republik: Blauer Himmel. Weiße Sonne. Rote Erde. Doch der neue Potentat Yuan Shikai regierte nur ein Fünftel des Reiches. Er war in Machthändel mit unbotmäßigen Generälen verstrickt, und vor den »weißen Teufeln« kuschte er. Die Fremdlinge, ihre Missionare, ihre weißen Schiffe, waren meinem Großvater früher so gleichgültig gewesen wie die Motten in seinem Winterpelz. Doch seit er Tabak nach Schanghai karrte und sie gesehen hatte, bleichhäutige Taipane in Leinenanzügen und festem Schuhwerk, die mit dem Gestus von Kolonialherren auf dem Bund flanierten, war er sich ihrer bewußt. Er hatte zur Seite treten müssen, wenn sie ihm entgegenkamen. Seitdem hatte er zugehört, wenn die alten Arbeiter in der Tabakfabrik darüber stritten, wie es dazu gekommen war in China.

Seit 1842, als China den Opiumkrieg verlor, den Großbritannien dem Reich der Mitte aufgezwungen hatte, waren fremde Armeen über China hergefallen wie Schakale über eine hinfällige Büffelkuh. Seit damals hatte China sich vier weitere Male gegen militärische Übergriffe gewehrt: 1856 bis 1860 gegen die Soldateska Englands und Frankreichs, die den Winterpalast des Kaisers brandschatzte. 1884 abermals gegen Frankreich, 1894/95 gegen Japan. Und erneut im Sommer 1900 nach der Rebellion der Boxer, die sich gegen die Übermacht der Fremden aufgelehnt und den deutschen Gesandten ermordet hatten. Die Welt der Kolonialmächte schrie in bigotter Entrüstung nach Rache. Großbritannien, Frankreich, Japan, Rußland, Italien, die USA, Österreich-Ungarn und Deutschland rüsteten ein vereintes Heer und unterstellten es einem deutschen General. Kaiser Wilhelm II. entließ die abrückenden Soldaten mit seiner berüchtigten Hunnenrede: »Kommt ihr vor den Feind, so wird er geschlagen! Pardon wird nicht gegeben! Wer euch in die Hände fällt, der sei in eurer Hand! Wie vor tausend Jahren die Hunnen sich einen Namen gemacht, so möge der Name Deutschland in China in einer solchen Weise bekannt werden, daß nie wieder ein Chinese es wagt, einen Deutschen scheel anzusehen!«

In diesem Krieg, wie in jedem vorausgegangenen, unterlagen die chinesischen Truppen den modernen Waffen der Invasoren. Chinas Soldaten hatten keine Kampfmoral. Sie waren fast ausnahmslos Analphabeten. Wer ein paar Schriftzeichen schreiben konnte, wurde alsbald befördert. Der Sold betrug drei Dollar pro Mann und Monat. Mancher Soldat war mehr darauf aus, seinen Kameraden zu enthaupten, als einen Feind zu töten. Denn nach der Hinrichtung eines Fahnenflüchtigen bekam die Kompanie eine Geldprämie.

Nach jeder Niederlage mußte China von Mal zu Mal steigende Kriegsentschädigungen zahlen. Sein defizitärer Staatshaushalt konnte die Beträge nicht aufbringen, und so war das Land auf Jahre hinaus bei den Siegermächten verschuldet. China wurde gezwungen, den Kriegs- und Handelsflotten der Sieger am Meer wie am Jangtse seine wichtigsten Häfen zu öffnen, und es mußte unerträgliche Gebietsverluste hinnehmen. Großbritannien ließ sich im Vertrag von Nanking, dem ersten der »Ungleichen Verträge«, die Insel Hongkong, danach die Halbinsel Kowloon übereignen und errichtete in Weihaiwei einen Flottenstützpunkt. Unter dem Vorwand, ihre Missionare seien belästigt worden, besetzten die Deutschen Tsingtau auf der Halbinsel Shandong und errichteten einen Marinehafen. Rußland erbeutete die Hafenorte Dalian und Lüshun (Port Arthur) sowie den Süden der Halbinsel Liaodong. Frankreich bemächtigte sich der Region um die Hafenstadt Zhanjiang in der Provinz Guangdong. Das selbstbewußt und beutegierig gewordene japanische Kaiserreich, Chinas ärgster Feind, annektierte Tai-

59

wan, die Pescadores und die südliche Mandschurei, erzwang seiner Kriegs- und Handelsflotte die Durchfahrt durch den Jangtse und stationierte in der nördlichen Mandschurei Polizei und Militär. Portugal annektierte Macao. In Schanghai und rund zwanzig anderen Großstädten mußte China den Briten und Franzosen große Stadtviertel als exterritoriale »Konzessionen« überlassen. Dort lebten ihre Kaufleute, dort galten nur deren Gesetze, die chinesische Polizei hatte keinen Zutritt. Und die britischen Kapitäne lenkten ihre ständig kampfbereiten Kriegsschiffe so unangefochten durch die Stromschnellen des Jangtse, als wäre er die Themse. Mein Vater sah sie, als er in Anqing aufs Gymnasium ging, denn die Stadt liegt am Fluß. Der Anblick machte ihm das Herz eng und preßte ihm das Blut ins Gehirn. Doch die Schuld an Chinas Schande suchte er in China selbst.

1917 trat China an der Seite der Alliierten gegen Deutschland in den Weltkrieg ein. Gut zweihunderttausend chinesische Arbeiter hoben auf den Schlachtfeldern Frankreichs Schützengräben aus, verluden Munition und bauten Feldlazarette, zehn Stunden pro Tag, sieben Tage die Woche. 543 Chinesen kamen während der Überfahrt zu Tode, als ein deutsches U-Boot ihren Dampfer torpedierte. 2000 chinesische Arbeiter starben unter Beschuß in Flandern. Es kam vor, daß Chinesen deutsche Kriegsgefangene massakrierten, um die toten Kameraden zu rächen. Allmonatlich sandten die Männer fünfzigtausend Briefe nach Hause, geschrieben von den wenigen Gebildeten unter ihnen. Die Briefe wurden den Dorfbewohnern vorgelesen. Aus Shi Long An war niemand in Frankreich, ein armer Schlucker indes aus einem nahen Dorf. Mein Großvater ging hin und las seine Post. Von meinem Großvater erfuhren die Leute in Shi Long An, daß China jenseits der Meere für die fremden Weißen im Krieg stand. Ein junger Bauer fragte ihn, ob die Lichter, die nachts über seine Hütte huschten, nun verlöschen würden.

Als Deutschland im November 1918 kapitulierte, fanden in Peking Siegesparaden statt. Eine chinesische Delegation, gebildet aus zweiundsechzig Beamten, fuhr zu den Friedensverhandlungen nach Versailles. Nicht bloß die Delegierten waren voller Hoffnung, das gebildete China – Gelehrte, Studenten, ins Ausland emigrierte Revoluzzer – hoffte, daß nun die »Ungleichen Verträge« erneut verhandelt würden. Zumindest würde die deutsche Pachtkolonie an China zurückfallen. Doch die Japaner und der Westen gaben ihre Hoheitsrechte nicht auf. Und die deutsche Kolonie in Shandong wurde Japan zugesprochen. Der amerikanische Präsident Woodrow Wilson hatte für die chinesischen Wünsche Verständnis geäußert. Dann aber meinte er, die Japaner hätten sich mit ihrem Engagement im Seekrieg einen unumstößlichen Anspruch auf die deutschen Kolonialrechte erworben. Das chinesische Engagement erwähnte er nicht. Die bei den Japanern verschuldete chinesische Regierung nahm die Entscheidung widerspruchslos hin. Aber das Volk schrie auf. In Paris stellten sich chinesische Studenten den Delegierten ihrer Regierung in den Weg und hinderten sie daran, den Vertrag zu unterzeichnen. Vollstreckt wurde er dennoch.

Und dann kam der 4. Mai 1919. Nie zuvor war der chinesische Patriotismus, von dem alle Welt annahm, daß er nur in kleinen revolutionären Zirkeln zu Wort kam, so eindrucksvoll in den Blick des Auslands getreten wie an diesem Tag. Dreitausend Studenten, Professoren und Schüler demonstrierten mit Transparenten auf dem Tiananmen-Platz. Es war das erste Mal, daß der Platz des Himmlischen Friedens zur Bühne eines Aufruhrs wurde. Mit Fahnen des Todes, auf die sie die Namen japanfreundlicher Politiker geschrieben hatten, zogen die Demonstranten zum Haus des Verkehrsministers, und als sie ihn nicht antrafen, zündeten sie es an. Regierung und Polizei antworteten mit Massenverhaftungen. Ein Student verlor das Leben. Doch die »Bewegung des Vierten Mai«, wie sie fortan hieß, war nicht mehr aufzuhalten. In wenigen Tagen erfaßte sie

61

den Osten und die Mitte Chinas. Als sie Anqing erreichte, das noch keine hunderttausend Einwohner hatte, riß sie meinen Vater mit.

Wie in der Hauptstadt gründeten die Studenten sogar in Provinzstädten patriotische Verbände. In Manifesten forderten sie die Befreiung Chinas von fremder Oligarchie und gemeinsame Aktionen mit anderen Schichten der Gesellschaft. Der letzteren Forderung war überraschender Erfolg beschieden: Die Schauerleute in den großen Häfen weigerten sich, japanische Fracht zu löschen. Ladenbesitzer boykottierten japanische Waren. Rikscha-Kulis wiesen japanische Fahrgäste ab. In Anqing gründeten die Studenten der Pädagogischen Hochschule eine patriotische Verbindung. Die Schüler des Liu-Yi-Gymnasiums, das mein Vater in seinem dritten Jahr besuchte, wählten drei Kameraden zu ihren Vertretern und schickten sie in die Versammlungen der Studenten. Einer der drei war mein damals neunzehnjähriger Vater.

In diesen Zusammenkünften umbrodelte ihn eine Leidenschaft, die sich über die chinesische Vorliebe für gemäßigten Ausdruck und gelassene Körperhaltung stürmisch hinwegsetzte. Überdies hatten die jungen Männer auch im ländlichen Anqing mit einem archaischen Tabu gebrochen: Sie hatten weibliche Mitglieder in ihrem Verband aufgenommen. Allein dieser Traditionsbruch gab zu erkennen, daß es der Bewegung des Vierten Mai nicht nur um die »weißen Teufel« und die Fremdbestimmung Chinas ging, sondern um China selbst. Immer noch wurden weibliche Babys umgebracht, weil sie Mädchen waren. Immer noch brachen Mütter und Großmütter eben geborenen Mädchen die Mittelfußknochen und preßten ihnen mit festen Bandagen die Zehen gegen die Ferse, damit sie den Männern gefielen. Immer noch liefen Männer mit dem mandschurischen Zopf herum. Immer noch gab es Zwangsehen. Immer noch mußten Fabrikarbeiter sich mit Hungerlöhnen zufriedengeben. Immer noch waren sie gezwungen, in siebentägiger Arbeitswoche vierzehn Stunden pro Tag zu arbeiten. Und immer noch gab es Kinderarbeit.

Mit einem der zwei Mitschüler, die mit meinem Vater an den Studentenversammlungen teilnahmen, hatte er sich abends am Flußufer oft unterhalten. Er war ein nach innen gekehrter, blasser Junge von schmächtiger Gestalt. Sie hatten über Konfuzius gesprochen und über Lu Xun, der in seinen Satiren die chinesische Gesellschaft schmähte. Mein Vater liebte seinen Kameraden, und er dachte, er kenne dessen innere Welt, die sich zart und leise äußerte. Dann jedoch, in der ersten Zusammenkunft des Studentenbundes, überraschte der Jüngling ihn mit einem Diskussionsbeitrag, der aus einer anderen Seele hervorzubrechen schien. Er war gleichen Alters wie mein Vater und wie dieser der Sohn eines wohlhabenden Bauern. Und jetzt war er neben ihm aufgesprungen und pries mit seiner dünnen Stimme, die an Festigkeit gewann, je länger er sprach, die Marxsche Philosophie und Lenins bolschewistische Revolution in Rußland. Mein Vater sah staunend zu ihm hoch. Zum erstenmal erlebte er eine marxistische Agitation. Die Partei der Kommunisten sollte in China erst zwei Jahre später gegründet werden. Doch schon jetzt entwaffnete ein Radikaler den politisch erwachenden Landjungen, der mein Vater in jenen Tagen war. Ende Mai erfuhr er, daß in Schanghai sechzigtausend Arbeiter streikten, obgleich es noch keine Gewerkschaften gab. Noch ahnte mein Vater nicht, daß er den Kommunisten ein Leben lang feind sein würde, ohne sie zu hassen. Er begrüßte den Streik. Er bewunderte den Freund.

Bei einem unserer abendlichen Gespräche in Taipei, die allein unserem Kennenlernen gewidmet waren und dennoch immer wieder das Ungeheuer Politik umkreisten, fragte ich ihn, weshalb er sich während seines Studiums in Berlin nicht den Kommunisten angeschlossen habe. Sie seien doch alle irgendwann einmal in Berlin gewesen – in Berlin habe Zhou Enlai den späteren Chef der Roten Armee, Zhu De, für den Kommunismus gewonnen. Er antwortete fast schroff, als hätte er einen in meiner Frage versteckten Vorwurf bemerkt: »Ich habe sie nicht kennengelernt!« Er blickte nach innen und sagte: »Die Kommunisten waren ordentliche Leute und wahrhafte Patrioten. Aber ich sah keinen Grund, ihnen anzugehören. Sie kämpften gegen ›Klassen‹, die es in China nicht gab. Jeder gescheite Junge konnte in China etwas werden, jeder Arbeitersohn, jeder Landjunge. Seit dreizehn Jahrhunderten, seit der Tang-Dynastie, standen ihnen die staatlichen Prüfungen offen. Jedem! Zulassungsbeschränkungen gab es nicht. Wer klug war, wer die klassischen Texte lernte und richtig zu analysieren wußte, durfte Beamter werden. Dein Großonkel Hung Fei wurde ein Mandarin, und er war keines reichen Mannes Sohn. Wenn einer trotz bestandener Prüfung nicht in den Staatsdienst gelangte, war er wenigstens von Fronarbeit und bei gerichtlichem Verhör von der Folter befreit. Er konnte Lehrer werden. Analphabeten wurden als Händler reich. Die Kommunisten wollten ›Schranken‹ einreißen, die es in China nicht gab. Die marxistische Klassenanalyse paßte nicht auf das chinesische Volk.«

Wir saßen in einem Fischrestaurant auf dem Nachtmarkt und nahmen einen Imbiß. Es war zu der Zeit, als die nationalchinesische Regierung auf Taiwan sich mit Rotchina noch im Bürgerkrieg wähnte. Ihr Oberhaupt war noch Chiang Kai-shek. Als ich meine Frage stellte, sprang ihr der Gedanke nach, daß dessen Diktatur ihre Lauscher hatte, aber wir sprachen ja deutsch. Es war laut in dem Lokal. Die ausnahmslos chinesischen Gäste gaben sich mit blutroten Köpfen ihren Kraftgefühlen beim Schlemmen und Schwatzen hin. Ohne die Stimme zu senken, fuhr mein Vater fort: »Vieles, was die Kommunisten anstrebten, wollte ich auch. Unser Bildungssystem bedurfte dringend der Reform. Die klassischen Texte halfen China nicht mehr. Wir mußten unseren Hochmut ablegen und vom Westen lernen, auch von der Sowjetunion. Wir mußten in den Naturwissenschaften aufholen. Vor allem brauchten wir kostenlose

Schulen. Den Eltern mußte beigebracht werden, daß Kinder lernen müssen, auch Mädchen. Mein fünfter Bruder, Fu K'uan, er war zwei Jahre älter als ich, mußte nach vier Jahren die Schule aufgeben, weil er auf dem Feld arbeiten sollte. Mein Vater wollte die Schule für ihn nicht länger bezahlen, wir waren viele Esser, und Vater wollte Land kaufen. Mein Bruder war begabter als ich. Einmal, als er bei der Feldarbeit nicht gebraucht wurde, kam er morgens zu mir in die Schule. Er setzte sich neben mich auf die Bank und las in meinen Büchern. Er las wie verzaubert. Mittags überredete ich ihn, nach Hause zu gehen. Es war Essenszeit. Vater wurde wütend, wenn die Familie beim Essen nicht am Tisch saß. Nachts wachte ich auf, weil ich meinen Bruder weinen hörte. Und dann ... er starb mit achtzehn. Eines Tages kam er nach Hause und brach in der offenen Tür zusammen. So sah ich ihn sterben. Niemand wußte, was ihn umgebracht hatte. Heute weiß ich es. Mein Bruder wollte nicht mehr leben, weil er nicht wissen durfte.«

Und dann sagte er noch: »Unter Intellektuellen war es in jenen Jahren Mode, Kommunist zu sein. Mein Freund vom Liu-Yi-Gymnasium trat 1922, ein Jahr nach ihrer Gründung, der Kommunistischen Partei bei. Dann studierte er in Moskau. Dort sah er die Russen hungern. Er hörte von Bauern, die Leichenfleisch verzehrten oder sich in ihren Häusern verbrannten. Er hörte von der Matrosenmeuterei in Kronstadt und von der Rücksichtslosigkeit, mit der sie niedergeschlagen wurde. Er schrieb mir davon nach Berlin. Der Kommunismus hatte ihn enttäuscht, ich las das zwischen seinen Zeilen. Ich las es in seinen schönen, traurigen Gedichten. Er schrieb, daß er nach Hause zurückkehren wollte. Dann hörte ich nichts mehr von ihm. Später, als ich in der Guomindang zu hohen Ämtern kam, habe ich mich nach ihm erkundigt. Ja, er war nach China heimgekehrt, doch auf dem Dampfer von Wuhan nach Anqing hat ihn eine nationalistische Patrouille verhaftet. Sie haben ihn erschossen. Er hätte sich gerettet, hätte er dem Kommunismus abgeschworen. Er hat es nicht getan, obwohl er kein Kommunist mehr war. Doch das mochte er nicht zugeben, mir gegenüber nicht und nicht vor dem Vernehmungsoffizier. Er war nicht kräftig. Er wird erschöpft gewesen sein. Er verließ eine Welt, die ihm nichts mehr bedeutete.«

Mein Vater war zuinnerst Demokrat, ich fühlte es. Dennoch diente er Chiang Kai-shek. Ich vermag die versteckte Scham nicht einzuschätzen, die sein Kompromiß mit der Diktatur ihn gekostet hat. Nach dem Tod des Tyrannen 1975 unterstützte er in Taiwan heimlich die demokratische Opposition. Aber als die ihr entwachsene »Minjindang« (Demokratische Fortschrittspartei) 1986 ihren ersten, in jenen Tagen noch unerlaubten Parteitag abhielt, da starb er. Das Leben hatte meinem Vater keine Chance geboten, seiner Überzeugung gemäß zu sein. Doch welcher im Land gebliebene Chinese vermochte das? Seit der Revolution von 1911 erlebte jeder Chinese irgendwann, daß auf Ideale kein Verlaß war, welchem Führer er auch diente. Das kostbarste der drei »Volksprinzipien« des Republikgründers Sun Yat-sen (Nationalismus, Demokratie, soziale Neugestaltung) war in China nicht eingelöst worden: die Demokratie. In Taiwan vergingen achtunddreißig Jahre, bis sie die Einparteienherrschaft der Guomindang überwand.

Das Wort Demokratie war meinem Vater in den Tagen des 4. Mai ins Herz gesprungen, ein weißes, ein britisches, dennoch ein erlösendes Wort: Dem Volk die Stimme geben – das entflammte ihn. Es begeisterte auch jene unter den Schülern und Studenten, die später der Kommunistischen Partei Chinas beitraten. Den meisten schlüpfte es noch von der Zunge, als sie dem Volk die Stimme wieder nahmen.

Einen demokratischen Ansatz hatte die Dynastie sich abringen lassen, als sie ihren Untergang mit verspäteten Reformen aufzuhalten suchte. Drei Jahre vor ihrem Sturz, 1909, hatte sie parlamentarische Gremien zugelassen: »Provinzversammlungen«, deren Sendlinge in nicht geheimen Wahlen beauftragt wurden.

Die Republik reformierte 1912 die Wahlstatuten. Seither wurden die Abgeordneten in geheimen Urnengängen gewählt. Wahlberechtigt waren freilich nur Männer, und diese nur, wenn sie älter als einundzwanzig waren. Sie mußten eine Schule besucht haben und ein Abschlußzeugnis vorweisen können. Sie mußten mindestens fünfhundert Dollar* besitzen und im Jahr zwei Dollar Steuern bezahlen. Diesen Einschränkungen genügte nur jeder zehnte Chinese. Also waren die Provinzversammlungen Eigentümerkartelle, in deren Sitzungen Nutzungsrechte, Lizenzen und sonstige Pfründe verschoben wurden. Jeder wußte das. Mein Vater wußte es. Er wollte eine ehrliche Demokratie. Als ihm gesteckt wurde, daß drei Abgeordnete aus dem Kreis Su Song die Stimmen von Bauern, Lehrern und kleinen Händlern gekauft hatten, muß es ihn mächtig aufgebracht haben. Denn als wichtige Leute ihn darum ersuchten, verklagte er die Wahlfälscher. Das hätte ihn fast das Leben gekostet.

Während ich die Memoiren meines Vaters las, bezweifelte ich manchmal die Übersetzung. Ein junger Chinese, Deutschlehrer an der Tongji-Universität in Schanghai, hat sie besorgt. Ich habe Gründe, ihn für meinen Freund zu halten. Aber sein Deutsch ist ungelenk. Er hat Probleme mit der Wortbestimmung und mit der Grammatik. Manchmal verstehe ich ihn nicht, und manchmal vertraue ich ihm nicht. Doch die Versuche, in einem fettleibigen Wörterbuch die von meinem Vater mit Tinte aufgezeichneten Schriftzeichen zu finden, an deren Deutung ich zweifle, gehen bald schon über meine Kraft. Im chinesischen Diktionär sind die Zeichen in aufsteigender Reihenfolge nach der Zahl der Striche geordnet, aus denen sie bestehen. Es gibt Wortzeichen, die von zwei Strichen gefügt sind, andere haben mehr als dreißig. Einfache Zeichen wie das Ideogramm für »Herz«, gebildet aus vier Strichen, finde ich nach

---

* Im Ausland wurde der chinesische Yuan »chinesischer Dollar« genannt. Er war etwa soviel wert wie ein Drittel US-Dollar.

mühseliger Suche. Viele, vor allem abstrakte Begriffe, sind aber aus zwei oder gar drei Zeichen zusammengesetzt. Das Kompositum für »Geduld« beispielsweise wird aus »Herz« (vier Striche) und »Messer« (zwei Striche) verknüpft. Derlei Schriftbilder erklärt mir das Wörterbuch auch nach langer, verzweifelter Suche nicht – ich finde sie nicht. Mich erfüllen Wut, Mutlosigkeit und ein Riesenrespekt vor dem Bildergedächtnis der Chinesen. Fünfzigtausend Schriftzeichen hat das Chinesische. Nicht wenige sind darunter, deren Bedeutung sich über die Jahrhunderte verlor oder wandelte und die selbst ein gebildeter Chinese nicht zu ergründen vermag. In der Volksrepublik wurde die Schrift 1958 vereinfacht, Mao wollte sie dem Volk zugänglich machen. Mein Vater aber schrieb die klassischen Zeichen und diese, anders als die Festlandchinesen heute, in vertikalen Zeilen von rechts nach links.

Auch das mag meinem in Rotchina aufgewachsenen Übersetzer Schwierigkeiten bereitet haben. Am Ende sehe ich mich auf seine Übersetzung zurückgeworfen. Ich grübele mich in sie hinein. Ich verstehe, daß sich der einundzwanzigjährige Schüler Chang Kuo Wei, mein künftiger Vater, reinsten Herzens von mächtigen Männern benutzen ließ. In der Episode, die es im folgenden zu erzählen gilt, spielt Gewalt eine Rolle. Solche Begebenheiten sind vergleichsweise leicht zu übersetzen: Bei der Wiedergabe konkreten Tuns entäußert sich die wirklichkeitsnahe Denkweise der Chinesen in einfachen Schriftzeichen.

Als sich mir die Geschehnisse erschlossen hatten, die ich nun nacherzählen will, erschienen sie mir derart skandalös, daß ich mich selbstgefällig fragte: Was ist China für ein Land? Was ist das für ein Volk, dem ich zur Hälfte angehöre?

Und wie gefällt dir deine andere Hälfte? flüsterte es in mir.

Früher Sieg und
erste Flucht

Dezember 1921. In den nördlichen Provinzen Chinas herrscht eine verheerende Hungersnot. Der Regen bleibt mehrmals nacheinander aus. Die Getreidevorräte sind schnell geplündert. Die Grundbesitzer haben auf den guten Lößböden statt Hirse, Mais und Weizen der höheren Gewinne wegen Schlafmohn angebaut. Sie lassen die Fruchtkapseln anzapfen und Opium-Milch ernten. Fünfhunderttausend Menschen verhungern. Zwanzig Millionen vom Ernteausfall betroffene Landbewohner veräußern ihre Habe. Sie brechen die Türen und Balken aus ihren Häusern und verheizen oder verkaufen sie. Die anderen fliehen aus ihrer Heimatregion. Entlang der Bahnlinien und auf allen Straßen drängen sie nach Süden. Manche treibt es bis zum Jangtse.

Der einundzwanzigjährige Schüler Chang Kuo Wei, mein zukünftiger Vater, sieht sie in der Kreisstadt Su Song: abgezehrt Dahindämmernde, die mit kraftloser Gebärde um die seltene Gnade der Barmherzigkeit flehen. Chang Kuo Wei, seit drei Jahren verheiratet, ist vor wenigen Wochen Vater eines Sohnes geworden. Nun sieht er ausgesetzte Säuglinge im kalten Licht der Wintersonne auf dem Pflaster sterben. Gesunde Kinder verkaufen die Flüchtlinge als Dienstboten, halbwüchsige Mädchen bieten sie als Prostituierte feil. Was tut unsere Regierung für diese Menschen? fragt sich der ins Herz getroffene Jüngling. Doch er weiß nicht einmal, wer in China gerade regiert.

In Peking gibt es eine Regierung, irgendeine. Die Machtverhältnisse ändern sich beinahe von Woche zu Woche. Doch wer in Peking auch regiert, es sind nicht der Präsident und seine Minister, die das Dasein der Chinesen lenken. Es sind die Generäle in den Provinzen, auf stehlende, mordende Soldaten gestützte Militärmachthaber, die der Westen »Warlords« nennt. An der Westgrenze der Provinz Anhui ist es vorübergehend der General Wu Pei Fu. Die Eisenbahnstrecke zwischen Peking und der am Jangtse gelegenen Hafenstadt Hankou führt durch seinen Machtbereich. Die britische Eisenbahngesellschaft zahlt den Arbeitern, die sie unter dem entwurzelten Landproletariat rekrutiert, erbärmliche Löhne. Die Arbeiter streiken, und der Warlord sieht die Lebensader seiner Armee bedroht. Er befiehlt ihnen zu arbeiten. Auf die Widerspenstigen läßt er schießen. Das Massaker kostet dreißig Menschenleben. Als der Sekretär einer eben gegründeten Gewerkschaft sich weigert, seinen Mitgliedern die Wiederaufnahme der Arbeit zu befehlen, wird er auf dem Bahnsteig von Jiangnan vor ihren entsetzten Augen mit dem Schwert des Warlords enthauptet.

Vor dieser Kulisse wird in Anhui eine neue Provinzversammlung gewählt. Sie tagt in der Provinzhauptstadt Anqing. Dort, im Schülerheim des Liu-Yi-Gymnasiums, büffelt Chang Kuo Wei für das Abschlußexamen. An schulfreien Tagen ist er beim Vater in Shi Long An, und wenn er in Su Song zu tun hat, übernachtet er in der Herberge der Familie Li, von deren hübscher Tochter die Leute munkeln, sie hätte was mit ihm. Im Kreis Su Song wurden drei Abgeordnete gewählt: der Lehrer Ye Fu Chu, der Landedelmann Wang Bao Shan und der grundbesitzende Geschäftsmann Wu Shui Ting, der unter den dreien der reichste ist. Chang Kuo Wei hat ihn einmal von Angesicht gesehen, von den drei mächtigen Abgeordneten nur diesen, und als er ihn sah, erschauerte er. Er sah den asketisch hageren Mann mit einem verkniffenen Ausdruck des Ekels die Reihen der Bettler durchschreiten, die ihm am südlichen Tor ihre schmächtigen Arme entgegenstreckten. Wu trug einen knöchellangen, pelzgefütterten Mantel und eine schwarze Seidenkappe. Aus seiner rechten Hand, an der vier Fingernägel ungeschnitten waren, warf er Kupferkäsch unter die Bettler und sah zu, wie sie sich um die Münzen balgten. Seine Miene war dabei gänzlich ausdruckslos, nur sein schütterer, eisgrauer Kinnbart zitterte. Chang Kuo Wei dachte unter einem Anflug schattenhafter Furcht daran, daß dieser Mann einer der Feinde seines Vaters ist.

Wenig später, die Flüchtlinge sind weitergezogen oder gestorben und verscharrt, wird dem Provinzgouverneur Xu Shi Zheng zugetragen, die Abgeordneten aus Su Song hätten die Stimmen von Lehrern, Bauern und kleinen Händlern vor der Wahl gekauft. Der Gouverneur und die Edelleute Li Guang Jiong und Guang Ming Fu, Abgeordnete aus der Region Anqing, wollen den Stimmenkäufern die unredlich erworbenen Mandate durch Beschluß des Provinzgerichts entziehen lassen. Keiner ist freilich Manns genug, den Wahlbetrügern offen entgegenzutreten und die Klageschrift mit seinem Elfenbeinsiegel zu beglaubigen. Sie ziehen es vor, verdeckt vorzugehen. Sie brauchen einen Mann mit solidem Leumund, der naiv genug ist, für sie, nicht jedoch in ihrem Namen, bei Gericht die Klage einzureichen. Sie hören von einem der älteren Schüler des Liu-Yi-Gymnasiums, der sich für die Bewegung des Vierten Mai engagiert, dies jedoch weniger laut und radikal als die sozialrevolutionären Schreihälse – ein brauchbarer Gerechtigkeitsträumer also. Er geht zwar noch in die lange Schule, aber mit einundzwanzig ist er alt genug, vor dem Provinzgericht als Kläger aufzutreten. Es ist Chang Kuo Wei.

Die lichtscheuen Ehrenmänner bevollmächtigen einen Anwalt, mit dem jungen Mann zu verhandeln. Der sucht Chang Kuo Wei im Schülerheim des Liu-Yi-Gymnasiums auf und bittet ihn, die Klage im Interesse der politischen Moral zu vertreten. Der überalterte Gymnasiast hat anderes zu tun, er bereitet sich Tag und Nacht auf seine Prüfungen vor. Er ist in seinen schulischen Leistungen zurückgefallen, denn er hat seine freie Zeit im Studentenclub des Vierten Mai verbracht. Er fühlt sich den Prüfungen nicht gewachsen. Doch nun ruft ihn sein Schicksal, von dem er ahnt, daß es ihm den Kampf gegen die Korruption auferlegt. Die Bitte des Advokaten rührt an seine Gesinnung. Sie ist den Idealen des Vierten Mai gemäß. Deshalb reißt er sich aus dem Lampenfieber der Examensarbeit und stimmt zu. Er hört den Namen Wu Shui Ting nicht zum erstenmal, und es ist auch nicht das erste Mal, daß ihn innerlich fröstelt, wenn er ihn hört. Gerade das spornt ihn an. Die Bewegung des Vierten Mai ist nicht allein gegen die fremden Imperialisten angetreten, sondern auch gegen die Herrschaft der Warlords und die Ausbeutung der Landleute durch die Grundherren. Chang Kuo Wei wähnt sich geehrt, denn es ist der Provinzgouverneur Xu Shi Zheng, der zu ihm geschickt hat. Dieser Würdenträger hat den Ruf, ein großer Gelehrter zu sein.

Die vornehmen Drahtzieher haben auf den richtigen Mann gesetzt. Er fragt nicht, warum sie nicht selbst Klage führen, auch nicht, ob sie sich wirklich um die Moral sorgen oder welcher Art ihre Beweggründe in Wahrheit sind. Er überdenkt nicht, daß sie demselben Stand angehören wie ihre Gegner, der Gentry, jener Klasse, die »den Mund bewegt und nicht die Hand«, wie die Chinesen sagen. Warum sollten diese Männer wegen der Lappalie einer Wahlfälschung in Wallung geraten?

Auch mit ihrem Anwalt haben sie eine pfiffige Wahl getroffen. Er hat ein ernstes, offenes Gesicht, er ist Christ. Und er ist »keiner jener Advokaten, die in Saus und Braus leben«, wie Chang Kuo Wei sich im Alter erinnern wird. Der junge Mann denkt allein an seinen Vater. Ihm ist klar, daß der bedachtsame Alte sein Engagement nicht billigen wird. Also beschließt er, die Sache für sich zu behalten.

Um seiner Klage mehr Gewicht zu verleihen, sucht der Anwalt zwei Mitkläger: Im Liu-Yi-Gymnasium überredet er den Schüler Luo Hou Ze und in der Pädagogischen Hochschule den Studenten Yang Xu Guang. Dann braucht er drei Tage, um in der Kreisstadt Su Song einige jener, die Schmiergelder genommen haben, mit der entlehnten Macht des Gouverneurs so einzuschüchtern, daß sie seine vorgefertigten Zeugenprotokolle mit gesenkten Köpfen signieren. Danach formuliert er die Klageschrift und läßt sie von den drei Klagebeauftragten siegeln. Nach den kurzen Winterferien, die Chang Kuo Wei, schweigsam wie nie, in Shi Long An bei seinem Vater verbringt, übergibt der Anwalt die Klageschrift dem Gericht. Draußen feiern die Menschen mit knatternden Böllern und einem Umzug rotzüngelnder Drachen das Frühlingsfest. Der Anwalt versichert den Klägern, daß ihre persönliche Anwesenheit bei Gericht nicht nötig sei. »Dieser Rechtsfall schien ziemlich einfach«, wird Chang Kuo Wei im Alter schreiben. Doch was nun auf ihn zukommt, ist es nicht.

Innerhalb weniger Tage und lange bevor sie ein Brief des Gerichts erreicht, erfahren die Beklagten im hundert Kilometer fernen Su Song, daß Klage gegen sie erhoben worden ist und wer die Klageführer sind. Alarmiert, jedoch kaum beunruhigt, beraten sie Gegenmaßnahmen. Der reiche Wu Shui Ting bestimmt, was geschehen soll. Der Lehrer Ye Fu Chu, ein kleiner, schäbiger Opiumsüchtiger, nickt nur mit dem Kopf. Der Landedelmann Wang Bao Shan zieht sich wohlerwogen zurück. Wu ist der vom Kreisvorsitzenden eingesetzte Vorsteher eines *Baojia*. Hundert Haushalte *(bao)* der Stadt, gegliedert in zehn Untergruppen *(jia)* von jeweils zehn Familien, sind seiner allmächtigen Kontrolle unterworfen. Das *Baojia*-System ist für die Landbevölkerung des riesigen Reiches von der Mandschu-Dynastie eingeführt und von der Republik übernommen worden. Es hat sich meisterhaft als Methode bewährt, Bauernproteste im Keim zu ersticken. Der Vorsteher, der gewählt werden soll, im Cliquensystem der ländlichen Gesellschaft aber vom Regierungsvertreter bestallt wird, natürlich als Vergütung für geleistete Dienste, ist stets ein Großgrundbesitzer oder – noch gibt es in den Landgemeinden keine Banken – ein Geldverleiher. Er beaufsichtigt die öffentliche Ordnung. Verdächtigt er jemanden rebellischer Ideen, meldet er ihn den Magistraten. Unverdächtigen quittiert er die Staatstreue mit einer handschriftlichen Bürgschaft. Ohne Bürgschaft zu sein bedeutet für jeden, der schlichter Leute Kind ist, als verdächtig zu gelten und aus geringstem Anlaß eingesperrt zu werden.

Wu muß also lediglich mit dem Entzug oder der Verweigerung der Bürgschaft drohen, um sich jemanden gefügig zu machen. Die Leute von Su Song sollen ihn unterrichten, sobald sie Chang Kuo Wei in der Stadt sehen, und das werden sie tun, daran verschwendet er keinen Zweifel. Er wird den grünen Jungen, dem er sich turmhoch überlegen weiß, zum Widerruf der Klage bewegen. So oder so.

Von den dreien, die ihn verklagt haben, ist Chang Kuo Wei der einzige, den er kennt, wenn auch nur flüchtig. Er muß sich auch der beiden anderen bemächtigen, er braucht den Widerruf aller Kläger. So reitet er nach Anqing. Vier wüst Uniformierte der örtlichen Miliz trotten ihm barfuß durch den Schlamm hinterher. Sie haben ihm keine Fragen gestellt; es ist nicht das erste Mal, daß sie für Wu Banditen jagen. Der Trupp braucht zwei verregnete Tage, um in die Provinzhauptstadt zu gelangen. Vor der langen Schule bleiben die Soldaten in einem Lorbeerwäldchen zurück. Wu geht weiter und befragt den Schuldiener nach Chang Kuo Wei und Luo Hou Ze. Der Befragte sieht dem Fremden aus dicken Augenwülsten schräg von unten ins Gesicht und nuschelt sich etwas ins Hemd. Was? Sie seien nicht in der Stadt, lügt er trotzig. Er ist ein Menschenkenner, er wittert das Böse, er haßt die Reichen – für ein pelzgefüttertes Gewand, wie es der Fremdling trägt, müßte er sein Leben lang schuften. Wu wendet sich verärgert ab, fragt einen Schüler, der mit drei

74

anderen vor das Tor tritt. Einer tritt arglos vor, es ist Luo Hou Ze. Wu entringt sich eine höfliche Redewendung, legt dem Schüler seine welke Hand auf die Schulter und lockt ihn mit sich. Als sie das Lorbeergehölz erreichen, treten die Milizionäre brettsteif heraus. Wu verändert den Ton und herrscht den Überrumpelten an, er solle die Klage widerrufen. Der blickt zu Boden und schüttelt den Kopf. Es sei denn, sagt er leise, Chang Kuo Wei würde es tun; in diesem Fall würde er sich ihm anschließen. Als er sich zum Gehen wendet, gibt Wu seinen Leuten einen Wink. Die richten ihre Pistolen auf den jungen Mann, fesseln ihm die Hände und nehmen ihn mit.

Wu eilt mit dem Gefolge und dem Gefangenen zur Pädagogischen Hochschule. Dort geht ihnen der Student Yang Xu Guang ins Netz, ein schmalbrüstiger Neurastheniker. Durch die runden Gläser seiner Drahtbrille erkennt Yang seinen Mitkläger Luo. Er verzagt vor den finstern Blicken der Milizionäre. Er sieht nicht, daß sie arme Teufel sind, deren versteckter Haß auf den reichen Leuteschinder einen Sündenbock gefunden hat. Wu befiehlt dem Studenten, das Papier zu signieren, das er ihm unter die Augen hält. Dem klappern die Zähne. Er zögert nicht, er unterschreibt.

Zwei Tage später sind Wu Shui Ting und die Männer wieder in Su Song. Den Gefangenen sperren sie in einen Schweinekoben. Chang Kuo Wei ist in Su Song gesehen worden. Wo er sich aufhält, weiß jedoch niemand. Wu schickt einen seiner Söhne nach Shi Long An zum Gemischtwarenladen der Changs. Der verrate sich durch ein rotes Banner, das mit den Worten »Blühendes Geschäft« bestickt ist, sagt er ihm. Als der Sohn dort ankommt, staunt er. Hinter dem Laden, getrennt durch einen Pfirsichgarten, der auf die Frühlingsblüte wartet, steht das neue Haus der Familie Chang, die, er weiß es, einst in den Vorratsräumen ihres Geschäfts gehaust hatte. Der junge Wu begafft das flach geneigte Giebeldach, das, gedeckt mit gebrannten Ziegeln, vom Wohlstand der Bewohner zeugt. Er trifft den alten Chang hinter dessen Rechenbrett im Laden an. Er befragt ihn manierlich, so als leite ihn eine freundliche Absicht, nach dem Aufenthalt seines sechsten Sohnes Kuo Wei. Der Alte erkennt in dem Fragenden nicht den Sprößling eines seiner Feinde. Er antwortet geradeheraus, sein Sohn halte sich in der Herberge der Familie Li in Su Song auf. Dann rechnet er weiter.

Daß er verfolgt wird, begreift Chang Kuo Wei erst, als seine Feinde ihn gefaßt haben. Er war schon auf dem Weg nach Anqing, zur Herberge der Familie Li kamen Wu und die Milizionäre zu spät. Doch sie sind ihm gefolgt, im Geschwindschritt. Und als sie über ihn herfallen, als Chang Kuo Wei den Schüler Luo Hou Ze erblickt und sieht, wie der flehend die gefesselten Hände hebt, da weiß er, was ihm droht. In Su Song hat mittlerweile jeder von seiner Klage gegen die dünkelhaften Abgeordneten gehört. Die Leute haben ihm verstohlen zugelächelt. Die Tochter Li hat ihm Blicke der Anbetung zugeworfen. Aber ihn hat die Angst ergriffen. Bänglich war er am späten Nachmittag noch nach Anqing aufgebrochen, hinter den Mauern des Schülerheimes wäre er sicher gewesen. Doch jetzt haben sie ihn. Es ist dunkel. Der Winterreis ist geerntet. Die Felder liegen tiefschwarz unter der Mondsichel. Die auf den Erdbrocken leckende Nässe wirft kein Licht zurück. Die Soldaten sind wütend, weil die Jagd so lange gedauert hat. Grob schubsen sie Chang Kuo Wei zu dem Schüler Luo in ihre Mitte und marschieren los. Wu reitet ihnen voran. Er hat kein Wort gesprochen.

Auf dem Weg durch die Stadt starren die wenigen Menschen, die noch auf der Straße sind, die Gefangenen an. Dann gucken sie rasch weg. Keiner bringt den Mut auf, nach Shi Long An zu laufen und den früheren Salzhändler Chang zu informieren. Mit Wu mag sich niemand anlegen. Ein junger Bursche allerdings, ein Freund Chang Kuo Weis von der Mittelschule, durchschreitet frech den Sperrgürtel der müden Milizionäre und fragt, was geschehen sei. Chang flüstert ihm zu, er solle den Anwalt in Anqing informieren, damit der sie heraushole. Der

Freund nickt, und als Wu sich mißtrauisch im Sattel umdreht, zieht er seinen Kopf ein und rennt fort. Schließlich stoßen die Büttel ihre Gefangenen in den stinkenden Schweinestall, den Luo schon kennt.

Am anderen Morgen kommt Wu in den Stall. Diesmal begleiten ihn nur seine drei hochmütigen Söhne. Sie haben Bambusruten in den Fäusten und prügeln erbarmungslos auf ihre Gefangenen ein. Als Chang und Luo mit den Händen über den Köpfen auf ihre Knie gesunken sind, wiederholt der alte Wu seine Forderung. Draußen quaken die Enten, drinnen grunzen die Schweine, und es stinkt. Die Schüler wissen, daß sie ihr Leben aufs Spiel setzen, wenn sie Wus Forderung zurückweisen. Sie wissen von unbotmäßigen Fronarbeitern, die auf Befehl ihrer Grundherren garottiert oder gar gepfählt wurden. Doch sie spucken aus und sagen nein, Chang zuerst, dann Luo.

Wu versteht nicht, wofür die jungen Leute, zwei Milchbärte, kämpfen. Was haben sie davon? Was bekommen sie dafür? Daß jemand für sogenannte Ideale sein Leben riskiert, ist ihm unbegreiflich. Er kennt nur Männer wie die von der Miliz, die es für eine kurze Schnur Kupferkäsch und eine Schale Reis tun. Kühl verkündet er seinen Opfern, daß sie von nun an fressen werden, was die Schweine fressen – bis sie sich eines Besseren besinnen. Die Arrestierten ringen sich ein Grinsen ab. Sie wissen: Der Anwalt wird sie herausholen.

Doch der Anwalt läßt nichts von sich hören, nicht am zweiten, nicht am dritten Tag, und nach einer Woche ist klar, daß er nie kommen wird. Sie lassen den alten Wu rufen. Sie sind als Menschenwesen kaum noch zu erkennen, als er vor sie tritt. Sie haben Kleie heruntergewürgt, Schmutzwasser getrunken, sich mit bepinkeltem Bohnenstroh zu säubern versucht und sind doch so verdreckt, daß Wu sich die Nase zuhält. Jetzt schlucken sie ihre Scham herunter und unterschreiben den Widerruf. Wu läßt ihnen Wasser bringen, damit sie sich waschen. Er wirft ihnen saubere Baumwollkleider zu, damit sie auf der Straße nicht auffallen. Er zeigt sich willens, beiden Geld zu geben: zehn *Diao* – eine lange Schnur mit tausend Kupferkäsch. Jahrzehnte später, als Chang Kuo Wei an der Schwelle des Todes seine Erinnerungen aufschreibt, wird er nicht verschweigen, daß er das Geld genommen hat.

Er ist so ausgelaugt, daß er es zu Fuß nach Shi Long An nicht schaffen würde. Er läßt sich von einem Kuli in einer einrädrigen Schubkarre hinfahren und bezahlt ihn von dem Geld, das er von seinem Peiniger bekommen hat. Die Sonne wärmt ihn. Doch der nahe Frühling beglückt ihn nicht. Ihm kommt der Gedanke, daß die Chinesen die Schubkarre tausend Jahre vor den Europäern hatten, und jetzt ist sie in Su Song immer noch das einzige Personenfahrzeug. Nicht einmal der alte Wu besitzt ein Auto. Als Chang Kuo Wei zu Hause ankommt, empfängt ihn der Vater mit einer Aufwallung von Sorge, Erleichterung und Zorn. Der alte Chang hat inzwischen erfahren, daß sein Jüngster sich zum Kläger gegen die Gentry aufgeworfen hat, er vermag es nicht zu billigen. Das sei nicht die Art eines Konfuzianers, zetert er. Man dürfe sich verteidigen, aber der Angreifer sei immer im Unrecht. Sein Sohn habe die Feindschaft, die seine Familie zu erdulden habe, die jedoch erträglich gewesen sei, in eine Todfeindschaft verwandelt. Vor allem aber, und das sagt Vater Chang in einem jäh bekümmerten Ton, könne er ihn nicht schützen. Seit sein Bruder, der verstorbene Mandarin, ihm nicht mehr den Rücken stärkt, sei er den Grundbesitzern gegenüber ohne Einfluß. Sein Sohn müsse augenblicklich nach Anqing zurückkehren, dort sei er sicherer als im Machtbereich der großen Herren. Er werde ihm Geld mitgeben. Chang Kuo Wei verschweigt seinem Vater, daß er mit Schweinen gelebt und Geld genommen hat. Er sagt nur, er habe die Klage zurückgenommen. Das gefällt seinem Vater auch nicht, doch er billigt es.

Chang Kuo Wei läuft noch am selben Nachmittag nach Fu Xing am Jangtse. Von dort fährt er mit dem Flußdampfer nach

Anqing. Im Gymnasium huldigen ihm die Schüler. Jeder fragt ihn, ob die betrügerischen Abgeordneten jetzt ihr Mandat verlieren. Chang Kuo Wei schließt die Augen und schüttelt den Kopf, bleich vor Scham. Anderntags sucht er den Anwalt in dessen Büro auf und fragt ihn, warum er nicht nach Su Song gekommen sei. Der Anwalt behauptet nicht, der Hilfeschrei der beiden Schüler habe ihn nicht erreicht. Er habe nicht gewußt, sagt er, wie er ihnen in der Stadt des reichen Wu hätte helfen können. Und er bekennt, daß er Angst gehabt habe, sich mit Wu anzulegen. Er habe Angst, die mächtigsten Männer der Provinz gegen sich aufzubringen. Alle wüßten von der Klage. Da gäbe es noch »andere Kreise«, die ihm übelwollten, sagt er sibyllinisch. Dann erst läßt er seinen Besucher das einzig Wichtige, wahrhaft Überwältigende wissen: Das Provinzgericht hat just über die Klage entschieden. Es hat den Widerruf der Kläger abgewiesen, den Abgeordneten aus Su Song das Mandat entzogen und ihnen jede künftige Kandidatur untersagt. In der Stimme des Anwalts ist kein Triumph, als er den größten Erfolg seiner Karriere verkündet.

Chang Kuo Wei verläßt die Kanzlei mit widerstreitenden Gefühlen. Er genießt seinen Sieg, aber wohl ist ihm nicht. Von nun an weiß er sich bedroht. Wie rachsüchtig reizbare Potentaten sind, weiß er von seinem Vater, der ihn nicht schützen kann, der nun selbst des Schutzes bedarf. Chang Kuo Wei fühlt, wie die Liebe zu seinem Vater ihm die Brust eng macht. Im Liu-Yi-Gymnasium beginnen die Prüfungen. Er ist mangelhaft vorbereitet – in westlicher Geschichte, Geographie und Englisch. Er kann sich nicht konzentrieren, während die Lehrer ihn an den folgenden Tagen examinieren. Der Schulpräsident Cheng Xiao Chu verrät ihm regelwidrige Zuneigung, wenn er ihm bei unentschlossen gestammeltem Ansatz zu einer richtigen Antwort nachdrücklich zunickt und wenn er in anderen Momenten die Augen schließt und dezent den Kopf schüttelt. Sobald die Befragung vorbei ist, hat der Geprüfte den Rächer Wu wieder im

Kopf. Es ist ein kotzübles Unbehagen, das ihn beschleicht, keine fühlbar beklemmende Angst. Nur wenn er an das Käsch denkt, das er von Wu genommen hat, pocht ihm das Blut bis in die Schläfen.

Wieder und wieder ruft er sich ein chinesisches Sprichwort ins Bewußtsein, von dem er nicht mehr weiß, wann es ihm zugeflogen ist: »Der Himmel versperrt nicht jeden Weg.« Das stärkt ihn. Er fragt sich, auf welche Art Wu und seine Komplizen sich rächen werden. Er macht keinen Schritt über das Schulgelände hinaus. Er bittet den Schuldiener, der sich stets als warmherzig erwiesen hat, jeden Unbekannten abzuweisen, der nach ihm fragt. Dann, zwischen zwei Prüfungen, die er alptraumhaft übersteht, kommt ihm ein Gedanke, von dem er instinktiv begreift, daß es der richtige ist: Wenn sie ihn physisch nicht fassen können, werden sie ihn vor Gericht zerren! Zwar gibt es nichts, dessen sie ihn beschuldigen könnten, doch die Mächtigen haben noch immer einen Grund gefunden, wenn sie einen Rivalen erledigen wollten. Die chinesische Geschichte ist reich an solchen Kabalen.

Wenig später erreicht Chang Kuo Wei das Gerücht, daß Klage gegen ihn erhoben worden sei. Das Gerücht weiß nicht, was ihm angelastet wird. Das ist fortan seine Denkaufgabe. Werden sie sagen, er habe das Geld gestohlen, das Wu ihm gab? Wie wollen sie das beweisen? Eines Tages steht ihm sein Lehrer für Physik und Chemie gegenüber, zufällig, im nüchternen Flur der Schule. Der Lehrer weicht seinem Blick aus. Chang hat im Gedärm, daß den unsteten, blassen Mann ein schlechtes Gewissen plagt. Sie kennen sich lange. Der Lehrer ist Vorsitzender des Vereins der Landsleute aus Su Song, dem auch Chang angehört. Einem plötzlichen Impuls folgend, den eine nur umrißhafte Ahnung beflügelt und der ihn dennoch hellsichtig macht, überrumpelt er den Lehrer mit der Frage, wo der Stempel des Vereins sei. Der sei weg, erwidert der Überraschte, ehe er die Frage bedenkt, die Landsleute Wu und Ye hätten ihn mitgenommen.

Wer? Er meine zwei Studenten, bekräftigt der Lehrer mit einem
derart roten Kopf, daß ihm die Lüge von den Wangen springt.
Sollten die den Stempel mißbrauchen, sagt Chang daraufhin,
sei er, der Lehrer und Vereinsvorsitzende, dafür verantwortlich. Er möge eine Anzeige in der *Min Pao* aufgeben, der Volkszeitung, darin solle er den Stempel für ungültig erklären. Gereizt erwidert der Lehrer, das sei überflüssig.
In diesem Moment tritt der Schulpräsident Cheng Xiao Chu
hinzu. Chang zieht ihn mit höflichen Worten ins Gespräch. Als
der gewissenhafte Schulpräsident hört, daß dem Lehrer der
Stempel seines Vereins abhanden gekommen ist, rügt er ihn und
empfiehlt ihm die Anzeige. Chang schreibt sie auf ein Papier.
Und der Lehrer, der sich der Autorität seines Vorgesetzten nicht
entziehen kann, drückt sein Siegel unter den Text.
Chang Kuo Wei besteht die Abschlußprüfung unter rund zwanzig Kandidaten als vierzehnter. Stumm zitiert er Worte des
Konfuzius, das tröstet ihn. Er will an einer möglichst fernen chinesischen Universität studieren, die Erde von Anhui ist ihm zu
heiß geworden. Doch nach Peking oder Tientsin braucht er
nicht zu fahren, für diese Hochschulen ist sein Zeugnis zu miserabel. Er solle es in der katholischen Saint-John's-Universität in
Schanghai versuchen, rät ihm sein marxistischer Freund, der als
Bester abgeschnitten hat. Die Aufnahmeprüfung sei dort leichter, allerdings: wirklich leicht sei sie auch nicht. Chang fühlt die
Last der konfuzianischen Weisheit, die besagt, es habe keinen
Zweck, mit dem Schicksal zu hadern. Dann streift ihn wieder
der alte Spruch: Der Himmel versperrt nicht jeden Weg. Und
wirklich: Der Himmel materialisiert sich in Gestalt des
Schulpräsidenten Cheng Xiao Chu, der gleichzeitig Abteilungs-
direktor im Bildungsministerium der Provinz Anhui ist. Sein
Ministerium, verrät er Chang, verfüge über einen Etat, aus dem
es einigen jungen Leuten das Studium in Deutschland finanzie-
re. Sie bekämen ein Stipendium von tausend Dollar im Monat.
Da der chinesische Dollar zur Zeit solider sei als die schwä-

chelnde deutsche Nachkriegswährung, kämen die Studenten damit gut aus. Ob er interessiert sei? Chang ist begeistert. Deutschland! Ja, das ist es. Deutschland. Das liegt so weit weg vom schrecklichen Wu, daß dieser nicht einmal sagen könnte, wo es liegt. Der Schulpräsident schreibt den Antrag an das Ministerium, und da er selbst das Ministerium ist, wird der Vorlage entsprochen.

Die *Min Pao* veröffentlicht die Anzeige des Vereins der Landsleute aus Su Song. Aber Chang weiß noch immer nicht, wessen seine Kläger ihn beschuldigen. Um sich Klarheit zu verschaffen, beschließt er, trotz der Gefahr nach Su Song zu fahren. Er trägt einen löcherigen blauen Bauernkittel aus Baumwolle, der in den Säumen zipfelt und nach der Reisernte nicht gewaschen wurde. Er steigt nicht, wie jedermann erwarten würde, in der Herberge der Familie Li am nördlichen Stadttor ab, sondern bei der Familie Shi am östlichen Stadttor. Er besucht die Familie Si, der die Gemischtwarenhandlung *Yi Long* gehört, das heißt »Rechtschaffene Blüte«. Mit der Familie Si ist er verwandt, denn deren älteste Tochter ist mit seinem dritten älteren Bruder verlobt. Man lädt ihn zum Mittagessen ein. Die Verwandten erzählen ihm, Wu habe gestreut, er werde ihn vernichten, was es ihn auch koste. Wie? Sie schütteln besorgt den Kopf. Das hat er nicht gesagt.

Wieder auf der Straße, genießt Chang Kuo Wei die Frühlingswärme. Er liebt seine Heimat. Sie zu verlassen kommt ihm wie ein Treubruch vor. Das Weib jedoch, an das die Sohnespflicht ihn bindet, kommt ihm nicht in den Sinn. Er drückt sich an Hauswänden entlang, von Tor zu Tor, von Straßenecke zu Straßenecke. Er geht nur Erwachsenen aus dem Weg, nicht den Kindern, die der Sonnenschein vergoldet, wenn sie perlweiß lachend Hand in Hand über das Katzenkopfpflaster tappen. Doch er unterschätzt den listigen Wu. Denn es ist ein Kind, das Chang verrät. Er erfährt es, als er gerade noch rechtzeitig den Freund trifft, der für ihn nach Anqing ging, um den Anwalt zu

82

holen. Wus Häscher suchen ihn noch bei der Familie Li, sagt der Freund, und Chang macht sich schleunigst aus dem Staub. Er hat sich eine Schubkarre gekauft, in der er unter einer schmutzigen Decke seine Habe verstaut. Er will nach Fu Xing am Jangtse, um von dort mit dem Dampfer nach Anqing zu fahren. Er schiebt die Schubkarre mit vernehmlichem Gerumpel durch das südliche Tor. Der Torwächter, ein Kriegskrüppel, liegt schnarchend auf einer Grasflechte. Er wird keinem verraten, in welche Richtung der Flüchtling gegangen ist.

Chang rechnet sich zwei Stunden Vorsprung aus. Aber er hat einen beschwerlichen Weg vor sich. Der kurze Tag verabschiedet sich, es ist wieder kalt, und es fängt wieder an zu tröpfeln. Nirgends darf er anklopfen und um eine Tasse heißen Tee bitten. Er riecht die abendlichen Herdfeuer und sieht ihre dünnen Rauchschwaden aufsteigen. Seine Frau Wu Mei hat jetzt zwei Maß Öl in die Lampe gegossen und näht. Jetzt denkt er doch an sie, doch inniger denkt er an seinen Sohn, der nicht weiß, daß die Welt schön und böse ist. Chang erinnert sich der Tage seiner Kindheit, als die Scheinwerfer der Kanonenboote ihn in die Welt hinauslockten. Und während er seine Karre durch die Dunkelheit schiebt und ihm der Schweiß von der Nase tropft, bricht in seinem Innern das Reisefieber aus. Die Vorfreude auf das ferne Deutschland hilft ihm über den langen, kräftezehrenden Weg.

Es ist finstere Nacht, als er das Dörfchen Mao Jia Ba erreicht. Er kennt dort eine Frau, der er vertraut. Ihr gehört ein Teehaus, sie hat ein paar Gästezimmer. Sie ist Witwe, nicht viel älter als Chang, doch er nennt sie Tante. Ihr Mann war einer der Treidler, die einige hundert Kilometer weiter westlich die Schiffe den Jangtse flußaufwärts schleppen. In langer Reihe gehen sie auf schmalen, in die Uferfelsen geschlagenen Pfaden und treideln die Schiffe an langen Seilen über die Stromschnellen. Sie drücken ihr Körpergewicht in das splissige Tauwerk – derart, daß ihre schweißnassen Köpfe fast den Boden berühren. Nicht selten stürzt einer ab und ertrinkt im Strom oder bleibt zerschmettert auf den schrundigen Klippen liegen. An dieses Granitgestein hat die damals siebzehnjährige Frau den Mann verloren. Sie hat ein Herz für verwegene Männer. Sie weiß von der Klage, die ihr später Gast gegen die großen Herren von Su Song angestrengt hat – Banditen, denen sie in den Tee spucken würde, bevor sie ihn serviert. Natürlich bewundert sie ihren Besucher. Sie macht ihm gratis ein Bett. Er könne so lange bleiben, wie er wolle, gluckst sie. An ihrer Stimme und ihren heiteren Blicken erkennt Chang, daß sie in ihm nicht nur den Helden schätzt, sondern auch den Mann. Er trinkt ihren Tee, er löffelt ihre Suppe. Doch er bettet sich nur für diese eine Nacht. In wenigen Sekunden schläft er ein. Er träumt sich in die Familie Li. Die Tochter hat Nadeln aus Karneol im Haar, und sie stickt ihm ein Gewand, stickt ihm aus Perlen und Korallen einen Drachenkopf aufs Kamisol. Das Gewand ist aus gelbem Brokat. Gelb ist die Farbe des Kaisers.

Am Prozeßtag erfährt Chang Kuo Wei endlich, wessen er angeklagt ist: Er habe eine Spende von mehreren tausend Dollar unterschlagen, die Wu und dessen Komplize, der opiumblasse Ye, dem Verein der Landsleute aus Su Song gewidmet hätten. Plötzlich versteht Chang das unklare Vorgefühl, das ihn bewog, nach dem Vereinsstempel zu forschen. Der Himmel, der nicht jeden Weg versperrt, hat es ihm eingegeben. Dem Richter liegt die Spendenquittung vor. Auf ihr, sagt er, sei der Stempelabdruck des Vereins. Sie hätten Chang Kuo Wei die Spende ausgehändigt, erklären Wu und Ye. Sie blicken mit wächsernen Mienen zum Angeklagten hinüber. Der aber legt nun die Volkszeitung mit der Verlustanzeige vor. Die Zeitung ist viele Tage älter als die ordentlich datierte Quittung. Wu senkt die Lider, um seine Verblüffung zu verbergen. Als er die Augen wieder öffnet, sind sie matt und schwarz. Er hebt an, Sprüche aus den chinesischen Klassikern zu zitieren: »Kein Makel, wenn du wahrhaftig bist und dem Fürsten berichtest mit einem Siegel.« In China,

84

das weiß Wu, obsiegt der, dem die »Vier Bücher« und die »Fünf Klassiker« gleichsam innewohnen. Der Richter jedoch hört ihm nicht zu. Er vertagt die Verhandlung. Es ist Mitte April.

Der zweite Prozeßtag ist für das Monatsende angesetzt. Diesmal ist die Verhandlung öffentlich. Mehr als hundert Neugierige drängeln sich im Saal. Viele sind aus Su Song angereist, unter ihnen Changs dritter älterer Bruder Fu Hou. Mit unvermittelter Gluthitze ist der Frühling angebrochen. Die Saalfenster stehen offen. Man sieht den Himmel, der sich jetzt höher wölbt. Gelber Staub schwebt durch die Straßen, und die Bäume duften. Chang Kuo Wei trägt sein schönstes Gewand, einen langen Kaftan aus weißem Leinen. Der Richter trägt einen Tatarenhut mit Bommel und thront erhöht hinter einem mit rotem Tuch eingeschlagenen Pult, flankiert von dem Kanzlisten und zwei Schreibern. Wu hat einen elfenbeinernen Fächer in der einen Hand, in der anderen einen silberbeschlagenen Stock. Er strotzt vor Eigenliebe und gutem Gewissen. Ye gibt sich schlicht. Er macht einen so tiefen Kotau vor dem Richter, daß ihm fast das Rückgrat bricht.

Der Richter läßt die Dienerin des Vereins der Landsleute aus Su Song mit einer Rikscha holen. Sie setzt sich vor die hintere Saalwand. Zu Anfang befragt der Richter die Kläger Wu und Ye. Sie beharren auf ihrer Aussage, das Vereinsmitglied Chang habe die Spende bekommen und quittiert. Der Richter ruft die Vereinsdienerin vor sein Pult und fragt sie, ob sie dem Angeklagten den Vereinsstempel gegeben habe. Nein, sagt sie. Wem sie den Stempel ausgehändigt habe, fragt der Richter. Die Dienerin deutet mit dem Finger auf Wu und Ye. »Wie kann der Angeklagte die Quittung abgestempelt haben, wenn ihr den Stempel hattet?«, fragt der Richter die beiden. Nun ist es Ye, der Zuflucht bei den Klassikern sucht. Ye ist Lehrer, also ein »Gelehrter«, dem Redlichkeit wesenseigen sein soll. Er murmelt: »Bist du wahrhaftig, weicht die Angst. Kein Makel.« Es rettet die Klageführer nicht. Jäh sind sie selbst angeklagt. Der

Richter verurteilt jeden zu drei Jahren Kerkerhaft wegen Irreführung eines Gerichts und zu einem Jahr wegen des minder schweren Vergehens einer verleumderischen Anschuldigung. Sie werden im Gerichtssaal festgenommen.

Chang Kuo Wei ist erleichtert, das Publikum entzückt, die Mienen glänzen. Es ist, als hätte ein Krampf sich gelöst. Keiner hat dieses Urteil erwartet. Jeder hat damit gerechnet, daß der unbedarfte Schüler dem mächtigen Wu unterliegt. Man weiß, daß die Reichen sich die Urteile erkaufen, die ihnen günstig sind. Es muß etwas anderes im Spiel gewesen sein. Was? Oder wer? Der freigesprochene Schüler möchte an die Rechtschaffenheit des Richters glauben, doch in seinem Glücksgefühl nistet die Gewißheit, daß ein anderer ihn freigesprochen hat: der Gouverneur Xu Shi Zheng.

Beim Hinausgehen legt ihm sein zweiter älterer Bruder Fu Hou einen Arm auf die Schulter. »Glückwunsch, Brüderchen!« sagt er. »Aber du hast einen schweren Weg vor dir. Wus Sippe wird dich bis in die Hölle verfolgen. Komm nicht nach Hause. Bleibe nicht in der Schule. Geh so weit fort, wie du kannst. Wenn die Söhne von Wu Shui Ting dich kriegen, bist du des Todes. Und dies vor allem: Gehe nicht in die Berufung. Wu und Ye haben mit vier Jahren Kerker ein mildes Urteil bekommen. Sie haben das Gericht belogen. Dafür hätten sie viele Jahre mehr und Verbannung oder die Prügelstrafe verdient.« Chang Kuo Wei weiß, daß sein Bruder recht hat. Die Berufung hat er gar nicht erwogen. Seine Zuflucht heißt Deutschland, heißt Berlin. Die Chinesen nennen Berlin »Stadt der Inspiration«. Dorthin werden sie ihm nicht folgen. Freilich braucht er Geld für die Überfahrt. Sie kostet zweitausend Dollar. Das sagt er seinem Bruder, und er sagt ihm auch, wo die Familie ihn finden wird: in Mao Jia Ba, bei der Witwe, die ein Teehaus besitzt.

Dort bleibt er zwei Nächte. Am dritten Morgen kommt Bruder Fu Hou. Mit ihm kommen Changs Frau Wu Mei mit seinem neun Monate alten Sohn Chian Chih, den er Lanchun nennt und der später den Namen Allen annehmen wird. Fu Hou gibt ihm einige hundert Dollar. Mehr habe der Vater so schnell nicht aufbringen können. Doch damit käme er bis Schanghai, und danach würde man weitersehen. Der Bruder, die Frau mit dem Säugling, auch die Witwe, die ihn versteckt, beköstigt und umsorgt hat, begleiten ihn nach Fu Xing zur Fähre, mit der er über den Strom nach Jiujiang fahren muß. Von dort legt das Linienschiff nach Schanghai ab. Jiujiang ist die nördlichste Stadt der Provinz Jiangxi, es ist das erste Mal, daß Chang Kuo Wei seiner Heimatprovinz Anhui den Rücken kehrt. Als er auf die Fähre geht, sieht er die schöne Witwe weinen. Wu Mei drückt das Baby an sich. Sie blickt ihm trockenen Auges hinterher. Sie hat ihrem Mann, der fast immer in Anqing und manchmal in Su Song, aber selten zu Hause war, nie eine Frau sein dürfen. Chang Kuo Wei heftet den Blick auf seinen Sohn, während die Fähre sich gegen die Drift über den Strom kämpft. Er ahnt nicht, daß dieses Baby ein neun Jahre alter Knabe sein wird, wenn er heimkommt. Und daß er Wu Mei, der er ohne die Glorie eines erhabenen Gefühls angetraut wurde, in diesen Minuten zum letzten Mal sieht.

In Schanghai findet er Unterkommen im Schlafsaal des »Vereins der Weltstudenten«. Der Verein erledigt die Ausreiseformalitäten für Studenten, die ins Ausland gehen, und bezahlt Lehrer für Fremdsprachen. Chang Kuo Wei beginnt mühsam, Deutsch zu lernen. In freien Stunden flaniert er über den Bund und auf der Nanjing Road. Er hat den Jangtse so breit gesehen, daß die Ufer zu Linien schmolzen und schließlich ganz entschwanden. Nun erlebt er das pulsierende Schanghai mit seinen trompetenden Automobilen, seinen Rikschas, seinen weißen und gelben Taipanen, seinen Kulis, seinen elenden Bettlerpulks und den unzähligen teilnahmslosen Chinesen. Er deutet die im Glast schwitzende Stadt als Allegorie Chinas, seiner Unermeßlichkeit und seiner Misere. Aber hier fühlt er sich sicher vor Wus Söhnen und der *Min Duan* – der von ihnen bestochenen

87

Miliz. Die Miliz soll die Landbevölkerung gegen Banditen verteidigen, doch ist sie selbst zur Bande geworden, botmäßig jedem, der sie bezahlt. Wie eine Katze dehnt Chang den Radius seiner Stadterkundung von Mal zu Mal aus. Er durchwandert die britische, dann die französische Konzession, sieht die von britischen Offizieren befehligte berittene Polizei, sieht bärtige, turbantragende Sikhs in Khaki-Uniformen – und fühlt sich fremd im eigenen Vaterland. Er besucht Clubs, die nach dem 4. Mai 1919 gegründet wurden, und entbehrt den bodenständigen Debattenstil der Anqinger Studenten. Niemand spricht hier für die Bauern. Hier fordern manche die avantgardistische Kunst des Westens, die kubistische Malerei, die symbolistische Dichtung und das realistische Drama. Andere befeinden »alte Einrichtungen« wie den Konfuzianismus, die traditionelle Erziehung, die arrangierte Kindsheirat und die patriarchalische Familie.

Doch die letztere bewährt sich soeben im heimatlichen Dorf. Vater Chang ist noch nicht so reich, wie er es einige Jahre später sein wird. Zudem drehen ihm die Söhne Wus jeden Geldhahn ab, auf den sie Zugriff haben. Er kann zweitausend Dollar Reisegeld für seinen bedrängten Sohn aus eigener Kraft nicht aufbringen. Da wirft sich der Clan der Changs in die Bresche: Jeder, der in Shi Long An diesen Namen trägt, bringt dem Alten, eingeknüpft in ein unauffälliges Tuch, so viele silberne Dollar, wie er entbehren kann, mancher mehr. Mitte Juli fährt Fu K'uan, Chang Kuo Weis vierter älterer Bruder, mit dem Dampfer nach Schanghai und übergibt dem Überraschten einen Beutel mit zweitausend rappelnden Silbermünzen für das Schiffsbillet.

Am 3. August 1922 geht Chang an Bord eines französischen Postschiffes, das nach Marseille fährt. Auf diesem Schiff erfährt er sich zum erstenmal als »coloured«. Das Lidodeck oder gar die Kapitänsmesse zu betreten ist »farbigen« Passagieren verboten.

88

»Dein Vater ist Chinese«

Die Hungermonate nach der Kapitulation Deutschlands waren für mich eine Zeit euphorischen Glücks. Mein Kindheitsalptraum verblaßte. Es war Juli, der Juli 1945. Über der märkischen Erde flammte ein gewaltiger Sommer, vielleicht der schönste, der sie je erwärmte. Die Havel blitzte wie zersplittertes Spiegelglas. Da der Vorortzug nach Potsdam nicht mehr fuhr, denn russische Pioniere hatten die Gleise demontiert und in ihre zerstörte Heimat verladen, ging ich in die zur höheren Lehranstalt aufgestiegene Werdersche Mittelschule. In ihr wurden Mädchen und Jungen gemeinsam unterrichtet, weil die Stadt für zwei Oberschulen nicht genug Einwohner hatte. So durfte ich einem Dutzend gleichaltriger Mädchen nahe sein. Sie waren fünfzehn, einige etwas älter. Mit ihrem genierten Ahnungslächeln, ihrem Gekicher, ihrem Gewisper, mit ihren Schweißgerüchen und blanken Schenkeln, die durch geflickte Sommerröcke schimmerten und zuckten, wenn eine Knabenhaut sie berührte, bannten sie mich von der ersten bis zur letzten Pausenglocke ins Elend meiner Triebe. Noch war die Zeit, in der frühreifer Sex geächtet und verschwiegen wurde, weshalb er uns, Mädchen wie Jungen, desto vernehmlicher rief. Ich bin gerne zur Schule gegangen.

Werder, ehemals Luftkriegsschule der deutschen Wehrmacht, war von der Roten Armee besetzt. Es war noch die Fronttruppe, die dem Tod entkommen war. An den erdbraunen Soldaten, die zum Innehalten schön auf den Straßen sangen, Balalaika spielten und Chorowody tanzten, drückten sich die Werderaner wie geprügelt vorbei. Damit verloren sie ihre lastende Wirkung auf mein Lebensgefühl. Aber jetzt waren auch andere in der Stadt, Flüchtlingsfamilien aus dem verlorenen Osten. Ich blühte auf, und da ich mich verwandelte, verwandelte sich die Welt. Eine Wahrsagerin hatte Mama geweissagt, ich sei tot. Doch ich war aus britischer Kriegsgefangenschaft heimgekehrt. Als ich nach Hause kam und den Vorgarten betrat, sah mich als erster der Alte. Er strahlte, aber er ging nicht auf mich zu. Statt dessen rannte er ins Haus, um der zu sein, der seiner Blanche das größte Glück ihres Lebens beschert. Dann kam er mit ihr heraus und weinte, weil sie es tat.

Oma und Mama hungerten, damit ich satt wurde. Der Alte stritt nicht mehr mit Mama. Der verlorene Krieg hatte allem Zwist den Brandherd genommen: Mamas schneidige Kavaliere. Das Mysterium ihrer Potsdamer und Pariser Nächte. Die Schuldzinsen, die jetzt mit wertloser Reichsmark bezahlt wurden. Aber die beiden sprachen auch nicht mehr miteinander. Stumm pflückten sie im Garten die Kirschen, dann die Äpfel, die Birnen, die sie für Butter, Speck und Tabak hergaben. Der Alte, 1918 von seinem Kaiser, nun von seinem Führer verlassen, hatte mit seiner Gläubigkeit auch die Libido eingebüßt. Er schreckte Mama nicht mehr mit Wannenbädern. Sie teilte wieder mit mir das Bett, denn ein eigenes Lager besaß ich nicht. Zudem sollte meine Gegenwart sie vor Nikolai und Iwan beschirmen, den im Wohnzimmer einquartierten, stets gutgelaunten, oft angetrunkenen russischen Sergeanten. Doch die wollten ihr gar nicht an die Wäsche. Sie brachten mir schulterklopfend das Wodkatrinken bei.

Mama gab zu erkennen, daß Männer ihr nichts mehr bedeuteten. Sie liebte fortan nur noch mich, mit der inbrünstigen Wehmut einer Mutter, die als Frau unerfüllt war. Sie riet mir und wiederholte diesen Rat so oft, daß er mir hohl erschien, ich solle nicht heiraten, bevor ich dreißig würde. Sie rackerte als Putzfrau in einer sowjetischen Offizierskantine und brachte mir in voluminösen Henkelkannen den Borschtsch, den die Russen verschmäht hatten. Aus einem Holzfaß mit tranigem Speiseöl, das Nikolai und Iwan in unserem Keller aufgestellt hatten, schöpfte sie heimlich kleine Mengen. Mit dem geklauten Öl briet sie mir – nur mir – Gurken oder Kartoffeln, während der Alte immer magerer wurde. Er starb im Februar 1946. Er bäumte sich so wütend gegen den Tod auf, daß er aus dem Krankenhausbett herausfiel und auf dem Fußboden starb. Das Leben hatte ihm stets nur verheißen und nie gegeben.

Seit Mama, Oma und ich ohne den Alten lebten, wurde bei uns gelacht. Mama begann von ihrer Vergangenheit zu erzählen. Ich liebte es, mit ihr zu plaudern. Sie sprach nur von den Zeiten, die ihrer Mesalliance mit dem Alten vorausgegangen waren. Andeutungsweise, nebelhaft indes und vieldeutig, erwähnte sie auch die eine oder andere Liebesaffäre und belächelte sie. Die Männer wurden mir in diesen Bemerkungen nicht deutlich. Namen nannte sie nicht, nur einen: Carl Hubertus Graf von Schimmelmann. Mama sprach so oft von ihm, daß ich zu glauben begann, er sei mein Vater. Daß der Alte es nicht war, ließ Mama mich jetzt wortlos spüren, man könnte sagen, sie gab es mir außersinnlich zu verstehen. Doch auf den Fotos, die sie mir von dem Grafen zeigte, sah ich einen weizenblonden Siegfried, dem ich nicht im mindesten glich. Diesen Nazi-Heroen wollte ich nicht zum Vater, denn nach seiner morganatischen Affäre mit Mama war er Adjutant des Propagandaministers Goebbels geworden, was auch ihr mißfiel. Ich scheute mich, sie geradeheraus zu fragen, welchem ihrer Liebhaber ich meine Existenz verdankte. Ich spürte, daß es irgend etwas gab, was ihr nicht aus der Brust und von der Zunge wollte. Ich stellte mich vor den Spiegel, um in meinen Zügen nach Affinitäten mit dem Nazi-Grafen zu forschen, und fand, ins Weichlinge verwachsen, den

»Mongolenfurz«. Ich fand mein Gesicht flächig, aber nicht asiatisch. Meine Abkunft sah ich nicht in ihm.

Eines Sonntags, es war im Juni nach des Alten Tod, saß ich mit Mama beim Marmeladenfrühstück ohne Butter, als es an der Haustür klingelte. Ein deutscher Polizist stand davor. Er knurrte mit einer Strenge, die er sich offenbar anbefahl, er müsse mich »zu den Russen« bringen. Das war anderen Jungs bereits mehrmals passiert, meist früheren HJ-Führern, von denen einige nie nach Hause zurückkehrten. Ich war in Hitlers Deutschem Jungvolk ein Fähnleinführer gewesen. Mama, die wie jeder von den Verhaftungen wußte, schrie den Polizisten an: »Was wollen die Schweine von meinem Sohn?« Er erwiderte steif: »Ich darf das nicht gehört haben.« Dann packte er mich am Ärmel und zerrte mich fort. Mama schrie hinter ihm her: »So lassen Sie mir doch mein Kind! Sie ... Sie Russenknecht!« Dann erstickten ihre Worte in einem so wölfischen Geheul, daß es mir die Brust abpreßte. Der Polizist führte mich in ein Obstzüchterhaus, das von der russischen Geheimpolizei NKWD als Dienstgebäude beschlagnahmt worden war.

Im Heizungskeller wurde ich eingesperrt und im Wohnzimmer bei Radiomusik verhört. Der Radiolärm sollte das Geschrei von Gefolterten übertönen. Ein kahlköpfiger Oberleutnant und sein ziviler Dolmetscher, den er »Niko« nannte, stellten mir Fragen. »Name?« Kroll. »Bekannter Namme!« Der Oberleutnant grinste. Er suchte in Erfahrung zu bringen, wo »Akten, Fahnen, Waffen« der Hitlerjugend versteckt seien. Ich wußte sehr gut, in welcher Lichtung des Stadtparks, neben welcher Eiche, unter welchem Stein ich die albernen schwarzen Wimpel mit der weißen Rune vergraben hatte. Ich war einer der drei Jungs, die sie auf Befehl der HJ-Führung und ohne Empfinden für das Lächerliche dieses Tuns im weißen Mondlicht in den weichen Sand geschaufelt hatten. Es waren nur Tuchfetzen, keine Waffen. Die Sowjets hatten an der Oder gestanden, Hitlers Generäle den Angriff auf Berlin erwartet. Nach dem »Endsieg« sollten die Reliquien meiner Jugend wieder ausgebuddelt werden. Der Klassenkamerad, der neben mir die Schulbank drückte, hatte Einschließung und Verhör beim NKWD erlebt und war sichtlich mitgenommen wieder in die Schule gekommen. Er hatte mir zugetuschelt, falls ich in dieses Verhör geriete, müsse ich um meiner Freiheit willen alles abstreiten, was man mir vorhalte, sonst wäre mir Sibirien sicher. Daran dachte ich, als ich dem Oberleutnant antwortete. Ich sagte, ich wüßte nichts von diesen Dingen.

Der Oberleutnant schlug mir blitzartig seine Faust ins Gesicht. Sie war hart wie ein Hammer, ich flog lang auf den Teppich. Ich rappelte mich auf, er drosch wieder auf mich ein, und ich stürzte erneut. Doch ich hielt mir nicht, wie einst bei den Zwillingen Gnädig, die Arme vors Gesicht. »Du Demokratist?« brummte der Oberleutnant und lächelte. Ich war mittlerweile ein besserer Demokrat, als er je hatte sein können. Es war später Sonntag. Ich spürte, daß sein schwerer Körper nach der Wohltat eines Wodkas dürstete. Ich fühlte auch, daß er mich nicht haßte. Ich haßte ihn meinerseits nicht, aber ich fürchtete die Verbannung und die massige Präsenz dieses Pridurki. In der stickigen Hitze des Heizungskellers hatte ich neben einem Deutschen mittleren Alters gesessen, wahrscheinlich einem Nazi. Dem hatten sie die Schneidezähne eingeschlagen und auf der Wange eine klaffende Rißwunde beigebracht. Er hatte mich gar nicht bemerkt, als ich mich neben ihn setzte, taxierte sich schon als verschleppt, dorthin, wohin ich nicht wollte. So war es damals: Männer wurden verschleppt, Frauen vergewaltigt. Deutschland bezahlte seine Schuld.

Der Oberleutnant schlug sich die Handkante in die Armbeuge, dann ließ er von mir ab. Wer sich furchtsam zeigt, hatte mein Klassenkamerad gesagt, kommt sowieso nach Sibirien. Dessen eingedenk sah ich meinem Peiniger gerade ins Gesicht und log weiter. Den Dolmetscher hatte ich für sanftmütig gehalten. Aber er widersprach seinem Habitus und setzte die Tortur im

Geräteschuppen mit einem Gummiknüppel fort. Ich stand nach jedem Sturz auf und verbiß mir das Heulen. Er zielte nicht auf meinen Kopf, aber wo er mich traf, da krachte es. Ich dachte an Gorkis ziegenbärtigen Großvater, der seinem Enkel den Rücken blutig peitschte, weil er ihn liebte. Das hatte ich in einem russischen Film gesehen. Das Werdersche Kino war voller russischer Soldaten, als der Gorki-Film lief, und wenn Stalin ins Bild trat, applaudierten die Russen. Meine Klasse war vollzählig in diesen Film gegangen. Nach dem Beifall standen wir auf und verließen vollzählig das Kino. Auch daran mußte ich denken. Ich war viel zu erregt, um Schmerz zu empfinden. Ich wußte, daß ich dieses Leberwurstbrot nicht essen würde. Irgendwie gelang es mir.

Nach etwa zwei Stunden brachten sie mich wieder in den Keller, und tags darauf ließ der Oberleutnant mich frei. Doch er verpflichtete mich, meine Schulkameraden zu bespitzeln. Ich unter schrieb ein kyrillisch bedrucktes Papier, das ich nicht zu lesen vermochte, flocht die Schnürsenkel, die man mir abgenommen hatte, wieder in die Schuhe und ging. Zwei Tage später verließ ich mit Mamas Billigung die Stadt, die mir nie eine Heimat gewesen war. In meinem Herzen war keine Bitterkeit, sondern Abenteuerlust, keine Furcht, sondern Stolz. Ich hatte einer »Folter« standgehalten. Na ja, Folter. Die Russen hatten mich handgreiflich ins Gebet genommen, weil ihnen der »Werwolf« unheimlich war. Hitlers Pimpfenguerilla sollte in den von ihnen eroberten Räumen nibelungentreue Partisanenakte verüben. Doch der Werwolf war ein Propagandaphantom des Kriegstreibers Goebbels, seine jungen Helden folgten ihm nicht mehr. Mama weinte nicht, als ich von ihr ging. Zu wissen, daß ich am Leben und frei war, dämpfte ihren Abschiedsschmerz. Ich war sechzehn. Meine Erwartungen an das Leben dehnten sich in die Welt. Doch nun sollte ich den deutschen Nachkriegshunger in seiner ungeschmälerten rattenhaften Größe erfahren. Oma und Mama konnten mir nicht mehr geben, was sie sich für ihren Liebling vom Munde abgespart hatten. Am Monatsanfang wurden Lebensmittelkarten ausgegeben. Für einen wäßrigen Laib Brot, für hundert Gramm Margarine, für eine ärmliche Ration Fleisch schnitten mürrische Marktweiber kostbare Schnipsel aus dem Freifahrtschein ins Leben, bis er gerupft war wie eine klapperdürre Henne. Zu Anfang jeden Monats fraß ich mich voll, doch an jedem Zehnten war ich damit durch und begann zu fasten. Ich lebte jetzt in Westberlin, wo Amerikaner, Briten und Franzosen die Besatzungshoheit ausübten. Im britischen Sektor ging ich in die Oberschule. Aber ich hielt sie nicht aus. Ich hielt das Nahrungsdefizit nicht aus, das Bauchgrimmen und die Hungergase im Darm, die den Leib blähten und sich im Klassenzimmer oder im Kino entluden. Auch andere Schüler hatten Hunger. Doch deren Familien teilten ein, streckten ihre Vorräte, kochten Mehlsuppen, die betäubend in den Därmen klumpten. Ich aber war allein. Ich träumte vom Essen, nicht von der Zukunft.

Nach zwei Monaten schlich ich durch die dünne Kette sowjetischer Posten über die Westgrenze der russischen Besatzungszone und fuhr mit der Bahn nach Köln. In einem Dorf nahe der Domstadt lebte eine vielköpfige Arbeiterfamilie, die Mama seit langem verpflichtet war, ich wußte nicht, weshalb. Diese Leute hatten aus eigenem Anbau Kartoffeln im Keller. Sie kümmerten sich nicht um Branntweinmonopol oder Polizei und destillierten ihre Kartoffeln im Maischebottich zu Schnaps, den sie auf dem Schwarzmarkt gegen Lebensmittel eintauschten. Sie ließen mich, wenn von meiner Lebensmittelkarte kein Schnipsel übrig war, nach der Sonntagsbeichte an ihre Fleischtöpfe. Der Winter 1946/47 war seit Jahrzehnten der kälteste. Die Leute stahlen Briketts von den Kohlenzügen, und ihr Bischof gewährte ihnen von der Kanzel herab Generalpardon. Aber ich hatte nicht mal einen Ofen. Ich bewohnte eine unheizbare Dienstmädchenkammer bei einer Offizierswitwe. Drei Wände waren von Weihnachten bis Aschermittwoch glitzernd vereist. Ich schlief im Iglu, und wenn ich mich waschen wollte, was ich füglich meist unterließ, mußte ich in meiner irdenen Wasserkanne die Eisdecke aufbrechen.

Der Lebensmittelhändler nebenan hatte zwei knospende Töchter. Die steckten mir hinter dem Rücken des Vaters hin und wieder ein Brot zu. Abends lag ich unter meinem klammen Plumeau und klaubte mit ungewaschenen Fingern die Krumen aus dem Laib. Ich aß das Brot wie einen Götterschmaus in drei Minuten. Auf den Gedanken, daß die Mildtätigkeit der frühreifen Mädchen von erotischer Erwartung beflügelt war, kam ich nicht. Denn ich hielt mich nicht für anziehend und wußte Blicke nicht zu deuten.

Morgens brauchte ich eineinhalb Stunden, um mein Gymnasium am Kölner Hansaring zu erreichen, eine halbe Stunde davon zu Fuß über brache Futterrübenfelder, auf denen die Bodennässe zur Reifdecke gefror. Diese Strecke ging ich auch, wenn ich erkältet war und Fieber hatte. Denn in der großen Pause gaben die Lehrer eine markenfreie Schulspeisung aus, meist eine Suppe, die ich aus einem blechernen Kochgeschirr löffelte. Sie war der Gewinn meines Wegzugs aus Berlin, denn dort gab es keine Schulspeisung. Der mit Graupen oder Grieß angedickte und mit Melasse gesüßte Brei hielt jedoch nicht lange vor. Mittags bellte wieder mein Gedärm. Abends verkrampfte es sich.

Ich blieb bis zur Oberprima in dieser Schule. Ich war der Liebling einer Studienrätin, bei der ich Deutsch und Geschichte hatte, und der Alptraum des Mathematiklehrers. Doch der war mein Klassenlehrer. Meine Aussichten, die Reifeprüfung zu bestehen, trübten sich von Klausur zu Klausur. Schließlich mißlang mir eine Mathematikarbeit so gründlich, daß der Lehrer schnaubte, er weigere sich, mich weiter zu unterrichten. Da beschloß ich, den ersten Schritt zu gehen und mich ohne Abitur fortzustehlen. Ohnehin wurde die Suppe immer dünner. Im Dorf kannte ich einen Abiturienten, der einem Bauern als

Knecht diente und speckige Wangen hatte. Ein Stallknecht leidet keinen Hunger, dachte ich jäh erleuchtet. Ich verließ die Schule und bewarb mich bei den Bauern des Dorfes. Einer nahm mich, gab mir Kost und Kammer – und verwies mich nach einer Woche fluchend seines Hauses. Ich war unter einem Ballen Heu in die Knie gegangen und hatte nicht mehr aufstehen können.

In die Schule wagte ich mich nicht zurück. Der Mathematiklehrer war sicherlich froh, mich los zu sein. Ich dachte daran, nach Werder heimzukehren, in die nährende Obhut Mamas. Noch einmal schlich ich mich nachts an den zahlreicher gewordenen russischen Posten über die Grenze und fuhr mit dem Zug Richtung Berlin. Der Zug hielt in Werder. Doch ich drückte mich in die hölzerne Bank und stieg nicht aus. Der russische Oberleutnant war mir von Station zu Station immer deutlicher erschienen. Ich faßte den Entschluß, Journalist zu werden. Journalisten müssen Lebenskenntnis haben, überlegte ich, was nützt ihnen das Abitur? Ich war achtzehn. War ich nicht ähnlich erfahren wie der heimgekehrte Odysseus?

Meine Zuversicht war so fest wie das Gottvertrauen darbender Bettelmönche. In Berlin ging ich zur Redaktion des *Telegraf*. Der Westberliner *Telegraf* war in der Stadt die Zeitung mit der größten Auflage. Ich stellte mich dem Politikchef Karl Wiegner vor, einem Veteranen des sozialdemokratischen Reichsbanner, der Himmlers Zuchthäuser kennengelernt hatte. Er war aus Magdeburg in der sowjetischen Zone. Als aus der Verschmelzung der KPD mit der SPD im April 1946 die SED entstand, war er Sozialdemokrat geblieben und nach Westberlin gekommen. Er erwiderte meine Zuversicht mit der, die er selber ausstrahlte. Er hörte mir aufmerksam zu, quittierte mein Abiturgeständnis mit einem Grinsen und sagte, er habe ein gutes Gefühl, er nähme mich als Redaktionsvolontär in sein Ressort. Mir war ein Wunder geschehen. Doch meiner selbst so sehr gewiß, hatte ich nicht einmal bemerkt, daß es ein Wunder war.

Sieben Wochen nach meinem Eintritt in die Redaktion, im Juni 1948, veranlaßten die Westmächte in ihrem Herrschaftsbereich die Währungsreform. Die Reichsmark wich der Deutschen Mark. In den Schaufenstern der Lebensmittelläden, die eben noch mit Attrappen garniert waren, prunkte plötzlich das verlorene Paradies. Wenige konnten sich das Wunder erklären, aber jeder sah es: Es gab wieder Butter, Speck, Schinken, Eier, Schuhe, Textilien. Die kommunistische Verwaltung der Sowjetzone prägte ein eigenes Zahlungsmittel, man nannte es »Ostmark«. Doch in Ostdeutschland und im Ostsektor Berlins erblühte kein Schlaraffenland. Im Rathaus schloß ich mich den Menschen an, die auf ihr »Kopfgeld« warteten: Vierzig Westmark, die gleiche Chance für jeden, dachten sie. Ich kaufte Brot und eine Dauerwurst. Meine Hungerjahre waren vorbei. In Karl Wiegner, der mich kleine Artikel und dann Reportagen schreiben ließ, verehrte ich erstmals in meinem Leben eine Vaterfigur.

Im Juni 1948 sperrten die Sowjets auf allen Straßen und Flüssen die Zufahrtswege nach Westberlin. Der waffenlose Konflikt zwischen den Westmächten und den Sowjets, den der New Yorker Publizist Walter Lippmann einen »kalten Krieg« nannte, trat in eine eiskalte Phase. Den Sowjets war Westberlin ein Stachel im Fleisch, sie wollten ihn herausreißen. Und wahrhaftig, sie hatten Gründe: Westberlin war in jenen Tagen ein von den Westmächten auf sie und ihre Vasallen angesetztes Agentennest. Die amerikanischen Nachrichtendienste CIA und CIC, die britischen Dienste SIS und MI5, die französische Súreté Nationale und die von Altnazis durchsetzte »Organisation Gehlen«, die Hitlers Generalstab entsprossen war und später zum Bundesnachrichtendienst wurde – sie alle hatten im Westen der Stadt ihre Geheimagenten und konspirativen Adressen. In den Sperrgebieten der sowjetischen Streitkräfte, die rings um Berlin stationiert waren, hatten sie bezahlte Lauscher. In Westberlin alimentierten sie Syndikate deutscher Antikommunisten, die unter den Jugendlichen der Sowjetzone eine Résistance rekrutierten. Diese Organisationen genossen in Westberlin eine wohlwollende Presse, allen voran die »Kampfgruppe gegen Unmenschlichkeit«. Sie war ursächlich dafür verantwortlich, daß mein Schulfreund Joachim Trübe, der klügste, sensibelste, den ich in Werder kannte, in der Lubjanka erschossen wurde. Er war einundzwanzig, als er starb.

Bei der Kampfgruppe munitionierten sich die jungen Ostdeutschen mit dem Propagandamaterial, das sie durch die Kontrollen der kommunistischen Volkspolizei in ihre Heimatprovinzen schmuggelten und dort unters Volk brachten. Viele kamen auch in die Redaktion des *Telegraf*. Sie holten sich die Zeitung. Sie machten ihrer Empörung über das Regime Luft, unter dem zu leben ihr Schicksal war, und erstatteten Bericht. Der dafür zuständige Redakteur Werner Nieke hatte sich freilich, niemand ahnte es, von der Gegenseite kaufen lassen. Daß er ein maulfrommer Doppelagent war, erfuhren die Kollegen erst nach seinem Ableben. Um seine Verrätereien in den Osten zu bringen, mußte er nicht einmal die Sektorengrenze überschreiten. Auch der sowjetische NKWD (später KGB) und die ostdeutschen Kommunisten hatten in Westberlin ihre Agentenstützpunkte. Dieser Nieke hatte ein Gesicht, das in den Konturen zerfloß – ich sehe noch seine fleischigen, feuchten Lippen. Er arbeitete im Zimmer neben dem meinen, das ich mit einem Redakteur und einem Volontär teilte. Nieke kam oft grundlos zu mir, wenn ich allein im Zimmer war, an meinem Tisch saß und schrieb. Dann baute er sich hinter mir auf, beugte sich von hinten über mich, stützte eine Hand links, die andere rechts von mir auf die Tischplatte, hielt seinen Kopf so nah neben meinen, daß ich ihn speicheln hörte, und flüsterte mir süßliche Komplimente ins Ohr. Sobald er die Bürotür öffnete, kroch ich in mich hinein. Ich empfand eine kalte, kreatürliche Furcht vor seiner Nähe.

Amerikaner und Briten versorgten Westberlin über ihre »Luftbrücke« mit Nahrung und Kohle. Ihre Flugzeuge flogen im Minutentakt über die Berliner hinweg. Am Ende der Blockade im Mai 1949 hatten sie mit dreihunderttausend Flügen über zwei Millionen Tonnen lebenswichtige Güter in die Stadt gebracht. Viele Piloten, aber auch viele Berliner, die in Gatow, Tempelhof, Tegel die Flugzeuge an der Rollbahn entluden, verloren dabei ihr Leben. Manche Lebensmittel, vor allem aber Treibstoff und Kohle, wurden wieder knapp. Hungern mußte niemand, aber auf dem Kuchen fehlte der Zuckerguß. Nachts ging stundenweise das Licht aus. S-Bahn, U-Bahn, Straßenbahn standen. Ich lernte das trotz latenter Russenangst und kaltem Krieg nächtlich trunkene, tanzende Westberlin bei Stromsperre und auf langen Fußmärschen kennen.

An einem Samstagabend im Dezember 1949 ging ich am Kurfürstendamm ins »Café Wien«, das im Parterre ein Kaffeehaus mit Stehgeigern und in der Beletage ein Dancing mit befrackter Kapelle war. Ich stieg am Café vorbei nach oben. Ich schritt das Spalier der Gäste ab: lebenshungrige Kriegsheimkehrer in gereinigter Vorkriegskonfektion, blutjunge Kriegerwitwen in Kunstseide, die Blicke verschleiert, die Körper sprechend. Ich trug einen Anzug aus sommerdünnem Stoff, meinen einzigen. Ich suchte die Blicke der Frauen, ohne die meinen loszulassen. Glenn Millers Synkopen beschwingten mich, dabei fühlte ich mich so linkisch wie der Hofknecht, der ich eine unvergessene Woche lang war. Die männlichen Gäste waren ausnahmslos älter als ich. Auf ihren hohlen Wangen, in ihrer eckigen Gestik lebte der Krieg fort. Sie senkten ruckartig ihre Köpfe, wenn sie eine Frau zum Tanzen aufforderten, und knallten dezent mit den Absätzen. Die Damen schienen das zu erwarten.

Und dann sah ich Gesche. Sie trug ein Etuikleid, das sich an ihren grazilen Wuchs schmiegte. Die Musik verklang. Ein unzeitgemäß teuer gekleideter Kavalier levantinischen Typs führte sie an seinen Tisch, an dem eine ebenso aufgedonnerte Herrenrunde ihn erwartete. Die Männer rückten begeistert zusammen, um Gesche Platz zu machen. Ihre Erscheinung bannte mich auf die Stelle, auf der ich stand. Hatte ich je ein schöneres Weib gesehen? Von nun an war sie meiner Entschlüsse Herrin. Da sie augenscheinlich eingeladen war, galt sie den Konventionen gemäß als meiner Annäherung entrückt. Ich sah, wie sie die Blicke der Levantiner an sich riß. Ich bewunderte, wie sie eine hochgewölbte Augenbraue noch höher zog und mit einem anmutigen Schwenk ihres Kopfes das dunkle Haar nach hinten warf. Die Männer strichen sich mit der flachen Hand das Haar glatt, zerrten die Krawatten zurecht und redeten auf sie ein. Nach herrschender Gepflogenheit war es ungehörig, sie jetzt zum Tanz zu bitten.

Doch als die Musik wieder einsetzte, tat ich genau das. Es war nicht mein Wille, der mich hieß, sie aufzufordern. Ich gehorchte einer nie empfundenen Gravitation. Gesche erwiderte mein Lächeln und stand auf. Wir tanzten. In den Gassenhauern und Filmen jener Zeit war so schmalzig von der »Liebe auf den ersten Blick« die Rede, daß jeder Novize des Amourösen nur von dieser träumte. Nun, beim Tango mit dieser Frau, erlebte ich sie. Ich fühlte mich wie ein zuinnerst brennender Yogi. Ich stammelte atemlose Torheiten. Gesche sah mich belustigt an und drückte sich an mich. Zum Tisch der glatten Dandys (Agenten?) ging sie nicht zurück. Wir verließen das Tanzcafé. In diesem Augenblick begann eine Stromsperre.

Wir küßten uns auf dem eisigen Kurfürstendamm unter einem schwarzen Himmel, umgeben von schwarzen Ruinen. Ich wußte nicht, wie arm und verloren Gesche war und daß sie wie ich, wenn auch aus anderen Gründen, ein Flüchtling war. Ich fragte mich, was sie in mir sah. Ich war von meinem Glück so überwältigt, daß es mich von Anfang an bedrückte. Sie war so jung wie ich. Doch sie war zu schön für mich, und ich war zu arm für sie. Hätte ich gewußt, daß die Polizei hinter ihr her war, dann hätte ich sie nur noch mehr geliebt. Sie war rassig, und was sie sagte, war gewählt formuliert. Für wen hielt sie mich? Wie

würde ich ihre Fehleinschätzung meiner Person bestehen können? Zehn Traumtage, neun Liebesnächte später gab sie mir
darauf die Antwort: Sie gab mir den Laufpaß.
Hätte ich es dabei belassen, hätte ihr Leben vielleicht ein anderes Ende gefunden. Doch ich suchte sie. Aus dem möblierten
Zimmer, das sie mit einer Freundin bewohnt hatte, war sie über
Nacht ausgezogen. Die Freundin sagte mir mit einem vieldeuti-
gen Lächeln, Gesche habe Berlin verlassen – Richtung Westen.
Ich nahm einen zweiwöchigen Urlaub, um ihr nachzureisen. Ich
bekam einen Sitz in einer britischen Dakota, die leer von ihrem
Blockadeflug nach Schleswig zurückkehrte. Ich suchte Gesche
im Hamburger Vorort Reinbek, wo ihr Vater lebte. Ich hatte
keine Adresse. Das Einwohnermeldeamt kannte sie nicht. Daß
sie mich mit einem gefälschten Familiennamen getäuscht hatte,
weil nach ihr gefahndet wurde, erfuhr ich erst drei Jahre später.
An dem Tag, an dem wir heirateten.
Ich mußte nach Berlin zurück. Doch mir war so elend zumute,
daß ich nicht an die Unmöglichkeit der Heimkehr dachte. Und
wie hätte ich das anstellen sollen? Mich noch einmal über die
Zonengrenze zu stehlen und mit dem Zug durch die rote Hölle
zu reisen, wagte ich nicht. Ich war ein wortbrüchiger NKWD-
Informant, und die Grenze war jetzt argwöhnischer bewacht.
Die Blockadeflugzeuge nahmen nur Gäste mit, wenn sie unbe-
laden flogen, also aus Westberlin heraus. Ich hatte daran gedacht, als ich die Stadt verließ, doch es war nur ein lästiges
Klopfen gegen mein Gehirn gewesen, dem ich mich verschloß.
Ich hatte nur die ewige Eva im Etuikleid im Kopf gehabt. Bald
würde Karl Wiegner den Kündigungsbrief diktieren und ihn
ohne Adresse in die Personalakte legen. Sicherlich war er von
mir enttäuscht. Das hatte er nicht verdient. Erst jetzt begriff
ich, welches Glück über mich gekommen war, als er mich
eingestellt hatte. Als ich mich in den Hamburger Zeitungs-
redaktionen um einen Volontärsjob bewarb, wurde ich mitlei-
dig abgewiesen. Sie hatten genug Volontäre und die Volontäre

das Abitur. Es war der Januar 1949. Elf Prozent der in den Westzonen lebenden Deutschen waren arbeitslos. Ich schrieb eine Erlebnisreportage über den Alltag im eingeschlossenen Westberlin. Die *Hamburger Allgemeine Zeitung* veröffentlichte sie, obwohl sie freie Autoren nicht beschäftigte. Eine weitere Mitarbeit kam also nicht in Frage. Die Zeitung zahlte mir dreißig Mark Honorar. Nachdem ich den letzten Pfennig ausgegeben hatte, fand ich mich chancenlos auf der Straße. So fiel ich aus der bürgerlichen Welt.

Ich versuchte, als Schiffsjunge oder Kohlenschipper auf einem Schiff anzuheuern. Doch in Hamburg gab es vierzigtausend joblose Seeleute, die ihren Beruf gelernt hatten. Schauerleute wurden im Hafen nur beschäftigt, wenn sie Hamburger waren. Werften und Fabriken stellten Zugereiste nur ein, wenn sie eine »Zuzugsgenehmigung« des Wohnungsamtes vorweisen konnten. Der Hunger hatte mich wieder, und ich hatte keine Wohnung. Jetzt war ich ein Unbehauster, ein Vagabund, Strandgut. Jedermann sah es, roch es womöglich. Es gab Sozialämter, aber noch keine Sozialhilfe, nur Essensmarken für eine Wohlfahrtsküche. Im Obdachlosenheim am Hauptbahnhof gab man mir eine Pritsche. Fortan lebte ich unter Strichjungen, Alkoholikern mit trockenen Kehlen und Gestrandeten, wie ich einer war. Aber noch immer war ich von meiner *amour fou* besessen. Jeden Tag stand ich auf den Bahnsteigen und musterte unter den Fahrgästen, die in die Züge stiegen oder sie verließen, die jungen Frauen aus: Frauen mit dunklem Haar und dem Gang der Gazelle. Manchen lief ich hinterher. Doch stets waren sie mir fremd – ihre Mienen spiegelten mein eigenes Irresein. Und so wie ich jetzt war, abgerissen, grauhäutig, einem Bestiarium stinkender Raubtiere entstiegen, hätte ich mich vor Gesche versteckt, wäre ich ihrer ansichtig geworden.

Nach fünf Wochen verließ ich das von Streit und weinerlichem Geheul erfüllte Nachtasyl und trampte ohne Ziel nach Süden. In Wuppertal bekam ich Arbeit, ich wurde Hilfsarbeiter in der

Gummiwarenfabrik Vorwerk. Anfangs schnitt ich Kautschuküberstände von mannshohen, noch nicht vulkanisierten Vollgummireifen – eine Knochenarbeit, für die ich eine Art Machete hatte. Dann kam ich in die Fertigung für Fahrradgriffe. Ich arbeitete bei fünfunddreißig Grad Raumtemperatur bis zum Gürtel entblößt im Akkord. Meine Arme, meine Brust waren von den glühenden Eisenstäben verbrannt, auf die ich die Rohgummigriffe zog, bevor ich sie in den Ofen schob. Ich wohnte mit anderen Gummiarbeitern, die Heimat und Familie verloren hatten, in einem früheren Fabriksaal, der unwirtlich mit Stahlspinden und eisernen Betten vollgestellt war. In meiner Freizeit ging ich zum Bahnhof und inspizierte die Reisenden. Doch ich gab es bald auf. Gesche würde nie hier ankommen, sie war keine Frau für eine graue Schieferstadt, über der die Schlote rauchten. Es durchzuckte mich noch immer, wenn eine Dunkelhaarige mit langen Beinen vor mir herlief. Aber ich begann zu vergessen. Ich rief mir Gesche nicht mehr jeden Abend ins Licht meiner Imagination. Ich vögelte sogar mit der Tochter eines verwitweten Kollegen, während der Vater auf Schicht war. Wie alt bist du? fragte sie mich. Neunzehn, antwortete ich. Und du kannst schon lieben? äußerte sie und lächelte. Liebe, dachte ich. Liebe.

Im Mai 1949 hob die sowjetische Militärverwaltung die Berlin-Blockade auf. Doch vorerst blieb ich in Wuppertal. Innerlich war ich noch ein Vagabundierender, beschmutzt vom Asyl, nicht verankert. Ich bekam neunzig Pfennig Stundenlohn und hatte nicht mal einen Anzug. Wenn ich den Akkord schaffte, brachte ich es auf einsfünfunddreißig die Stunde. Auch der Schlafsaal war ein Asyl. Die Mitbewohner waren uralte Männer in den Dreißigern, die der Krieg um ihre Jugend betrogen hatte. Mir gegenüber lebten sie Vaterinstinkte aus. Sie lehrten mich das Bettenmachen. Sie erklärten mir, daß Männer ohne Frauen besser zurechtkommen. Doch als ein Freund mir schrieb, die Westberliner Hochschule für Politik ließe Nichtabiturienten zum Studium zu, entschloß ich mich zur Abreise. Im Frühling 1950 fuhr ich mit einem Interzonenzug nach Berlin. Am Bahnhof Zoo traf ich Mama. Ich hatte ihr in all den Monaten nur zweimal geschrieben. Hätte ich ihr schreiben sollen, ich bin ein Vagabund? Sie wußte mehr, als ich ihr preisgab. Ihr schmales Gesicht war fahl, die Falte über ihrer Nasenwurzel tiefer. Sie fragte nichts. Aber sie wollte wissen, wer das Mädchen sei, dem ich »hinterhergelaufen« war. Ich zeigte ihr das Foto, das Gesche mir gelassen hatte. Die Falte über Mamas Nase zog sich zusammen, sie schnitt steil in ihre Stirn, während sie es betrachtete. Mit einem verstrichenen Geigenton in der Stimme sagte sie: »Daß du das hinter dir hast. Mein Gott, sie ist der Satan.«

Ich bestand die Aufnahmeprüfung an der Hochschule für Politik und bekam ein Stipendium von achtzig Mark. Fortan suchte ich den Prozeß der Machtkämpfe und Interessenkonflikte zu ergründen, dem ich, dem wir alle, so schien es der Mehrheit aller Deutschen, ausgeliefert waren wie dem Zorn Gottes. Ich war im dritten Semester, als der Staatssicherheitsdienst der mittlerweile gegründeten Deutschen Demokratischen Republik meine Mutter verhaftete, und nicht nur sie. Im Morgengrauen des 10. Juni 1951, einem regnerischen Sonntag, brüllten die Greiftrupps des SED-Chefs Walter Ulbricht einundzwanzig Werderaner aus dem Schlaf, fesselten sie mit Handschellen, trieben die Familien auf den Höfen zusammen und durchstöberten die Wohnungen nach Westzeitungen und verbotenen Büchern. An diesem Tag war die DDR zwanzig Monate und drei Tage alt. Die Stasi-Schergen hatten keine Haftbefehle. Sie sperrten ihre Opfer in ihr Potsdamer Gefängnis. In den Wochen darauf holten sie dreiunddreißig weitere Bewohner der Havelstadt und einige aus nahen Dörfern. Die Inhaftierten waren blutjung, fünfzehn die Jüngste. Ein einziger Häftling war älter, nämlich fünfzig. Das war Mama. Jetzt saß sie in einer Einzelzelle mit nackten Wänden und zweifach vergitterten Fenstern, und Oma humpelte durchs leere Haus und war ohne Hoffnung. Keiner der Angehörigen erfuhr, wohin die Verhafteten gebracht worden waren, wie lange sie fort sein würden und warum die Stasi sie festgenommen hatte. Die Ungewißheit legte sich wie kalter Nebel auf die kleine Stadt.

Sieben Männer und zwei Mädchen, von denen ich die meisten aus Kindheitstagen kannte, verurteilte ein sowjetisches Tribunal in Potsdam zum Tode. Einer überlebte den Todeskeller im Moskauer Burtyrka-Gefängnis, er wurde zu zwanzig Jahren Zwangsarbeitslager begnadigt. Die anderen starben durch den Henker. Der Jüngste, Heinz Unger, einziges Kind eines Obstbauern, war achtzehn, als ein Genickschuß ihn niederstreckte. Mein Freund Joachim Trübe stand im Januar 1952 vor den sowjetischen Offizieren des Militärtribunals, mit ihm drei junge Frauen. Niemand verteidigte sie, es gab nur einen Dolmetscher. Mein Freund hörte sein Urteil als erster: zehn Jahre Arbeitslager. Dann verkündete der Vorsitzende, ein Oberst, die übrigen Urteile. Ines Geske, in der Oberschule einst unsere Klassenkameradin, verurteilte er zu fünfzehn Jahren. Eine andere ehemalige Schülerin kassierte fünfundzwanzig. Die dritte, Arbeiterin in der Marmeladenfabrik Lamparsky, die wir »Musbude« nannten, hatte tatsächlich »spioniert«. Sie hatte der Kampfgruppe gegen Unmenschlichkeit die Marmeladenmengen gemeldet, die der russischen Garnison in Werder geliefert worden waren. Dafür gab der Oberst ihr dreimal fünfundzwanzig Jahre. Das hieß: Lebenslänglich Gulag – am Eismeer oder in Sibirien.

Als Joachim Trübe diesen Urteilsspruch hörte, sprang er auf und schrie zum Richtertisch: »Ihr Schweine! Ihr seid hundsgemeine bolschewistische Schweine!« Ines Geske, die neben ihm saß, stieß ihn an und flüsterte: »Mensch, Achim, sei still!« Doch mein Freund beruhigte sich nicht und tobte weiter. Der Oberst schnitt ihm das Wort ab und sagte begütigend: »Angeklagter, sagen Sie uns, daß Sie das nicht gemeint haben.« Doch Joachim

Trübe hatte es gemeint, er widerrief nicht. Ich kannte seine kristallene Widersetzlichkeit. Er war ein Possenreißer, der Heuchlern die Maske vom Gesicht riß. Oft war ich dabeigewesen, wenn er vor Spießbürgern den Blödmann gespielt und sie nachgeäfft hatte. Jetzt, vor einer unbilligen Inquisition, war er durch nichts zu stoppen. »Jawohl! Ich habe das gemeint! Ihr seid gemeine Verbrecher!«

Die Offiziere berieten sich. Dann hoben sie ihren anfänglichen Spruch auf und verurteilten meinen Freund zum Tode. Drei Monate später, am 10. April 1952, wurde er im Moskauer Gefängnis Lubjanka erschossen. Vorher hatte er sich, ohne sie jemals gesehen zu haben, mit einer Zellennachbarin verlobt und seine blinden Liebesworte mit seinen Fingerknöcheln an die Wand geklopft.

Von den Urteilen und ihrer Vollstreckung erfuhren die Angehörigen erst in den neunziger Jahren, als die Akten nach dem Fall der Mauer geöffnet wurden. Joachim Trübes Vater war lange zuvor gestorben. Seine Mutter hatte ihre Depressionen nicht überwunden, man sagt, sie sei wahnsinnig geworden. Auch Joachim Trübe war ein Einzelkind. Wer sich an ihn erinnert, bedauert ihn als Opfer des Stalinismus. Das gilt als historisch verbürgt. Doch die Verursacher seines schuldlosen Sterbens waren andere. Sie widersetzten sich im sicheren Westberlin der Diktatur des Ostens und opferten Leben, die nicht die ihren waren.

Eine Handvoll junger Werderaner, unter ihnen ein Schulkamerad, der seiner Verhaftung entkam, hatte gegen die SED-Diktatur Flugblätter getippt, nachts, eins um andere, Hunderte. Tage vor der Volkskammerwahl 1950 fanden die Bürger sie im Briefkasten: »Wer für die Einheitsliste der Nationalen Front stimmt, bekommt die SED!« Damals, elf Jahre vor der Mauer, war Westberlin eine offene Stadt. Nach einer kurzen Fahrt mit dem Zug waren die jungen Werderaner in der Freiheit. Dort atmeten sie auf. Aber dort, am Kurfürstendamm, war auch das

»Büro für kulturelle Hilfe«, eine Anwerbestelle der Kampfgruppe gegen Unmenschlichkeit. Dort bekamen Regimegegner
aus der Ostzone alles, was sie ins Gefängnis oder ums Leben
bringen konnte: subversive Klebezettel, aufwieglerische Gazet-
ten, Flugblätter und Flugblattraketen. Die jungen Werderaner
hatten eben noch Trapper und Indianer gespielt. Sie waren
abenteuerlustig, rebellisch und naiv. Jetzt spielten sie ein span-
nenderes Indianerspiel: Sie schossen die Raketen über SED-
Aufmärschen ab. Wenn die kleinen Flugkörper platzten, fiel
Propaganda-Konfetti vom Himmel. Schließlich gab die Kampfgruppe sie an den US-Geheimdienst CIC und die deutsche Organisation Gehlen ab. Als sie dann sowjetische Panzer zählten,
die Kennzeichen sowjetischer Militärfahrzeuge notierten und in
Mülleimern nach den kyrillischen Briefen russischer Soldaten
fischten, verriet sie ein Denunziant. Die echten Widerständler
waren wenige. Die Mehrheit der Verhafteten hatte sich an
den selbstmörderischen Aktionen nicht beteiligt, auch Joachim
Trübe nicht. Aber sie hatten, wie er, davon gewußt, hatten sich
beifällig geäußert und ihre Freunde nicht verraten.
Politischer Chef der Kampfgruppe war Ernst Tillich, mein
Philosophiedozent an der Hochschule für Politik. Bei einer
kommunismusfeindlichen Protestversammung, zu der die
Kampfgruppe gegen Unmenschlichkeit ins Westberliner Kino
»Delphi« gerufen hatte, hielt er eine Rede, die mir unvergeßlich
ist. Da ihm vorgehalten worden war, er beute die Risikobereit-
schaft jugendlicher Idealisten aus und verheize sie im Kalten
Krieg, rief er mit dem Gestus der Entrüstung in den Saal, seine
Kampfgefährten und er hätten das nie getan: »Nicht ein einziges Mal!«
Mama kam nach zwei Monaten als einzige frei. Sie war anstelle
meiner verhaftet worden. Die Büttel des Staatssicherheitsdien-
stes, die manche ihrer Opfer folterten, ließen Mama laufen, als
sie sich verpflichtete, mich und meine Mitbewohner vom SED-
Staat zu überzeugen und zur Rückkehr nach Werder zu bewe-

108

gen. Mama unterschrieb die Verpflichtung, dann verließ sie mit Oma für den Rest ihrer beider Leben Haus und Gartengeschäft in Werder. Wie sie es angestellt hatte, daß die Vernehmungsexperten der Stasi ihr glaubten, habe ich nicht erfahren. Sie muß ihnen eindrucksvoll die Naive vorgespielt haben.

Sie kam nicht dazu, mir ihre Komödie nachzuspielen, denn als wir uns wiedersahen, wollte sie mir ungesäumt etwas mitteilen, das ihr wichtiger war. Es brannte ihr buchstäblich auf den Nägeln. Sie erklärte, im Gefängnis, in dem die Klopfsignale der Häftlinge von Tod und ewiger Verbannung trommelten, habe sie mehr als die Stasi und den Tod gefürchtet, Gott ließe ihr keine Zeit mehr, mir zu sagen, wer mein Vater sei. Sie sah mich mit einem Anflug von Koketterie an, so als sähe sie den, über den zu reden sie sich anschickte. Dann sagte sie: »Dein Vater heißt Doktor Kowie Chang. Er ist Chinese.«

Ich verharrte in stummer Erregung. Das Gehörte drang mir in die Seele wie ein Weckruf und wurde in ihr gewogen. Ich nahm nicht Stellung. Ich ging, wenn ich mich richtig erinnere, ohne Erwiderung nach draußen. Ich ging tief in mich verloren die Straße entlang und murmelte »Doktor Kowie Chang« vor mich hin, immer wieder »Doktor Kowie Chang«. Jäh sah ich mich anders als zuvor. Das Exotische meiner Abkunft gefiel mir. Mir gefiel auch der Titel meines eben geschenkten Vaters, er hob mich über meine kleinbürgerliche Kindheit hinaus. Ich hatte mich lange nicht mehr gefragt, wer mein Vater war. Es war mir gleichgültig geworden, es erschien mir nebensächlich. Die unerbetene Antwort indes wog schwer. Wie schwer, konnte ich in dieser Stunde noch nicht ermessen.

Seit dem Bekenntnis Mamas, das im Ton und der es begleitenden Mimik einer koketten Beichte glich, suche ich mich zu definieren, manchmal noch heute. Daß der Alte nicht mein Vater war, hatte ich unwissend gewußt. Aber ich hatte nie bezweifelt, deutschen Blutes zu sein. China hatte mich nie so interessiert wie etwa Amerika oder der Süden Europas. Ich denke an die

Jungen, die mich gefragt hatten, ob ich chinesischer Abkunft sei – wie sehr hatte ich sie gehaßt. Dabei hatten sie mir nur eine Frage gestellt, die ich mir selbst hätte stellen müssen. Mama konnte mir nicht sagen, wo mein chinesischer Vater lebte. Die Verbindung war vor Ewigkeiten von Oma unterbrochen worden. Oma habe befürchtet, sagte Mama, daß sie ihm nach China folgte. Mama hatte nicht einmal ein Bild von ihm. Er blieb mir unkörperlich – ein Titel und ein Name.

Zu wissen aber, daß ich einen Vater hatte und wie er hieß, verlieh mir fragile Sicherheit, es war, als fügte sich ein stützender Stein in ein unfertiges Gebäude. Doch von nun an entbehrte ich das Gleichgewicht eines Menschen, der weiß, welchem Volk er zugehört und welcher Heimat. Das Wort Heimat, das ich nie bedacht hatte, denn natürlich war es mir unbedacht in der herben Schönheit der Mark Brandenburg erschienen, wurde mir jetzt wichtig. Aus Werder war ich vertrieben, doch darunter hatte ich nie gelitten. Das Haus und der Garten wurden enteignet, es war mir egal. Werder war nicht die Stadt, die ich romantisch verklären konnte, nie hatte sie mir Schutz gewährt und Vertrauen eingeflößt, ihre Bewohner hatten mich zu oft von sich gewiesen. Aber wenn die Stadt, in der ich aufgewachsen und mich erfahren hatte, meine Heimat nicht war – wo war sie?

In China?

»Entartete« Liebe

Warum ich es dir nicht früher gesagt habe? Weil ich fürchtete, du würdest dich von mir abwenden, wenn du hörst,
daß dein Vater Chinese ist.« Mama seufzte leise. »Jeden Samstag, jeden Mittwoch bist du in deiner Kinderuniform zum
Dienst gegangen, wie ihr das nanntet. Die haben dir gesagt, wer
du sein mußtest: ein Germane, ein Wikinger, ein Siegfried,
Deutscher jedenfalls. Kein Chinese. Ich war sehr froh, daß man
es dir so leicht nicht ansah. Ich wußte, daß die Kinder dir Spitznamen gaben – aber sie waren ahnungslos, weil du es warst. Du
hättest dich selbst gehaßt, hättest du es gewußt. Und dann war
da noch der Alte. Der wußte, daß du nicht sein Kind warst.
Aber für seine Parteigenossen warst du es. Der Alte hätte sich
zu Tode geschämt, hätten die das erfahren. Und als er tot war,
ca va, da sagte ich mir, warum muß er es denn wissen? Sein Vater ist in China, er wird ihn nie zu Gesicht bekommen. Dein Vater hat mir erzählt, in China gäbe es nur hundert Familiennamen. Also heißen Millionen wie er. Und jetzt, unter den Kommunisten, ist das Land abgeschottet. Wie will man einen Chang
finden? Später dachte ich wieder, *zut alors*, er hat ein Recht, es
zu erfahren. Im Stasi-Gefängnis habe ich mir Vorwürfe gemacht. Ich dachte, jetzt ist es zu spät. Aber nun weißt du es. Du
bist einundzwanzig. Du bist nun volljährig. Du kannst es jetzt
ertragen, daß du einen Vater hast, der dein Vater nie war und es
nie sein wird.«

»Ich lernte ihn Ende August 1927 kennen, zwei Jahre bevor du geboren wurdest. Erst habe ich ihn für einen Japaner gehalten, für einen Chinesen sah er viel zu gut aus. Doch was wußte ich schon von Chinesen. Ich wußte, daß sie wunderschönes Porzellan machen. Ich kannte auch das chinesische Teehaus in Sanssouci. *Ca va*, eines Tages erschien er bei unserem Kaffeeklatsch. Du weißt ja: Ich war in der Auslandsabteilung des Statistischen Reichsamts das ›Fräulein für Französisch‹. Wir waren acht alberne Gänse, jede hatte eine andere Fremdsprache. Und morgens um neun hockten wir immer zusammen und tranken Kaffee, nur wir Mädchen. Und dann saß da auf einmal dieser Chinese. Wer ihn mitgebracht hat oder wie er sonst zu uns gestoßen ist, weiß ich nicht. Er war einfach da, und dann kam er Punkt neun jeden Morgen. Ich glaube, unsere Chefin hat ihn eingeladen. Die hatte ihn unter ihren Fittichen. Sie war eine ›alte Jungfer‹, klapperdürr, aber menschlich. Ich glaube, sie hatte sich in ihn verguckt, weil er bei ihr genauso den Kavalier gab wie bei den Stenotypistinnen, die jünger und meist auch hübscher waren.«

»Wir mochten ihn alle. Er war so eine Art Maskottchen für uns. Er war leise, bescheiden, sehr höflich. Wenn er stand, stand er gerade, nicht steif wie unsere deutschen Doktoren, die alle von einer Mensurnarbe entstellt waren. Aber ein Duckmäuser war er nicht. Wenn er lachte, hatte er etwas in den Augen – also da dachte ich, der hat es faustdick hinter den Ohren. Er war von einer Zurückhaltung, wie ich sie von deutschen Männern nicht kannte. Trotzdem fühlte man: In dem steckt ein Filou. *Mon Dieu*, dachte ich, ein schlitzäugiger Belami. Seine Augen waren nicht so eng geschlitzt wie bei manchen anderen Chinesen. Das fiel mir erst auf, als ich mal mit ihm in Kreuzberg war. Da, am Schlesischen Bahnhof, war das ›gelbe Quartier‹. Da lebten Chinesen, die kein Wort Deutsch konnten. Die wuschen den Deutschen die Wäsche oder handelten mit Chinoiserien. Ecke Kraut- und Lange Straße gab es eine Kneipe, in der sie Mah

Jongg spielten. Die konnten oft nicht mal mit ihresgleichen reden, sagte mir dein Vater, weil jeder einen anderen Dialekt sprach. Da sah ich Chinesen mit so schmalen, stechenden Augen, daß mir vor ihnen grauste. Dagegen sah dein Vater geradezu europäisch aus. Oder wie ein Indianer.«

»Morgens bei Kaffee und Kuchen brachte er das Damenkränzchen oft zum Lachen, unfreiwillig. Doch er lachte mit. Beispielsweise, wenn er ›Plofessel‹ sagte, statt Professor. Wir prusteten alle ins Taschentuch, wenn er ›Plofessel Elnst Wagemann‹ sagte. Ernst Wagemann war unser Chef, der Präsident des Statistischen Reichsamts. Er war auch der ›Doktelvatel‹ deines Vaters. Ich will mich nicht lustig machen. Dein Vater hatte einen größeren deutschen Wortschatz als mancher Deutsche. Er war schon sechs Jahre in Deutschland, als ich ihn kennenlernte. An der Uni hatte er zwei Jahre Deutsch gelernt, ehe er studieren durfte. Er war nun Doktorand. Es gefiel ihm, bei uns der Hahn im Korb zu sein. Doch am meisten mochte er mich, das haben auch die anderen Mädchen gemerkt. Na, wann sollen wir dich in Peking besuchen? spotteten sie. Doch ich konnte mir nicht vorstellen, mit ihm etwas anzufangen. Chinesen waren mir fremd. Nicht einmal Neger waren mir so fremd. Die hatte ich in Brüssel oft gesehen. Chinesen nie.«

»Dann sah ich ihn zufällig aus dem Büro des Chefs treten, und Wagemann – *allons*, ich dachte, der macht das bloß für Minister – Wagemann mit Vatermörder und Zwicker hielt ihm die Tür auf. Da habe ich verstanden, daß dieser Chinese kein gewöhnlicher Chinese war. Und da kam er auch schon auf mich zu und fragte mich in seiner schüchtern verschmitzten Art, ob ich nach Feierabend mit ihm irgenwohin gehen würde. *Ca va*, dachte ich. Der färbt ja nicht ab. Aber er ging nicht mit mir ins ›Quick‹, wie ich erwartet hatte. Das war ein Schnellrestaurant am Kudamm. Er führte mich ins ›Tientsin‹, das war in Berlin das feinste chinesische Restaurant. Deutsche Oberkellner im Frack! Die bedienten ihn so servil wie ihre deutschen Gäste.

Dein Vater war nicht anzüglich, wie ich es von deutschen Männern gewohnt war. Er war eher schüchtern. Er beschrieb mir seine Heimat und den großen Fluß, an dem sie liegt. Plötzlich war mir nicht mehr zum Lachen, wenn er ein Wort falsch aussprach. Er malte das Gesagte in die Luft, ganz weich. Mich faszinierten seine weichen Hände. In sie habe ich mich zuerst verliebt. Über seine Familie erfuhr ich fast nichts. Nur daß er seinen Stammbaum tausend Jahre zurückverfolgen konnte. Sein Vater war ein wohlhabender Bauer. Ich sah das Land, in dem er aufgewachsen war, er nannte es ›ein Land von Fisch und Reis‹. Er war so hübsch, wenn er sprach, er glühte. Leider habe ich vergessen, wie seine Heimatprovinz und wie der Fluß hieß. Ich habe die Namen überhaupt nicht verstanden. Aber ich habe mir seinen chinesischen Namen gemerkt. Er hieß Chang Kuo Wei. Weil das niemand richtig aussprach, nannte er sich in Berlin Kowie Chang.«

»Dein Vater hatte in Berlin eine schwere Zeit erlebt. Er bekam von seiner Regierung ein Stipendium. Aber das Geld war jahrelang nicht angekommen. In China war Bürgerkrieg. Seine Familie schickte ihm etwas Geld. Aber als in Deutschland die Inflation zu Ende war, reichte das nicht. Er studierte dann einige Zeit in Wien, da war das Leben billiger. Er war Mitglied einer chinesischen Partei, er nannte sie ›Jugendliche Partei‹, doch das war wohl falsch übersetzt. Die Partei rief ihn nach Berlin zurück. Er konnte in ihrem Studentenbüro arbeiten, sie honorierten ihn dafür. In chinesischen Studentenkreisen hatte offenbar jede politische Partei Chinas eine Zelle, auch die kommunistische. Seine Junge Partei war sehr patriotisch, sagte er mal. Aber die konnte ihn nach einer Weile nicht mehr bezahlen. Er muß dann fürchterlich gehungert haben. Denn er ist mal auf der Straße zusammengebrochen und kam erst wieder zu sich, als ihm eine gütige Seele ein Glas Milch einflößte.«

»Als ich ihn kennenlernte, kam sein Stipendium wieder an. Außerdem bekam er ein kleines Gehalt vom Statistischen Reichsamt. Er war Angestellter vierter Klasse. Er wäre gern Angestellter achter Klasse gewesen. Aber nicht, weil er dann besser verdient hätte. Sondern weil er erst um neun im Büro erwartet worden wäre. Bis hinauf zur siebten Klasse mußten die Herren um Viertel vor acht erscheinen. Dein Vater war sehr fleißig. Er saß bis spät in die Nacht über seinen Büchern. Deshalb liebte er es, nach dem Aufwachen noch mal einzuschlafen. Um sechs mußte er aufstehen. Man mußte ihn mit einem nassen Lappen wecken. Er stieg nur bis zur siebten Klasse auf, in die achte schaffte er es nicht mal als Doktor. Aber ich mußte ja auch früh anfangen. Das machte es ihm leichter, denn so hatten wir den ganzen Feierabend gemeinsam. Doch er hat nie wieder so schön erzählt wie an unserem ersten Abend. Oft saß er neben mir, stumm, und er blickte mit einem unergründlichen Ausdruck an mir vorbei ins Unendliche. Ich nannte das seinen asiatischen Blick. Der tat mir weh. Dann hatte er mich vergessen und war mir wieder fremd.«

»Wir gingen nur selten aus. Heute wird viel von den ›Goldenen zwanziger Jahren‹ geredet, so als wäre Berlin damals die Hauptstadt des ›Olala‹ gewesen. Doch die erlebten andere, die Künstler und die Reichen, die am Kudamm in den eleganten Lokalen saßen. Für uns war der Kurfürstendamm die Straße unserer Arbeit, denn dort, in einem ehemaligen Logierhaus, hatte unsere Auslandsabteilung die Büros. Um vier hatten wir Feierabend. Dann war es noch hell, der Boulevard träumte sich in die Nacht. Die Kabaretts hatten ihre Lichtreklamen schon entzündet. *Allez*, es war schon was los. Doch Kowie liebte stille Straßen. Großen Menschenansammlungen ging er tunlichst aus dem Weg. Es wird gesagt, Berlin sei in den zwanziger Jahren eine tolerante, liberale Stadt gewesen. *Parbleu*, tolerant war sie nicht. Mit Kowie die Straße entlangzugehen kam mir manchmal wie ein Spießrutenlauf vor. Es gab nur etwa tausend Chinesen in Berlin. Für fremdblütig wurden sonst nur Juden gehalten, denen man oft nicht ansah, daß sie Juden waren. Manch einer blieb stehen, wenn er uns sah, und sein Blick war im besten Fall erstaunt, oft aber giftig. Wie kann die mit einem Gelben gehen? Da waren die Rechten, die Völkischen, und es gab schon viele Nazis. In deren Augen war ich ›artvergessen‹, weil ich untergehakt mit einem ›Artfremden‹ ging. Ich gebe zu, es war mir manchmal peinlich, doch ich packte Kowies Arm noch fester, schon aus Trotz. Ich war jedem dankbar, der gleichgültig über uns hinwegsah. Es gab Leute, die schrien ›Chinesenschlampe!‹ oder ›Gelbes Gesindel!‹ hinter uns her. Kowie blieb dann stehen, er war nämlich kein Feigling, drehte sich um und sah die Schreihälse nur an. Damit verschloß er ihnen meistens das Maul. Aber nicht immer.«

»Einmal, als wir nach der Arbeit auf den Kudamm traten, hetzten die Nazis in ihren braunen SA-Uniformen gerade die Juden, jedenfalls Menschen, die sie für Juden hielten. Wenn sie einen zu fassen kriegten, ohrfeigten sie ihn. Sie rannten dicht an uns vorbei, so dicht, daß ich sie riechen konnte. Nach Schweiß und Leder haben sie gestunken. Plötzlich bremste einer vor uns und sah Kowie ins Gesicht. ›Die gelbe Gefahr!‹ schrie er und wippte in seinen Stiefeln. ›Und so was kriegt 'ne deutsche Frau!‹ Dann holte er aus und schlug Kowie ins Gesicht. Kowie stürzte, und ich schlug mit der Handtasche auf den Nazi ein. Der lachte, und als Kowie wieder hochkam, rannte er davon. Ich wischte Kowie das Blut aus dem Gesicht. Dann umarmte ich ihn. Die Leute umringten uns, schimpften auf die Nazis, und in diesem Moment sah ich, daß wir nicht nur Feinde hatten. Kowie wandte sich den Leuten zu. Die lächelten ihm bedauernd zu, er lächelte sie an – dann legte er die Hände vor der Brust zusammen und verneigte sich vor ihnen. Die Leute waren entzückt. Und ich habe deinen Vater nie so sehr geliebt wie in diesem Augenblick.«

»Seither flanierten wir abends selten auf dem Kudamm, und wenn wir es taten, fühlten wir uns nicht wohl. Jetzt wußte ich, daß ich die Blicke, die uns trafen, oft falsch gedeutet hatte.

Doch wir hatten andere Gründe, uns unwohl zu fühlen. Auf dem Kurfürstendamm gehörten wir weder zur Intelligenzija und den Künstlern noch zu den reichen Dandys. Ab und an gingen wir am Potsdamer Platz ins ›Mokka Efti‹ zum Tanz. Aber meistens blieben wir abends in Kowies Zimmer. Ich zeichnete die statistischen Schaubilder für ihn, denn im Zeichnen war er nicht gut. Und er lernte. Es waren stille, schweigsame Abende. Doch wir gaben uns Wärme.«

»Er hatte eine sehr liebevolle Wirtin, sie war Deutschlehrerin – du kennst sie: Paula Kühl. Als du klein warst, habe ich dich oft mitgenommen, wenn ich sie besuchte, und Oma durfte das nicht wissen. Du nanntest sie Tante Paula. Abends kochte sie für deinen Vater, morgens brachte sie ihm das Frühstück. Wenn sie es für zwei bringen mußte, lachte sie. Es gab wenige Frauen ihres Alters, die wie sie waren. Sie kontrollierte auch Kowies Schriftsätze und verbesserte seine Deutschfehler. Ich konnte dir nicht sagen, woher ich sie kannte. Als Kowie wieder in China war, habe ich ein paar Monate lang bei Paula Kühl die Briefe abgeholt, die er mir an ihre Adresse schrieb, damit Oma nichts davon erfuhr. Oma hat sie leider gefunden. *Parbleu* – da war Schluß mit dem Briefeschreiben. Oma hat deinen Vater nicht gekannt, aber sie wußte, daß er Chinese war. Für sie war jedermann ein Kind Gottes. Sie war nicht eingebildet, aber sie dachte wohl, Chinesen sind Menschenfresser. Nachdem sie Kowies Briefe gefunden hatte, schrieb sie ihm und sagte mir nicht, was sie schrieb. Seitdem kamen bei Paula Kühl keine Briefe aus China mehr an. Und auf die, die ich schrieb, erhielt ich keine Antwort. Da wurde mir klar, daß ich ihn nie wiedersehen würde.«

»Als Kowie sich auf die Doktorprüfungen vorbereitete, war ich mit dir schwanger. Am Anfang gingen wir gelegentlich noch tanzen, einmal nachmittags ins Hotel ›Eden‹. Das war sehr elegant. Auf der Dachterrasse gab es große Topfpalmen, und da war ab vier Uhr Tanztee. Die Damen trugen Sommerhüte. Ich hatte das nicht gewußt, ich trug keinen Hut, aber ich war nicht die einzige. Daß ich schwanger war, konnte man noch nicht sehen. Die Paare tanzten Slowfox, Charleston und Walzer. Dein Vater tanzte erbärmlich schlecht, und er meinte, in meinem Zustand sei das nicht gesund. Also saßen wir nur da und guckten den anderen zu. Plötzlich stand Carl Hubertus vor uns, ich habe dir von ihm erzählt: Graf Schimmelmann. Als er mich mit deinem Vater sah und bemerkte, daß wir uns an den Händen hielten, fiel ihm das Monokel aus dem Auge. Er stand da wie eine Salzsäule. Dann streifte er Kowie mit einem geringschätzigen Blick, sah mich an und sagte: ›Das hätte ich nicht von dir gedacht!‹ Er drehte sich um und stelzte steif wie ein Besenstiel davon.«

»Im November, du warst schon auf der Welt, begannen die Prüfungen. Kowie war der Lieblingsstudent des berühmten Wissenschaftlers Werner Sombart. Trotzdem war er schrecklich nervös. Er hatte gehört, daß jeder zweite Doktorand durchs Examen fiel. Er hatte nie viel Zeit für mich gehabt, aber nun sah ich ihn fast gar nicht mehr. Wenn wir verabredet waren, kam ich mit dem Kinderwagen. Dein Vater war sehr stolz auf dich. Er sah in den Kinderwagen hinein, maß behutsam deine Stirn ab und sagte: ›Er hat meine Stirn!‹ Er hatte einen deutschen Sohn, das bedeutete ihm viel. Er hatte großen Respekt vor den Deutschen. Er schätzte ihr preußisches Pflichtgefühl, ihre Ordnung, vor allem aber die Unbestechlichkeit der Beamten. Im Reichsamt hatte er für die Dauer des Examens Urlaub ohne Gehalt genommen.«

»Dann kam der Tag, an dem die Prüfungsergebnisse verkündet wurden. Das machten die Professoren in der Aula. Davor stand ein Pulk schnatternder Mädchen, die ihren Männern gratulieren wollten. Doch durch die vordere Tür kamen nur die Kandidaten, die bestanden hatten. Die Durchgefallenen mußten den großen Saal durch die Hintertür verlassen. Jedesmal, wenn die Vordertür aufging, schrien die Mädchen hysterisch auf. Also, das hielt ich nicht aus. Ich ging und wartete auf Kowie in seinem Zimmer. Ich hatte ihm ein paar schöne Bücher und einen großen Strauß schöner Rosen gekauft. Ich wünschte ihm von ganzem Herzen, daß er die Prüfungen bestanden hatte. Andererseits ahnte ich, nein, ich wußte, daß er mich dann verlassen würde. Ich wartete lange. Und während ich wartete, keimte in mir die Hoffnung auf, er sei durchgefallen und habe sich einen angetrunken. Er trank freilich nie Alkohol, nur Malzbier. Es war elf Uhr abends, als er endlich kam. Nüchtern und würdig, dabei aber grinsend, trat er ins Zimmer und zeigte mir seine Urkunde. Er hatte ›cum laude‹ promoviert, und die chinesischen Studenten hatten ihn gefeiert wie einen Nationalhelden. Ich spürte, daß Kowie seinen neuen Titel, denn es war ein deutscher Titel, nicht allein für sich, sondern auch für seine chinesische Heimat trug. Ich umarmte ihn. In seinen Armen fing ich plötzlich an, furchtbar zu weinen. Er streckte mich von sich, sah mich an – und verstand es.«

»Er kam wieder ins Büro, aber nur einige Monate. Er hätte im Institut für Konjunkturforschung arbeiten können. Auch dort war Wagemann der Chef. Dein Vater hat sich das tagelang überlegt. Wagemann mochte ihn. Außerdem brauchte er einen Mann, der chinesisch sprach und die anschwellende Zahl chinesischer Besucher durch die Behörde führte. In China regierten Chiang Kai-shek und dessen Partei, die Guomindang. Weil Kowie einer anderen Partei angehörte, fürchtete er, in China keine angemessene Arbeit zu bekommen. Ich betete zum lieben Gott, er würde in Berlin bleiben. Er mochte die Deutschen doch. Allerdings kannte er auch ihre Borniertheit und ihren Hochmut gegenüber Ausländern. Wagemann wartete noch auf ihn, da bekam er eine Depesche aus der Mandschurei. In der Hauptstadt Mukden konnte er ein Amt für Verkehrsstatistik aufbauen. Als er mir das erzählte, strahlte er wie ein Mond. Er überlegte sich das keine Sekunde. Er rannte zur Post und telegraphierte nach Mukden, er nähme an und käme mit dem nächsten erreichbaren Schiff. Dann saßen wir in seinem Zimmer, und er hatte wieder seinen asiatischen Blick.«

»Mir sagte er, er sei acht Jahre nicht in seiner Heimat gewesen und sehne sich nach seiner Familie. Er wollte mich mitnehmen – mich und dich. Er beschwor mich. Er trug mir die Ehe an. Was sollte ich tun? Ich konnte Oma nicht allein lassen. Sie war doch gehbehindert, und meine Brüder kümmerten sich nicht um sie. Er war wirklich traurig, als ich ablehnte, vielleicht auch ein bißchen beleidigt. Ich war selbst traurig. Da sagte ich, ich würde ihm nach Mukden folgen, wenn er dort Fuß gefaßt hätte. Es war eine Lüge, sie brach mir fast das Herz. Ich wußte, daß der Alte auf mich wartete. Ich sorgte mich um dich. In Deutschland war kein Krieg. Aber die Chinesen schlachteten sich ständig irgendwo ab. Ich fürchtete dieses China, und ich wollte dir eine gute Ausbildung sichern.«

»Ich begleitete Kowie zum Zug nach Rom. In Neapel wollte er einen japanischen Postdampfer besteigen, er hatte die Fahrkarte. Als sein Zug aus der Halle fuhr, rannte ich aus dem Anhalter Bahnhof heraus, lief zu Paula Kühl, und wir weinten zusammen. Als Hitler an die Macht kam und Deutschland in den Krieg hetzte, habe ich mich oft gefragt, ob ich richtig gehandelt hatte. Was denkst du? Du bist nun ein Deutscher. Du hättest es kaum vorgezogen, Chinese zu zu sein.«

»Vielleicht doch«, erwiderte ich.

DIE SCHÖNE AUS DER GENTRY

Das Jahr 1930 war wenige Wochen alt, als Chang Kuo Wei in Schanghai wieder chinesischen Boden betrat. Im Innersten aufgewühlt, hatte er an der Reling gestanden und beobachtet, wie das Schiff ins Delta des Jangtse einlief, dessen ozeanische Weite ihm Chinas Größe in die Seele rief. Acht Jahre hatte er fern der Heimat gelebt, und nun erblickte er ein anderes Land. Schanghai schien ihm prachtvoller, kosmopolitischer geworden – und sündhafter. Der Opiumhandel war nach oben geschnellt, die Prostitution hatte sich ausgebreitet. Das organisierte Verbrechen hatte das Wirtschaftsleben zersetzt, die Polizei durchdrungen und die Politik korrumpiert.

Über dem internationalen Hafen wehte nun die Fahne der Guomindang. Die 1912 von Sun Yat-sen gegründete, einst revolutionäre Partei beschwor noch immer dessen demokratische Prinzipien und hatte sie doch längst verraten. Sun war 1925 gestorben. Der jetzige Führer Chiang Kai-shek pflegte freundschaftlichen Umgang mit Du Yuesheng, dem grausamen Boss des Opiumsyndikats in Schanghai. Chiang regierte China autokratisch – jene Provinzen jedenfalls, in denen seine Soldateska die Macht ausübte. Das waren keineswegs alle. In den unwegsamen Bergregionen der südostchinesischen Provinzen Jiangxi und Hunan hatten die Kommunisten rote Räterepubliken etablieren können. Sie wurden von den beherzten Soldaten ihrer Roten Armee verteidigt. Die Kommunisten hatten Grundherren enteignet, vielfach hingerichtet und deren Latifundien an arme Bauern verteilt. Der maßgebliche ihrer Anführer hieß Mao Tse-tung, ein Pädagogikstudent, der nie Lehrer wurde. Er war, wie Chang Kuo Wei, der Sohn eines wohlhabend gewordenen landlosen Pächters.

Der Heimkehrer nahm sich die Zeit für einen Spaziergang über den Bund, Schanghais berühmte Uferstraße am Huangpu. Er sah die fremdländischen Taipane und zügelte seinen Zorn. Er wußte ja, daß die »Ungleichen Verträge« ungekündigt waren, doch deren Nutznießern leibhaftig zu begegnen empfand er wie eine Ohrfeige. Chiang Kai-shek hatte nichts unternommen, um sich die Läuse aus dem Pelz zu schütteln. In einem zweijährigen Krieg, dem »Nordfeldzug« von 1926 bis 1928, hatte er die in ihren Gebieten selbstherrlich regierenden Generäle, die »Warlords«, unterworfen. Als seine Truppen auf Wuhan vorstießen, wo die ausländischen Imperialisten ausgedehnte Konzessionen unterhielten, krümmte er ihnen kein Haar, sondern sagte ihnen seinen Schutz zu. Einige Warlord-Armeen, so die des »jungen Marschalls« Zhang Xueliang, der in der Mandschurei herrschte, hatte er seinen nationalen Streitkräften eingegliedert. Der geläuterte Warlord war jetzt Chiang Kai-sheks Kommando unterstellt, doch sonst hatten sich die Machtverhältnisse in der Mandschurei nicht geändert. Weiterhin bereicherte sich der junge Marschall an den Steuern, die im »Ruhrgebiet Chinas« eingetrieben wurden. Nach wie vor bewohnte er in Mukden den Palast eines der Mandschufürsten, die China einst von dieser Stadt aus erobert hatten.

Und nun reiste der Wirtschaftswissenschaftler Chang Kuo Wei nach Mukden (heute Shenyang). Er fuhr mit den Eisenbahnen, die im Süden den Briten und im Norden den Japanern gehörten. Von Tianjin aus unternahm er einen kurzen Abstecher nach Peking, denn er kannte es noch nicht. Er blieb nur einen halben

Tag. Er hetzte durch die Verbotene Stadt. Berührt sah er den Platz des Himmlischen Friedens, von dem die Bewegung des Vierten Mai ausgegangen war. Der Tiananmen-Platz lag menschenleer im Winterfrost. Peking, die Residenzstadt der Kaiser, »das Zentrum der Welt«, war nicht mehr Chinas Hauptstadt. Generalissimus Chiang Kai-shek und seine Minister regierten jetzt in der früheren Kapitale Nanking.

Bis zum Beginn des Nordfeldzugs waren die Kommunisten auf Wunsch Stalins, der die Guomindang auf Linkskurs bringen wollte, mit dieser im Bunde gewesen. Doch das Bündnis war von gegenseitigem Mißtrauen vergiftet und zerbrach unter blutigen Begleitumständen. Chiang Kai-shek hatte seinen Vernichtungsfeldzug gegen die Kommunisten begonnen. So war wieder Krieg, als Chang Kuo Wei nach Norden reiste. Seine Jugendpartei, der er in Berlin beigetreten war, spielte im China der Guomindang kaum eine Rolle. Sie war von Patrioten gegründet worden, denen der anfangs unterschwellige, nun offene Konflikt zwischen der Guomindang und der Partei der Kommunisten mißfallen hatte. Beide Parteien hatten Chang Kuo Wei, der dem Vorstand des chinesischen Studentenwerks angehört hatte, in Berlin umworben. Schon dort hatten sie sich befehdet. Den ersten Jahrestag des Todes von Sun Yat-sen, in dem beide Parteien ihren geistigen Urahnen verehrten, begingen sie getrennt. Das war nicht nach Chang Kuo Weis Geschmack gewesen. Ihm ging das Vaterland über die Ideologie.

Der Vernichtungskrieg tobte nahe seiner Heimatprovinz Anhui im Kernland Chinas. Chang Kuo Wei fürchtete um das Schicksal seiner Familie. Natürlich hätte er zuerst nach Hause fahren müssen, doch sein künftiger Dienstherr wartete auf ihn, und die Reise hatte schon zu viel Zeit gekostet. Würden die Kommunisten von der Nachbarprovinz Jiangxi nach Norden vorstoßen und in Shi Long An einfallen, wäre sein Vater ihr erstes Opfer. Fünfhundert Kilometer Luftlinie vom Dorf entfernt, in den Tälern der Jinggang-Berge, stand ihre Vierte Armee. Deren

Politkommissar war Mao Tse-tong. Ihr militärischer Befehlshaber Zhu De hatte in Berlin studiert. Chang Kuo Wei war ihm begegnet. Doch diese Bekanntschaft würde seinem Vater eher zum Schaden gereichen, denn er hatte dem agitierenden Kommilitonen die kalte Schulter gezeigt.

Er fuhr nach Tianjin am Gelben Meer, dann mit einem anderen Zug durch die Große Mauer und das schneebedeckte Flachland am Liao He nach Mukden. Er kam mittags an. Als er sein Abteil verließ, vereiste sein Atem in der kalten Luft. Mit einer solchen Kälte hatte er nicht gerechnet, er wußte nur, daß die Sommermonate in der Mandschurei subtropisch heiß sind. Er sah einen Soldaten, ging dicht an ihm vorbei und sah ihm offen ins Gesicht. Der Soldat erwiderte seinen Blick mit einer abweisenden Miene, als wäre ihn anzusehen eine Taktlosigkeit. Jetzt erst erblickte Chang Kuo Wei auf der Biberpelzmütze des Soldaten die runde rote Sonne. Der Kerl war ein japanischer Offizier. Chang ging schnell weiter. Sein Instinkt sagte ihm, daß er einen Eroberer gesehen hatte und daß er dereinst gegen seinesgleichen kämpfen würde.

Chiang Kai-shek hatte die drei Provinzen der Mandschurei, die zweimal so groß wie das frühere deutsche Kaiserreich war, kurz vor Chang Kuo Weis Ankunft wieder der chinesischen Zentralgewalt unterstellt. Das von tief zerklüfteten Bergzügen umgebene Wald- und Steppenland ist reich an Holz, Kohle, Erzen und Erdöl. Ungeachtet der Tatsache, daß es zu China gehörte, war es ein Zankapfel zwischen Russen und Japanern. Nach dem Boxeraufstand hatten es die Truppen des Zaren besetzt. Nach deren Niederlage im Russisch-Japanischen Krieg von 1904/05 erkannten die Russen, ebenso wie die Japaner, Chinas Hoheitsrechte an. Doch de facto teilten sie die Mandschurei in halbkoloniale Einflußzonen auf: den Norden bekamen die Russen, den Süden die Japaner. Japan übereignete sich die Besitzrechte an der von Rußland gebauten Ostchinesischen Eisenbahn. Angeblich um die Gleise vor Sabotageakten zu schützen, hatte das japanische Kaiserreich auf der Halbinsel Liaodong sowie rings um Mukden seine Kwantung-Armee stationiert. Die in ihre internen Konflikte verstrickten Chinesen hatten es hingenommen. Es sollte sich bald zeigen, daß der Eisenbahnschutz ein Vorwand war.

Chang Kuo Wei wußte das. Er wußte, er war in einem Land, in dem ein ungezügelter chinesischer Marschall sich die Macht mit den Japanern teilte. Aber er hatte nicht erwartet, einem Offizier des Tenno schon auf dem Bahnhof zu begegnen. Er fragte sich, welches Gewicht der Ostchinesischen Verkehrskommission, seiner zukünftigen Dienststelle, in diesem Intrigenspiel überhaupt zukam. Erwartungsvoll versagte er sich vorerst die Suche nach einem Hotel. Statt dessen begab er sich ungesäumt zum Bürogebäude seiner Behörde. Es war ein altes Haus, zwei Stockwerke hoch, düster, mit fast blinden Fenstern. Drinnen sagte man ihm, der Kommissionsdirektor, Herr Gao Jiyi, sei für die Dauer einer Woche nach Tianjin gefahren. Enttäuscht stand Chang auf der kalten Straße. Er hätte nach Shi Long An fahren und seine Familie besuchen können. Er wußte ja nicht einmal, wie sein Sohn geraten war. Chian Chih würde in vier Monaten neun Jahre alt werden. Als Chang Kuo Wei an ihn dachte, mußte er auch an seinen anderen Sohn denken, den er in Deutschland zurückgelassen hatte – und an dessen Mutter. Er hatte nun schon zwei Söhne. Aber keine Frau. Es wurde dunkel. Er stapfte mit dem Koffer die kalte Straße hinunter und hielt Ausschau nach einem Hotel. Es mußte ein billiges sein, eine Absteige, ungeheizt und düster. In einem teuren Hotel wäre er kaum weniger einsam gewesen.

*

Chang Kuo Weis Sohn Chian Chih, der später Allen heißen sollte, und so wollen wir ihn fortan auch nennen, Allen also, wuchs bei seinen Großeltern auf. Er war nun fast neun. Die Erinnerung an seine Mutter Wu Mei, die vor knapp zwei Jahren gestorben war, bestand aus wenig mehr als blassen Bildern, denn die Frau, die über ihn wachte und die Umstände seines Heranreifens verfügte, war damals und heute die Großmutter, die »Mao« hieß. Sie gebot über die Frauen, die im Haus lebten, und über ihre Enkelkinder – über die weiblichen ein Leben lang und über die männlichen, solange sie keine Männer waren. Sie liebte keines ihrer Enkelkinder so zärtlich wie Allen, den Sproß ihres jüngsten Sohnes, auf dessen Heimkehr sie seit so vielen Jahren wartete.

»Mao« war jetzt siebenundsechzig, der Großvater wurde in wenigen Monaten siebzig. Abends holten sie ihren Enkel zu sich ins große Bett und wärmten sich an ihm ihre kalten Füße. Die Füße der Großmutter waren eingebunden. Im Bett hob sie, Schicht um Schicht, die zerfransten Bandagen ab, aufseufzend vor Erleichterung, wenn sie ihre verkrüppelten Gliedmaßen in die kühle Nachtluft halten konnte. Allen strömte ein strenger Geruch in die Nase. Großvater Hung Chu saß mit einem Haufen Silbermünzen im Schoß am Kopfende des Bettes. Er nahm jeweils zwei Münzen hoch, dann schlug er sie bedächtig aneinander, hielt sich eine ans Ohr und lauschte ihrem feinen Klang. Das tat er nicht etwa, um die Echtheit der Münzen zu prüfen. Die hatte er schon beim Erwerb kontrolliert. Das aus einem Glockenton abschwingende Sirren, das sich in der Nachtstille verlor, war ihm ein sinnlicher Genuß, fast wie Musik. Manchen Dollar bepustete er mit geblähten Backen, putzte ihn und ließ ihn im Licht der Öllampe blitzen.

In Shi Long An hörte man in diesen Monaten oft einen Schrei: »Die Banditen kommen!« Dann liefen die Dörfler in ihre Häuser, versteckten das Vieh, ihre Frauen und Töchter und schlossen die Tür ab. Meistens stellte sich heraus, daß es nur die Gespensterarmee der Hungernden aus den Nordprovinzen war, die den Seen und dem Fluß zustrebte, um zu fischen. Dann spähten die Leute durch Bambusvorhänge und Astlöcher. Nur wenige gaben den Elenden etwas Reis. Echte Banditen – verwilderte Wanderarbeiter, entwurzelte Bauern, entlaufene Häftlinge, desertierte Soldaten, die so entmenscht waren, daß sie jeden für ein Stück Käsch umbrachten – kamen jedoch selten in das abgelegene Shi Long An. Als »Banditen« verschrien waren indessen die Soldaten der kommunistischen Armee, die freilich niemals ein Huhn stahlen, nie eine Frau vergewaltigten und jeden Beutel Reis, den sie requirierten, bar bezahlten. Die roten Soldaten waren parteiideologisch gedrillte, von Politkommissaren überwachte Asketen. Daß sie Tempel und Frauen schändeten, verbreitete die Guomindang, vor deren ungezügelter Soldateska keine Tempelnonne sicher war. Der einzige in Shi Long An, der die roten »Banditen« nicht fürchtete, war der einzige, der sie zu fürchten hatte: Allens und mein Großvater Chang Hung Chu. Ihn, der in einem knöchellangen Gewand aus feinem Tuch durchs Dorf schritt, verrieten allein schon seine schwielenlosen Hände. Doch er war von der kaltblütigen Gelassenheit beseelt, die eine Frucht des Alters ist.

Der Alte bestellte sein Land nicht mehr selbst. Er beschäftigte keine Tagelöhner mehr, die er aus dem Überangebot des ländlichen Elends rekrutiert hatte. Er hatte auch die erblich an ihren Stand gebundenen Dienstboten entlassen, die es in Anhui noch immer gab. Er brauchte sie nicht, denn er hatte Söhne, Schwiegertöchter und erwachsene Enkel. Er besaß jetzt tausend *Mu* fruchtbarer Erde, das waren fünfundsechzig Hektar. Südlich der Großen Chinesischen Mauer war das ein riesiger Besitz. Er hatte ihn, Acker um Acker, den Bauern verpachtet, die selbst kein Land besaßen oder ein größeres Feldstück bebauen wollten. Er war ein milder Pachtherr. Viele Grundherren, insonderheit jene, die in den Städten lebten, ließen rückständige Pachtzahlungen von ihren Bütteln oder der Miliz mit roher Gewalt eintreiben. Im Zahlungsverzug war ein Bauer bereits, wenn er die Pacht nicht mehrere Monate im voraus bezahlt hatte. Der Alte tat das nicht. Er lebte im Dorf. Er lebte mit seinen

Pächtern. Er wußte und stellte in Rechnung, daß sie in bedrückender Armut lebten. Die weltweite Wirtschaftskrise der späten zwanziger Jahre traf auch die Bauern Chinas. Der Tabakmarkt war zusammengebrochen. In anderen Provinzen starben Hunderttausende, weil sie für ihre Rohseide, für Baumwolle und Sojabohnen keine Abnehmer fanden. Der Alte nahm einem zahlungsunfähigen Dorfnachbarn mit dem Pachtland nicht die Lebensgrundlage. Er gewährte ihm Kredit und wartete geduldig auf bessere Zeiten.

Sein Haus, das er zu bauen begonnen hatte, als sein jüngster Sohn Kuo Wei heiratete, war in den seither verflossenen zwölf Jahren zu stattlichem Umfang angewachsen. Es war jetzt hundert Meter breit, dreißig Meter tief, einstöckig bloß, aber bis zum Firstbalken zehn Meter hoch. Es hatte eine erhabene, dreißig Meter tiefe, zehn Meter breite Halle, rund zwanzig Zimmer, acht Küchen und drei Außentore. Allerdings hatte es nur wenige kleine Fenster. »Durch große Fenster fliegt das Geld hinaus«, deklamierte der Alte. Mit ihm selbst lebten jetzt drei Generationen in seinem Haus. Daß es dereinst fünf sein würden, war sein heimlicher Traum. Einer seiner sechs Söhne war nach der Geburt gestorben. Seinen fünften Sohn hatten die Geister geholt, als er achtzehn war, er hatte es nie verstanden, nie überwunden. Seinen sechsten Sohn wähnte er im fernen Berlin. Das einzig Geschriebene, das dieser ihm in acht Jahren geschickt hatte, waren zwei Depeschen, in denen er um Geld bat. Doch sein erster Sohn, Fu Ch'un, und der dritte, Fu Hou, auch der vierte, Fu K'uan, lebten mit ihren Frauen und ihren insgesamt sechs Kindern in seinem Haus. Der sechsundvierzigjährige Fu Ch'un und dessen Söhne Lieh Chih und Ch'ien Chih, die seine Enkel, aber fast so alt waren wie der schreibmüßige Kuo Wei, trieben die Pacht ein. Seinem dritten Sohn Fu Hou hatte er die Gemischtwarenhandlung anvertraut, die im Dorf jetzt die größte war. Und sein vierter Sohn Fu K'uan besorgte recht und schlecht den Tabakhandel. Ihn mochte der Alte nicht,

»Mao«, die Frau meines Großvaters, von der ich nicht zuverlässig weiß, ob sie meine Großmutter war. (Foto: privat)
Mein Großvater Chang Hung Chu. Der einstige Hungerleider ließ die Fotos machen, als er zu Geld gekommen war – etwa 1910. (Foto: privat)

Berlin, etwa 1927: Mein Vater Kowie Chang als Student. Mit dem diskreten Charme des Asiaten bezauberte er meine Mutter. (Foto: privat)

Berlin, zur gleichen Zeit. Meine Mutter Blanche Kottik, halb Deutsche, halb Tschechin, bekam von einem Chinesen den Sohn: mich. (Foto: privat)

Etwa 1890: Meine Großmutter Berta Kottik, Bauernkind aus Mecklenburg, Kammerjungfer bei hochgeborenen Berlinern. (Foto: privat)

Werder, um 1930: Der »Alte« Heinrich Kroll, den ich als Kind für meinen Vater hielt, links meine Mutter. (Foto: privat)

Werder, 1940: *Ich wollte ein Germane sein, doch Hitlers Pimpfenuniform bemäntelte nicht den »Mongolenfurz«. (Foto: privat)*

Werder, 1945: Ich war fünfzehn und ungewiß, wer mein Vater war. Das Chinesische sah man mir jetzt weniger an. (Foto: privat)

Köln, 1948: Aus der Sowjetzone geflohen, war ich seither auf mich allein gestellt: ein stets hungriger Unterprimaner. (Foto: privat)

Berlin 1950: Meine erste Frau Gesche war meine erste Leidenschaft. Mit zweiundzwanzig nahm sie sich das Leben. (Foto: privat)

Elmshorn, 1955: Meiner zweiten Frau Sabine, Tochter einer Gräfin, war ich kein guter Mann, doch ich liebte sie. (Foto: privat)

Formentera, 1970: Als Aussteiger unter Hippies, hier mit dem Israeli Chaim Seligmann und seiner Freundin Aviva, war ich vom ungeliebten Managerjob und dem deutschen Nachkriegsfaschismus erlöst. Auf der damals von Touristen noch unentdeckten Insel zeugten die Hippies einen neuen Menschen mit befreiten Instinkten. Geboren wurde er nie. (Foto: Wilfried Bauer)

München, 1970: In Herz und Haartracht noch der Aussteiger, denke ich an meine erste Reportage. (Foto: privat)

Korsika, 1972: Nachdem ich mit vierzig endlich Journalist geworden bin, mache ich einen ersten Urlaub. (Foto: Fee Zschocke)

Taipei, etwa 1954: Mein Vater und seine letzte Frau Julia mit meinen Halbgeschwistern (von links) Anna, Stella, Allen, Potter, Helen, Paula.

Vater schickte mir das Bild 1959 mit dem ersten Brief, den er mir schrieb. (Foto: privat)

Fort Leavenworth, USA, 1963: Mein Bruder, Colonel Allen Chang, mit dem damaligen Nato-Oberbefehlshaber, US-General Lemnitzer, im U. S. Navy Army Command and General Staff College.(Foto: privat)

denn er ging oft ins Teehaus. Dort gab es damals noch Prostituierte, die den Alten weniger störten. Was er verabscheute, war das Glücksspiel. Fu K'uan war ein Bruder Leichtfuß.

Siebzig Jahre später, in Kalifornien, zeichnete Allen mir einen Grundriß des Hauses, in dem er aufgewachsen war. Sein Finger wies mir den Weg durch das Anwesen: Dort wohnten die Großeltern. Da und da die anderen. Hier war der Bambusgarten, in dem er spielte. Und das war die Halle. In der Halle stand der Schrein für die Ahnen. Großvater war Buddhist, freilich sahen die Leute ihn selten im Tempel. Der Schrein barg außer Devotionalien die Medizin, die Großvater jedem Leidenden unentgeltlich verabreichte, denn es gab in Shi Long An keinen Arzt. Allen mußte an dem Schrein vorbei, wenn er zu den Großeltern gerufen wurde – und jedesmal erschauerte er. Im gespenstischen Zwielicht der fensterlosen Halle tanzten Schatten, und vor dem gemauerten Altar standen die Särge, in denen die Großeltern ihre letzte Ruhe finden wollten. Die düsteren Kisten wurden alljährlich neu gestrichen. Bevor Allens Mutter Wu Mei starb, erwies die Großmutter ihr eine besondere Gnade, indem sie der Sterbenden ihren Sarg schenkte und für sich einen neuen kaufte.

Sein bestes Land hatte der Alte südlich des Langen Sees über dem Jangtse. Die Erde war dort so fruchtbar, daß keiner, der ein Stück davon besaß, sie an den Reisanbau verschwendete. Dort wuchsen Tabak, Erdnüsse, Mais und Wassermelonen. Der Großvater hatte dort, beim Dörfchen Hui Kou, ein kleines, dennoch bewohnbares Haus gebaut. Ab und an blieb er in ihm zur Nacht. Ob sonst noch jemand darin wohnte, hat Allen nie erfahren. Im Gegensatz zu seinen Geschwistern glaubt er nicht, daß Großvater Konkubinen hatte, also auch nicht in diesem Haus. In der Erntezeit ging Großmutter – in welcher Absicht, weiß er nicht – gelegentlich dorthin und nahm ihn mit. Allen erinnert sich nur daran, daß die Maisstämme süßlich schmeckten. Beharrlich verweigert er sich meiner Mutmaßung, daß unter den vier Grabsteinen, die den des Alten in Shi Long An flankieren, außer seiner legitimen Ehefrau drei Konkubinen liegen. Doch unsere Schwester Stella, die unseres Vaters Drittgeborene ist, hält das für möglich. Allen aber schließt die Augen und denkt. Nach Großmutters Tod im Jahre 1934, sinniert er, könnte Großvater, da er des Trostes und der Hege bedürftig war, die drei anderen Frauen geheiratet haben. Nacheinander? Gewiß. Drei Frauen in nur neun Jahren, da er doch 1943 starb? Und keiner hat der virile Mann ein Kind gemacht? Stille.

Großvater hatte das Haus auf den Scheitelpunkt der dörflichen Anhöhe gesetzt. Dort stand er sommerabends oft wie ein Eremit und vergaß sich beim Blick über den See. Niemand hätte ihn ansprechen dürfen, wenn er die Sonne wie Bullenblut vom Lushan fließen sah. Unter dem tausendfünfhundert Meter hohen Gipfel lag ein Urlaubsort der Reichen. Doch der Gedanke daran hielt seinen Blick so wenig in Bann wie die Abendröte. Großvater war ein pragmatischer Visionär. Vielleicht hielt er nach Kommunisten Ausschau, die, wenn sie kämen, sich aus dieser Richtung nähern würden. Der Berg steht in der Provinz Jiangxi, in der sie große Teile kontrollierten. Doch die Gefahr war fern und unwirklich. Noch verbrachte Chiang Kai-shek seine Ferien am Lushan. Der Vermutung, daß des Alten Blick seiner Brunst folgte, da hinter den Weiden des gegenüberliegenden Seeufers sein Elysium lag, verweigert sich Allen. Er meint, der Großvater habe den See nach Fischern abgesucht. Wenn er Fischer entdeckte, schickte er Allen zum Ufer und hieß ihn Fische kaufen. Sie waren dort billiger als im Handel. Um mich von meinen despektierlichen Erwägungen abzubringen, nennt Allen mir, und dies ohne einen Anflug von Spott, ein Exempel für Großvaters Sparsamkeit: Wenn er einen Spaziergang durchs Dorf unternahm, hob er den Hundedreck auf und legte ihn in seinen Korb. Als Düngemittel war er im Garten brauchbar.

In jener Zeit lernte Allen in der privaten Geschlechterschule, die Großvater in einem Raum neben der Halle eingerichtet hatte, die Schriftzeichen. Sein Lehrer war Ch'ien Chih, sein erwachsener Cousin. Allen packte den Pinsel, und Ch'ien Chih umfaßte seine Hand und führte sie sacht über das Papier. So malte er in gesammelter Andacht von oben nach unten und von rechts nach links zuerst die einfacheren Zeichen. Anfangs war er der einzige Schüler. Später kamen auch Söhne aus dem Dorf. Töchter kamen nie. Niemand wollte, daß Töchter lesen lernten. Außerdem hatte Großvater später einen richtigen Lehrer angestellt, und der ließ sich in Silber bezahlen.

Ein Silberdollar war damals ungefähr so wertvoll wie eine amerikanische Fünfzigdollarnote heute. Die einfachen Bauern bekamen diese Kostbarkeit nie in die Hand. Sie bezahlten mit Kupfermünzen, von denen zweihundert auf einen Dollar gingen. In Shi Long An gab es freilich noch ein drittes Zahlungsmittel, und das kam vom alten Chang. Die Dörfler vertrauten keinem so blind wie ihm. Da es keine Bank gab und die Leute nicht einmal wußten, was eine Bank war, deponierten sie ihre Kupfermünzen bei ihm oder seinem Sohn Fu Hou in deren Laden. Sie bekamen darüber eine Quittung. Die Quittung galt im Dorf als derart solide, daß sie in anderen Läden als Zahlungsmittel akzeptiert wurde. In Shi Long An waren die vom Großvater gesiegelten Papierfetzen, die einander wie Fahrscheine glichen, eine zweite Währung.

In den Jahren vor ihrem frühen Tod kam Tante T'ung Yin oft ins Haus, Chang Kuo Weis geliebte jüngere Schwester. Sie besuchte ihre Mutter, Großmutter »Mao« also, von der ich nicht sicher bin, ob sie ihre Mutter war. Großvater hatte ihr und ihrem tumben Mann einen Laden gekauft. Allen freute sich, wenn er sie sah. Er nannte sie »Kleine Tante«. Wahrhaft verliebt war er in seine Cousine Yü Hsia. Sie war die Enkelin des Mandarins Chang Hung Fei, unseres Großonkels, der lange vor Allens Geburt verblichen war. In der Familie wurde sein Tod noch immer beklagt. Er hatte nur einen Sohn, den brillanten, leider opiumsüchtigen Chin Fu. Die Angebetete war dessen

Tochter. Sie war bereits im heiratsfähigen Alter und, wie Allen sich versonnen erinnert, das schönste Mädchen in Shi Long An. Lächelte sie ihm zu, erglühte er bis hinauf in die Haarwurzeln. Er hatte eine behütete Kindheit. Sein Vater freilich war ihm weniger als ein Gedanke. Mit dem erging es ihm wie später seinem deutschen Bruder, von dessen Existenz Allen nichts wußte.

*

Chang Kuo Wei hatte in Mukden nicht die Stellung bekommen, die er sich erhofft hatte. Er war jetzt »Vorbereitungskommissar« für Statistik in der Verkehrskommission Ostchinas. Seinem Chef Gao Jiyi zu den Graphiken und Tabellen zu verhelfen, welche dieser in den Kontoren von Schanghai bestaunt hatte und mit denen er sich schmücken wollte, war nun seine wichtigste Obliegenheit. Er wurde schlecht bezahlt. Um hinzuzuverdienen, lehrte der junge Doktor in der Abendschule der Universität Mukden Finanztheorie. Außerdem schrieb er Artikel für ein Bankenmagazin. Alles in allem verdiente er auskömmlich. Mehr als ein Einkommen ersehnte er jedoch ein Weib. Blanche hatte ihm mehrmals aus Berlin geschrieben, sie würde kommen – doch lieber wäre ihr, er käme nach Berlin zurück. Er hatte ihr ebensooft an die Adresse von Paula Kühl geantwortet, er könne nicht – sie möge kommen. Und nun hatte er von Blanches Mutter einen Brief erhalten, der ihm die Frau und den Sohn nahm. Die Großmutter seines Sohnes teilte ihm mit, Blanche werde bald einen deutschen Mann heiraten, der für sein Kind aufkommen würde. Er, der sehr geehrte Herr Doktor Kowie Chang, möge sich der Verbindung nicht in den Weg stellen, es gehe um das Glück seines Sohnes. Tags darauf war auch ein Brief von Paula Kühl gekommen. Die von ihm hochgeschätzte Zimmervermieterin, seine gütige Vertraute, die um seinetwillen gegen den deutschen Kuppeleiparagraphen verstoßen hatte, riet ihm, die Freundin zu vergessen und sich um seinen Sohn nicht zu sorgen. Dessen zukünftiger Adoptivvater sei ein deutscher Beamter, folglich solide. Dem Kind würde es an nichts fehlen. Beide Briefschreiberinnen wünschten ihm Glück und eine liebende Gattin. Er jedoch fragte sich: Seit wann hatte es Blanche mit soliden Beamten?

Chang Kuo Wei war um den Schlaf gebracht. »Diesen Schlag gegen mein Herz versuchte ich zu ertragen«, schrieb er im Alter. Wie sollte er in Mukden eine Frau finden? Früh verwitweten chinesischen Männern oder Junggesellen, die nicht schon als Kind oder gar als Fötus verlobt worden waren, geriet die Brautschau, sofern sie nicht begütert waren, oft zur vergeblichen Mühsal. In China gab es von alters her weniger Frauen als Männer. In einigen Regionen, auch in der südlichen Mandschurei, war fast jeder fünfte Chinese unverheiratet, während die Frauen entweder Männer hatten oder verwitwet waren. Hungersnöte, Kinderkrankheiten und die (heute noch) häufige Tötung unerwünschter Mädchen dezimierten die weibliche Bevölkerung Chinas. Seinen Sohn ließ kein chinesischer Vater Hungers oder an den Masern sterben, solange er etwas Käsch besaß. Töchter aber machten ihn ärmer als er war, und sie schrieben sich nicht ins Familienbuch. Zudem waren auf dem Heiratsmarkt jene Frauen nicht mehr zu haben, die sich reiche Chinesen als Konkubinen hielten. Es sah nicht gut aus für Chang Kuo Wei. Er bedurfte einer Frau nicht allein für die Seele, die Küche und das Bett, sondern auch für seinen Sohn Allen. Den wollte er zu sich nach Mukden holen. Er brauchte eine Frau, die zur Mutter taugte.

Da traf er in einem Beamten namens Jia, der als Rat für Landwirtschaft und Forsten der Provinzregierung diente, einen willfährigen Kuppler. Er hatte ihn in Berlin kennengelernt, als beide dort studierten. Herr Jia hatte heiratsfähige Cousinen, und er war willens, seinem früheren Kommilitonen die eine oder andere vorzustellen. Dem unterbezahlten Vorbereitungskommissar, der einen akademischen Titel führte, jedoch einer niederen

Gesellschaftsschicht entstammte, eröffneten sich Perspektiven, von denen zu träumen ihm absurd erschienen wäre. Denn die Familie Jia gehörte zu den vornehmsten Chinas.

Ein Onkel des Herrn Jia war General Jia Deyao, der als Protegé Yuan Shikais die Offiziere der Beiyang-Armee in der Kriegsakademie von Xiao Shan getrimmt hatte, bis sie als militärische Elite Chinas galten. 1924 war er zum Premierminister der Republik aufgestiegen. 1925 hatte er zwar das Amt an eine rivalisierende Warlord-Clique verloren, nicht jedoch Ansehen und Einfluß. Ein anderer Onkel war Jia Demao, ehemals Offizier in der Beiyang-Armee, jetzt Besitzer von Ländereien, holzverarbeitenden Betrieben, Banken sowie Kohlengruben, letztere in der Provinz Hebei. Eine Schwester der beiden Jias war die Frau von Generalleutnant He Zhuguo, Korpskommandeur im Heerhaufen des jungen Marschalls. Der Ex-Premier hatte zwei heiratsfähige Töchter, der Industrielle vier. Herr Jia, der Sohn eines weniger prominenten Bruders beider, schlug vor, bald nach Peking zu fahren und die Töchter des Industriellen zu begutachten. Dieser, meinte er verschmitzt, sei unter allen Jias der reichste. Chang Kuo Wei stimmte zu, geblendet und betäubt.

Es ist nicht überliefert, ob der Brautwerber sich über das politische Milieu Gedanken machte, dem die illustre Familie Jia entwachsen war. Sie war einem Warlord-Kartell verbunden, das unter der Benennung »Anhui-Clique« in die Geschichte Chinas eingegangen ist. Der Pate dieses Syndikats politischer Glücksritter war der General Duan Qirui. Der einstige Divisionskommandeur in der modern bewaffneten Beiyang-Armee, die sich den späten Reformbestrebungen der Qing-Dynastie verdankte, war als Leiter der Kriegsakademie Jia Deyaos Vorgänger gewesen. Aus den Reihen seiner Schüler hatte er eine Clique ihm loyal ergebener Stabsoffiziere rekrutiert, zu denen auch die Brüder Jia gehörten. Unter Yuan Shikai war er Heeresminister und nach dessen Tod Regierungschef geworden. 1917 hatte er Deutschland den Krieg erklärt, um die Alliierten für die Rückgabe der deutschen Pachtgebiete an China zu gewinnen. Doch dann hatte er sich von den Japanern bestechen lassen. Als im Ersten Weltkrieg die letzten Schlachten geschlagen wurden, hatte er den anrüchigen »Nishihara-Kredit« akzeptiert, eine japanische Anleihe von einhundertzwanzig Millionen Silberdollar – ein Schmiergeld. Dafür hatte er Japan in einer Geheimabsprache die deutschen Besitzungen in Shandong zugesprochen. Er war die Nummer eins unter den Politikern, gegen die sich die Patrioten des Vierten Mai aufgelehnt hatten, und Chang Kuo Wei war einer von ihnen. Sollte er deshalb von der Brautwerbung absehen?

Die Jias waren Komplizen Duan Qiruis, sie standen für die chinesische Korruption, für den Eigennutz der Offizierscliquen, die China zerstückelt hatten, für die Kaltherzigkeit der Gentry, die das besitzlose Volk schröpfte. Sollte er fragen, wie es seinem mutmaßlichen Schwiegervater Jia Demao gelungen war, vom Beiyang-Offizier zum Potentaten aufzusteigen? Chang Kuo Wei, der so einsam war, daß er des Teufels Tochter gefreit hätte, mag etwaige Bedenken mit dem Argument beschwichtigt haben: Die Tochter ist nicht der Vater.

Als er mit seinem Studienkollegen in Peking auf die Residenz des reichen Industriellen zuging, muß ihm das Herz in die Hose gerutscht sein. Denn der Wohnsitz war ein aus rostroten Ziegelsteinen erbautes, übermannshoch ummauertes, fürstliches Domizil. Im Pekinger Volksmund hieß es »der rote Palast«. Das mächtige Bauwerk war dem Kaiserpalast benachbart, von diesem nur durch die Idylle des Zhongnanhai-Sees getrennt. Die Ankömmlinge mußten zwei Mauern passieren und zwei bewachte Tore durchschreiten, um ins Innere zu gelangen. Zwischen den Mauern gingen sie an Remisen, Rikschaparks, ruhenden Prunksänften, geparkten Limousinen und den ebenerdigen Häuserzeilen vorbei, in denen die Dienerschaft hauste. Als sie das Südportal des Palastes erreichten, erklärte Herr Jia, das Gebäude habe vom Haupthaus abgehend zwei nach Osten und Westen ausgerichtete Flügel und neunundneunzig Räume. Zwei kreideweiße Marmorlöwen mit gelocktem Mähnenrelief flankierten das Portal. Mittendurch führten Marmorstufen zur Eingangshalle hinauf. Oben, auf dem Podest, wartete der Hausherr, hinter ihm verneigte sich ein Butler.

Chang Kuo Wei hätte dem grauhaarigen, schlanken Mann mit dem gezwirbelten Schnurrbart den Wohlstand auch angesehen, wäre er nackt gewesen. Die Wohlstandsaura entströmte jeder seiner Hautporen. Er hatte zwei legitime Ehefrauen. Die ältere war kinderlos geblieben, und weil die jüngere nur vier Mädchen geboren hatte, war eine seiner Konkubinen in der Familienhierarchie ungeheiratet an deren Seite gerückt, hatte sie ihm doch den lange ersehnten Sohn geschenkt. In der Halle, von Seidendraperien und nachgedunkelten Holztäfelungen mit pompösem Schnitzwerk nahezu erdrückt, erblickte Chang Kuo Wei zum erstenmal die Frau, derentwegen er gekommen war. Für die Dauer eines Lidschlags war ihm, als säße er einer Sinnestäuschung auf: Die Achtzehnjährige war schön wie eine Orchidee mit fleischiger Blüte. Sie hieß Chengyu und hatte keine eingebundenen Füße. Sie hätte einen Reicheren kriegen können. Warum sollte *er* sie haben?

Herr Jia hatte seinem Studienkollegen verschwiegen, daß der Brautvater seiner Tochter überdrüssig war und sie schnell unter die Haube bringen wollte. Der alte Jia Demao mußte damit rechnen, daß ein höherstehender Flitterwöchner sie ihm zurückgeschickt hätte, denn sie war aufsässig, von neuerdings kursierenden Ideen reinweg vergiftet. In jenen Jahren, die dem Aufbegehren des 4. Mai 1919 folgten, war der 1906 verstorbene norwegische Dramatiker Henrik Ibsen einer der meistgespielten westlichen Bühnenautoren in den großen Städten Chinas. Sein weltberühmtes Stück »Nora oder Ein Puppenheim«, das ins Chinesische übersetzt und ungekürzt veröffentlicht worden war, begeisterte vor allem die jungen, intelligenten Frauen. In der auf europäische Verhältnisse gemünzten Kritik des Dramatikers an der bourgeoisen Heuchelei fanden sie – China. Sein Eintreten für die Emanzipation der Frauen entzündete sie. Ibsens Heldin Nora, die ihren Mann verläßt und ihr Leben nach eigener Bestimmung lebt, war die Heldin ihrer Zukunftsträume.

Jede aufgeweckte junge Chinesin war eine Nora – auch die Frau, die der zwölf Jahre ältere Doktor Chang heiraten sollte. Chengyu hatte einen Privatlehrer gehabt, der ihr das Lesen beigebracht hatte. Doch ein Studium hatte der konservative Patriarch ihr verwehrt. Sie war ein Weib, ihr wurde keine Universitätsbildung zugebilligt. Was sie nach Meinung ihres Vaters brauchte, war ein studierter Ehemann. Doch Chengyu war intelligent, neugierig, sie war selbstgewisser und entschlossener eine Nora als die meisten ihrer Altersgenossinnen. Mit sechzehn war sie von der Familie weggelaufen, weil der zeremonielle Tagesablauf, die Ergebenheitsrituale der Domestiken und der Geruch nach Opium und Korruption sie anwiderten. Die Diener hatten sie tagelang gesucht, bevor sie in einem buddhistischen Nonnenkloster gefunden wurde. Nun wollte ihr Vater sie los sein. Sie sollte so schnell heiraten, wie es eben noch schicklich war.

So kam es dem Vater gelegen, daß Chengyu sich spontan in Chang Kuo Wei verliebte, und er sich in sie. Den im Westen geformten chinesischen Intellektuellen faszinierte ihre freimütige Art. Ihr liberales Weltverständnis war auch das seine. Fünfzehn Jahre später sollte er anders darüber denken. Dann sollte die Nora in ihr aufstehen wie eine Rachegöttin, und er sollte als gehörnter Ehemann zurückbleiben.

Sie entsprachen dem Wunsch des alten Jia Demao und heirateten schnell. Der Patriarch gab Chengyu eine großzügige Aussteuer, von der die jungen Eheleute sich in Mukden eine Wohnung einrichteten. Und dann kam Chang Kuo Weis vierter Bruder Fu K'uan nach Mukden und brachte ihm seinen Sohn. Es muß eine Minute größter Befangenheit gewesen sein, als Allen, jetzt neun Jahre alt, dem Fremden gegenüberstand, von dem er wußte, jedoch nicht empfand, daß er sein Vater war. Allen erinnert sich, daß Vater ihm nicht die Hand gab. Er sah ihn nur an, und er hatte kein Geschenk. »Liebenswürdigkeiten waren nicht sein Stil«, erklärt mir Allen. Er lächelt, während er das sagt. Er ist ohne Bitterkeit. Aufs tiefste beeindruckt hat ihn jedoch seine schöne junge Stiefmutter, von der ihm gesagt worden war, daß sie aus einer prominenten Familie stamme.

Chengyu nahm ihn an die Hand und schulte ihn in einer nahe gelegenen Grundschule ein. Er kam in die dritte Klasse. Er hatte es dort nicht leicht, denn er sprach nicht wie die anderen Kinder. Er sprach den Dialekt von Anhui. Die Kinder traten ihm auf die Füße, schlugen ihn, und er wehrte sich. Im Dezember 1930 fuhr Chang Kuo Wei mit Allen nach Shi Long An. Chengyu blieb in Mukden, sie war schwanger. Sie fuhren mit der Bahn über Tianjin, wo sie umsteigen mußten, nach Nanking und von dort aus mit dem Schiff nach Anqing. Sie nahmen das Fährboot nach Fu Xing Chen. Für den Landweg zum Dorf bestieg Chang Kuo Wei eine Sänfte. Er ließ sich von zwei barfüßigen Kulis tragen, und Allen lief nebenher. Als sie ihr Ziel erreichten, war eine Woche herum. Doch mehr als acht Jahre waren vergangen, seit Chang Kuo Wei seine Familie und das Dorf verlassen hatte.

Früher hätte er nicht kommen können, denn er hätte für seine zahlreichen Verwandten keine Geschenke gehabt. Nun hatte er einige hundert Silberdollar und gab jedem, den er traf, auch jedem Kind, ein Stück. Erst nach seiner Abreise fiel ihm ein, daß er auch der Mutter seiner verstorbenen Frau Wu Mei eines hätte geben müssen. Die alte Frau war seinetwegen ins Haus seines Vaters gekommen und eine Woche geblieben. Auch das Grab der Verblichenen hatte er nicht besucht. Der stumme Vorwurf seiner Ex-Schwiegermutter folgte ihm in den Schlaf. Auf der Woge familiärer Inbrunst, die ihn getragen hatte wie eine Himmelswolke, war ihm entfallen, was die Schicklichkeit ihm gebot. »Mao« ließ ihn – mochte er nun ihr eigener Sohn oder der einer Konkubine ihres Mannes sein – ihre mütterliche Liebe fühlen. Leise bekannte sie ihm, sie habe an ihn gedacht und um ihn geweint, wenn sie mit seinem Vater in Schanghai war und die Pekingoper »Si Lang Tan Mu« (Vierter Sohn kommt zur Mutter) sah. Besonders die Szene »Bei Mu Bie Niang« (Der Mutter Ehrerbietung erweisen und Abschied von ihr nehmen) habe ihre Tränen gelöst.

Nach zwei aufregenden Wochen – im abendländischen Kalender war das Jahr 1931 angebrochen – reiste Chang Kuo Wei mit Allen zurück nach Mukden. Allen ging weiter zur Schule, und im Februar gebar Chengyu ein Mädchen. Es war Chang Kuo Weis erste Tochter, die irgendwann den Namen Stella erhielt. Doch damals hieß sie Lan Chih. Als Folge einer Brustdrüsenentzündung hatte Chengyu für ihr Baby keine Milch. Deshalb ließ sie sich von ihrer Mutter aus Peking eine Amme schicken. Die Reise von Peking nach Mukden war beschwerlich. Es war ein eiskalter Winter. Die allgegenwärtigen Japaner traten dreister auf und schüchterten die chinesischen Frauen ein. All das mag verursacht haben, daß die Milchsekretion der Amme versiegt war, als sie Mukden erreichte. Es kamen eine zweite, eine dritte, eine vierte Amme – jede mit leeren Brüsten. Chengyu bezahlte ihnen ein Trostgeld und schickte sie heim. Diese Ammen waren arme junge Mütter. Sie verkauften ihre Milch, damit ihre Familien zu leben hatten. Sie wurden meist gut bezahlt und bekamen nahrhaftes Essen, damit ihr Milchfluß nicht versiegte. Ihre eigenen Säuglinge ließen sie in ihrer Familie oder bei einer Nachbarin, die sie mit wäßriger Reissuppe nährte. Manche verkauften, andere verschenkten ihre Babys, und einige erdrosselten sie. Nach vierzig Tagen, in denen die kleine Stella keine Milch bekommen hatte, brachte Chengyu sie nach Peking zu ihrer Mutter, bei der sie blieb. Im roten Palast wuchs Stella heran, bis sie fünfzehn war.

Chang Kuo Wei war seiner verkehrsstatistischen Fron, von der sein Chef Gao Jiyi nicht einmal wußte, was sie erhellen sollte, von Herzen müde. Der Dekan der juristischen Fakultät der Universität Mukden, ein Parteifreund aus der Jugendpartei, hatte ihm eine Professur zugesagt. Doch als Chang Kuo Wei Herrn Gao Jiyi den Kram vor die Füße werfen wollte, stand auf dem Kalenderblatt das Datum, das ihm und allen Chinesen dereinst erscheinen sollte wie der Schöpfungstag der Hölle: Es war der 18. September 1931. Wenige Kilometer von seiner Haustür entfernt hatten die Japaner in den ersten Morgenstunden eine Gewalttat verübt, die sechs Jahre später zum Chinesisch-Japanischen Krieg führen sollte, der weitere zwei Jahre darauf im Zweiten Weltkrieg aufging. Der Frevel und seine direkten Folgen gingen unter dem Terminus »Mukden-Zwischenfall« in die Geschichte ein.

Soldaten der japanischen Kwantung-Armee hatten einen Gleisabschnitt der chinesischen »Nanman«-Bahn gesprengt. Ganz in der Nähe befanden sich die größten Kasernen der bei Mukden stationierten chinesischen Truppen. Es kam zu dem beabsichtigten Gefecht. Einige Chinesen schossen, die Japaner griffen die Kasernen an, und bei Tagesanbruch gab der japanische Kommandeur den Befehl zum Sturm auf die Stadt. Allen wollte zur Schule gehen, doch die Dienerin schrie: »Du dummer Junge, willst du sterben? Bleib zu Hause!«

China und die USA protestierten beim Völkerbund und verlangten den Abbruch der Feindseligkeiten. Doch die führenden Offiziere der Kwantung-Armee beriefen sich auf das Recht zur Banditenbekämpfung und setzten ihre Aktionen fort. Der japanische Befehlshaber in Korea erteilte seinen Truppen den Befehl zum Einmarsch in die Mandschurei. Chiang Kai-shek aber war damit beschäftigt, sich gegen innerparteiliche Kritiker als Führer der Guomindang zu behaupten – ein Krieg mit Japan kam ihm ungelegen. Er wies den jungen Marschall an, den Japanern eine offene Schlacht zu verweigern und die vierhunderttausend Soldaten seiner nordöstlichen Grenzschutzarmee in Gebiete südlich der Großen Mauer zurückzuziehen. Bis auf Heilongjiang im Norden, wo eine von der Armee abgeschnittene chinesische Truppe sich entschlossen verteidigte, hatten die Japaner Ende 1931 die gesamte Mandschurei erobert. Sie unterwarfen sich das Land als Vasallenstaat, nannten es Mandschukuo und krönten den jetzt fünfundzwanzigjährigen Pu Yi, Chinas letzten Monarchen, der in Tianjin einem von der Guomindang geduldeten Hofstaat einstiger Günstlinge vorstand, zum Marionettenkaiser.

Als in Mukden gekämpft wurde, waren es vor allem die chinesischen Beamten, die aus der Stadt flohen. Auch Chang Kuo Wei wurde der Boden zu heiß. Aber er ließ zwei Tage verstreichen, ehe Chengyu, wie Allen noch weiß, sechs Koffer packte. Inzwischen standen japanische Posten vor den Bahnhofszugängen, und auf den Bahnsteigen drängte sich eine panische Menge. Die Flüchtlinge waren über den Abzug ihrer Soldaten empört und machten ihrem Zorn mit starken Worten Luft. Die Japaner ließen nur einfaches Volk in den Bahnhof, besser gekleidete Leute wiesen sie barsch zurück. Auch Chang Kuo Wei, seine Frau und sein Sohn wurden abgewiesen. Sie gingen zu einem Bahnhof der Nanmanbahn und gelangten in einen Zug nach Dalian. Auch die im Süden der Halbinsel Liaodong gelegene mandschurische Hafenstadt gehörte nun den Japanern. Doch dort war nicht gekämpft worden, die Stadt war friedlich. Die Flüchtlingsfamilie Chang hatte eine ruhige Nacht im Hotel und ging am nächsten Tag auf ein Schiff, das auf dem Gelben Meer Kurs auf die ehemals deutsche, später japanische Kolonialstadt Tsingtau nahm.

In Tsingtau betraten die Changs endlich chinesischen Boden. Die Japaner hatten die Kolonie 1922 an China zurückgegeben. Chang Kuo Wei, der dafür Herzblut vergossen hatte, erging sich mit einem Gefühl unzeitgemäßer Genugtuung am früheren Kaiser-Wilhelm-Ufer. Tags darauf fuhren er und seine kleine Familie mit einem anderen Schiff nach Schanghai.

Sie trafen einen Mann, der sie in seinem Wohnzimmer einquartierte. In Schanghai hatte der Volkszorn gegen die Japaner Emotionen auch gegen die weißen Imperialisten freigesetzt. Die chinesische Fremdenfeindlichkeit war geweckt. Sie entlud sich so ungestüm in Ausschreitungen und Boykotten, daß der Magistrat den Notstand ausrief und die ausländischen Konzessionen von Truppen schützen ließ. Chang Kuo Wei, von dem sich herumgesprochen hatte, daß er aus Mukden gekommen war, wurde aufgefordert, auf antijapanischen Kundgebungen als Redner aufzutreten. Doch ihm genügte das nicht. Es ließ ihn gleichfalls unbefriedigt, daß er Zeitungsartikel und Broschüren über seine Erlebnisse in Mukden schrieb und gut dafür bezahlt wurde. Er wollte mehr tun. Er wollte einen patriotischen Mord organisieren. Zhao Xinbo, ein chinesischer Kollaborateur, der den jungen Marschall an die Japaner verraten hatte, sollte das Opfer und die Lynchjustiz ein Fanal sein. Der Verräter hielt sich in Mukden unter japanischem Schutz versteckt.

Chang Kuo Wei reiste nach Peking. Er fand einen tuberkulosekranken jungen Mann, der auf den Tod wartete und ohne Zögern bereit war, die ihm verbliebene Lebensfrist für China zu opfern. Chang Kuo Wei bezahlte drei anderen Männern einige tausend Silberdollar, dafür sollten sie dem Attentäter bei der Exekution zur Seite stehen. Doch als das Mordkommando vor der ummauerten, von Soldaten bewachten Stadt stand, verließ die drei bezahlten Mittäter der Mut. Sie weigerten sich, ihrem Anführer zu folgen. Was dann geschah, brachte Chang Kuo Wei nur teilweise in Erfahrung. Er erfuhr, daß der lungenkranke Kommandoführer die drei Hasenfüße erschoß und auf mysteriöse Weise später selbst ums Leben kam. Womöglich wurde er beim Versuch, sich allein in die Stadt zu schleichen, von den Japanern gefaßt, erschossen und verscharrt.

Der Fehlschlag mit all seinen Folgen – der unverrichteten Rache, dem Tod von vier Männern, dem Verlust von mehreren tausend Silberdollar – lastete schwer auf Chang Kuo Weis Seele. Ohne die Scharte auszuwetzen und ohne dem Feind die

142

eigene Brust darzubieten, mochte er nicht weiterleben. Er beschloß, in den Norden zu reisen, diesmal nicht nach Peking, sondern über die mandschurische Grenze hinaus, und sich den Partisanen anzuschließen. Einige Guerillaverbände, auch einige reguläre Einheiten, deren Offiziere sich Chiang Kai-sheks Rückzugsbefehl widersetzt hatten, kämpften dort bereits. Von der chinesischen Truppe in Heilongjang war zu hören, daß sie mit bemerkenswerter Tapferkeit gegen die Japaner focht und ihrem Vaterland damit die Achtung des Auslands eintrug. Und in Peking war ein aus patriotischen Spenden finanzierter Hilfsverein gegründet worden, der die Partisanen mit Ausrüstungsgütern, Waffen und Munition belieferte.

Wir müssen annehmen, daß Chang Kuo Weis Frau sein Vorhaben nicht billigte. Denn Chengyu war wieder schwanger. Und Allen hatte in der Schule eine schwere Zeit, weil er sich auch in Schanghai der Jungen erwehren mußte, die in einer anderen Zunge redeten als der Bauernjunge aus Anhui. Doch in Chang Kuo Wei erkennen wir den Ausnahmefall eines Chinesen vom Land, dem das Vaterland über die Familie ging. In seinen Altersschriften hinterließ er: »Chengyu mußte sich um sich selbst kümmern. Ich machte mir keine Sorgen um sie. Sie war tapfer und tatkräftig, und sie war meinem Sohn eine gute Stiefmutter.« Er packte einen kleinen Koffer und fuhr im Spätherbst 1931 an die mandschurische Front.

DER PARTISAN

Chengyu hatte, schon bevor ihr Mann in den Partisanenkrieg zog, eine Wohnung in der Internationalen Niederlassung gemietet. Es war dort stiller als in den chinesischen Quartieren mit ihren überbelegten Häusern, in denen die Türen zur Gasse hin offenstanden, wo jede Lebensäußerung nach draußen drang und ein nahes Echo fand. In der Internationalen Niederlassung und der Französischen Konzession waren die Häuser wie versiegelt, die Flaneure mondän in Habitus und Kleidung, und die chinesische Polizei stand unter britischem Befehl. Chengyu fühlte sich hier sicherer als im allzeit unruhigen, zudem stinkenden Norden Schanghais. Aber die Mieten waren höher.

Wir müssen vermuten, daß sie manche Mehrkosten aus Subsidien ihrer Eltern bestritt. Auch die üppige Prämie, die ihr Mann den gedungenen Attentätern zahlte, kann er aus eigener Kraft schwerlich aufgebracht haben. An seinen propagandistischen Schriften hatte er nur wenige hundert Silberdollar verdient.

Seine Kinder, jene fünf jedenfalls, die Chengyu ihm geboren hat, werfen ihm lange nach seinem Tod noch vor, er habe das Geld ihrer Mutter verschwendet. Drei leben mit amerikanischem Paß in den USA, eine Tochter in Deutschland, eine in Taiwan, doch hat die letztere unbegrenztes Aufenthaltsrecht in den Vereinigten Staaten. Nach der Öffnung Chinas durch Deng Xiaoping haben sie alle die Volksrepublik besucht, nicht jedoch

das Dorf ihrer Ahnen von Vaters Seite. Im Sinne der Tradition
sind sie entwurzelt. Ohne Zweifel haben sie China immer noch
im Herzen, aber ihre Sinne sind dem Westen zugewandt. Die
Maximen ihres Denkens, ihrer Gesittung, ihrer Gesinnung sind
westlich. In meinen Geschwistern sterben die chinesischen Traditionen, so scheint es mir, einen schleichenden Tod.

Während ich diese Zeilen schreibe, liegt Chengyu, nunmehr
über neunzig Jahre alt, herz- und heimwehkrank in Seattle auf
den Tod. Ihre einundsechzig Jahre alte Tochter Stella pflegt sie.
Stella haßt unseren toten Vater. Sie vermag nicht, ihn in der
Einbindung seiner bäuerlichen Herkunft zu sehen. Ich fragte
sie, ob es denn gar keinen guten Charakterzug gäbe, den sie an
ihm wahrgenommen habe. Sie dachte lange nach. Dann sagte
sie: »Er war fleißig.«

Unser Vater studierte im Westen, seine politischen Leitbilder waren westlich, doch sein sittliches Denken war das eines chinesischen Bauern. Der Clanbesitz seiner Vorväter war kollektiv, egal
wer ihn eingebracht hatte. Und in der Seele war er Konfuzianer.
In der konfuzianischen Familie gebot der Mann über die Frau.
Chang Kuo Wei verurteilte das Prinzip als altmodisch und war
doch nicht modern genug, um es sich aus der Seele zu reißen. Er
mag sich auf das archaische Ideal der »edlen Verschwendung«
berufen haben, wenn er Chengyus Geld ausgab. Andere rechtfer-
tigten damit den Prunk ihrer prahlerischen Hochzeiten und Be-
gräbnisse, er deutete den Begriff patriotisch. Er investierte in einen politischen Mord, den er für geboten hielt.

Und Chengyu liebte ihn. Sie wird ihn ebenso bereitwillig subven-
tioniert haben, wie sie sich dareinschickte, daß er nicht bei ihr
blieb, während sie sein Kind austrug. Doch um Allen konnte sie
sich nicht kümmern, sie war wieder schwanger. Sie brachte ihn
in einem Internat der Stadt unter, er kam in die vierte Klasse, und
seine Schulkameraden nannten ihn »Mukden-Schwein«.

Am 28. Januar 1932 kam es in dem Schanghaier Elendsviertel
Chapei zwischen japanischen Marineinfanteristen und der

Neunzehnten Marscharmee Chiang Kai-sheks zu einem Feuergefecht. Die Japaner waren von Bord ihrer Schiffe gekommen und bewaffnet in das Chinesenviertel eingedrungen. Ihr Befehlshaber, der die chinesische Gegenwehr als Beleidigung seines Kaisers empfand, ordnete am nächsten Morgen den Artilleriebeschuß Chapeis an. Zahlreiche Zivilisten starben. Dann griffen drei japanische Divisionen die Stadt an. Die Weltöffentlichkeit war empört, bewunderte aber die Tapferkeit der Chinesen, die sich ausdauernd zur Wehr setzten.

Chengyu hörte den Gefechtslärm, er ängstigte sie, doch sie war von den Kämpfen nicht betroffen. Die Japaner ersparten den ausländischen Konzessionen den Beschuß. Auf dem Dachgarten des »Tiger Balm Garden« spielte eine Tanzkapelle, und der Schlagzeuger parodierte jede nahe Detonation mit einem Trommelwirbel.

Im Februar kam Chengyu unter dem Gefechtslärm der Artillerie mit ihrer zweiten Tochter nieder. Sie nannte sie Hai Lan, später wurde Helen daraus. Chengyu wartete die Waffenruhe nicht ab, sie schickte Allen nach Shi Long An und floh selbst mit ihrem Baby nach Peking.

Allen reiste mit dem Flußdampfer durch verwüstete Provinzen, sie glichen einer Mondlandschaft. Im Jahr vorher war der Jangtse über die Ufer getreten. Er hatte zweihunderttausend Quadratkilometer überflutet, vierzehn Millionen Menschen Haus und Flur und einer Million das Leben genommen. Doch an Shi Long An war die Flut vorbeigegangen. Als Allen im Dorf ankam, war es Mai. Zu dieser Zeit schwiegen in Schanghai die Waffen. China sah sich genötigt, eine neutrale Zone rings um die Stadt anzuerkennen. Chiang Kai-shek verlegte seine Truppen in die Provinz Fujian. Die Chinesen fühlten sich abermals gedemütigt, sogar im fernen Su Song. Dort ging Allen nun auf die Mittelschule. Sie hatte jetzt ein Dormitorium, in diesem wohnte er.

Als er das erste Zeugnis bekam, war es ein so gutes Zeugnis, daß die Leute in Shi Long An darüber sprachen. Als er dann in

146

den Ferien nach Hause lief, denn natürlich bewältigte er seinen Heimweg aus der Kreisstadt zu Fuß, versammelte sich eine kleine Menge seiner Bewunderer auf der Dorfstraße, begleitete ihn zu Großvaters Haus, und ein Bauer schlug ihnen voran den Gong. Allen war längst im Haus verschwunden, da standen sie noch draußen. Vermutlich warteten sie auf eine Belohnung.

Allen war dem ländlichen Leben zurückgegeben. Er hatte keine Musik gekannt, bevor er nach Mukden gekommen war, aber Schanghai war voller Musik gewesen, und nun entbehrte er sie. Shi Long An war nicht elektrifiziert, folglich hatte niemand ein Radio oder ein Grammophon, auch gab es kein Telefon, keine Zeitung, kein Kino. Aber zweimal im Jahr kam mit einer Wanderbühne die chinesische Oper ins Dorf. Dann war jeder, ob Erwachsener oder Kind, aufs äußerste erregt. Vor dem Tempel wurde eine Bühne aufgebaut. Böller krachten. Die Eltern schenkten ihren Kindern Erdnüsse. Der Eintritt war frei, denn es war Sitte, daß die Wohlhabenden, also auch Großvater, die Schauspielertruppe bezahlten. Es gab keine Sitzplätze, das Publikum stand. Männliche Hofdamen in den Roben der Tang-Dynastie schleiften mit ihrem Kopfstimmen-Diskant den nächtlichen Himmel. Die Menschen standen mit offenen Mündern. Sie setzten sich sechs Stunden nicht.

Eindrücklicher als die Oper erlebte der kleine Allen die Liebe. In Su Song hatte er eine noch junge Lehrerin, von der seine Augen nicht lassen konnten. Sie mochte ihn. Als er krank im Bett lag, kochte sie für ihn. Das weckte in ihm eine große Hoffnung. Doch dann heiratete sie einen Offizier. Allen, jetzt elf Jahre alt, erkannte, daß die Liebe eine Heimsuchung ist.

*

Im Nordwesten der mandschurischen Provinz Liaoning, deren Mitte die große Stadt Mukden behauptet, doch nahe der Grenze zur Inneren Mongolei und auch noch über sie hinaus, ist

Chang Kuo Weis Operationsgebiet. Nach dem Fluß Liao, der es durchschneidet, heißt es Liaobei. Chang Kuo Wei ist vor wenigen Tagen mit einer dreitausend Mann starken Partisanentruppe in der vom Feind unbeachteten mongolischen Wüstenstadt Kailu aufgebrochen. Anfangs fuhr er seinen Männern in einer einspännigen Kutsche hinterher. Er übernachtete in einem Lamatempel. Doch jetzt haben sie die Wüste hinter sich. Seit Stunden pirschen sie durch das ausgedörrte Gestrüpp abgeernteter Sojabohnenfelder, denen erst der glastige Horizont die Grenze zieht. Sie nennen das ausgedörrte Pflanzendickicht »grüne Gaze«, obgleich es die Sonne ins Fahlgelbe gebleicht hat. Der Ausdruck vermittelt eine Anmutung von Nestwärme, die »grüne Gaze« gibt Partisanen Tarnung. Obwohl es ausgefahrene Kutschwege gibt, mußte Chang Kuo Wei den Einspänner stehenlassen, denn auf dem Kutschbock über seine Männer hinausragend hätte er sie und sich verraten. Jetzt marschiert er an ihrer Spitze durch die Furchen der welligen Ebene voran. Neben ihm sichert eine Schar wacher Pistolenschützen. Die Nächte verbringt er auf einer Bambuspritsche im Feld. Einige seiner Männer tragen alte Uniformen, die meisten verschlissenes Bauernzivil. Er selbst hat eine Offiziersjacke ohne Rangabzeichen angelegt. Er ist der Kommandeur.

Eigentlich hat ihn der Vorsitzende des Partisanenhilfsvereins, ein General, zum Kommissar ernannt, genauer: zum »Leiter des politischen Komitees der Partisanen des antijapanischen Widerstands in der Kampfregion Liaobei«. Er ist ein ungedienter Zivilist, als intellektuelles Mitglied der heimatverbundenen Jugendpartei jedoch ein nützlicher Aufseher. Irgendwelcher Umstände zufolge, die Chang nicht kennt oder in seinen späteren Memoiren taktvoll verschweigt, ist der militärische Anführer, ein in der Kriegsakademie Baoding geschulter Stabsoffizier, nie an der Front erschienen. Also hat man ihm das militärische Kommando übertragen, denn er hat im kriegserprobten Westen studiert und einen Doktortitel. Seine Kämpfer sind landlose Bauern, arbeitslose Wanderarbeiter, Tagelöhner, deren Vaterlandsliebe durch die Aussicht auf den mageren Sold zu Leidenschaft und Tiefe kam, aber auch blaßgesichtige Intellektuelle, die vom Märtyrertod träumen. Einige waren Soldaten der Nationalarmee Chiang Kai-sheks, doch keiner war Offizier. Chang Kuo Wei ruft sich den vor fünfzig Jahren verblichenen Zuo Zongtang ins Gemüt, einen Titular der kaiserlichen Staatsprüfungen, der als waffenunkundiger Gelehrter eine Armee in die Schlacht führte und siegreich war.

Dieser Gelehrte, geboren 1812, hatte Geschichte und Geographie studiert, war auf zwei unterschiedlichen Gebieten jedoch Autodidakt: Er war landwirtschaftlich ungelernt ein erfolgreicher Bauer geworden, der Tee anbaute und vom Maulbeerseidenspinner die Seide erntete, und er hatte sich, ohne jemals Soldat gewesen zu sein, im Kampf gegen die Taiping-Rebellen als begabter Militärführer bewährt. Er hatte eine Freiwilligentruppe von fünftausend Mann aufgestellt und die Taiping außer in Zhejiang und Fujian auch in Anhui besiegt. Der Qing-Kaiser entlohnte ihn mit der Würde eines Gouverneurs in zwei Provinzen. Dieses Heldenbeispiel beschwört der Partisanenkommandeur, während er der mandschurischen Stadt Zhanggutai zustrebt, von der er nicht weiß, ob die Japaner sie besetzt haben.

Chang Kuo Weis Partisanen sind größtenteils Chinesen aus der Mandschurei. Sie haben ihre eigenen Waffen mitgebracht, viele auch ein Pferd. Mandschurische Landbewohner hatten schon immer einen Schießprügel und ein Pferd besessen. In den weitläufigen Wäldern des Großen und Kleinen Chingan und des mandschurischen Berglands im Osten, aber auch in den Niederungen am Sungari, am Amur und Ussuri hausten von jeher freiheitsliebende Männer, die sich im Winter als Pelztierjäger und ganzjährig als Räuber durchbrachten. Um gegen sie gewappnet zu sein, versichern sich sogar die Ärmsten einer Waffe, und sei es eines alten Steinschloßgewehrs.

Die mandschurischen Grundbesitzer bauten ihre Herrenhäuser zu Festungen aus, und sie halten sich streitbare Leibwachen. Zhang Zuolin, der Vater des Jungen Marschalls, der als Militärmachthaber der Mandschurei seines Sohnes Vorgänger war, hatte die Räuber einst in seine Armee eingegliedert, das Land damit aber nicht befriedet. Die Banditen blieben auch in Uniform Banditen. Und viele ließen sich gar nicht erst rekrutieren. Deshalb sind die mandschurischen Chinesen, wenn sie unter die Partisanen gehen, bewaffnet, jedenfalls mit Handfeuerwaffen. Chang Kuo Wei hat vom Hilfsverein eine Mauser-Pistole bekommen. Er gibt sich dem Vorsatz hin, das Schießen im Gefecht zu lernen. Er will Zhanggutai einnehmen, zum Stützpunkt ausbauen und halten, bis Chiang Kai-shek mit der Nationalarmee in die Mandschurei einmarschiert. Daß dem Generalissimus nichts so fernliegt wie eine derartige Offensive, mag er sich nicht vorstellen.

Die in der Region Liaobei operierenden Partisanentruppen haben einen Oberkommandierenden. Der ist mit seinem Stab ehemaliger Guomindang-Offiziere, die ihrem Generalissimus die Gefolgschaft aufgekündigt haben, in Kailu stationiert. Auch er vertraut auf Entsatz durch Chiang Kai-shek. Er sieht ihn durch politische Zwänge behindert, die Erde Chinas zu verteidigen, durch eine Fügung, die er nicht kennt, die sein soldatisches Begriffsvermögen auch gar nicht zu erkennen versucht, schließlich ist er bloß ein verabschiedeter General. Als solcher hat er eine Zangenoperation gegen die Kreisstädte Zhanggutai und Tongliao ausgearbeitet, die östlich der gelben Wüste inmitten der »grünen Gaze« liegen. Der General will den Japanern die Verkehrsadern durchschneiden und ihnen den Nachschub abwürgen. Der Doktorkommissar soll Zhanggutai angreifen, eine andere Partisaneneinheit das etwa hundert Kilometer nördlich von Zhanggutai gelegene Tongliao, eine etwas größere Kreisstadt am Fluß Xiliao. Der Anführer dieser Einheit war früher mal Regimentskommandeur beim Jungen Marschall. Er hat sich einen programmatischen *nom de guerre* gegeben: »Guo Erjia: »Familie und Staat«. Seinen richtigen Namen gibt er nicht preis, nur die keineswegs ehrenrührige Tatsache, daß der Junge Marschall ihn entlassen mußte, weil er einen Japaner im Streit getötet hat.

Der Oberbefehlshaber hat Chang Kuo Wei nebst martialischen Parolen zwei Lastkraftwagen für Transportzwecke und sechstausend Silberdollar für den Sold mitgegeben. Es ist der Juli 1932. Die mandschurische Sonne verbrennt das Land mit Hitzegraden, wie man sie sonst nur im tropischen Süden kennt. Die durch Erdfurchen schlurfenden Partisanen wühlen eine weithin sichtbare Staubwolke auf. So ist die »grüne Gaze« ihnen kein Schirm. Die Lastkraftwagen kommen auf den buckeligen Feldwegen nur langsam voran. Sie sind mit Fußkranken überfüllt. Chang Kuo Wei läßt die Männer marschieren, bis sie umfallen. Sein Angriffsziel ist weiter von Kailu entfernt als dasjenige »Guo Erjias«, und die Planung sieht vor, daß die Städte gleichzeitig angegriffen werden. Doch eine tragische Botschaft sagt ihm, daß der ehrgeizige »Guo Erjia« ihm voraus war. Der berittene Melder überbringt die Nachricht, »Guo Erjias« Partisanen seien einer kleinen, aber modern bewaffneten japanischen Truppe bei Tongliao in die Falle gegangen und nahezu ausgelöscht worden. Die Davongekommenen zögen sich zur Stunde nach Kailu zurück. Jetzt weiß der gelehrte Truppenführer, daß er auf sich allein gestellt ist.

Chang Kuo Wei läßt seine Männer weitermarschieren. Und er hat Glück: Ein Bauer, der quer durchs Sojabohnenfeld auf ihn zuläuft, enthüllt ihm, daß in Zhanggutai nur Soldaten der Marionettenarmee Pu Yis liegen, jenes Mannes, der als Kind Chinas Herrscher war und jetzt Japans Vasallenkaiser in Mandschukuo ist. Pu Yis Soldaten sind mehrheitlich Mandschuren, die aber sind seit langem sinisiert. Pu Yi selbst, Chinas letzter Mandschu-Kaiser, wuchs zum Chinesen heran und lernte die mandschurische Sprache spät. Vielleicht sollte er mit Pu Yis wankelmütigen Kommandeuren verhandeln? überlegt Chang Kuo Wei, den »Guo Erjias« Niederlage ernüchtert hat.

Doch dann marschieren die dreitausend Mann mit ihm an der Spitze kampflos in die Stadt. Es zeigt sich, daß sie beinahe unbefestigt ist. Eine aus Lehmerde aufgeschüttete Mauer und ein Wassergraben umschließen sie. Zwei Tore bilden die Zugänge, und die stehen offen. Edelleute, Beamte des Kreisrats, weitere Honoratioren entbieten Chang Kuo Wei, dem der Ruf des streitbaren Gelehrten vorangeflogen ist, so ehrfürchtige Grüße, daß sich sagen läßt, sie huldigen ihm. Auf ihre flehentliche Bitte hin hat sich die Marionettentruppe fünfzehn Kilometer weit aus der Stadt zurückgezogen.

Die Bewohner von Zhanggutai tun alles, um eine Schlacht um ihre Stadt zu vermeiden. Die Partisanen requirieren Nahrungsmittel und Kleidungsstücke, ohne auf den Widerstand zu stoßen, mit dem sie gerechnet haben. Die Menschen richten ihnen sogar ein Feldlazarett ein. Chang Kuo Wei beschließt, die Stadt zum Stützpunkt kommender Operationen auszubauen. Er nimmt im Hinterzimmer einer Schnapsbrennerei Quartier, die Hirse zu Gaoliang destilliert. Er errichtet eine Garnisonskommandantur und unterstellt ihr eine achtzig Mann starke Stabskompanie. Er kommandiert eine Postenkette auf die Erdwälle und befiehlt Wachen vor die Tore. Je länger die Partisanentruppe in der Stadt ist, desto selbstgewisser empfindet Chang Kuo Wei sich als Kommandant, denn seine Männer respektieren ihn. Er spricht mit dem Chef und den Arbeitern der Schnapsbrennerei und versucht ihre verschleierten Blicke zu deuten. Erst nach wiederholten Gesprächen, die meist nur von ihm bestritten werden, dämmert ihm, daß die Chinesen von Zhanggutai der Marionettentruppe näherstehen als ihm und seinen Partisanen. Die ins Feldlager vor der Stadt ausgewichenen Soldaten des Vasallenkaisers sind in der Mehrzahl Bauernsöhne aus der Region.

Chang Kuo Wei zügelt seinen Ärger über die vaterlandsvergessenen Mitbürger und verschließt ihn hinter einer ernsten Miene. Er gibt Order, die Stadtbewohner strenger zu beaufsichtigen. Er überhört, daß sie im Weichbild ihrer Stadt keine Kämpfe wollen, und tut, was der General in Kailu von seinen Partisanenführern erwartet: Er führt seine Männer in den Kampf. Nur fünfundvierzig Kilometer von Zhanggutai entfernt, bei einem Dorf, das Tai-pingjie heißt, liegt der Bahnhof des Kreises. Die Spähtrupps haben dort nur zehn japanische Soldaten gezählt. Chang Kuo Wei befiehlt den Angriff. Frühmorgens tauchen seine Männer in die »grüne Gaze« ein und rücken im spärlichen Schutz verschmachteter Gewächse auf die offen in der Sonne brütenden Bahnsteige vor. Chang Kuo Wei hat fünfhundert Männer aufgeboten, von denen er glaubt, daß sie die tapfersten sind. So viele, denkt er, müßten genügen.

Sie gehen in einer weit auseinandergezogenen Linie vor. Doch als sie die Köpfe heben, um aufzuspringen und gegen den Bahnhof anzustürmen, rattern Maschinengewehre los, drei, vielleicht vier. Die Japaner feuern aus meisterhaft getarnten Deckungslöchern, die sie wie Kasematten unter den Gleisen tief in die Erde getrieben haben. Chang Kuo Wei sieht ein, daß ihnen nicht beizukommen ist. Seine Männer sind Heckenschützen, die nicht in offener Frontline, sondern aus dem Hinterhalt angreifen sollten. Er befiehlt den Rückzug. Er schreit. Er winkt mit der Hand nach rückwärts. Doch seine Schützenkette ist zu lang. Die Männer an den Flügeln mißdeuten sein Kommando und stürmen gegen die Maschinengewehre an. Chang Kuo Wei sieht sie fallen wie Weizen unter der Sense.

Ein jäher, brennender Schmerz in seinem Herzen läßt ihn einen Augenblick lang denken, er sei selbst getroffen. Er kriecht zu dem Mann, der ihm am nächsten liegt. Die Japaner nehmen ihn unter Beschuß, er preßt sich in eine Bodenfurche und erreicht unversehrt den Getroffenen. In dessen Schatten geduckt, wälzt er ihn auf den Rücken. Dann sieht er, daß der Mann kein Gesicht mehr hat. Der Partisanenkommandeur weint in den blutigen Kittel des Gefallenen und fühlt, wie die Kugeln, die ihm gelten, in dessen Leichnam schlagen. Als ihm das tote Fleisch unter jedem Treffer entgegenzuckt, geht ihm auf, daß er ein Zuo Zongtang nicht ist und niemals sein wird.

In den Wochen darauf bleibt er untätig. In Zhanggutai werden die Menschen zusehends unfreundlicher. Den Partisanen gehen die Nahrungsvorräte aus. Sie essen nur noch Sorghumbrei und eingemachten Kohl, der in den Mägen klumpt. Viele kauen Sonnenblumenkerne und den steinharten Samen von Wassermelonen. Dann beginnen sie, an verschiedenen Punkten außerhalb des Bahnhofs von Taipingjie die Bahngleise zu sprengen. Damit unterbrechen sie die japanische Eisenbahnlinie zwischen Mukden und der innermongolischen Grenze. Sie jubeln nach jeder Explosion. Doch sie müssen mit ansehen, wie die Japaner die Gleisanlagen mit rollenden Reparaturwagen in kürzester Zeit wiederherstellen. Also reißen die Partisanen die Gleise von den Bohlen und vergraben sie. Es nützt ihnen nichts. Der japanische Reparaturzug ist voller neuer Gleise, die Lücken sind schnell geflickt. Fortan behalten Späher den Bahnhof von Taipingjie im Auge. Die Partisanen wollen die Japaner auf offenem Feld einkreisen. Sie wollen mit konzentriertem Gewehrfeuer ihre toten Kameraden rächen, ohne den Bahnhof zu stürmen. Doch die Japaner verlassen ihre Erdhöhlen nicht mal zum Pinkeln.

Der kurze mandschurische Sommer neigt sich dem langen Winter zu. Sieben Monate liegt hier in manchen Jahren der Schnee. Chang Kuo Wei fühlt sich entmutigt. Zwar steht die japanische Kwantung-Armee mit der in Heilongjiang abgeschnittenen Truppe Chiang Kai-sheks noch im Kampf. Aber ihn beunruhigen die Japaner in Tongliao, die »Guo Erjia« so schwer geschlagen haben. Er fürchtet sogar die zehn Japaner in Taipingjie. Und er weiß die Marionettentruppe vor der Stadt. Außerdem ist er in Geldschwierigkeiten. Er ist seinen Männern seit fünf Wochen den Sold schuldig. Er selbst hat nur noch wenige

Yuan-Silberdollar, die »Dickköpfe« genannt werden, weil sie mit dem fetten Profil Yuan Shikais geprägt sind. Die Etappe hat keines seiner Hilfsersuchen beantwortet. Sie schickt ihm weder Geld noch die angeforderten Maschinenwaffen, keine Munition und kein Funkgerät. Die Männer murren. Viele haben ihr Schuhwerk abgelaufen und tragen nur noch Fußlappen. Allein: Für das Geldproblem sieht der Finanzexperte eine Lösung. Er erteilt der örtlichen Druckerei den Auftrag, nach seinem Entwurf Banknoten zu drucken. Er nennt sie »Freiwilligenbanknoten« und verfügt, daß die Bürger sie als Zahlungsmittel in Umlauf bringen, ohne nach der Deckung zu fragen. Die Bürger akzeptieren die neue Währung. Sie sind froh, daß sie ihre kostbaren Silbermünzen nicht hergeben müssen.

Dennoch wird Changs Lage von Tag zu Tag schwieriger. Er fürchtet den langen Winter, von dem er seit seiner Verkehrsstatistikerzeit in Mukden weiß, daß er die Dreißiggradmarke unter Null erreicht und manchmal unterschreitet. Er hat vom Oberkommandierenden dreitausend wattierte Anzüge gefordert. Nichts kommt an. Er spürt, wie das anfänglich lodernde Feuer patriotischer Kampfeslust erlischt, auch in ihm. Die Disziplin läßt nach. Dann meldet ihm sein bester Unterführer, daß einer der Partisanen eine junge Frau vergewaltigt hat. Zufällige Zeugen der Untat, Bürger der Stadt, haben dem Missetäter die Hände auf dem Rücken gefesselt und führen ihn zur Kommandantur. Der Unterführer zeigt Chang Kuo Wei einen blutigen Stoffetzen. Chang sieht angewidert hin und erkennt eine Frauenunterhose. Er schickt zum Kreisvorsitzenden, auch zum Bürgermeister und bestellt sie in die Kommandantur. Unter seinem Vorsitz konstituieren sie auf der Stelle ein Tribunal. Chang Kuo Wei verhört den Angeklagten. Der leugnet nicht, beklagt sich aber über den nichtbezahlten Sold, die schlechte Ernährung, die lang dauernde Einsamkeit unter Männern.

Chang Kuo Wei kennt von seinen dreitausend Partisanen kaum jeden dritten, doch an diesen erinnert er sich. Im Kugelhagel bei

Taipingjie war er der einzige, der einen Verwundeten geborgen hat. Er sieht hungrig aus – hungrig nach Nahrung und Nähe. Der Partisanenhäupting muß an Berlin denken und weiß nicht, warum. In der Beratung mit seinen Beisitzern versucht er ihnen einen Urteilsspruch abzuringen, der gnädiger ist als der Tod. Die aber bringen vor, daß die Geschändete eine unverheiratete Mandschu-Frau ist, die den ihr Anverlobten jetzt verlieren und nie einem anderen Mann genügen wird, was einem Gestorbensein vor der Zeit gleichkommt. Chang Kuo Wei legt dem Angeklagten eine Hand auf die Schulter, während er das Todesurteil spricht. Der Verurteilte wird bei Anbruch der Nacht unter den Augen der Stadtbevölkerung von einem Partisanenpeloton vor der Stadtmauer erschossen.

Das Ansehen des Kommandeurs ist dadurch in der Bevölkerung gestiegen, und er nutzt das aus. Abermals befiehlt er den Kreisvorsitzenden, den Bürgermeister sowie die tonangebenden Landedelleute zu sich in die Kommandantur und fragt sie, wie es um ihre Kontakte zur Marionettentruppe bestellt sei. Die Honoratioren schweigen. Sie verengen ihre Augenschlitze zu glitzernden Mondsicheln. Chang Kuo Wei fragt sie unbeeindruckt, so als hätten sie eben gestanden, warum sie ihm verschwiegen haben, daß sie über derartige Kontakte verfügen. In seinem Verständnis bedeute das, sagt er leise, daß sie die Marionettentruppe, sollte sie angreifen, genauso manierlich willkommen heißen würden wie einst ihn. Was dann geschehen würde? fragt er. Seine Truppe habe die weiße Sonne auf blauem Feld über der Stadt gehißt, die Fahne der Guomindang. Die Marionettentruppe würde die rote Sonne auf weißem Grund aufziehen, die Fahne des Feindes. »Können die beiden Fahnen im selben Wind flattern?« fragt er. »Nein«, antwortet er selbst, »zwei Fasane können nicht auf demselben Hügel wohnen.« »Ihr wißt ja«, fährt er fort, »daß meine Truppe nicht stark ist, doch ihr wißt ebenso, daß sie tapfer ist und stur. Ihr habt gehört, wieviele meiner Männer im Kampf gegen die Japaner

gefallen sind. Sie werden nicht fliehen, wenn die Marionettentruppe angreift. Doch eure schöne Stadt wird zu Asche ver-
brennen! Wollt ihr das?«

Die Honoratioren schicken vier der ihren zu der Marionettentruppe. Kurz nach Mitternacht sind sie zurück und erklären,
die Generäle des Kaisers Pu Yi hätten den Sturmangriff auf die
Stadt für einen der nächsten Tage geplant. Um Zhanggutai zu
erhalten und das Leben der Bürger zu schonen, ließen sie den
Plan nun fallen. Sie würden es jedoch begrüßen, wenn die Partisanen bald abzögen. Warum Blut vergießen? Sie seien doch alle
Chinesen.

Es ist Ende September. Auf den Sojabohnenstrünken glitzert
der Rauhreif, und die Partisanen frieren. Das Oberkommando
in Kailu schickt ein Funkgerät. Doch es pfeift und rasselt auf allen Frequenzen. Die Japaner stören den Funkverkehr. Kurz danach kommen eintausendfünfhundert wattierte Jacken an, die
reichen nur für jeden zweiten Mann. Da sieht Chang Kuo Wei
die Sache verloren. Ohne die Billigung des Oberbefehlshabers
zu erbitten, befiehlt er für den nächsten Tag den Rückzug hinter
die Große Mauer.

Er steht noch am Anfang des großen Zyklus, den der Himmel
den Erdbewohnern gewährt – und fühlt sich doch so müde wie
ein alter Mann. Daß er im Partisanenkrieg nicht siegreich sein
konnte, ist ihm klar gewesen – von Anfang an. Er hatte Chiang
Kai-shek den Vormarsch freischießen wollen. Zumindest hatte
er die Aufmerksamkeit der Weltöffentlichkeit auf die Mandschurei und den Abwehrwillen der Chinesen lenken wollen.
Aber da der Generalissimus vom Heldentum seiner Partisanen
keine Notiz nimmt, hat auch die Welt keinen Blick dafür. Als
sie abmarschieren, fällt der erste Schnee.

LAUERND IM GLÜCK:
DER TOD

Berlin, Juli 1994. Der Kilometerstein 6,8 an der stillgelegten S-Bahn-Strecke nach Fürstenbrunn hat seit Jahrzehnten keinen Zug gesehen. Verwittert wie ein Findling ragt er unter einer Autobahnbrücke aus dem Schotter der Gleise. Am 5. Juli 1952 war die S-Bahn-Linie noch in Betrieb, und die Berliner Stadtautobahn, die heute über die Gleise hinwegführt, noch nicht gebaut. An jenem Tag, in der Nachmittagsschwüle gegen sechs, irrte Gesche todessehnsüchtig durch das Schrebergarten-idyll der Kolonie Tiefer Grund, das der Bahndamm durch-schneidet. Sie suchte einen Zugang zum Bahnkörper und fand ihn. Eine Frau bemerkte, wie Gesche die Böschung zu den Glei-sen hinaufrannte, als der Zug kam. Die Frau erschrak; sie rief: »Halt! Warten Sie! Die Bahn!!« Doch Gesche setzte sich frem-der Einmischung mit einer letzten Täuschung zur Wehr: »Mein Hund!« rief sie, als folge sie einem entlaufenen Tier. Dann warf sie sich vor den Zug. Mit ihr starb unser ungeborenes Kind.

Westberlin, Herbst 1951. Ich studierte an der soeben gegründe-ten Hochschule für Politik und bewohnte als »möblierter Herr« die Dienstmädchenkammer einer Offizierswitwe. Zehntausen-de hausten in Berlin bei solchen Ex-Gattinnen oder keusch ver-blühten Fräuleins, die im Dritten Reich nichts gewußt und nichts gesehen hatten, aber das Leben ihrer Untermieter mit

158

polizeistaatlichem Argwohn überwachten. Berlin war eine Ruinenstadt. Unverheirateten und kinderlosen Ehepaaren wurde auf eine unzerstörte oder restaurierte Wohnung kein Anrecht zugebilligt. Seit Mama aus dem Stasiknast entlassen war, wohnten auch sie und Oma in der unbewohnbaren Stadt, auch sie bei einem bejahrten Fräulein. Und da sie zwei Zimmer in derselben Wohnung hatten, zog ich auf Wunsch Mamas zu ihnen. Nachdem ihre chinesische Liebe erloschen, der Alte gestorben, Werder verloren war, während Oma, von Gott beseelt, den Tod erwartete, hatten ihr Leben und ihr Herz nur noch einen Inhalt: mich. Die Wohnung lag in einem Schöneberger Mietshaus im dritten Stock. Es hatte keinen Fahrstuhl. Das bedeutete für meine gehbehinderte Großmutter, daß die leblose Straße unter dem Fenster und das verblichene Rankenmuster der Leimdrucktapete in ihren letzten fünf Lebensjahren die Bilder waren, die das Weltgeschehen ihr bot.

Und dann geschah das Unerwartete, ein Wurf des Schicksals, der meine verträgliche Mutter in eine schlangenhaarige Erinnye verwandelte. Am Abend des 30. Oktober 1951 fand ich die Frau, die ich nicht mehr suchte: Gesche.

Ich hatte das legendäre Berliner Jazzlokal »Badewanne« besucht, und dort, an einem abseitigen Tisch, im Halbdunkel der Nachtklubbeleuchtung, saß sie, und sie saß allein. Das Rediske-Quintett spielte Bebop, und Gesche lächelte mich zu sich heran. Sie glich aufs Haar dem Bild, das sich vierunddreißig Monate und elf Tage lang in meine Imagination gedrängt hatte, täglich, manchmal stündlich, sogar als ich es längst nicht mehr rief. Aus der Zurückgezogenheit in meinen Liebesschmerz war ich lange vor diesem Tag herausgetreten. Ich hatte eine Freundin, in diesem Augenblick stand sie neben mir. Doch nun brach, was ich gezügelt wähnte, mit vulkanischem Feuer aus. Ich vergaß die Begleiterin und setzte mich zu Gesche, ungläubig noch und steif. Sie küßte mir einen Kuß des Erkennens auf die Wange und drückte meinen Arm. Ich vergaß, wie ich meine Freundin verabschiedete. Ausflüchte bemühte ich nicht, als ich blieb und sie ging.

Als ich spätnachts nach Hause kam, wartete Mama. Ich war oft spät heimgekommen, dann hatte ich einen Teller mit belegten Broten vorgefunden. Doch diesmal war Mama noch auf. Ich erzählte ihr ekstatisch, daß ich Gesche getroffen hatte und daß wir nun zusammenbleiben würden. Immer. Sie sagte nichts. Ich sah, wie ihr Gesicht verfiel, wie es sich entfärbte, wie ihr Mund sich verkniff, wie ihr Blick dem meinen auswich. Auch als sie endlich sprach, sah sie mich nicht an. Sie sagte: »Dieses Weib wird dich ins Unglück stürzen.« Wenige Tage später zog ich bei ihr aus. Gesche und ich hatten ein möbliertes Zimmer gefunden.

Einen Monat später, am 1. Dezember 1951, heirateten wir. Die Heiratszeremonie war nichts als eine nüchterne Amtshandlung im Standesamt des Rathauses Schöneberg. Ein Freund und Mama waren die Trauzeugen. Sie waren auch unsere einzigen Gäste bei Kaffee und Kuchen in einer Konditorei. Mama trank Kaffee. Sie blickte beredt schweigend durch ihre beschlagene Brille in ihren Schoß und wischte auf der Tischdecke Kuchenkrümel zu kleinen Häufchen. Neben ihr sitzend wagte ich nicht, glücklich zu sein. Mama hatte sich Tag für Tag bemüht, mir die Heirat auszureden. Ich hätte doch nur mein armseliges Stipendium, hatte sie mich beschworen und gesagt: »Armut tötet die Liebe.« Ich wisse doch überhaupt nicht, wer diese Person sei, hatte sie erregt ausgerufen, die würde mir doch Hörner aufsetzen. Ich solle mit dem Heiraten warten, bis ich dreißig sei und einen Beruf hätte, eine »Position«, dann würde ich eine bessere Frau finden als diese hergelaufene Person. Doch ich wollte Gesche, und ich wollte sie jetzt. Und nun waren wir ein Ehepaar. Nachdem Mama gegangen und mein Freund ihr gefolgt war, umarmten wir uns und küßten uns so wild, daß den Cafégästen der Kuchen von der Gabel fiel. Jetzt durfte ich glücklich sein. Ich wußte nichts von der heiligen Theresia von Lisieux, die in

160

ihrer *Geschichte einer Seele* geschrieben hat, es würden mehr Tränen über erhörte Gebete vergossen als über nicht erhörte. Gesche war einundzwanzig, ich acht Monate älter. Sie arbeitete für spärlichen Lohn als Sprechstundenhilfe bei einem Arzt in Frohnau. Sie liebte ohne Kalkül. Ihre Schönheit, geadelt von Verstand, beglüht von Leidenschaft, gab ihr einen erotischen Marktwert, der ihr nichts zu bedeuten schien, denn sie hatte mich erwählt, einen Habenichts. Immer noch starrte jeder Straßenpassant sie an, Mann oder Frau. Diese ohnmächtig haftenden Blicke, die oft entzückt und manchmal feindselig waren, ließen mich meine soziale Nichtigkeit fühlen. Wer war ich, daß ich neben dieser Frau gehen durfte? Gesche hatte einen gutaussehenden Freund, als ich sie wiedertraf. Er studierte in den USA und betrachtete sich als verlobt. Sie zeigte mir sein Foto, aber sie schrieb ihm nichts von unserer Hochzeit. Wir wohnten bei einem tugendhaft ergrauten Fräulein in der Emser Straße in Wilmersdorf, das Zimmer war wohnlicher als die meisten seiner Art. Kurz nach der Hochzeit bekam Gesche von ihrem Freund ein Weihnachtspaket. Er schickte ihr, sorgsam in Holzwolle verpackt, die »Unbekannte aus der Seine«, das war die Totenmaske einer schönen Selbstmörderin, die mit einem seligen Lächeln in den Fluß gesprungen war. Die Pariser Polizei hat die Leiche geborgen, aber nie identifizieren können. Ein Bildhauer, den das Lächeln der schönen Toten bezauberte, nahm ihrem Gesicht die Gipsmaske ab und vervielfältigte sie. Bald hing sie am Montmartre in jedem Andenkenladen.

Nun gleißte das Menetekel ihres bleichen Mona-Lisa-Lächelns von der Wand unseres Zimmers. Silvester schlossen wir uns ein und lauschten der Musik, die aus dem Salon der Wirtin leise zu uns herüberklang, sie hörte die Neunte. Und als auf der Straße die Böller krachten, wurde mir das Menetekel zum Flammenzeichen. Punkt zwölf Uhr, als das schwere Geläut der Kirchenglocken erdröhnte, malte sich exakt unter der Totenmaske mit scharfen Konturen ein metergroßes schwarzes Kruzifix an die

Wand. Ich erschrak, der Anblick durchdrang mich wie kalter Stahl. Verängstigt wies ich Gesche darauf hin. Doch die Erscheinung berührte sie nicht. Sie lachte. Sie blickte, mit einer Nüchternheit, die ihr sonst nicht gemäß war, im Zimmer herum, dann fand sie die Erklärung: Das Silvesterfeuerwerk warf den Schatten des Fensterkreuzes auf die Wand. Warum war sie so gefaßt? Ich hatte sie oft in düsterer Stimmung erlebt, weinend, zitternd, ahnungsvoll schaudernd. Diesmal nicht. Ich aber fürchtete, daß sich mir der Tod gezeigt hatte, ich wußte nur nicht, wessen.

Ich war nicht geistergläubig. Doch mein Glaube an die Beweisbarkeit der Welt wurde noch einmal erschüttert. Das war dreißig Jahre nach Gesches Tod, es war in Brasilien, und es hatte auch dort mit ihr zu tun. Ich hatte als GEO-Reporter Vale do Amanhacer besucht, die Tempelstadt einer reichen spiritistischen Sekte. Die Evangelistin des Ordens wurde »Tia Neiva« genannt – Tante Neiva. Sie war etwa fünfzig, Analphabetin, doch ihre mit Mascara umschwärzten Augen leuchteten wie Fixsterne der Weisheit. Wir saßen uns im größten Haus des Dorfes gegenüber: Tia Neiva, schwarz umhüllt, hinter einem Schreibtisch, ich in einem Ohrensessel am Fenster. Zwischen uns stand Tia Neivas Hoherpriester, der »Tumuchi«. Tia Neiva hatte eine beinahe physisch fühlbare Strahlkraft, obwohl sie beklemmend scheu war. Der Tumuchi indes, ein glatt gescheitelter weißer Brasilianer, einst Public-Relations-Manager der Elektrizitätswerke von São Paulo, lächelte anmaßend. Ich hatte ihn am Tag vorher mit meiner Spottlust verletzt, nachdem er mir anvertraut hatte, daß er in einem früheren Leben der Erbauer der Pyramiden gewesen sei. Jetzt erwartete er mit unverhohlener Begehrlichkeit den Fall meines Hochmuts. Tatsächlich meinte ich an jenem, der rationalen Welt entrückten Ort zu spüren, daß sich eine Schlinge um meinen Hals legte. Es war heiß, und ich fühlte einen kalten Wind.

Durchs Fenster konnte ich auf die sandige Dorfstraße blicken.

Menschen in wunderlichen Gewändern gingen vorbei, in den roten, blauen, weißen Kutten des Ordens, bunte Schärpen auf der Brust, phantastische Arabesken auf den Schultern. Dieses Dorf, vierzig Kilometer westlich von Brasilia, auf spröder Erde in den Wildwuchs einer melancholischen Savanne gebaut, war Tia Neivas magischer Gral. Zu ihren Anhängern gehörten Politiker, Senatoren und ein General. Ich sah Weiße, Braune, Schwarze, indes keinen Chinesen. Als die Séance begann, schien Tia Neiva vor meinen Augen im Zeitraffer zu altern. Sie senkte ihren Kopf tief auf die Schreibtischplatte und betastete mit den Fingerspitzen ihre Schläfen. Die Linien ihres Gesichts strebten ihrer Nase zu, ihr sinnlicher brasilianischer Mund war faltig geschürzt. Schließlich sah sie mich wie mit einem verzweifelten Ausdruck an.

»Du hast eine zu große Qual in dir«, sagte sie auf portugiesisch, und der Tumuchi übersetzte ins Englische. Was sie dann bekundete, war von langen Pausen der Versenkung unterbrochen. Ich dachte: Jeder Mensch hat eine Qual in sich. Sie sagte: »Du hast eine schöne Aura. Du hast viele Chancen.« Jeder Mensch hat eine Chance, dachte ich. »Du hast keine Sprache und keinen Ausdruck für das, was in deinem Herzen ist.« Die meisten Schreiber schreiben nicht, was sie fühlen, räsonierte ich, mich gegen eine Gehirnwäsche wappnend. Doch der Sarkasmus verging mir, als sie den nächsten Satz sagte, denn dieser Satz betäubte mich: »Deine schöne Frau, die jung gestorben ist – sie ist immer bei dir.«

Tia Neivas lange schwarze Haare fielen ihr über das Gesicht, als sie ihren Kopf noch tiefer senkte. Sie sagte: »Deine schöne Frau ist hier bei uns. Sie steht hinter dir. Sie legt dir ihre Hände auf die Schultern. Spürst du es?« Ich spürte es. »Der alte Mann mit dem Bärtchen, der wie ein Engländer aussieht, steht neben ihr.« Sie meinte doch nicht den Alten? Nein, sie konnte nur Gesches Vater meinen – sofern sie überhaupt etwas sah. Doch dann überrumpelte sie mich mit einer Verwandlung ihrer

163

selbst. Eben noch war sie schwerleibig und düster, breitarmig vornübergebeugt, daß sie in ihrem weiten Gewand einem Kondor glich, der seine Schwingen ausbreitet. Doch jäh richtete sie sich auf und wurde, so jedenfalls erschien sie mir – zu Gesche. Sie strich sich mit Gesches anmutiger Gebärde das Haar aus dem Gesicht, während ihr Teint wie dunkler Honig schimmerte. Ihre Konturen wurden zart, fast, als schrumpfte ihre Gestalt. Sie zog eine Augenbraue höher, wie Gesche es immer getan hatte, und öffnete mir den Blick für die Schönheit ihrer Jugend, die derjenigen Gesches erschreckend ähnlich gewesen war. Sie sah mich an, lächelte das traurige Lächeln Gesches und hauchte mit verjüngter Stimme: »Deine schöne Frau heißt Maruscha!«

Als das heraus war und mit einem sanften Nachklang im Raum stehenblieb, sträubten sich mir zum erstenmal in meinem Leben sprichwörtlich die Haare. Im Überschwang zärtlicher Momente hatte ich Gesche tatsächlich »Maruscha« genannt, selten freilich, und ich hatte, weil ich immer nur »Gesche« dachte, den Kosenamen vergessen. Der Parapsychologe Hans Bender hatte das zutreffende Erkennen der Vorgeschichten fremder Menschen »telepathisches Anzapfen« genannt. Hatte Tia Neiva mich »angezapft«? Nein. Denn der Kosename Maruscha war gar nicht mehr in mir. Erst die brasilianische Hexe rief ihn mir in die Erinnerung. Tia Neiva sagte: »Deine schöne Maruscha ist immer bei dir. Sie steht immer hinter dir und stützt ihre Hände links und rechts von dir auf den Tisch, an dem du arbeitest. Fürchte dich nicht. Sie beschützt dich.«

Als Tia Neiva begann, mir meine Zukunft vorherzusagen, stand ich abrupt auf. Das wollte ich nicht hören. Ohnedies hatte ich nur ein Interview machen wollen. Doch das sibyllinische Geraune dieser Sektennorne hatte mich die Absicht vergessen lassen. Am Tag darauf verließ ich Vale do Amanhacer. Ich blieb einen Tag in Brasilia. Vor meinem Weiterflug nach Manaus bekam ich auf dem Flughafen, ein Wunder anderer Art, den unter der damaligen Diktatur in Brasilien verbotenen *Spiegel*. Die

Titelgeschichte hieß »Das schöne Sterben«. Darin erzählten Menschen, die bereits klinisch tot gewesen waren und wiederbelebt wurden, was ihnen im Jenseits widerfahren war. Alle waren von sanften Frauen empfangen und an die Hand genommen worden. Alle waren glückselig. Ich sah in dem Artikel einen letzten Gruß von Tia Neiva. Gesche ist wirklich bei mir, dachte ich.

In dem Zimmer an der Emser Straße blieben wir nur zwei Monate, dann warf die Wirtin uns hinaus. Die Wirtinnen, bei denen wir danach wohnten, kündigten uns alle schon nach dem ersten Monat. Sie hatten keinen erkennbaren Grund. Wir begrüßten sie höflich. Wir folgten penibel ihren Anordnungen. Wir betraten die Küche nie außerhalb der uns zugewiesenen Stunden. Wir wischten die Klobrille ab, bevor wir das Bad verließen. Gesche spülte das Geschirr, von dem wir gegessen hatten, und stellte es leise in den Küchenschrank zurück. Bei einer Vermieterin mußten wir uns an der Wohnungstür die Schuhe ausziehen und auf Strümpfen ins Zimmer gehen, wir taten auch das. Wir tranken keine alkoholischen Getränke. Ich hatte noch nie einen Whisky getrunken, das Geräusch der Eiswürfel im Glas hatte mich nur im Kino erquickt. Vielleicht kündigten uns die Wirtinnen, weil sie sahen, daß wir nur Kartoffeln und Margarine aßen. Vielleicht, weil wir uns im Streit und bei der Liebe vergaßen. Oder weil Gesche immer zu Hause war. Die einzige, die ihre Kündigung begründete, war eine adlige Madame in der Giesebrechtstraße, in deren Mietzimmer wir, ohne sie um Erlaubnis zu bitten, ein häßliches Bild abgehängt hatten. Das, behauptete sie, sei ihr Kündigungsgrund. Doch sie log.

Von Mal zu Mal erkannte ich klarer, was es war: Die Wirtinnen, fünf insgesamt, beobachteten Gesche mit erkennbarem Mißvergnügen. Es war, als hätten sie in ihrer Schönheit die Ursache für ihre eigene Verlassenheit gesehen. Gesche war keine Sexgöttin. Sie war flachbrüstig und introvertiert. Aber eine permanente erotische Spannung war in ihr. Sogar wenn sie mit gesenktem Kopf durch die fremden Mietwohnungen huschte, ungern geduldet in fremden Küchen kochte, knisterte es aus ihr. Die Frauen beleidigte Gesches melancholisches Gelüst, das die Männer betörte. Damals war das Wort Sex den Frauen nicht geläufig, es beschämte sie, sie sprachen es nicht aus. Sex wurde allein den Männern zugebilligt. Gesche jedoch lockte, ohne sich dessen innezusein. Sie war sorgsam bedacht, das Gehör unserer Wirtinnen nicht mit lautem Reden zu genieren. Doch bei der Liebe entäußerte sie sich hörbar. Für erotisch Unerlöste war das eine Provokation. Denn die Wirtinnen lauschten an unserer Tür.

Eines Tages, es war in unserem zweiten Zimmer, überraschte uns Mama mit einem ihrer seltenen Besuche. Sie belieferte uns, nein mich, mit einem Topf dampfender Erbsensuppe. Sie stellte ihn auf den Tisch, setzte sich aber nicht, und ich sah, wie es in ihr kochte. Plötzlich, während Gesche neben ihr stand, warf sie mir vor, ich sei meiner Frau »hörig«. Es kam es zu einem gehässigen Streit. Mit der Stimme, die ich von ihrem Gezänk mit dem Alten kannte, schrie Mama ihren Haß aus sich heraus. Ich erinnere mich nicht an jede ihrer Schmähungen, aber an ihre unseligsten Worte. Sie stellte mich vor eine schreckliche Wahl. »Sie oder ich!« geiferte sie. »Entscheide dich!« Ich entschied mich für meine Frau und verlor meine Mutter.

Seit jener Oktobernacht, in der ich Gesche getroffen hatte und dann nach Hause begleitete, während ein feuchter Wind den Unrat über die Straße trieb, erzählte sie mir, Nacht für Nacht, Splitter um Splitter, ihre Geschichte. Wäre ich ein Psychologe gewesen, wäre ich wenigstens älter gewesen, hätte ich die Gefahren erkannt, die in ihrer eigenen verletzten Seele lauerten. Ihre Geschichte erfuhr unter meinem beklommenen Verhör Hinzufügungen und dann wieder Korrekturen. Gesche schämte sich vor mir, dabei hätte ich ihr einen Mord verziehen. Manchmal hatte ich das Gefühl, daß sie log. Ich sagte nichts, der Fluß ihrer Beichte wäre sonst versiegt. Doch ich verstand nicht, daß sie zu erschöpft war, um den steinigen Weg zur Wahrheit ohne Rast zu gehen.

Als erstes gestand sie mir den Sohn, den sie in Berlin empfangen und geboren hatte, während ich sie im Westen suchte. Der noch nicht zweijährige Junge war werktags in einem Kinderhort und wochenends bei ihr. Sie wohnte, dieses Geständnis fiel ihr schwerer, bei einer Aufseherin des Frauenjugendgefängnisses. »Weißt du noch, damals, als wir uns kennenlernten? Ich konnte dir nicht sagen, wie es um mich stand. Mich suchte die Polizei.« Sie hatte drei Monate einer halbjährigen Haftstrafe im Charlottenburger Frauenjugendgefängnis verbüßt, und die Vollzugsbeamtin hatte sie danach bei sich aufgenommen, von welchem Impuls dazu bewogen, enthüllte mir Gesche nicht. Das Jugendgericht hatte sie verurteilt, weil sie gestohlen hatte. Doch es war kein Diebstahl aus Habgier. Sie hatte, damals siebzehn, einige Wochen bei einem verheirateten Onkel in Eisenach gelebt. Der Mann war Arzt, und er stellte ihr nach. Als Gesche sich seiner Zudringlichkeiten nicht mehr zu erwehren wußte, beschloß sie zu fliehen. Doch sie hatte kein Geld. Sie stahl seiner Frau zwei Pelzmäntel und verschwand eines Nachts nach Berlin. Ihre mutmaßlich eifersüchtige Tante zeigte sie an.

Wie hart ich ihr mit meiner Inquisition zusetzte, erfuhr ich, als ich sie fragte, wer der Vater ihres Kindes sei. Sie bat mich, das Licht zu löschen. Dann flüsterte sie, daß in der Geburtsurkunde ihres Sohnes ein Mann als Vater eingetragen sei, der es nicht war. Das Bekenntnis hatte sie Kraft gekostet, es versiegte. Einige Nächte später fragte ich erneut nach dem Kindvater. Gesche sprach über ihre Vergangenheit immer nur nachts und stets bei gelöschtem Licht. Diese Frage mochte sie auch im Dunkel nicht beantworten. Sie wollte mich schriftlich aufklären. »Morgen früh findest du einen Zettel«, flüsterte sie. Doch ich war für ihre Seelennöte nicht sensibel. Der Hafer einer angemaßten Ehrsamkeit muß mich gestochen haben, als ich sagte, ich verdiente ihr

Vertrauen, und ich wolle es aus ihrem Munde hören oder gar nicht.

Beinahe fünfzig Jahre danach traf ich Gesches Sohn. Er hatte einen Detektiv beauftragt, mich zu finden. Er wollte wissen, wer sein Vater sei, und ich konnte es ihm nicht sagen. Besser als irgendeiner, der seinen Vater kennt, wußte ich, welcher Makel im Selbstgefühl eines Kindes haftet, wenn es über seine väterliche Herkunft nichts weiß. Irgendwann erzählte ich Gesche, daß ich einen chinesischen Vater hätte und nicht wüßte, wo er lebte. Es hat sie, wenn ich mich recht erinnere, nicht berührt. Es hatte in meinen acht Monaten neben Gesche auch für mich keine Bedeutung. China war hinter dem Horizont gestorben wie Deutschland vor der Zimmertür. Weil Gesche nicht aussprechen konnte, was ich von ihr hören wollte, wiederholte ich meine Frage nicht. Sie hat die Antwort mit in den Tod genommen.

Sie selbst hat ihren Vater geliebt, obwohl er es nicht verdiente. Mit acht hatte sie ihre krebskranke Mutter sterben sehen. Ihr Vater, ein Wehrmachtsoffizier, pflegte seine knospende Tochter zu baden, und sie lernte, daß Männerhände wohltun. Er hatte auch ein Verhältnis mit Gesches Halbschwester, einer Tochter seiner Frau aus deren erster Ehe, und als seine Frau tot war, heiratete er die Tochter. Sie genügte der Volksweisheit und war Gesches böse Stiefmutter. Sie haßte in ihr den Badelüstling ihres Gatten. Gesche war fünfzehn, als es der Stiefmutter gelang, sie dem Vater zu entfremden und aus dem Haus zu jagen. Wo sie verblieb, hat Gesche mir nie erzählt, aber daß ihr Vater sich heimlich mit ihr traf. Der Kriegsheld war schwach, vielleicht auch erpreßt von seiner neuen Frau.

1946, als der Hunger das Land regierte und Flüchtlingstrecks noch auf den Landstraßen rollten, begann Gesches Irrweg. Sie hat ihn mir nicht beschrieben, nur daß der Eisenacher Onkel ihr Obdach gewährte wie später in Berlin eine alte Kupplerin, die Zimmer und Mädchen an amerikanische GIs vermietete. Mit denen habe sie sich nicht einlassen müssen, beteuerte Gesche.

Aber sie habe als Lockvogel am Titania-Palast stehen und die liebeshungrigen Amerikaner dem Etagenbordell ihrer Wirtin zuführen müssen. Oft hätten die Amerikaner die Alte wütend heruntergeputzt, weil Gesche sich versteckte und sich ihnen nicht zur Verfügung hielt. Mehr hat Gesche nicht preisgegeben. Vielleicht war der Erzeuger ihres Sohnes ein entrüsteter Besatzungssoldat, der sich von der schmierigen Alten nicht täuschen ließ und Gesche fand. Vielleicht hat sie ihn sogar geliebt. Ich habe Ottilie Dressler, so hieß die Kupplerin, nach Gesches Tod befragt und ihrer nervösen Wortfülle abgelauscht, daß sie die Notlage ihres minderjährigen Schützlings kaltherzig ausgenutzt hat.

Was in den sechs Monaten nach jener Silvesternacht geschah, Gesches letzter, erscheint mir heute wie ein Absturz ins Bodenlose. Das Leben, wie wir es beide kannten, bannte uns in unsere Innenwelt und drängte uns aneinander, das Draußen ängstigte Gesche. Sie ging nur noch sporadisch zur Arbeit, schließlich kündigte sie. Seitdem zog ich als Hausierer von Tür zu Tür und bot unzerbrechliche Nylonkämme feil, die waren damals ein Novum. Eine bessere Arbeit fand ich nicht, die Redaktionen waren voll besetzt. Gesche besuchte auch ihr Kind immer seltener, zu uns holte sie es nur dreimal. Es war, als erschlaffte ihre Lebenskraft und als nähme sie Abschied von der Welt, doch ich begriff es nicht, ich ermüdete selbst. Wenn ich abends heimkam, stand sie oft auf der Straße und hielt nach mir Ausschau. Sie hielt es im Zimmer nicht aus, allein mit einer Megäre, die sie überwachte. Wir waren aneinandergekettet wie Sträflinge, und wie Sträflinge waren wir uns oft eine Bürde.

Gesche bestimmte die Dramaturgie unserer Erotik. Morgens wollte sie von meinem Körper geweckt, nachts von ihm ermüdet werden, und sie lenkte mich in den ihren. Sex war ihr heilig – eine fast religiöse Obsession. Wenn wir uns liebten, erlebte sie Gottes Gegenwart. Sie duldete kein obszönes Wort, keine Zote. Ich war jung und viril, trotzdem war ich ihrer immer wachen Sehnsucht nicht gewachsen. In dem Maße, in dem meine Kräfte mich verließen und das Bauchfett von mir abfiel, stieg in Gesche die Spannung an, sie wurde reizbar. Wir stritten. Worüber wir stritten, habe ich ausnahmslos vergessen. Aber ich weiß noch, wie sehr wir uns verletzten. Einmal, ausgelaugt vom Zwist, erwogen wir, gemeinsam zu sterben. Gesche gab sich dem Gedanken mit einer derart erlösten Miene hin, daß mir angst wurde. Ich wollte noch nicht sterben. Nach einer langen Stille sagte sie: »Ich kann nicht. Ich kann nicht ertragen, daß du meinetwegen stirbst.« Das war ein verhängnisvoller Satz. Gesche hatte mir erzählt, sie hätte zweimal versucht, sich umzubringen. Aber sie hatte mich zu oft getäuscht. Nun mißtraute ich auch ihrem Todestrieb.

Und im März wurde sie schwanger. Wir sahen uns außerstande, ein zweites Kind zu ernähren. Auf eine feste Stellung hatte ich keine Aussicht, jeder dritte Berliner war arbeitslos. Es gab noch keinen Rechtsanspruch auf Sozialhilfe. Es gab noch keine Mutterschafts-, keine Hebammenhilfe, kein Entbindungs-, kein Erziehungsgeld. Abtreibungen waren verboten. Ein gesetzwidriger Schwangerschaftsabbruch hätte bei einem Arzt, der ihn gewagt hätte, vierhundert Mark gekostet, mehr als zweimal so viel, wie ich im Monat als Hausierer verdiente. Und mit einem schreienden Kind ein möbliertes Zimmer zu finden, war im Berlin jener Jahre (und ist es heute noch) eine seltene Gnade. Doch das allein war es nicht. Gesche und ich waren aneinander verzweifelt. Wir verletzten uns im Disput und in der Liebe, die nicht mehr brannte, sondern schwelte. Nichts war uns gewiß. Nichts verhieß uns Erlösung.

Am 1. Juli bezogen wir in der Charlottenburger Gervinusstraße unser letztes möbliertes Zimmer. Als wollte Gott, dem wir Gebet und Glaube versagten, uns eine letzte Chance eröffnen, war die Wirtin diesmal eine fühlbar warmherzige, diskrete, adlige Dame. Sie ließ Gesche keine Feindseligkeit spüren. Wir hätten bei der noblen Wirtin aufatmen können. Doch sie mußte uns nur fünf Tage beherbergen. Am späten Vormittag des 5. Juli 1952 ging ich wie an jedem Tag mit meiner Aktentasche voller Kämme aus dem Haus. Es war ein sehr heißer Tag. Gesche und ich hatten uns auch an diesem Morgen geliebt. Wir hatten lange auf dem Bett gesessen und bleiern geredet. Mutlos fuhr ich mit der S-Bahn in die nördlichen Bezirke. Die Villenviertel im Westen, auch die großbürgerlichen Quartiere beiderseits des Kurfürstendamms, hatte ich bereits abgeschöpft, Haus für Haus. Meine Angst vor den fünfstöckigen Treppenhäusern, den drei Türen auf jeder Etage, den Namensschildern, die nichts verrieten, den Klingelknöpfen, die ich drücken mußte, war ärger, beklemmender, bleicher als sonst. Ich war so verzagt, daß mir in der S-Bahn das Frühstück hochkam. Ich wurde zum Kind, das sich nach der Mutter sehnt. Und so faßte ich einen Gedanken, den ich vorher nie gedacht hatte: bei Mama unterzukriechen. Ich wußte, daß es ein feiger Gedanke war – und tat es dennoch. Ich stieg um und fuhr zu Mama. Doch als ich bei ihr klingelte, als sie öffnete und ich ihren Jubel hörte, als sie mich in die Arme schloß und ich ihren Triumph spürte, da wußte ich, daß ich ein Verräter war. Im gleichen Augenblick begann ich mich nach Gesche zu sehnen. Ich verschwieg es meiner Mutter. Ich beschloß, eine Nacht zu bleiben. Morgen würde ich weitersehen. Morgen würde ich mich davonstehlen.

Mama aber ließ mir keine Chance. Sie fuhr ungesäumt zu Gesche, um, wie sie sagte, meine Sachen abzuholen und ihr zu sagen, daß sie für das ungeborene Kind sorgen würde. Warum bin ich ihr nicht entgegengetreten? Ich sagte: »Mama, das ist meine Sache, laß mich zu ihr gehen.« Doch sie ließ sich das nicht nehmen, sie ahnte, daß ich nicht zurückkommen würde. Ich mochte mich gegen ihre Euphorie nicht durchsetzen, ich hatte nicht die Kraft. Ich war ihr beraubt, wie gelähmt. Ich dachte, ich würde das schon wie der hinkriegen, morgen. Ich brauchte eine Nacht Ruhe, eine einzige Nacht. Als Mama zurückkam, sagte sie, Gesche habe bloß hämisch gelacht und gesagt, ich sei feige. »Sie liebt dich nicht«, sagte meine Mutter.

Mehr habe ich über Gesches Dialog mit Mama nie erfahren. Aber heute noch stelle ich mir vor, wie erfreut Gesche war, als es bei ihr klingelte, denn ich weiß, daß sie auf mich gewartet hat, wie sie immer auf mich wartete. Doch dann stand meine Mutter vor der Tür. Gesche starb wenig später. Sie hinterließ zwei Zettel. Auf einem steht: »Auch mein Sohn kann mich nicht zurückhalten, die Welt möge mir verzeihen.« Auf den anderen schrieb sie: »Ich bin noch einmal zurückgekommen, um Dir zu sagen, daß ich Dich über alles in der Welt geliebt habe.«

*

Der Kilometerstein 6,8 ist in Gesches Sterbeurkunde als Ort ihres Todes eingetragen. Es ist eine sich selbst überlassene, von wilder Flora umwachsene Ödnis, eine Vergessenheit, die keines Menschen Beachtung erregt. Heute, an einem schwülen Julitag im Jahr 1994, der mich niederdrückt wie jener vor zweiundvierzig Jahren, an dem Gesche hier starb, hatte ich die Kraft, den Ort zu sehen.

Eine chinesische
Karriere

Wenige Tage bevor seine Frau starb und durch deren Siechtum an die Toten erinnert, die ihr vorausgegangen waren, ging mein Großvater Chang Hong Zhu den weiten Weg zur Ruhestätte seiner Mutter. Es war der Sommer 1933, mein Großvater war zweiundsiebzig. Die Hitze setzte ihm zu. Das Grab befand sich am Rand eines seiner Äcker bei Shi Long An. Da der Tod nach seiner Frau griff und weil er sich vorgenommen hatte, ihr eine vortreffliche Totenfeier auszurichten, quälte ihn zum wiederholten Mal der Gedanke an die Grabstätte seiner Mutter. Denn ein Grab, nämlich eine ihr angemessene, würdige Totenwohnstatt, war es kaum zu nennen. Es war nur ein eingesunkener Erdhaufen, über den in der Vorerntezeit die Halme weit hinaussprossen. Als seine Mutter starb, waren er und seine beiden Brüder noch so arm gewesen, daß sie ihr keinen Sarg kaufen konnten. Deshalb hatte mein Großvater an der Straße nach Su Song die Bretter eingesammelt, die dort moderten und dann verdorrten, hatte aus ihnen eine morsche Kiste genagelt und den Leichnam hineingebettet. Er hatte auch den Kalk nicht kaufen können, mit dem bessergestellte Leute die Grube auskleideten. Statt des kostspieligen Sediments streuten arme Leute Asche aus ihren Kochstellen in den Schacht. Das hatte auch mein Großvater getan.

Jahre später, als sein jüngster Sohn in Anqing aufs Gymnasium ging und die Leute im Dorf sich wunderten, daß mein Großvater, kaum zu einigem Besitz gekommen, für des Knaben Ausbildung soviel Geld vergeudete, beschloß er, die Überreste seiner Mutter zu exhumieren, sie in einen Sarg aus edlem Holz umzubetten und die Grube um den Sarg herum mit Kalk aufzuschütten. Dies nicht nur, weil es die Pietät gebot, sondern auch, weil der Erdhügel aus Gründen, die er nicht kannte, die ihm aber desto unheimlicher waren, fortwährend größer wurde. Er wuchs in die Höhe und in die Breite. Er ging also hin, um das Gebein seiner Mutter auszugraben. Als er wenige Spatenstiche tief gebuddelt hatte, quoll plötzlich weißer Rauch aus der Grabstätte und stieg als kleine Wolke himmelwärts. Großvater erschrak bis ins Mark, ihn fröstelte. Man soll die Toten ruhen lassen, sagte er sich und schaufelte das ausgehobene Loch eilends wieder zu. Daraufhin wuchs die Grabwölbung nicht mehr, statt dessen sank sie allmählich in sich zusammen. Jetzt war Großvater die Schrumpfung nicht geheuer.

Weil er selten in den Tempel ging, besprach er sich mit einem greisen Fischer, von dem er wußte, daß er im Tempel Erleuchtung fand und wundersame Erscheinungen deuten konnte. Der Befragte sagte, er dürfe keinen Kalk in die Grube füllen, denn darin hause eine gelbe Schlange, die der Kalk zersetzen würde. Die Schlange aber sei, da sie gelb sei wie das Gold, ein guter Geist – sie verheiße Reichtum. Und der weiße Rauch habe Chang Kuo Wei in die Welt getragen, Großvaters jüngsten Sohn, der mein Vater wurde. Großvater wußte zuverlässig, daß sein Sohn nicht von einer Wolke, sondern von seinem Weib entbunden war. Aber weil die Offenbarung günstig für ihn war und sein jüngster Sohn zu großen Hoffnungen Anlaß gab, vertraute er dem Orakel und ließ das Grab, wie es war.

Als er jetzt davorstand, dachte er, wie recht ihm gedeutet worden war. Er war ein reicher Mann geworden. Und sein Sohn war mit dreiunddreißig Jahren schon Professor an der angesehenen Universität von Xiamen in der Küstenprovinz Fujian. Er verweilte, ohne zu beten, denn er betete nie, einige Zeit vor dem unansehnlichen Grabhügel, der nicht mehr wuchs und nicht mehr schrumpfte, murmelte ein Verzeihmirmutter und dachte an die gelbe Schlange. Dann ging er zu seiner sterbenden Frau, die er »Mao« nannte.

»Mao« war bis auf die Knochen abgemagert. Einen Arzt hatte sie nicht haben wollen. Es wäre teuer gewesen, ihn aus Su Song kommen zu lassen, das widersprach ihrer Genügsamkeit. Chang Kuo Wei sollte später Krebs diagnostizieren, eine auf dem Lande seltene Krankheit. Doch noch war er nicht da, »Mao« wollte ihn noch einmal sehen, deshalb wartete sie mit dem Sterben. Und er kam. Nachdem er ein Telegramm erhalten hatte, das ihn über »Maos« Hinfälligkeit unterrichtete, war er mit einem japanischen Schiff nach Schanghai, mit dem Flußdampfer nach Anqing, mit der Flußfähre nach Fuxing und in einem Sampan über den Langen See gefahren. Der Wasserweg war, obzwar ein Umweg von über tausend Kilometern, damals der einzig befahrbare. Die letzten Meter war er gerannt. Atemlos fiel er vor »Mao« auf die Knie und weinte. In seinen Erinnerungen verglich er sich mit dem vierten Sohn der Familie Yang, der in einer Peking-Oper kniefällig weinend in den Schoß seiner Mutter tremoliert: »Tausendmal knien und zehntausendmal knien kann die Sünden deines Sohnes nicht sühnen.«

»Mao« sagte, sie sei froh, daß ihr Sohn nicht mit seiner vornehmen Frau gekommen war. »So bleibt ihr der Anblick unseres einfachen Hauses erspart«, seufzte sie. Chang Kuo Wei blickte auf die weiß gekalkten Wände des großen Zimmers, die mit Voluten und schwarzer Kalligraphie bemalt waren, sah das Schnitzwerk des Fenstergitters, fand die Malereien gewöhnlich und das Fensterholz billig und gab ihr im stillen recht, obwohl ihm das Haus seiner Familie besser gefiel als der Palast seines Schwiegervaters. Mein Großvater hatte ihm für die Dauer seines Besuchs im Bambuswäldchen einen Pavillon bauen las sen, in den er sich zurückziehen konnte. Zwei Brüder und eine Schwester meines Vaters waren schon lange tot, doch seine älteren Brüder Fu K'uan und Fu Hou waren da, und T'ung Yin war gekommen, seine Lieblingsschwester. Er war glücklich, sie zu sehen. Wie von seinem Besuch erquickt, erholte sich »Mao«. Sie war zwei Tage lang guter Dinge. Doch am dritten Tag schwieg der Wind vom See, und sie ging in Stunden dahin. Morgens hatte sie T'ung Yin geheißen, ihr das schönste Gewand anzulegen, das sie besaß. Mittags fiel sie rücklings aufs Bett, schloß die Augen, schlief ein – und starb im Schlaf. Sie war zwei Jahre jünger als ihr Mann. Die Plackerei in den frühen Ehejahren, die Geburten, die Fehlgeburten hatten sie aufgezehrt. Meinen Halbbruder Allen, der in Su Song auf der Schule war, hatte man nicht rechtzeitig benachrichtigt. Als er zu Hause ankam, war »Mao«, die ihm die Mutter ersetzt hatte und deren spätes Glück er war, bereits tot. Er weinte ihr auf die wächserne Hand. »Sie war mir nahe«, sagte er im Greisenalter zu mir – auch das und auch jetzt noch – unter Tränen.

»Mao« wurde mit dem Pomp begraben, den mein Großvater ihr zugedacht hatte. Dann fuhr mein Vater mit Allen und Großvater, der an der Gelehrtenexistenz seines jüngsten Sohnes teilhaben wollte, auf derselben Wasserroute nach Xiamen, auf dem er gekommen war. Als sie vom Ufersaum des Langen Sees einen Abschiedsblick auf das Dorf warfen, das durchs Zweiggehänge der Weiden schimmerte, sahen mein Vater und mein Bruder es zum letztenmal. Die Japaner hatten im Januar 1933 die mandschurische Grenze überschritten, bis April die Provinz Jehol okkupiert und am küstennahen Endpunkt der Großen Mauer den Shanhaiguan-Paß besetzt. Es war Chengyus Onkel, General He Zhuguo, der den Paß verteidigen sollte. Doch er streckte die Waffen, Allen verachtet ihn heute noch dafür. China mußte einen demütigenden Waffenstillstand unterzeichnen. Wichtiger als die Erde und die Ehre Chinas war Chiang Kai-shek, gegen die kommunistischen Sowjets im eigenen Land mobil zu machen.

Meines Vaters und meines Bruders ahnungsloser letzter Blick auf die Welt ihrer beider Kindheit war ebenso nichtsahnend ein Blick zurück auf ein Sein, das trotz gelegentlicher sozialer Unruhen Gleichmaß gekannt hatte, Stetigkeit und die friedlichen jahreszeitlichen Feste, Jahr für Jahr. Vor ihnen aber lag ein Leben, das nur noch Abschied sein sollte: Kriege, Fluchten, Existenzverlust, Bedrängnis bis über alle Grenzen des Erträglichen hinaus und der Verfall jahrtausendealter, freilich nicht nur ehrwürdiger Traditionen. Keine Generation vorher war vom Schicksal so beladen worden wie die meines Vaters, deren Frist das zwanzigste Jahrhundert war.

In Xiamen bewohnte er mit seiner Frau Chengyu und der kleinen Helen eine große Wohnung im Professorenheim der Universität. Doch Großvater gefiel es dort nicht. Er hatte nichts zu tun, niemand kannte, niemand grüßte ihn, und daß Fu K'uan und Fu Hou, seine ältesten noch lebenden Söhne, seine Anordnungen befolgen und seinen Pächtern, wenn die Ernte schlecht ausfiel, die halbe Pacht erlassen würden, konnte er nur hoffen. Eines Abends waren mein Vater und seine Frau bei Bekannten eingeladen. Bevor sie die Wohnung verließen, kochte Chengyu meinem Großvater eine Wasserreissuppe, die Xifan heißt und in der Stadt oft gegessen wurde. Doch auf dem Land war diese Suppe unbeliebt. Mein Großvater war darüber so erbost, daß er am nächsten Tag nach Hause fuhr. Er ließ sich von meinem Vater zum Hafen kutschieren. Um ihn zu versöhnen, hatte mein Vater ihm einen Sarg aus dem Hartholz des *nai moh,* des »Sargbaumes«, geschenkt. Großvater ließ ihn von Kulis aufs Schiff schleppen, nahm sich für die weiteren Mühseligkeiten der langen Reise einen Mietdiener und begab sich an Bord. Chengyu hatte er den Gruß versagt, als er an ihr vorbei die Haustür durchschritt. Für meinen Vater hatte er trotz des kostbaren Präsents nur ein Knurren. Auch dieser Abschied, dem das sentimentale Wort Abschied kaum gebührt, war einer für immer.

*

Anfang 1934 traf mein Vater einen promovierten Kommilitonen aus Berlin, der ihm eine Stellung als Autor von Studienmaterial bei der Provinzregierung von Guangdong anbot. Sie war mit einer Professur verbunden. Doch als er in Kanton eintraf, fand er einen Ukas der Nationalregierung vor: Er sollte für den Guomindang-General Zhen Zhi-tang dolmetschen, und zwar chinesisch-deutsch. In der Hongkong benachbarten südchinesischen Hafenstadt Kanton hatten Chiang Kai-sheks deutsche Kriegsmentoren Quartier genommen: Generaloberst Hans von Seeckt und General Alexander von Falkenhausen, beide mit Gefolge.

Als Chef des Generalstabes und Vorsitzender des Nationalen Militärrats, somit als Oberkommandierender aller chinesischen Streitkräfte, hatte der Generalissimus zwei Feldzüge gegen die ländlichen Sowjets der Kommunisten in der Provinz Jiangxi unternommen und war schmählich geschlagen worden. Ein dritter, der »Banditenbekämpfung« gewidmeter Angriff war erfolgreicher verlaufen, hatte die kommunistischen Bastionen in Zentralchina aber nur verwüstet, nicht zerschlagen. In dieser Situation hatte Chiang Kai-shek sich nach kriegserprobten Militärberatern umgesehen und war auf die deutschen Generäle gestoßen. Sie waren gleichaltrig, nämlich sechsundsechzig. Sie waren in Pension und halfen dem Generalissimus nicht auf Befehl der Wehrmachtsführung, sondern gewissermaßen als höherrangige Söldner. Seeckt hatte im Ersten Weltkrieg als Generalstabschef verschiedener Heeresgruppen dem Kaiser gedient und dann für die Weimarer Republik die Reichswehr aufgebaut. Von der wußte Chiang Kai-shek, daß sie, obgleich durch den Versailler Friedensvertrag auf hunderttausend Mann begrenzt, eine hochdisziplinierte, schlagkräftige Truppe war. Den Zweiten Weltkrieg hat Seeckt nicht mehr erlebt, er starb 1936. Auch Falkenhausen, im Zweiten Weltkrieg Militärbefehlshaber in Belgien und Nordfrankreich und nach dem 20. Juli 1944 von der Gestapo verhaftet, hatte sich als Taktiker im Ersten Weltkrieg Meriten erworben.

Über sein knappes Jahr als mundartlicher Mittelsmann militärischer Beratungen hat mein Vater, vielleicht weil die Geheimhaltungspflicht ihn immer noch fesselte, einen einzigen Satz hinterlassen: Er habe seine Arbeit »zur Zufriedenheit aller« verrichtet. In Kanton war er Preußen, dessen zivile Tugenden ihn entzückten und dessen soldatische Qualitäten der sieglose Partisanenführer bewundert haben mag, näher als jemals in der preußischen Kapitale Berlin. Seeckt war mit dem Pour le mérite dekoriert, einem von Friedrich dem Großen gestifteten Orden, der nur Offizieren verliehen wurde, und zwischen den Muskeln seiner Lider klemmte als Signet seiner Kaste ein blitzendes Monokel. Aristokraten im Generalsrang wurden in der Weimarer Republik noch vergöttert. Doch mein preußisch infizierter Vater bewahrte ohne Zweifel seinen Stolz. Ich weiß es, denn ich durfte es erleben.

1965 wohnte mein Vater mit seiner letzten Ehefrau Julia einige Wochen bei uns, das heißt: bei mir, meiner zweiten Frau Sabine und unseren Kindern Stefan und Susanne. Wir hatten eine Reihenhauswohnung im rechtsrheinischen Bonner Vorort Kohlkaul gemietet, der damals zu Beuel gehörte. Mein Vater hielt als Gastprofessor in der Universität der damaligen Bundeshauptstadt Vorlesungen über Entwicklungshilfepolitik. Er war nun fünfundsechzig, Julia, seine dritte Frau, die chinesisch Yu Zi Hong heißt, zwanzig Jahre jünger. Nach dem Abendessen gingen die beiden oft spazieren, und eines Tages fanden sie nicht mehr zu uns zurück. Kohlkaul war eine ländliche Gemeinde, die ins Agrarland am Siebengebirge wucherte. Mein Vater bat die einzige Person, die ihm in der nächtlichen Menschenleere über den Weg lief, um Hilfe. Es war ein ehemaliger Wehrmachtsgeneral. Der geleitete die Verirrten zu der Adresse, die mein Vater ihm gab. Zu Hause angekommen erklärte mein Vater, die Höflichkeit gebiete, den hilfreichen General zum Abendessen einzuladen. Also saß er dann bei uns am Tisch: ein Aristokrat in englischem Tweed, schlank, gemessen, gut gelaunt und meiner Frau gegenüber in akzeptabler Manier galant. Er hatte ihr rote Nelken mitgebracht und küßte ihr die Hand.

Ich will ihn nicht nach dem Klischee parodieren, daß dem Offizier früherer Tage eine steife Haltung und ein hochmütiges Näseln zuschrieb. Doch mit dem Schnarren in seiner Stimme karikierte der General sich selbst. Im gemeißelten Berliner Kasinojargon fragte er meinen Vater, wann es zwischen »Formosa« (er wählte die alte Bezeichnung Taiwans) und Rotchina denn nun zum Kriege komme. Seine Stimme war nicht von Sorge verdunkelt, sondern von blanker Erwartungslust erhellt: »Wann kracht es denn jetzt zwischen den beiden, Herr Professor?« Die Frage blieb peinlich lange unerwidert im Raum stehen. Mein Vater lehnte sich allgemach zurück, schloß die Augen, und als ich zu denken begann, er spiele, um nicht antworten zu müssen, den schlafenden Buddha, öffnete er einen Spaltbreit die Augen und sagte, jedes einzelne Wort vom nächstfolgenden abgesetzt: »Ich glaube – eines Tages werden die beiden Chinas zusammenarbeiten.« Der General starrte ihn mit offenem Mund sprachlos an.

Zu jener Zeit kannte ich meinen Vater vier Jahre, ich hatte ihn selten gesehen und war noch nie in China gewesen. In den kurzen Momenten, in denen er jeweils bei uns war, hatte er es mir nicht gerade leichtgemacht, Zugang zu ihm zu finden. Doch die Antwort, die den General enttäuschte, brachte ihn mir auf einen Schlag näher. Ich war in Schule und Hitlerjugend zum Verehrer alles Militärischen erzogen worden, noch heute durchzuckt mich ein geneigter Impuls, wenn ich eine britische

180

Militärparade sehe. Doch mein Vater fühlte wie die meisten Chinesen, die vom Militär, egal von welchem, nur Unterdrükkung und selten Schutz erfuhren und den Gelehrten über den General stellten. Der einstige Partisan empfand den Krieg nicht als Feuertaufe, sondern als Schicksal. Und so sehe ich ihn zwischen chinesischen und deutschen Generälen sitzen, einen pointiert zivilen Dolmetscher, aufmerksam, wach, dabei von gelassener Würde, die von seinem inneren Adel sprach und mich so oft beeindruckt hat.

Welchem der Generäle Seeckt und Falkenhausen er 1934 seine Stimme lieh, weiß ich nicht. Beide fuhren in die Hauptstadt der Provinz Jiangxi weiter, nach Nanchang, und von dort in den Gebirgsort Kuling, Chiang Kai-sheks Hauptquartier. Seeckt erteilte dem chinesischen Generalskollegen eine drastische Lektion. Er erklärte ihm, die Soldaten der Nationalarmee ließen es an Disziplin fehlen, und sie seien viel zu zahlreich. Der Generalissimus solle seine Armee auf zehn Divisionen verkleinern, diese jedoch von einem bedingungslos ergebenen Offizierskorps zu einer Elitetruppe heranbilden lassen. Er brauche eine Ausbildungsbrigade, die als gesondertes Einsatzkommando auch in Kampfhandlungen eingreifen könne. Die Logistik müsse modernisiert werden. Die in China hergestellten Waffen seien veraltet. Deshalb bedürfe China einer moderneren Rüstungsindustrie. Bei ihrem Aufbau, meinte Seeckt, könne das Deutsche Reich dem Generalissimus im Austausch gegen kriegswichtige Qualitätserze wie Antimon und Wolfram behilflich sein.

Das Industrieprojekt wurde mit Schwung in Angriff genommen. Die Firma Otto Wolff baute zwei strategisch bedeutsame Bahnlinien. Krupp gewährte Kredite für Kriegsmaterial. Daimler-Benz begann mit dem Bau von Montagefabriken für Diesel-Lastkraftwagen und errichtete Zulieferbetriebe für die Reifenproduktion. Die Dessauer Junkers-Flugzeugwerke – sie hatten just das größte landstartende Flugzeug der Welt konstruiert – gingen die Verpflichtung ein, in Hangzhou Bomben- und andere Kampfflugzeuge herzustellen. Siemens schloß Verträge über den Bau von Hafenanlagen ab. Die I. G. Farben rüsteten sich zur Errichtung chemischer Fabriken. Mit deutscher Technik, mit diesen und weiteren Projekten, wollte die Nationalregierung der japanischen Aggression begegnen. Doch das paßte Hitler nicht ins Konzept, er stand den Japanern näher. 1936 dekretierte er Handelskontakte mit Mandschukuo und stoppte die chinesisch-deutsche Kooperation. Der weltläufige chinesische Finanzminister H. H. Kong, ein Schwager Madame Chiang Kai-sheks, schrieb ihm einen persönlichen Brief. Darin nannte er Hitler ein »Vorbild für uns alle« und einen Kämpfer »für Rechtschaffenheit, nationale Freiheit und Ehre«. Der Finanzmagnat machte vor Hitler einen Kotau, um China zu retten. Hitler antwortete nicht.

Der einzige Waffengang, bei dem Chiang Kai-shek durch seine deutschen Berater Beistand erfuhr, war jener gegen die ihm noch mehr als die Japaner verhaßten roten Kommunen in Mittelchina. Allein in Jiangxi gab es über tausend Sowjetkooperativen, in denen die Arbeitslosigkeit, Opiumhandel, Prostitution und Zwangsheirat überwunden waren. Sie wurden von einhundertachtzigtausend Soldaten der Roten Armee und zweihunderttausend Partisanen geschützt – freilich ohne schwere Artillerie, und sie hatten nur hunderttausend Gewehre. Dagegen bot Chiang Kai-shek neunhunderttausend Soldaten, am Ende des Feldzugs vierhundert Kampfflugzeuge und Falkenhausens strategischen Plan auf. Bisher hatte der Generalissimus stets versucht, die roten Stellungen im Sturm zu nehmen. Da er sich mit dieser Taktik in mittlerweile vier Feldzügen blutig blamiert hatte, empfahl Falkenhausen ihm, die Kommunisten zu umzingeln und ihre Bastion langsam einzudrücken. Demzufolge ließ Chiang Kai-shek rings um die roten Stellungen Militärstraßen und Tausende von Befestigungen bauen, einen armierten Gürtel, der sich durch die Provinzen Jiangxi, Fujian, Hunan und Guangdong zog. Über diese Linie hinaus griffen seine Regimenter

182

nur an, wenn Flugzeuge und Artillerie ihren Angriff deckten. Sie ließen sich nie mehr in einen Hinterhalt locken. Diesem Druck waren die Roten, die am Salzmangel litten, auf die Dauer nicht gewachsen. Doch sie widerstanden ihm ein volles Jahr. Ihre Kämpfer waren ehemals Landlose. An sie war der Boden der großen Grundbesitzer verteilt worden (kleinere verschonten die Kommunisten noch). Sie kämpften für ihren eigenen Boden. Sie krallten sich in ihn hinein.

Im Oktober 1934 durchbrachen neunzigtausend rote Soldaten die Linien Chiang Kai-sheks. Die Hälfte fiel in den ersten Tagen. Die Überlebenden marschierten weiter, erst nach Westen, dann nach Norden. Gehetzt, dezimiert von den Truppen der Nationalarmee, aber weitergetrieben vom Feuer ihrer nahezu unbegreiflichen revolutionären Hoffnung, gingen sie in Eilmärschen über hohe, eisige Gebirgspässe, reißende Flüsse und durch Gebiete ungezähmter Bergvölker voran. In zwölf Monaten durchquerten sie elf Provinzen, eine Strecke, die zweimal der Entfernung Lissabon–Moskau entspricht. Nur siebentausend erreichten am Ende das Lößplateau von Shaanxi an der Grenze zur Inneren Mongolei. Mit ihnen gründete Mao Tse-tung eine neue Sowjetrepublik. Tausende roter Bauernmilizionäre waren in den schwer zugänglichen Bergen von Jiangxi und Fujian als Nachhut zurückgeblieben. Sie verstrickten große Truppenteile der Nationalarmee in einen Guerillakrieg und erkämpften ihrer Marscharmee damit den Vorsprung. Chiang Kai-shek ließ sie erschießen, wenn er ihrer habhaft wurde.

Das Martyrium des »Langen Marsches« wurde Legende. Der militärische Kopf hieß Zhu De. Es war der rote Studiosus, dem mein Vater in Berlin begegnet war, ohne in ihm den chinesischen Odysseus zu erkennen. Und General von Falkenhausen mag geglaubt haben, er habe Chiang Kai-shek zum Sieg über die Kommunisten verholfen. Der deutsche Edelmann, Rittergutsbesitzer in Schlesien, hatte sich den Mut und die Leidensfähigkeit chinesischer Landsklaven, denen Boden und Befreiung versprochen waren, gewiß nicht vorstellen können.

*

Im März 1934 brachte meines Vaters Frau Chengyu in Kanton ihr drittes Kind zur Welt, den Sohn, der ihr einziger bleiben sollte: meinen Halbbruder Chian T'an, der Potter genannt wurde. Sie hatte beinahe Jahr für Jahr ein Kind zur Welt gebracht, und im Juni war sie wieder schwanger. Die zweijährige Helen und der Neugeborene waren bei ihr. Stella wuchs weiterhin bei ihren reichen Großeltern im Pekinger Roten Palast auf. Sie hatte, drei Jahre alt, eine schöne, warme Amme, eine untertänige Zofe und eine bejahrte Dienerin, die allein ihr zu Diensten waren. Chengyu, Vater und die beiden Kleinen lebten in Kanton die genügsame Existenz einer städtischen Mittelstandsfamilie. Allen, jetzt dreizehn Jahre alt, war in einem teuren Internat in Xiamen. Man mußte sich einschränken. Als Dolmetscher der Generalitäten war mein Vater profunder über Chiang Kaisheks »Banditenfeldzug« unterrichtet als die Zeitungen, deren Korrespondenten nie in die Sowjetgebiete vorgedrungen waren und an der Front nicht geduldet wurden. Der Job mag ihn eine Weile interessiert haben, doch seine Talente lagen brach, und die Arbeit verlieh ihm kein Ansehen. Dann aber, als der milde Winter des Südens die schwüle Stadt erlöste, erreichte ihn ein Telegramm. Es verhieß ihm Aufstieg und von der Macht einen Zipfel.
Der Absender war ein fischblütiger Opportunist namens Chen Yi, früher Divisionsgeneral eines Warlords in Zhejiang, nun Gouverneur von Fujian. Er kannte meinen Vater, er hatte ihn in Berlin kennengelernt. Er berief ihn als Finanzberater in die Provinzregierung von Fujian, die, Vaters späterem Exil Taiwan gegenüber, in Fuzhou ihren Sitz hatte. Die zweihundert Kilometer nordöstlich von Xiamen inmitten subtropisch begrünter Hügel

gelegene reizvolle Provinzkapitale war das Zentrum des chinesischen Teehandels und – wie auch Schanghai und Kanton – einer der ersten fünf Häfen, die China der britischen Opiumeinfuhr 1842 hatte öffnen müssen. Mein Vater sollte bald merken, daß die Stadt (die heute zwei Millionen Einwohner hat) vom Opium noch nicht losgekommen war. Es sollte ihm auch noch aufgehen, daß Chen Yi nicht der Ehrenmann war, den er gerne in ihm gesehen hätte. Chen Yi hatte seinen Warlord an Chiang Kai-shek verraten, als er 1926 mit der ganzen ihm unterstellten Division zu ihm überlief. Sein Judaslohn war der Posten eines Gouverneurs, jetzt in Fujian, Jahre später in Taiwan, wo er sich 1947 als politischer Massenmörder einen Namen machte. 1948 wurde er in der Provinz Zhejiang Gouverneur. Als Mao Tsetungs Armeen näherrückten, nahm er Kontakt mit ihren Kommandeuren auf. Dieses Mal verriet er seinen Gönner Chiang Kai-shek, von dessen Todfeinden er sich Gnade und Begünstigung erhoffte. Chiang Kai-shek erfuhr beizeiten davon und ließ ihn 1950 in Taiwan hinrichten.

Doch als er der Chef meines Vaters wurde, Ende 1934, gehörte Chen Yi zu den Mächtigen Chinas. Nach seinem Gespräch mit meinem Vater machte er öffentlich bekannt, daß er ihn zum Finanzberater der Provinzregierung bestellt habe. Er ernannte ihn zum Leiter seiner Statistikabteilung, dann zum Direktor der obersten Steuerbehörde. Mein Vater stellte drei neue Mitarbeiter ein, die wie er der Jugendpartei angehörten. Eines Morgens fand er ein Formular auf seinem Schreibtisch, von dem er nicht feststellen konnte, wer es dort hingelegt hatte. Es war ein Antragsformular zur Aufnahme in die Guomindang. Er füllte es aus, drückte sein Siegel darauf und trat aus der Jugendpartei aus. In seinen Erinnerungen schrieb er: »Nach langem Grübeln gelangte ich zu der Einsicht, daß ich, ein Wirtschaftsexperte, mit der Mitgliedschaft in der Guomindang für China und die Gesellschaft mehr leisten kann als ohne diese.« Den pragmatischen Wesenszug meines Vaters verhüllen diese Worte schlecht.

185

Doch in einem Land, in dem der Parteiübertritt so häufig vor-
kam wie in der modernen westlichen Zivilisation der eheliche
Partnerwechsel, war es ein läßlicher Opportunismus.

Der Gouverneur schickte das Parteiformular direkt an Chiang
Kai-shek, und der gestand meinem Vater, wie er später schrieb,
eine »gehobene Mitgliedschaft« zu. Danach erwirkte Chen Yi
bei Chiang Kai-shek die Ernennung meines Vaters zum Chef
des Finanzdepartements. Im Rang und im öffentlichen Ansehen
entsprach die Position der eines deutschen Landesfinanzmini-
sters in der heutigen Bundesrepublik. Allerdings war sie mit
einer ungleich größeren Machtfülle ausgestattet. An das Amt
gekoppelt war die Präsidentschaft der Bank von Fujian. So war
mein Vater nun Minister und Bankvorstand in einem.

Rein äußerlich betrachtet hatte er es geschafft, und für seine
Kinder begann die schönste Zeit. Die Familie bezog in Fuzhou
eine prächtige, zweistöckige Villa. Sie hatte ausladende Balko-
ne, war von einem weitläufigen Garten umgeben, in dem es einen Fischteich gab, und für die Annehmlichkeit der Bewohner
hatte mein Vater einen Koch, einen Leibdiener, eine Kinderfrau
und eine Küchenmagd eingestellt. Der Diener, ein treuer, starker Kerl, hieß *Niu*, zu deutsch Kuh, und die Kinder nannten
ihn, als sie größer wurden, »Alte Kuh«, was er sich grinsend gefallen ließ. Als die Japaner Fuzhou eroberten, sollte er Chengyu
und den Kindern auf ihrer entbehrungsreichen Flucht nach
Chongqing ein verläßlicher Gefährte sein. Aber noch war Friede, der chinesische Friede mit Krieg im eigenen Land und Schar-
mützeln an der Grenze, in den die Menschen sich einsichtsvoll
schickten. Im Februar 1935 wurde Chengyu von ihrem vierten
Kind entbunden, der Tochter Hsiao Mei. Als Hommage an seine liebenswerte Berliner Schlummermutter Paula Kühl nannte
mein Vater sie Paula. Jetzt waren auch zwei Ammen im Haus,
die eine stillte den kleinen Potter, die andere Paula. Potters
Amme zahlte mein Vater zehn Yuan monatlich (so hieß der Silberdollar), Paulas Amme gab er nur acht, denn Paula war ein

Mädchen. Er besaß eine Limousine. Jeder in Fuzhou kannte sie, ihr Kennzeichen war die Zwei. Die Eins prangte auf der Karosse des Gouverneurs. Mein Vater ließ sich von einem livrierten Chauffeur fahren, und die Leute, die sein Auto kannten, blickten ihm mit der Schlafwandlermiene hinterher, die ein Chinese aufsetzt, wenn er einen Grund sieht, seine Gefühle zu verbergen. Mein Vater hatte sich dem Kampf gegen die Korruption verschrieben. Weil er mit Strenge vorging, aber auch weil er aus einer fernen Provinz stammte und einen anderen Dialekt sprach, hatte er in Fuzhou keinen Freund.

»Das Steuersystem der Provinz Fujian war völlig undurchsichtig«, schrieb er im Alter. Selten in seinen Memoiren entäußerte er sich so umfassend, dabei fachlich präzise, wenn auch oft unverständlich für den finanzpolitischen Laien, wie in seinen Notizen über jene Zeit. Wortsymbol und Utensil des Steuerbetruges war der »rote Umschlag«, denn Schmiergelder steckten in roten Briefcouverts. In ihnen flossen Bargeldsteuern am Finanzamt vorbei. Mit ihnen wurden kleine Beamte und hohe Würdenträger bestochen. An ihnen erblindete die Polizei. Durch sie bereicherten sich die mächtigen Bosse der Geheimgesellschaften, die, ähnlich der sizilianischen Mafia, eine Gegenmacht zur Macht des Staates ausübten. Mehrmals spielten sie auch meinem Vater »rote Umschläge« zu. Er wies sie alle zurück, wagte aber wohl nicht, die Überbringer verhaften zu lassen, das hätte er sonst erwähnt. Trotzdem haßten ihn fortan die Bosse der Unterwelt-Triaden.

Die Korruption hatte bizarre Gesichter. Weil die Steuereinnehmer auch die Steuerschätzer waren, befreiten sie manchen reichen Mann gegen einen »roten Umschlag« von seiner Abgabenpflicht. Natürlich schöpften sie von gezahlten Steuern, denn die mußten in baren Yuan entrichtet werden, ihren Obolus ab. Falls aber jemand über seine Steuerzahlung eine Quittung verlangte, mußte er dem Finanzbeamten dafür eine »Gebühr« hinblättern. Höherrangige Beamte begingen Veruntreuungen recht eigenwilliger Art, beispielsweise zahlten sie Komplizen, die das Amt nie von innen gesehen hatten, hohe Günstlingsgehälter. Und da die in Fujian ansässigen Japaner Nutznießer der Ungleichen Verträge, somit von jeder Steuerpflicht befreit waren, lebten überall in der Provinz zahlreiche chinesische »Japaner«. Das waren in der Mehrzahl chinesische Exporteure, Teehändler zum Beispiel, die sich mittels »roter Umschläge« japanische Dokumente verschafft hatten. Strafverfolgung hatten sie nicht zu befürchten. Die hätte eine japanische Intervention ausgelöst – eine Aussicht, die jede chinesische Behörde einschüchterte.

Im Banne Bismarcks und des großen Konfuzius schickte mein Vater sich an, den Augiasstall seiner Behörde auszumisten. Zuallererst feuerte er jene Beamten, die sich am offensichtlichsten bereichert hatten und von Sänftenträgern ins Amt tragen ließen. Er ersetzte sie durch junge Kräfte, denen er Aufstiegschancen eröffnete und dadurch auf Redlichkeit einschwor. Mit ihrer Hilfe kappte er die unlauteren Bande zwischen Steuerschätzern und Steuerpflichtigen. Zudem untersagte er die Quittungsgebühren. Zur Freude Chen Yis stiegen in der Provinz die staatlichen Einnahmen. Indes behauptete mein Vater nicht, das System grundlegend reformiert zu haben. Von alters her bekamen Steuereintreiber und Bürokraten so niedrige Gehälter, daß sie auf Pfründe angewiesen waren. Mit dem »Teegeld«, wie die von ihnen abgeschöpften Steueranteile genannt wurden, rechnete jeder: der Nehmer, der Geber und die Regierung, die ihren Personaletat auf diese Weise entlastet wußte. In den Memoiren meines Vaters fand ich nicht erwähnt, daß er die Gehälter seiner Beamten erhöht hätte.

In Fujian mußten Straßen gebaut, Schulen errichtet und militärische Ausgaben bestritten werden, was auch aus der nun üppiger gefüllten Staatskasse nicht gänzlich finanziert werden konnte. Und so riegelte mein Vater die Häfen mit Zollschranken ab und errichtete zusätzliche Zollposten. Zu Lasten der

Reichen führte er eine Grund- und Immobiliensteuer ein. Er verstaatlichte den Opiumhandel. Dieser war illegal, aber sechs Händlern hatte die Provinzregierung eine Lizenz erteilt. Vielleicht wollte sie den kriminellen Markt austrocknen. Doch das allein kann ihr Motiv nicht gewesen sein. Am Opium verdiente stets auch der Staat. Es war die Haupteinnahmequelle der Warlords gewesen. Sun Yat-sen hatte Opiumhöhlen besteuert. Chiang Kai-shek füllte seine Kriegskasse aus Opiumprofiten. Der süßliche Geruch des Opiums hing in Teehäusern und Kontoren. In Yunnan, wo der Mohn in allen Farben blühte, in Rot, Weiß und Mauve, entbürdete die Droge beinahe jeden erwachsenen Mann von seinen Ängsten und Kümmernissen. Die den Händlern zugebilligte Opiumlizenz hatte noch sechs Jahre Gültigkeit, doch mein Vater entzog sie ihnen und richtete staatliche Verkaufsstätten ein. Sie trugen die euphemistische Benennung »Opiumkontrollbüros«. Was sollte er tun? Die Nationalregierung in Nanking nannte ihre Millionenprofite aus dem staatlichen Drogendeal »Opiumverbotseinkünfte«.

Und dann fuhr er zum japanischen Konsul in Xiamen. Er kannte ihn aus gemeinsamen Berliner Studientagen. Er machte ihn auf die gefälschten Japaner scharf. Und der Konsul hörte ihm zu. Er ließ die Identität jedes anrüchigen »Japaners« durchleuchten. Zu seiner Verblüffung fand er zahlreiche Landsleute, die kein Wort Japanisch sprachen. Die enttarnten Chinesen verurteilte das chinesische Provinzgericht in Fuzhou zu Gefängnisstrafen. Seitdem gab es in Fujian nur noch japanische Japaner. Nach alldem kann sich mein Vater in Fuzhou nicht mehr wohl gefühlt haben. Denn nun haßten ihn nicht nur die Unterweltbosse, sondern auch seine Beamten, die von ihnen bislang Begünstigten, nämlich die Steuereintreiber in allen über die Provinz verstreuten Finanzämtern, die wiederum von diesen Bevorteilten, die Zollbeamten in den Seehäfen, die Grund- und Immobilienbesitzer, die überführten »Japaner« und nicht zuletzt die brotlos gemachten Opiumhändler. Die einzigen ihm gewogenen Leute in Fujian waren die Opiumsüchtigen – weil die staatlich gedealte Droge billiger geworden war – und die Armen, die das Ungemach der Reichen freute.

Der heilige Eifer meines Vaters, mit dem er die Korruption befehdete, war in China eine befremdliche Verstiegenheit. Waren es wirklich Konfuzius und seine Berliner Erkenntnisse, die ihn inspirierten? Fühlte er sich von den Elenden seines Heimatdorfes ermächtigt, einem mitleidlosen Beamtenklüngel die Raubtierkrallen zu beschneiden? Peinigte ihn das Beispiel seines verblichenen Onkels Hung Fei, des Mandarins, der die Steuern zweimal, dreimal eingetrieben hatte, weil er vor jedem Tor, vor jeder Brücke die *Li-kin* kassieren ließ, eine Steuer auf transportierte Waren? Nein. Ich gewann den Eindruck, daß die Bauernarmut seinem Blick entschwunden war wie ein Alptraum, der sich dem Träumenden entwindet. Seine Moral war dem Staat näher als den Bauern, die vom lebenslangen Barfußlaufen Plattfüße und abgespreizte Zehen hatten. Der Geist des 4. Mai 1919 war noch wach in ihm, anders als bei anderen Würdenträgern, die sich noch auf ihn beriefen, nachdem sie ihn auf ihrer Karriereleiter längst verraten hatten. Chinesische Rebellen und preußische Untertanen im Beamtenrang hatten meinem Vater das Maß für Moral mitgegeben. Sie galt dem Staat, weniger den Menschen. Allen sagt: »Das war sein Stil.«

Die kleinen Chinesen folgten dem Beispiel, das die Großen ihnen vorlebten, mein Vater wußte das. So mag er an T.V. Soong gedacht haben, den Schwager Chiang Kai-sheks, der hinter den Kulissen die finanzpolitischen Strippen zog. T.V. Soong war bis 1931 Finanzminister der Guomindang gewesen, ein sehr effektiver übrigens, doch kein redlicher. Wie er geartet war, stellte sich erst später heraus: Als Mittelsmann zwischen der Regierung Chiang Kai-sheks und den USA im Zweiten Weltkrieg lenkte er von den Milliarden US-Dollar, die dem chinesischen Bündnispartner als Lend-Lease-Gelder von den USA überwiesen wurden, ein so hohes »Teegeld« in die eigene Tasche, daß er vorübergehend der »reichste Mann der Welt« war, so nannte ihn jedenfalls die *Encyclopaedia Britannica.* Das sickerte zu den einfachen Chinesen nicht durch. Doch sie kannten den Lebensstil der Parasiten in ihrer eigenen Stadt, in ihrem Landkreis, ihrem Dorf.

Mein Vater war nicht so einflußreich wie T.V. Soong. Er war nur in einer von sechsundzwanzig Provinzen der Finanzgewaltige. Reichster Mann der Welt hätte er nicht werden können, wohl aber einer der reichsten Männer Chinas. »Wir könnten alle Millionäre sein, wäre Vater nicht so penibel gewesen«, sagte mein Bruder Potter, damals Professor für Biostatistik an der UCLA (University of California in Los Angeles), 1978 zu mir. Sein Schwiegervater, der als Zweisternegeneral für Chiang Kaisheks Kavallerieregimenter Futter, Zaumzeug und Sättel beschafft hatte, setzte sich nach dem Zweiten Weltkrieg als mehrfacher Dollarmillionär ins ferne Brasilien ab. Vater aber hatte keinen Yuan veruntreut. In der chinesischen Gesellschaft war er eine Ausnahmepersönlichkeit. Damit entfremdete er sich ihr. Er entfremdete sich auch der eigenen Familie.

Allen, der in Fuzhou jetzt zur Mittelschule ging und bei der Familie wohnte, erinnert sich, daß Vater, wenn er überhaupt nach Hause kam, stets ein feuchtes Tuch auf der Stirn hatte, im Bett wie im Sessel. Er hatte auch in der Regierung Feinde, allen voran den Chef des Wirtschaftsdepartements, der ausdauernd an seinem Stuhl sägte. Mein Vater aber hatte keine diplomatische Begabung. »Er konnte Menschen nicht einschätzen«, sagt Allen, »es lag ihm nicht, sie für sich einzunehmen.« Er richtete für die Taipane und Handelsmagnaten der Provinz keine abendlichen Festlichkeiten aus, wie seine Ministerkollegen es taten. Er war gegenüber jedermann steif, oftmals schroff. Und er sprach kein unnützes Wort. Er sprach auch zu Hause nicht. Wenn Allen ein Problem hatte, vertraute er sich seiner Stiefmutter Chengyu an. Ihr bewahrte er, obgleich sie Vater und ihre Kinder später verließ, ein hohes Maß an Respekt, ja Bewunderung.

»Sie war eine ungewöhnlich tüchtige Frau, und sie war ge-
scheit«, sagt er. Doch ihren Mann sah sie selten. Meine Schwester Stella, die eineinhalb Flugstunden von Allen entfernt in
Seattle lebt, glaubt deshalb, und sie formuliert ihren Verdacht
wie eine Gewißheit, daß unser Vater Konkubinen hatte. Sie war
nicht in Fuzhou, sie lebte in Peking; sie kann es nicht beobachtet haben. Ich denke also, daß ihre Mutter aus ihr spricht. Doch
Allen sagt: »Er konnte sich Konkubinen gar nicht leisten. Es
waren die dreißiger Jahre. Die Zeit des kaiserlichen Feudalis-
mus war vorüber. Yuan Shih-Kai war seit zwanzig Jahren tot.
Zumindest die politischen Würdenträger orientierten sich an
der Moral des Westens. Hätte Vater Konkubinen gehabt, wäre
der Skandal in die Zeitung gekommen. Das hätte ihm schaden
können. Gewiß, er liebte zu flirten. Er war ein romantischer
Mann.«
Doch Allen bestätigt, daß unser Vater selten zu Hause war, daß
er sich gegen seine Familie verschloß, daß seine Kinder ihn nicht
anzusprechen wagten. Einmal durfte er Vater im Amt besuchen. Der Sekretär servierte ihm süßen Tee, und Vater erläuter-
te ihm seine Arbeit. Das vergißt Allen nie. Vielleicht war es in
den Jahren seiner Pubertät, die eines verständnisvollen Vaters
bedarf, sein glücklichster Tag. Meine Halbschwester Paula, die
seit 1967 in Deutschland lebt, sagt indes, Vater habe, solange er
lebte, kein ernsthaftes Wort an sie gerichtet. Mit einer Miene
nie besänftigter Entrüstung fügt sie in perfektem Deutsch hinzu: »Wenn wir fünf, wir, die Kinder von Chengyu, zusammen-
sitzen, dann sind wir voller Haß.«
Doch seinen Verwandten aus Shi Long An neigte er sich in er-
staunlicher Weise zu. Im Dorf genoß er inzwischen den Nimbus
eines Filmstars, denn keiner hatte es je so weit gebracht wie er.
Und so reisten sie zu ihm nach Fuzhou: sein vierter älterer Bruder Fu K'uan, sein Neffe Lieh Chih, Sohn seines verstorbenen
ältesten Bruders Fu Ch'ung, Lie Zhis Bruder Ch'ien Chih und
Vaters Cousin Chin Fu, Sohn seines Onkels Hung Fei, der

Großvater als Mandarin manchen Dienst erwiesen hatte. Sie kamen nicht, um meinem Vater Gruß und Respekt zu entbieten. Das taten sie auch. Insondere kamen sie, weil sie von ihm oder durch ihn einen Job zu bekommen hofften oder richtiger gesagt: ein einflußverheißendes Amt, eines, das ihnen Ansehen und guten Verdienst gewährte. Und mein Vater wies sie nicht ab. Nur einen: Chin Fu, den hochintelligenten Sohn des Mandarins. Denn der war opiumsüchtig. »Was soll ich mit dir anfangen?« fragte Vater. »Du bist der beste von euch allen. Aber ich habe die süchtigen Beamten gefeuert. Ich kann dich nicht einstellen, trotz deiner Intelligenz.«

Doch seinem älteren Bruder Fu K'uan gab er ein Amt. Fu K'uan war der, dem Großvater Verschwendungssucht vorwarf. »Du verdienst an einem Tag zehn Yuan, gibst aber elf aus«, hatte Großvater ihm beim Frühlingsfest einmal vorgehalten und angefügt: »Ich verdiene an einem Tag einen Yuan, und den gibst du auch aus.« Ungeachtet dessen machte Vater Fu K'uan zum Chef seines Opiumkontrollbüros. Sein Neffe Lieh Chih wurde Beamter im Finanzdepartement und dessen Bruder Ch'ien Chih Direktor einer Steuerbehörde. Keiner hatte studiert. Fu K'uan hatte nur vier Jahre die Grundschule besucht.

Ich empfinde mit, was der Leser jetzt denkt. Doch Nepotismus galt (und gilt) in China nicht als Korruption, sondern als Tugend, nämlich als Loyalität. Das Mitglied eines Clans ist allen übrigen Clanmitgliedern von alters her verpflichtet, in erster Linie natürlich der Sohn dem Vater, der Bruder dem Bruder, vor allem dem älteren, dann den anderen Blutsverwandten und schließlich den Angeheirateten. Das Loyalitätsgebot hat eine Begünstigungshierarchie geschaffen. Sie schließt den Lehrer ein, die Schulkameraden, die Angehörigen der engeren Heimat und die Menschen gleicher Zunge. Sie erstreckt sich schließlich auf die Studenten derselben Hochschule bis hin zu jenen, die in demselben fremden Land studiert haben. Chen Yi berief meinen Vater, weil beide in Deutschland gewesen waren. Chen Yi hatte dort zwar nicht studiert, aber die Erfahrung gemeinsamer Fremdheit, die Anlehnung einschloß, haftete. Und Vater bevorzugte unter denen, die sich bei ihm bewarben, jene aus Anhui. Sie kamen zu ihm, weil sie wußten, daß er sie zumindest anhören würde. Fu K'uan pochte darauf, daß er der ältere Bruder war und daß die Loyalität, die mein Vater ihm schuldete, dem Gehorsam nahe kam. Ob er ein korrekter Beamter wurde, hat sich mir nicht mitgeteilt. Ein solider Gemahl war er nicht. Er hatte eine Frau in Shi Long An und heiratete auch in Fuzhou. Von seiner Zweitfrau bekam er einen Sohn. Chengyu haßte ihn. Und dann bekam mein Vater ein Telegramm vom »Gimo« (auf dieses Kürzel verstümmelten die Chinesen später den Titel Generalissimus). Chiang Kai-shek wollte ihn kennenlernen. Vater wurde mit einer Militärmaschine in das Gebirgshauptquartier der Guomindang geflogen, nach Kulin in der Provinz Jiangxi. Ein Stabsoffizier stellte ihn dem Herrscher Chinas und dessen Gemahlin vor. In seiner praxisorientierten Schreibweise, die das Gefühlte stets vermissen ließ, versagte Vater sich in seinen Aufzeichnungen jedes Wort über den Eindruck, den die beiden ihm als Menschenwesen vermittelten. Der Gimo habe ihn über die Methode seiner Steuerreform befragt und ihn gebeten, im Hauptquartier zu bleiben und dort eine Lehrtätigkeit auszuüben – das ist alles, was er von einem Mann schrieb, dessen Namen die Welt kannte. Die Offerte wies mein Vater höflich zurück, weil er seine Reformen in Fujian noch nicht abgeschlossen hatte. Er schrieb seine Memoiren, als des Gimos Sohn Chiang Ching-Kuo Taiwan regierte, und ich denke, daß er über dessen Vater nichts Schmeichelhaftes mitzuteilen hatte und deshalb lieber schwieg.

Denn Chiang Kai-shek war kein angenehmer Mensch. Wie andere Despoten, wie Hitler, Mussolini, Franco, Stalin, war er launisch bis zur Hysterie. Der 1878 als Sohn eines Salzhändlers in einer Kleinstadt der Provinz Zhejiang geborene, auf einer japanischen Militärakademie ausgebildete Autokrat hatte sich

nach dem Tode Sun Yat-sens 1925 an die Spitze der Guomindang gesetzt. Er hatte sich der teuflischen Protektion durch
die »Grüne Gang« versichert, um an die Macht zu kommen.
Die Grüne Gang war das tonangebende Verbrechersyndikat in
Schanghai, das die politischen Gegner Chiang Kai-sheks, na-
mentlich Kommunisten, in den zwanziger Jahren zu Zehntau-
senden liquidierte. Das hatte sich dem Gimo ins Gesicht geschrieben. Er war der seltene Fall eines Chinesen, dem früh die
Haare ausgegangen waren. Jetzt trug er seine Glatze wie einen
Helm. Es gibt Fotos von ihm, auf denen er mit vorgeschobener
Unterlippe und aufgerissenen Augen einem mordlüsternen Cat-
cher gleicht. Vielleicht hatte Vater bei seinem ersten Treffen mit
dem Gimo, dem noch viele folgen sollten, diese Grimasse betrachten müssen. Sie zu kommentieren, sie in der Sekunde der
Wahrnehmung überhaupt zu empfinden, hatte er sich versagt.
Er äußerte sich auch nicht über Madame Chiang Kai-shek. Sie
war eine smarte, attraktive, herrschsüchtige Frau von achtunddreißig Jahren, eine der drei Schwestern T. V. Soongs. Die älteste der Schwestern, sie hieß Ailing, hatte H. H. Kung geheiratet,
den steinreichen Bankier, der als Finanzminister der Nationalregierung meinem Vater vorgesetzt war und in seinem Haus
nicht weniger als fünfhundert Bedienstete beschäftigte. Zweitälteste war Qingling. Nicht zuletzt um ihretwillen hatte Chiang Kai shek die jüngste Schwester, Meiling, geheiratet. Denn
Qingling war die Witwe Sun Yat-sens – der Gimo hatte dessen
Schwager werden wollen. Den toten Republikgründer verehrten die Chinesen wie einen Halbgott. Die Schwester seiner Witwe zu heiraten war für Chiang Kai-shek wie eine Inthronisation
von Gottes Gnaden. Er konnte nicht vorhersehen, daß Qingling
ihn eines Tages hassen würde wie den Leibhaftigen.
Qingling hatte den sechsundzwanzig Jahre älteren Doktor Sun
Yat-sen aus Liebe geheiratet. Sie war nicht berechnend wie ihre
Schwestern. Sie war eine zarte, romantische, dabei unabhängig
denkende Frau und unter den ihr verschwisterten Schönheiten

195

gewiß die schönste. Ihre Liebe zu Sun Yat-sen war schwärmeri-
scher Verehrung entwachsen. Jedem Mann, der nach dem Tod
Sun Yat-sens um ihre Hand anhielt, hat sie einen Korb gegeben.
Sie alle, Ailing, Meiling, Qingling, T. V. und zwei weitere Brü-
der, hatten in den USA studiert, und sie waren Christen. Sie
waren Kinder des chinesischen Methodistenpredigers Charlie
Soong, der mit dem Verkauf ins Chinesische übersetzter Bibeln
Millionär geworden war. Der Clan der Soongs war über alle
Grenzen Chinas hinaus der einflußreichste und berühmteste.
Ein anderes Clanmitglied, dem Chiang Kai-shek durch die Heirat mit Meiling näherkommen wollte, war ihr Bruder T. V.
Soong. Denn der neue Vorsitzende der Guomindang brauchte
Geld für seine Partei und um seine Position zu festigen. Dafür
waren die Millionen, die von der Grünen Gang im Opiumhandel und durch Erpressung aufgebracht wurden, nicht ausrei-
chend. T. V. Soong aber war imstande, ihm Zugang zu westlicher Finanzhilfe zu erschließen. Er unterhielt Beziehungen zum
amerikanischen Kapital, zur amerikanischen Industrie, auch zu
den amerikanischen Missionsgesellschaften, denen der US-Präsident sein Ohr lieh. Die Eheschließung zwischen dem macht-
vollen Chiang Kai-shek und der einflußreichen Soong-Tochter
Meiling war Opportunismus auf beiden Seiten. Jahre später
vom amerikanischen Journalisten Edgar Snow befragt, sagte
Qingling indes: »Am Anfang war es nicht Liebe, jetzt aber ist es
vermutlich Liebe.« Sie fügte hinzu: »Ohne Meiling wäre Chiang Kai-shek vielleicht noch viel schlimmer geworden.«
Die Chinesen sagen über die Soong-Schwestern: Ailing liebte
das Geld, Meiling die Macht, und Qingling liebte China. Vermutlich ist eine Volksweisheit der Wahrheit selten so nahe gekommen. Die sanfte Qingling, die nicht wie H. H. Kungs Frau
Ailing vom Kapital und nicht wie des Gimos Frau Meiling von
der Herrschaft fasziniert war, blieb bis zum letzten Atemzug
den Idealen ihres Mannes treu. Anfangs versuchte sie sein
volksnahes Programm mit dem linken Flügel der Guomindang

zu verwirklichen, dann mit der Kommunistischen Partei. In Schwager Chiang Kai-shek sah sie einen Verräter an ihrem toten Mann. Sie floh nicht mit ihm nach Taiwan. Sie blieb auf dem Festland. In der Volksrepublik wurde sie tief verehrt, denn die Kommunisten sehen in ihrem toten Mann ihren geistigen Urvater – ebenso die Guomindang. Als Mao Tse-tung 1949 vor dem Tor des Himmlischen Friedens in Peking die Volksrepublik China ausrief, stand Qingling an seiner Seite. Sie war damals siebenundfünfzig Jahre alt. Sie hatte gelernt, allen Politikern zu mißtrauen. Aber sie sagte: »Ich mißtraue Mao Tse-tung weniger als anderen.«

*

Eines Tages, als mein Vater nach Hause kam, wartete ein in Su Song aufgegebenes Telegramm auf ihn: Die Miliz hatte Großvater verhaftet und ins Gefängnis geworfen, er brauchte dringend Hilfe. Die Behörden des Kreises klagten ihn irgendwelcher Steuerdelikte an, ob zu Recht, hat sich mir nicht erschlossen. Sie hatten auch eine große Menge seines Tabaks beschlagnahmt. Vater hat den Vorfall in seinen Memoiren nicht erwähnt.

Ming Hsin, der mein Neffe, jedoch drei Jahre älter ist als ich, denn er ist der Enkel des ältesten Bruders meines Vaters, erzählte mir die Geschichte, als ich Shi Long An besuchte. Ming Hsin war neun Jahre alt, als sie sich zutrug. Es ist vorstellbar, daß sie in dem stillen Dorf *die* Sensation jener Jahre war. Des weiteren ist vorstellbar, daß sie Anreicherung und Ausschmückung erfuhr. In der Wiedergabe des mir Erzählten möchte ich mich deshalb auf das unverfälschbar Faktische beschränken.

Dazu gehört, daß mein Großvater den von Ratten und Ungeziefer bevölkerten Kerker in Su Song einige Zeit von innen erlebte. Dazu gehört ohne Zweifel auch, daß mein Vater sich zu einem Akt der Familienloyalität herausgefordert sah, der allervornehmsten zumal, nämlich jener des Sohnes gegenüber dem Vater. Ob er allerdings, wie Ming Hsin mit leuchtenden Augen und zitterndem Bartbüschel erzählt, den Gimo ans Telefon rufen ließ, bezweifle ich. Doch tätig wurde er. Vielleicht hat er seinen Chef Chen Yi um Beistand gebeten. Vielleicht hat er tatsächlich mit Chiang Kai-sheks Hauptquartier telefoniert und mit einem seiner Adjutanten gesprochen, war er doch jetzt ein Empfänger allerhöchsten Segens. Jedenfalls hat er interveniert. Mein Großvater blieb, glaubhaft, nur wenige Tage im Gefängnis. Die Behörden ließen ihn nicht nur laufen, er bekam auch seinen Tabak zurück, Ballen um Ballen. Das Ende der Geschichte ist zu schön, um es gebotener Zweifel wegen zu verschweigen: Die Milizionäre sollen Großvater über den langen lehmigen Weg in einer Sänfte nach Hause getragen haben, barfuß.

KRIEG

Der Juli ist in Peking mit Temperaturen bis vierzig Grad der heißeste Monat. Am 27. Juli 1937 aber brannte China. Ein leichter Nachtwind hatte Luftschlangen gelben Sandstaubs aus den Wüsten des Nordens in die Gärten am Roten Palast geweht. Stella fühlte ihn unter ihren nackten Füßen, als sie durch das südliche Portal ins Freie ging. Sie war sechs. Sie ging seit kurzem in eine »ausländische Schule«. So nannte man Schulen, die nach westlichen Lehrplänen unterrichteten. Doch heute hatte ihre alte Dienerin sie zurückgehalten, offenbar mit Billigung oder im Auftrag ihres Großvaters.

Wie immer an einem frühen Sommermorgen war der Himmel von luzidem Blau. Etwas aber hatte sich über Nacht verändert, so als wäre die Bläue grau. Der weiße Kies vor dem Südportal, der sonst frisch geharkt war und unbetreten in der durchsonnten Morgenluft schimmerte, wurde von Bediensteten zertreten, die ungeniert miteinander schnatterten. Da standen die beiden Chauffeure, der Küchenchef und seine Gehilfen, der Friseur, zwei Torwächter, drei Gärtner, sogar das Nähmädchen und eine der Waschfrauen. Die Tonlage, in der sie zischelten, war gedämpfter Diskant. Dann trat Stellas Großvater durchs Portal, und sie stoben auseinander. Stella blickte zu ihm hoch. Er trug nicht wie sonst zu dieser Stunde einen seidenen Morgenrock, sondern einen Anzug aus weißem Flachsgarn und eine schwarze Krawatte. Auch lächelte er nicht, wie Stella es gewohnt war, und er hob sie nicht auf seine Arme. Eine düstere Härte lag auf seinem Gesicht. Er beugte sich zu seiner Enkeltochter hinab. Er strich ihr übers Haar, ließ seine Hand auf ihrem Kopf und sagte: »Geh hinein, Lan Chih. Heute ist Krieg. Die Japaner kommen.«

Eigentlich waren sie seit langem in der Stadt. Denn die Ungleichen Verträge berechtigten sie, in Peking eine Garnison zu stationieren. Gleichfalls durch die Ungleichen Verträge legitimiert, hielten sie in der Umgebung Pekings Manöver ab, vorzugsweise bei Wanping, einem kriegswichtigen Eisenbahnknotenpunkt südlich der Stadt. Vor drei Wochen, am 7. Juli 1937, hatten sie bei der Marco-Polo-Brücke, die im Westen Pekings einen Fluß überquert, einen nächtlichen Sturmangriff geübt. Es war zu einem Schußwechsel mit chinesischen Einheiten gekommen. Der »Zwischenfall an der Marco-Polo-Brücke« markiert in der Geschichte den Beginn des Chinesisch-Japanischen Krieges, der nie erklärt, scharmützelhaft aber seit sechs Jahren geführt wurde und China in den Zweiten Weltkrieg riß. Aber jetzt erst, am 28. Juli, eroberten japanische Truppen die Brücke – nicht das liebliche Bauwerk, das der Mandschukaiser Qianlong einst anbetend bedichtet hatte, sondern die strategisch wertvolle Eisenbahnüberführung, die es begleitet. Über sie sollte das japanische Kriegsmaterial nach Wanping und von dort in den Osten, den Westen, vor allem aber in den Süden Chinas rollen. Eine Armee von fünfzehn japanischen Divisionen marschierte aus der Mandschurei heran. In dieser Minute rüstete sich ihre Vorhut zum Sturm auf Peking.

Stella ging schnell zu ihrer Dienerin zurück. Sie liebte sie. Die alte Frau war mit sechzehn ins Haus gekommen, an dem lange zurückliegenden Tag, an dem Stellas Großmutter heiratete. Sie hatte es nie verlassen. Ihre Füße waren eingebunden, aber auf ihnen huschte sie flink wie ein Eichhörnchen durch die dunklen Korridore und über steile Treppen. Sie schlief mit der ihr anbefohlenen Stella im selben breiten Bett. Stella nannte sie

»Weißhaarmama«. Stella wußte nicht, was Krieg war. Doch die Miene ihres Großvaters hatte sie fühlen lassen, daß etwas Furchterregendes auf sie zukam.

Von ihrer Mutter Chengyu wußte Stella wenig, von ihrem Vater gar nichts. Einmal hatte die Mutter sie im Roten Palast besucht. Als sie abreiste, wollte sie ihre kleine Tochter mit sich nach Fuzhou nehmen. Sie saß schon mit ihr im Zug, als Großvaters Majordomus die Abteiltür aufriß, ihr das Kind aus den Armen nahm und an die Diener weiterreichte, die auf dem Bahnsteig standen. Daran erinnert sich meine Schwester. Ob sie sich gesträubt hat oder ob sie gerne zum Großvater zurückkehrte, ist ihr entfallen. Ich stelle mir vor, daß letzteres zutraf. Denn Stella liebte nicht nur ihre Weißhaarmama, sondern auch ihren Großvater, während sie ihre Mutter kaum kannte. »Ich lernte viel von Großvater«, sagt sie. Und der große Taipan war in sein Enkelkind vernarrt. Mit seiner kinderlosen ersten Frau und mit der zweiten, die Chengyus Mutter war, hatte er kaum Gesprächsinhalte. Obwohl sie der Gentry entstammten, interessierten sie sich nicht für die alten Bilder und Zierstücke, die zu sammeln und genießend zu betrachten ihm eine spirituelle Wollust war. Und die Mutter seines einzigen Sohnes, eine Kammerjungfer, die er aus der Unmündigkeit ihres Domestikendaseins in den Rang einer Konkubine erhoben hatte, war ihm nur leiblich eine Partnerin. Doch zu seiner Enkelin liebte er zu reden, ihre Lernbegierde genügte ihm als Antwort.

Stella hatte ihre Räume im Ostflügel des Palastes, ihr Großvater wohnte im Westflügel. Das Erdgeschoß hat sie nie betreten. Der Großvater schickte oft nach ihr. Am Ende der langen Flucht von ihm bewohnter Räume stand ein sieben Meter breiter Tisch, der die Ahnenaltäre trug. In allen Zimmern verglühten Räucherkerzen. Es gab Räucherkerzen für den Kult und andere für den Wohlgeruch. In großen, dreifüßigen Henkelgefäßen aus Kupfer oder Eisen glomm geschürtes Sandelholzpulver. In des Großvaters Halle, im Diningroom und in seinen anderen Zimmern war die Wandverkleidung mit alten Tuschezeichnungen, lyrischen Landschaftsmalereien und bemalten Blattfächern behängt. Konsolen trugen Steinreliefs, Tonfiguren, Bronzegefäße, weißblaue oder kupferrote Vasen, schwelgerisch überblüht von süß duftendem Rhododendron. Düfte sind Stellas früheste Erinnerung.

Wie ein inspirierter Museumsführer erklärte der Großvater ihr seine Bilder. Er las ihr Gedichte vor, und sie durfte bei ihm sein, wenn er mit einem beschrifteten Tintenstiel Kalligraphien auf Pergamente schrieb. In gravierten Steinnäpfen rührte Stella mit Wasser die Tinte für ihn an, sorgfältig darauf achtend, daß sie es nicht zu langsam und nicht zu schnell tat. »Ich war seine Gefährtin«, sagt sie. Stella lebt heute mit ihrem chinesischen Mann John Chien, einem pensionierten Boeing-Manager, in Issaqua, einem Villenvorort von Seattle im US-Bundesstaat Washington, wo die Gärten von Hecken umwachsene, ausnahmslos glatt geschnittene Rasenflächen sind. Die beiden aber haben mit Bächen, Wasserfällen und Teichen einen chinesischen Garten angelegt, angelehnt an das Vorbild kaiserlicher Ziergärten. Und im großen Salon ihres Hauses hängt eine Kalligraphie des Großvaters. Stellas Mutter Chengyu, die in Maos Volksrepublik zurückgeblieben war, hatte sie zusammengeknüllt wie einen alten Stoff, als die Roten Garden sie heimsuchten, um die Kostbarkeiten der Vorväter abzufackeln. Auch sie kam nach Seattle. Sie schenkte das kalligraphische Kleinod Stella, die es restaurieren ließ.

»Des Menschen Natur ist nicht aggressiv.« Mit diesen Worten beginnt das Poem, das der Großvater schrieb. Es trägt die Jahreszahl 1927. Damals endete Chiang Kai-sheks Nordfeldzug gegen die Warlords, und für Stellas Großvater, aber auch für weniger reiche Leute, für landbesitzende Bauern, den akademischen Mittelstand und die Geschäftswelt (freilich nicht für das Proletariat und die landlosen Bauern), begann die Zeit, die man in China später die »fetten Jahre« nannte. Es war eine Zeit wirtschaftlichen Aufschwungs. Wer überhaupt verdiente, der verdiente besser, jedenfalls wenn er kein Lohnsklave war. Diese Zeit ging nun, am 28. Juli 1937, zu Ende.

Peking wurde von japanischen Truppen besetzt. Stella ging nach einigen Tagen wieder in die Schule. Aber die kleinen japanischen Soldaten in den glatten Uniformen, die ihre grimmige Mimik wie eine angeborene Gesichtsstarre vor sich her trugen, ängstigten sie. Die Japaner drangen bewaffnet in die Häuser ein, verhafteten Chinesen und folterten sie, und weil die Dienerschaft laut darüber jammerte, wußte es auch Stella. Daß die japanischen Generäle ihrem Großvater Jia Demao, mutmaßlich weil sie ihn der japanfreundlichen Clique um Duan Qirui zurechneten, ein Amt in der von ihnen eingesetzten chinesischen Marionettenregierung anboten, erfuhr sie erst später. Er hatte Freunde unter den Quislingen, doch ihnen angehören mochte er nicht. Er lehnte das Angebot der Usurpatoren ab. Seither zitterten im Roten Palast die Herzen. Nun krachten die Karabinerkolben auch gegen diese Pforte, und arrogante japanische Sergeanten durchmusterten die Räume, kontrollierten Dokumente und horchten die Dienerschaft nach etwaigen im Palast versteckten Opponenten der Besatzungsmacht aus. Dann, im Jahr nach dem japanischen Einmarsch, räumte die Familie Jia den Roten Palast.

Stella kennt den Grund nicht, aber weil ihr Großvater mit seinem gesamten Gesinde ein Haus bezog, das wenig kleiner war als der alte Palast, kann der Auszug nicht mit plötzlichen Geldschwierigkeiten erklärt werden. Vermutlich hat ein japanischer Besatzungskommandeur den prunkvollen Wohnsitz für sich beansprucht. An das neue Haus erinnert Stella sich weniger lebhaft. Es nahm ein ganzes Straßenviereck ein. Hinter dem Park war ein Gebirge aus Steinkohle aufgehäuft, das der Großvater von seinen Bergleuten hatte aufschütten lassen. Denn die Versorgung verschlechterte sich. Die Japaner verfolgten vor allem Intellektuelle. Überall kontrollierten ihre Posten Dokumente

203

und filzten Sänften, Schubkarren und die Körbe der Passanten. Stellas Großvater versteckte gefährdete Chinesen in unzugänglichen Winkeln seines Hauses, unter ihnen eine in China berühmte Athletin, die der Kommunistischen Partei angehörte und unter Mao Abgeordnete des Nationalen Volkskongresses wurde.

Nach der Öffnung Rotchinas durch Deng Xiaoping reiste Stella nach Peking und eilte von Erinnerungswehmut beflügelt zum Roten Palast. Sie erlitt einen Schock. Der Prachtbau war in zahllose, von Proletarierfamilien bewohnte Zellen zerstückelt, aus denen Kochdünste drangen. Die Mauern bröckelten. In allen Fenstern trocknete Wäsche. Die Gärten waren verwahrlost und voller Unrat. Die Marmorlöwen waren verschwunden. Stella, wie gelähmt, starrte auf das entzauberte Märchenschloß ihrer Kindheit. Dann wandte sie sich ab und weinte.

*

Mein Vater war an seine Arbeit hingegeben. Er hatte sich ihr verschworen, obgleich er durch sie vereinsamte. Als er von der Besetzung Pekings hörte, verwandelte sich seine in den Jahren der schrittweisen Aggression Japans zurückgestaute Empörung in heiligen Zorn. Doch er mag sich auch um die einträgliche Existenz gesorgt haben, zu der er gefunden hatte. Niemand konnte an der militärischen Überlegenheit der Japaner zweifeln, weniger noch an ihrer raubtierhaften Entschlossenheit, China zu unterwerfen. Seit Vaters Karrierestart in Mukden waren sechs Jahre vergangen. Seitdem war das Wort Japan in ihm ein stets mitgedachter Gedanke. Vor seinem inneren Auge erschien das zerfetzte Antlitz des toten Partisanen. Damals, allein gelassen im mandschurischen Partisanenkrieg, hätte er aufgeschrien vor Glück, hätte Chiang Kai-shek sich zum Kampf entschlossen. Vor einem Jahr, 1936, hatte er in sich hineingejubelt, weil der Gimo vom Jungen Marschall zum Burgfrieden mit den

Kommunisten gezwungen worden war. Zumindest nominell gab es nun eine Einheitsfront gegen Japan.

Doch mein Vater setzte kein Vertrauen mehr in Chiang Kai-shek. Nein, er hat derlei nie geschrieben und mir im Gespräch nicht anvertraut. Doch wenn ihm, was bemerkenswert selten geschah, der Name des Gimo über die Lippen kam, las ich das Verschwiegene in seinen Zügen. Dann tauchte er hinter der Miene ab, die meine Mutter »sein asiatisches Gesicht« genannt hätte. Durch diese Maske sprach das Nichtgesagte fast so vernehmlich wie Gesagtes. Mir gegenüber hat mein Vater das selbstherrliche Regime, dem er gedient hatte, nie hörbar in Frage gestellt. Ich vermute, seine konfuzianisch geprägte Loyalität fesselte ihm das Wort. Der einstige Rebell respektierte die Staatsräson.

Drei Monate nach seiner Rückkehr aus Chiang Kai-sheks Bergfestung hatte mein Vater sein Ministeramt verloren, mutmaßlich weil er den launischen Gimo beleidigt hatte, als er mit dem Job am Hofe des Alleinherrschers einen Gnadenerweis ausgeschlagen hatte. Unter Chiang Kai-shek konnte sich kein Amtsinhaber seines Postens sicher fühlen; die Würdenträger wechselten häufiger als in einer Demokratie, in der sie abgewählt werden. Der Gouverneur hatte es nicht gewagt oder gewollt, seinem Ressortchef, von dem er noch sagen sollte, er sei sein bester gewesen, den Rücken zu stärken. Er degradierte meinen Vater zum Sekretär im Bau- und Planungsamt. Zum neuen Chef des Finanzdepartements ernannte er auf Geheiß Chiang Kai-sheks einen Offizier, der von öffentlicher Finanzwirtschaft nichts verstand. Zwei Monate darauf wurde mein geschaßter Vater, er kam eben aus dem Schlafzimmer, im Salon seines Hauses von einem Haufen wohlmeinend applaudierender Beamter und sonstiger ihm verpflichteter Personen erwartet. Die Leute wedelten aufgeregt mit einer Zeitung. Auf der Frontseite stand geschrieben, daß er wieder Finanzminister war.

Noch einmal flog mein Vater nach Schanghai, um bei den

dort ansässigen Staatsbanken Kredite für den Haushalt der Provinzregierung aufzunehmen. Eine in Hongkong erscheinende Tageszeitung, sie hieß *Xin-tao Jih-pao* (»Sterneninsel-Tageszeitung«), hatte dreimal lobende Artikel über seine Steuerreform in Fujian veröffentlicht. Das hatte ihm trotz der kriegerischen Ereignisse in Nordchina bei den Bankiers geholfen. Sie vertrauten ihm. Er blieb eine Woche in der von Ausländern und den ungeniert protzenden Gangstern der Grünen Gang dominierten Metropole, in der er sich fremd fühlte. Nach der letzten Kreditbesprechung flog er ungesäumt nach Fuzhou zurück. So entging ihm eine für China blamable Tragödie.

Es war der 14. August 1937. Chiang Kai-shek hatte seiner Luftwaffe den Angriff auf die vor Schanghai ankernden japanischen Flotteneinheiten befohlen. Die gegnerische Abwehr hatte seine Funksprüche entschlüsselt und ihre Admiralität alarmiert. Die schwerfälligen chinesischen Kampfflugzeuge italienischer Herkunft wurden vom Sperrfeuer der gefechtsbereiten japanischen Schiffsartillerie empfangen. Kopflos entledigten sich unerfahrene chinesische Piloten ihrer Bombenlast über der ungewarnten Stadt. Hunderte chinesischer Zivilisten – Frauen, Kinder und Greise – starben durch Chinesen. Als mein Vater das erfuhr, preßte es ihm die Brust ab. Er wußte: Dem Gegner wäre ein solches Desaster nicht passiert.

Doch er hörte auch ein chinesisches Heldenlied: Im Norden hatten die Japaner Tianjin erobert. Nun stießen sie nach Süden vor. Die ihnen entgegentretenden chinesischen Elitetruppen kämpften unter schwerem Artilleriebeschuß und Bombardements der japanischen Luftwaffe mit einem Löwenmut, für den die Welt sie bewunderte. Sie behaupteten ihre Stellung von Ende August bis Ende Oktober. Sie töteten vierzigtausend Japaner. Dann landeten japanische Marinesoldaten in der Bucht von Hangzhou. Sie griffen die Chinesen im Rücken an und durchbrachen deren Linien. Bei diesen Kämpfen verlor Chiang Kai-shek durch Verwundung oder Tod zweihundertfünfzigtausend Soldaten. Das waren sechzig Prozent seiner von den deutschen Militärberatern ausgebildeten Eliteeinheiten.

Wie im Trotz reiste mein Vater im Frühjahr 1938 mitten durch die japanischen Truppenbewegungen nach Schanghai, um den kriegsbedingt steigenden Geldbedarf der Provinzregierung abermals mit Krediten zu decken. Für die Heimfahrt wählte er allerdings den zu dieser Zeit noch weniger gefährdeten Seeweg. Doch als das Schiff ins Delta des Min-Flusses einlief, sah er am Ufer bereits japanische Truppen. Die schwachen chinesischen Verbände in der Küstenregion von Fujian waren in Alarmbereitschaft. Die Banken in Schanghai hatten ihm unter den obwaltenden Umständen jede Anleihe verweigert. So sah er sich gezwungen, Schatzanweisungen auszugeben. Die mußte der Finanzminister der Zentralregierung gegenzeichnen, der flamboyante H. H. Kung.

Obgleich Chiang Kai-shek geschworen hatte, daß er Nanking gegen jeden japanischen Angriff halten würde, hatte er den Sitz der Zentralregierung nach Nanchang in der Provinz Jiangxi verlegt. Zunächst nahmen ihm die Japaner das Gesicht, indem sie Nanking eroberten. Als sie danach auf Nanchang vorrückten, floh Chiang Kai-shek mit der Regierung nach Wuhan, das in der Provinz Hubei am Jangtse liegt. Mein Vater hatte also einen weiten Weg zurückzulegen, um H. H. Kung zu sehen, und er tat es im Auto. Er fuhr im subtropischen Winterregen durch das gebirgige Land, das die Kommunisten hatten räumen müssen, rollte durch winterschwarzes Ackerland, das wieder den Grundbesitzern gehörte, und erreichte Wuhan nach drei Tagen. H. H. Kung gewährte ihm die Genehmigung, ohne aufs Papier zu gucken. Er war in Eile, denn die Zentralregierung rüstete sich erneut zum Umzug, diesmal nach Chongqing im fernen Sichuan. Mein Vater fuhr auf dem Weg zurück, auf dem er gekommen war, und der führte ihn durch Nanchang. Er passierte die Stadt im Westen, während die Japaner sie im Osten angriffen. Als sie hinter ihm lag und er eine Rast einlegte, mußte er mit ansehen, wie über Nanchang die weiße Fahne mit der roten Sonne aufgezogen wurde, die Fahne Nippons.

Bevor die Japaner Nanking im Sturm eroberten, hatte ihre Luftwaffe Flugblätter über der Stadt abgeworfen. In ihnen hatte das japanische Oberkommando den Bewohnern eine humane Besatzungspolitik versprochen. Die Japaner hielten das Versprechen nicht. In einem beispiellosen Blutrausch, der erst nach sieben grauenvollen Wochen verebbte, trugen sie Vergewaltigung und Tod in die Stadt. Ausländische Beobachter veranschlagten die Zahl der geschändeten Frauen auf zwanzigtausend (von denen viele starben, weil sie mehrfach vergewaltigt worden waren). Die Zahl der ermordeten Zivilpersonen schätzten sie auf zwölftausend und die auf der Flucht ohne Pardon getöteten chinesischen Soldaten auf dreißigtausend. Die Japaner hatten bei ihrem Vormarsch nach Süden die Kampfmoral der Chinesen unterschätzt und mit leichten Siegen gerechnet. Doch sie hatten herbe Verluste hinnehmen müssen. In der Blutorgie entlud sich ihre aufgestaute Erbitterung.

Ende Oktober 1938, kurz bevor die Japaner das zerstörte Wuhan eroberten, flohen Chiang Kai-shek und die Zentralregierung nach Chongqing. Zwischen ihnen und den Japanern lagen jetzt zweitausend Kilometer. Den Luftraum beherrschte die feindliche Luftwaffe, doch der Landweg ins ferne Sichuan hätte meinen Vater eine Woche oder mehr gekostet, wenn er für weitere Schuldverschreibungen die Genehmigung brauchte. Also flog er. In Fuzhou hörte man die japanische Schiffsartillerie, die ihrer Infanterie den Weg zur Stadt freischoß. Doch meines Vaters Steuerbeamte, jedenfalls diejenigen, die noch nicht geflohen waren, erfaßten und katalogisierten für die Grundsteuererhebung den Grundbesitz in der Provinz. Um den weiter steigenden Finanzbedarf zu decken, gab er kurzfristige Schatzwechsel aus. Er verbiß sich im Heute, so als könnte er das Morgen damit verhindern.

Das taten andere auch: Vom Lärm des näher kommenden Krieges offenbar unbeeindruckt, intrigierten der Wirtschaftsminister und sein Stellvertreter fortdauernd gegen meinen Vater, der ihnen auf die Finger guckte. Auch diese zwei kannte Gouverneur Chen Yi aus Deutschland. Sie kauften in riesigen Mengen Reis und Tee auf und verknappten damit die Ware. Demzufolge stieg sie im Preis. Daraufhin verkauften sie wieder, strichen die Gewinne ein und deklarierten die Aktion als Maßnahme zur Wirtschaftsförderung. Sie mühten sich ohne Erfolg, meinen Vater der Korruption zu überführen. Die Tochter und ein Bruder Chen Yis hatten das mitbekommen. Von ihnen dazu ermuntert, begab sich mein Vater zum Gouverneur und klagte die Übeltäter an. Natürlich tat er es in der ihm eigenen ungeschmeidigen Art zu stolz. Das Ergebnis war, daß Gouverneur Chen Yi mit Chiang Kai-shek telefonierte und dieser meinen Vater abermals absetzte. Diesmal wurde er zum Leiter des Provinzgrundamtes zurückgestuft.

Doch ebenso schnell wie in China einer fiel, konnte er, sofern ihm das Leben blieb, auch wieder aufsteigen. Nach einigen Wochen ernannte H. H. Kung meinen Vater zum Chef der Branntwein- und Tabaksteuerbehörde, die als Sektion der Zentralregierung für ganz China zuständig war, ihren Sitz jedoch in Fuzhou hatte. Der bisherige Amtschef hatte eine ansehnliche Leibgarde unterhalten, sich in einer Sänfte fortbewegt und, um seine Wichtigkeit jedermann augenfällig zu machen, einen Wachmann mit roter Laterne voranlaufen lassen, all dies zu Lasten der Steuerkasse. Mein Vater schaffte die Bodyguards, die Sänfte und die Laterne unverzüglich ab.

An der Intrige, die ihn das Ministeramt gekostet hatte, war nach Meinung meiner Geschwister auch sein Nachfolger beteiligt. Der Mann hieß Yen Zhia-Gan. Als unser Vater 1986 starb, drückte er ihnen vor dem Sarg bewegt die Hände. Er nahm als Vertreter des Präsidenten an der Trauerfeier teil, denn er war zum Vizepräsidenten Taiwans aufgestiegen, jener Insel, die der Guomindang letztes Asyl wurde.

Als Allen im zweiten Jahr auf der höheren Mittelschule in Fuzhou war, es war kurz nach dem Fall Nankings, wurden er und alle älteren Schüler von der Regierung in die Landgebiete der Provinz befohlen. Man hatte sie beauftragt, die abgeschieden in den Bergen lebenden Landbewohner, die nie eine Zeitung zu Gesicht bekamen und größtenteils ohnehin nicht lesen konnten, über die Missetaten der Japaner zu belehren und sie zum Widerstand zu ermuntern. Allen gehörte einer Gruppe an, der als Einsatzgebiet eine von Wegelagerern verunsicherte Gebirgsregion im Nordosten zugewiesen war. Er mußte durch schroffe Flußtäler und verkrüppelte Bergwälder hindurch, deren Wildwuchs nur in Dorfnähe eingeebnet war. Dort kletterten Reisterrassen oder Teeplantagen hügelan. Allen hatte für den Liebreiz der Landschaft keinen Blick; ihm war das Banditentum unheimlich, das in abseitigen Regionen Chinas ein gelebter Mythos war. Oft warnten ihn die Bauern: Geh! Renne! Im Wald sind Banditen! Es wäre Vater ein leichtes gewesen, Allen zu einem sicheren Einsatzgebiet in Küstennähe zu verhelfen, er hätte nur zum Telefonhörer greifen müssen. Daß er es unterließ, nimmt Allen ihm nicht übel: »Für den eigenen Sohn seine Verbindungen zu nutzen, ihm Vorteile zu verschaffen, die meinen Kameraden nicht offenstanden, das war nicht sein Stil. Und hätte ein Bandit mich gefangen, um ihn zu erpressen, er hätte nicht gezahlt.« Auch deshalb ist Allen stolz auf Vater: Seine Familienloyalität war nicht schrankenlos, wenn es um die Ehre ging.

Die Aktion nahm Allen mehr als ein ganzes Schuljahr. Im Frühsommer 1939 kam er nach Hause. Er ging wieder in die Schule. Er wollte an der Universität von Xiamen, an der Vater einst Professor war, Wirtschaft studieren und büffelte rastlos, um ein gutes Abschlußzeugnis zu bekommen. Er bestand die Prüfungen mit Glanz. Xiamen liegt zweihundert Straßenkilometer südwestlich von Fuzhou an der Küste. Als Allen dort ankam, waren die Japaner von Taiwan, das seit 1895 ihre Kolonie war, über die Straße von Formosa gekommen. In einer ihrer triumphalen amphibischen Landungsoperationen hatten sie den Strand besetzt. Um die Stadt wurde bereits gekämpft.

Auch in Fuzhou, das tiefer im Landesinnern liegt als Xiamen, erwartete die Armee den japanischen Angriff. Verstärkt von der Miliz und ausgehobenen Zivilisten legte sie Schützengräben an. In den Straßen waren Wälle aus Sandsäcken aufgeschichtet. Zur Meerseite hin war die schwache chinesische Artillerie in Stellung gegangen. Die Menschen liefen schnell, und sie liefen mit grauen Gesichtern. Als die Provinzregierung floh, verließ auch mein Vater die Stadt. Die Provinzregierung verlegte ihren Sitz in eine Stadt nahe der Grenze zur Provinz Guangdong. Aber auch dort waren die Japaner nicht fern, sie hatten sich in Kanton eingeigelt. Mein Vater, der mit der Provinzregierung kaum noch etwas zu tun hatte, ging mit seiner Familie nach Nan Piang, einem Ort, der weitab der Küste im Innern der Provinz lag und nur von Bettlern und Banditen heimgesucht wurde.

Im Dezember 1939 berief H. H. Kung ihn in die Zentralregierung nach Chongqing. Die Berufung wies ihm erneut einen Weg nach oben. Er fuhr allein. Er habe seine Familie in Nan Piang zurückgelassen, notierte er im Alter, weil seine Frau Chengyu soeben ihr fünftes Kind geboren hatte, ihrer beider Tochter Pao Pao. Er ließ in all seinen Aufzeichnungen unerklärt, warum er sein Weib und die Kinder zurückließ, wenn Pflicht oder Neigung ihn in die Ferne riefen. Ich habe eine Begründung auch nicht erwartet. Das Selbstverständnis des chinesischen und nicht allein des chinesischen Mannes, der die Welt erobert und der Frau die Küche zuweist, teilte sich mir in solcher Unterlassung als gelebtes Brauchtum mit.

Seine Alleinreise nach Chongqing aber begründete mein Vater: Er sei allein gereist, schrieb er, weil seine Frau Chengyu von der Geburt ihres fünften Kindes geschwächt war. Da frage ich: Hat ihn sein Gedächtnis genarrt? Er reiste im Dezember 1939 ab.

Pao Pao, die in Los Angeles lebt und jetzt Anna heißt, wurde aber erst am 28. August 1940 geboren. Oder fühlte er sich genötigt, etwas zu beschönigen – vor der Skepsis kritischer Leser oder, das erscheint mir wahrscheinlicher, vor sich selbst? Hatte er, was Stella behauptet und Allen bestreitet, beide freilich ohne das Siegel der Gewißheit, im oft von ihm besuchten Chongqing eine Konkubine? Allen sagt über Chengyu, sie sei beispiellos tapfer gewesen. Sie war schwanger, aber mit ihrem starken Herzen hätte sie den Ortswechsel gewiß bewältigt. Die Reise, zu der sie später aufbrach, weil die Japaner kamen, wurde ihr ungleich schwerer. Denn diese Reise war eine Flucht.

Im Frühjahr 1941, Chengyus fünftes Kind war noch kein Jahr alt, bezwangen die Japaner die Verteidiger von Fuzhou und besetzten die Stadt. Jetzt hatten sie die wichtigsten Häfen in Südostchina in ihrer Hand: Schanghai, Wenzhou, Fuzhou, Xiamen, Swatow und Kanton. Sie hatten den Nordosten Chinas besetzt. Sie waren am Jangtse flußauf bis Yichang gestürmt. Sie hatten den Fluß in breiter Front überschritten und stießen nach Süden vor. In Nordrichtung würde ihnen, das war abzusehen, jene japanische Armee entgegenkommen, die Englands Kolonialsoldaten in Hongkong und die chinesischen Verteidiger Kantons geschlagen und im Umkreis beider Städte einen Brückenkopf gebildet hatte. Dann würden die noch unbesetzten Provinzen Fujian und Jiangxi abgeschnürt sein und Richtung Küste eingedrückt werden. Die Menschen, die dieses Gebiet bewohnten, säßen hoffnungslos in der Falle.

Chengyu war neunundzwanzig Jahre alt. Sie hatte meinem Vater fünf Kinder geboren, aber das Gebären hatte an ihr nicht so wahrnehmbar gezehrt wie an ärmeren Frauen. Sie war eher noch schöner geworden; ihr Antlitz war auf einem Humus aus Liebe und Verzicht zu mütterlicher Reife erblüht. Stella war im besetzten Peking, doch vier ihrer Kinder waren bei ihr. Das älteste, Helen, war zehn Jahre, das jüngste, Anna, fast ein Jahr alt. Weshalb Chengyu ihrem Mann in den seit seiner Abreise vergangenen achtzehn Monaten nicht nachgereist war, hat sich mir nicht erschlossen. Doch jetzt war Aufbruch geboten. Jetzt lastete die Sommerhitze auf Fujian, und viele Chinesen waren hysterisch vor Angst. Noch war zwischen den Japanern im Norden und denen im Süden ein Korridor offen, ein gut fünfhundert Kilometer breiter Durchschlupf, der sich gen Westen öffnete. Dort, jenseits der tiefen Schluchten des Jangtse, lag Chongqing. Und weit hinter der Stadt lagen die Gebirge und Wüstenbecken von Xinjiang, lagen die Grassteppen der Dsungarei, dort erstreckte sich die unermeßliche Weite Chinas, die zu erobern und zu besetzen das gefräßige Japan nicht genug Soldaten hatte. Indes war leicht abzusehen, daß die Japaner die Frontlücke in Kürze abwürgen und in den unbesetzten Raum eindringen würden.

Chengyu rüstete sich im ungünstigsten Augenblick zur Flucht. Denn nun folgten viele, vor allem Frauen, dem gleichen Impuls. Sie bat Allen, sie zu begleiten, und er kam. Und der Diener war bei ihr, jener, den die Kinder »Alte Kuh« nannten. Allen erinnert sich auch an eine Magd, die mit ihnen ging, vielleicht war sie die Amme der kleinen Anna. Jedenfalls waren sie vier Erwachsene, drei kleine Kinder und ein Säugling, die Tag für Tag am Straßenrand ausharrten und die Fahrer überfüllter Busse vergeblich um Mitnahme anflehten. Natürlich hätten viele Fahrer sie mitgenommen, hätte Chengyu sie bestechen können. Doch der Dollarfluß aus Peking war versiegt, abgewürgt von der japanischen Front. Nach Stellas Darstellung war Chengyu nahezu mittellos, als sie aufbrach.

Stella erzählte mir, ihre Mutter habe meines Vaters Bruder Fu K'uan um Reis für die Flucht gebeten. Doch als sie »Alte Kuh« zu ihm schickte, damit er ihr das Erbetene brächte, habe der Leiter des Opiumkontrollbüros ihn mit leeren Händen fortgeschickt. Dabei habe Chengyu dem leichtsinnigen Schwager, als er vor Jahren völlig abgebrannt aus Shi Long An in Fuzhou angekommen war, mit zweitausend Silberyuan unter die Arme

213

gegriffen. Nun jedoch, als sie ihn ihrerseits um Hilfe bat, sei er kein armer Mann mehr gewesen. Er habe seine staatlich lizenzierte Drogenpaste, wenn er sie staatlich lizenzierten Kunden verkaufte, auf einer manipulierten Waage gewogen. Er habe bei jedem Wiegevorgang eine unauffällige Menge einbehalten und den gesammelten Schwund an nicht berechtigte Käufer unterderhand verkauft. Da ich über meinen Onkel Fu K'uan nie etwas Schmeichelhaftes gehört hatte, glaubte ich Stella die Geschichte.

Doch Stella war damals nicht dabeigewesen. Aus ihr sprach also abermals ihre zum Zeitpunkt meiner Befragungen neunzigjährige Mutter Chengyu, die in einem Krankenhaus von Seattle auf den Tod wartete und sich vom Sterbebett wieder erhob. Aber Allen war dabei. Und Allen sagt: »*Nonsense,* wir brauchten niemand um Reis zu anzubetteln, wir hatten Geld. Chengyu war eine wunderbare Frau. Aber sie und Fu K'uan waren *bad blood.* Denn er hatte Vaters erste Frau geliebt, meine Mutter Wu Mei.«

Die Guomindang hatte die Greueltaten der Japaner propagandistisch verbreitet. So war es das pure Entsetzen, das die Fliehenden mit Schubkarren, Rikschas, Jochstangen und die Glücklicheren in Lastkraftwagen oder Limousinen auf die Landstraße trieb. Wer einen Platz im Bus bekam, verschnürte seine Habseligkeiten auf dem Dach und verlor auf der holprigen Fahrt Stück um Stück. Busse blieben mit gebrochenen Achsen liegen. An der Straße warteten Schnapphähne auf eine Gelegenheit zum Diebstahl. Doch die großherzige Chengyu hatte an vielen Orten Freunde. Manche nahmen sie ein Stück im Auto mit. Außerdem hatte sie in Allen und ihrem Diener »Alte Kuh« zwei unermüdliche Helfer. Allen war jetzt zwanzig. Seine kleinen Halbgeschwister nannten ihn *Hou Koko,* »guter alter Bruder«.

Die Flüchtlingsgesellschaft schaffte es durch den Korridor zwischen den japanischen Truppen hindurch. In Hungzhiang, einer Stadt in der Provinz Hunan, wurde sie von einem Verwandten Chengyus aufgenommen. Allen ließ sich von einem Mitärlaster nach Chongqing mitnehmen. Chengyu jedoch blieb mit den anderen Kindern ein ganzes Jahr in Hunan, bevor auch sie weiterreiste. In Hungzhiang gingen die Kinder morgens um vier in die Schule. »Alte Kuh« trug die sechsjährige Paula auf seinen Schultern dorthin. Jetzt hatte Chengyu wirklich kein Geld mehr. Vor dem Haus, in dem der Verwandte sie mit ihren Angehörigen aufgenommen hatte, verramschte sie ihren wertvollen Schmuck und ihre Seidenstrümpfe an Passanten. Im Sommer 1942, nach zweieinhalbjähriger Trennung von ihrem Mann, traf sie schließlich in Chongqing ein. Weshalb sie nicht früher zu ihm gefahren war, haben meine Geschwister mir nicht erklärt. Es bleibt anzumerken, daß es den Japanern nie gelang, den Fluchtkorridor in Gänze zu durchstoßen.

*

Seit die Regierung in Chongqing war, flog die japanische Luftwaffe Bombenangriffe auf die Stadt, Tag für Tag und – wenn der Morgennebel über dem Jangtse früh verdunstete – bis zu zehnmal am Tag. Mein Vater kam im Winter, der Fluß führte Niedrigwasser. Beiderseits seiner gischtenden Stromschnellen hatte er eine Mondlandschaft entblößt: Geröllstrände, auf denen, dem Wasser entstiegen, das Bambusgestänge der Reusenfischer im Abglanz des Himmels bleichte. Mein Vater kam in die Stadt, die ich ungefähr zur selben Zeit auf einem deutschen Illustriertenfoto als verdutzter Knabe sah. Sie war auf Erdbuckeln erbaut und von schartigen Felshängen umstellt. Auch an ihnen hingen Häuser, sie schienen sich an sie zu klammen. Treppen stiegen bergan wie Himmelsleitern. Die Menschen hatten tiefe Stollen in die Felsen getrieben. Dahinein verkrochen sie sich, wenn die Bomber kamen. Und mancher fand nicht wieder heraus. Als Allen in Chongqing war, sah er während eines Bombenangriffs, wie eine Tunnelöffnung getroffen wurde. Ein darüber ihr auskragender Berg stürzte ein, und der Tunnel, der die Menschen vor dem Tod bewahren sollte, wurde ihnen zum Grab.

Der Krieg schien für China verloren. Chiang Kai-shek und Mao Tse-tung, dessen Rote Armee als Achte Marscharmee dem Generalissimus unterstand und im Norden einen bravourösen Guerillakrieg führte, hatten die ertragreichsten Böden und mit den ostchinesischen Städten jegliche Industrie verloren. Der Gimo war über die »Burmastraße« mit englischem Kriegsmaterial beliefert worden. Die tausendeinhundert Kilometer lange Dschungelpiste hatten Chinesen – Männer, Frauen, Kinder – streckenweise mit ihren nackten Händen gebaut. Sie hatten Felsklötze mit pulvergefülltem Bambus gesprengt und waren zu Tausenden am Sumpffieber gestorben. Ihre Leiden hatten die nach der britischen Kolonie Burma (heute Myanmar) benannte Dreckspiste in aller Welt berühmt gemacht. Der Nachschub rollte von den burmesischen Häfen am Golf von Bengalen zur Provinz Yunnan in China – bis die Japaner den Norden der französischen Kolonie Indochina (heute Vietnam, Kambodscha und Laos) eroberten. Sie versprachen den Burmesen die Unabhängigkeit, und die ließen sie über die laotische Grenze ins Land. Seither war Chiang Kai-shek die Lebensader abgeschnitten.

In dieser Situation ernannte der Generalissimus meinen Vater zum stellvertretenden Chef des Materialwirtschaftsbüros der Regierung. Zu seinen Aufgaben zählten die schnelle Beschaffung von kriegswichtigen Gütern aus den japanisch besetzten Gebieten, der Ankauf von Gold und, da er ein Finanzexperte war, die Emission einer neuen Papierwährung, des *Fabi*. Sein Vorgesetzter war ein General. Er hieß Dai Li. Weil Dai Li noch einen wichtigeren Posten hatte, leitete mein Vater die Behörde im wesentlichen ohne ihn. Dai Lis anderer Job, dem er seine Zeit, seine gesammelte Aufmerksamkeit und all seine heimtückische Schläue widmete, war der eines Geheimdienstchefs der Armee. Mit dem Geheimdienst, dem nicht nur die Militärspionage, sondern auch die Bespitzelung chinesischer Bürger oblag, hatte mein Vater nichts zu tun.

Dai Li war fünf Jahre älter als mein Vater. Er war die Art Gemütsmensch, dem jeder einen Gebrauchtwagen abgekauft hätte: gut genährt, verbindlich, von täuschend sanftem Aussehen. Doch er war der meistgefürchtete Machthaber in China. Seine Lehrjahre hatte er in der Grünen Gang von Schanghai absolviert. Der Pate der Grünen Gang, Du Xuesheng genannt, »Großohr-Tu«, hatte ihn zu Chiang Kai-sheks Militärakademie Whampoa entsandt, und dort war er Offizier geworden. Er hatte mit dem Frontmann der »Chinesischen Liga zum Schutz der Bürgerrechte« einen Gegner Chiang Kai-sheks ermorden lassen und später auch den Herausgeber einer dem Gimo unliebsamen Schanghaier Zeitung. Sein Geheimdienst trug den euphemistischen Titel »Büro für Ermittlungen und Statistik«. Dai Li befehligte mehr als hunderttausend Spitzel, viele davon in Chongqing. Sie erschossen ohne viel Federlesens Verdächtige, zum Beispiel jeden, der sich während eines Bombenangriffs mit dem Taschentuch den Angstschweiß auf der Stirn trocknete. Für Dai-Lis argwöhnische Agenten war die unüberlegte Gebärde ein Signal an die japanischen Piloten. Dem Gelynchten zogen sie dann die Schuhe aus, damit sein Geist sie nicht verfolgen konnte.

Mein Vater verschlankte seine personell aufgeblähte Behörde um ein Drittel der Beamten und führte, wie er zufrieden schrieb, »einen sehr straffen Führungsstil« ein. »Ich genoß das volle Vertrauen Dai Lis«, schrieb er. Zu mir hat er nie über seinen Hexenmeister gesprochen. Ein beklemmend anmutendes Geschick hatte ihm auferlegt, einem Mann zu dienen, den das Volk zu Recht fürchtete. Parasitär war das Regime der Guomindang freilich insgesamt, und mein Vater hatte sich ihm verschrieben. Als Kader des Regimes hatte er kaum eine Wahl.

Doch in seinem Wirken folgte er seinen sittlichen Leitbildern. Als sein Leben zu Ende ging und in Taiwan eine oppositionelle Demokratiebewegung die Alleinherrschaft der Guomindang herausforderte, unterstützte er sie. In diesem Licht sehe ich ihn. Er bewarb sich nicht um das Amt, das Dai Li ihm gab. Dai Li kam zu ihm. Ich weiß nicht, ob mein Vater seine Wertschätzung erwiderte. An seiner Loyalität jedoch ist nicht zu zweifeln.

*

Ein Jahr nach Chengyus Ankunft in Chongqing, 1943, starb in Shi Long An mein Großvater. An jenem Tag waren die Japaner wieder auf dem See. Sie preschten in ihren flach liegenden Booten am Ufer entlang, doch sie gingen nicht an Land. Sie respektierten die kommunistischen Guerillas der Vierten Chinesischen Armee, die in Anhui großflächig eingekesselt war. Als ein japanisches Boot laut aufheulend auf den Uferabschnitt zuraste, über dem Großvaters Haus stand, kletterte der Zweiundachtzigjährige aufgeschreckt über eine Mauer. Dabei verletzte er sich so schwer, daß er kurze Zeit später starb. Eine jener Frauen, die unter den vier kleinen Grabsteinen neben dem seinen ruhen, war in seiner letzten Stunde bei ihm. Sie hieß He, und da mir von einer Hochzeit meines verwitweten Großvaters nie etwas mitgeteilt wurde, muß ich annehmen, daß sie die Pflichten einer Konkubine versehen hatte, zumindest die häuslichen. Da sie erst 1976 starb, also dreiunddreißig Jahre nach ihm, muß sie um einiges jünger gewesen sein als er. Die alten Clanmitglieder in Shi Long An sagen, mein Großvater sei bis zu seinem letzten Tag ein starker und gesunder Mann gewesen.
Fu Hou, meines Großvaters einziger Sohn, der das Dorf nicht verlassen hatte, bettete den Toten in dem Sarg aus teurem Nanma-Holz, den mein Vater dem Lebenden geschenkt hatte, als er verstimmt aus Fuzhou abreiste. Der Sarg wurde fugendicht ver-

nagelt, mit hundert Pfund blütenweißem Lack rundum versiegelt und in der Halle aufgebahrt. Dort stand er ein ganzes Jahr, bevor er in die Erde kam. Mit der lange währenden Aufbahrung gaben die Hinterbliebenen dem Dorf zu wissen, wie sehr sie des Alten Ableben betrauerten. Die taoistische Totenklage war demselben Lippendienst geweiht. Die Trauerfeier währte sieben Tage. Das war der langwierigste Totenkult, der einem entseelten Chinesen üblicherweise gewidmet wurde. Eine Vielzahl papierener Votivgaben – Häuser, Schweine, Ziegen, Lämmer, Silberstücke, Gold- und Silberbarren – wurden vor dem Sarg verbrannt. Tag für Tag rührten taoistische Mönche die Trommeln, andere fiedelten auf der Erhu und der Zhonghu, Saiteninstrumenten, die der abendländischen Geige und der Bratsche ähneln. Leute, die meinem Großvater nie freundlich gesinnt waren, nahmen dennoch an der Zeremonie teil. Auch Chen Yi, in Fujian einst meines Vaters illoyaler Regierungschef, erwies dem Toten, obgleich er ihn gar nicht gekannt hatte, den Respekt. Er schickte eine imposante Holztafel, in die ein ehrfürchtiges Gedicht geschnitzt war.

Niemand im Dorf verstand, daß mein Vater nicht zur Trauerfeier kam. Die Japaner waren im Land, gewiß, aber andere schafften es auch durch die feindlichen Linien. Daß auch sein Bruder Fu K'uan nicht gekommen war, beklagten die Dörfler weniger, denn in ihm hatten sie immer einen Windhund gesehen. Aber Chang Kuo Wei, jener unter den Söhnen, der seinem Vater am meisten verdankte? Sie warteten auf ihn. Sie sehnten ihn herbei. Schließlich war er des Dorfes prominentester Sohn. Plötzlich sahen sie zweimal kurz nacheinander am Himmel ein Flugzeug. Da atmeten sie auf. Sie waren überzeugt, daß mein Vater über das Dorf hinweggeflogen war. Wahrscheinlich hat er keinen Landplatz gefunden, dachten sie. Jetzt waren sie zufrieden.

Fast ein Menschenleben später sprach ich in Shi Long An unter einem durchlässigen Bambusdach im grauen Frühlingsregen mit einer alten, mir verwandten Frau. Mein Dolmetscher Liu Sijia saß bei uns und übersetzte. Auf ihren alterswehmütigen Augen schimmerte ein feuchter Glanz, während sie sprach. Sie sagte, mein Vater habe, statt nach Hause zu kommen, einen Brief geschrieben. Er diene dem Staat, habe er wissen lassen, er könne nicht zugleich der Familie dienen. Mein Vater habe einen großen Geldbetrag für die vielen schönen Seidenbanner geschickt, die über dem Haus und der Trauergemeinde flatterten. Die Frau äußerte sich mit dem Diskant der alten Chinesinnen, jedoch nicht anklagend, nicht wehleidig. Ich meinte zu fühlen, daß sie meinen Vater ihr Leben lang geliebt hat. Ich hätte sie fragen können, wie es sich mit den Frauen meines Großvaters verhielt und wer die Mutter von T'ung Yin war, der Lieblingsschwester meines Vaters. Die alte Frau hatte nie geheiratet, ihr Name steht nicht im Familienbuch, und ich fühlte, daß sie mitteilsam war. Doch mir wollte die peinliche Frage nicht über die Lippen.

Als die Hinterlassenschaft meines Großvaters aufgeteilt wurde, entfiel auf die lebenden Brüder meines Vaters, Fu Hou und Fu K'uan, sowie auf ihn selbst je ein Viertel. Das vierte Viertel bekamen zwei männliche Nachkommen Fu Chungs, des 1910 verstorbenen ältesten Bruders meines Vaters. Einer war Ming Hsin, der heute in Shi Long An der Clanchef ist, nach dem Verfall der bäuerlichen Traditionen freilich mit bezweifeltem Ansehen. Großvaters Töchter gingen natürlich leer aus. Mein Vater überantwortete den auf ihn gefallenen Anteil seinem Bruder Fu Hou. Der war meines Großvaters Erbfolger in der Würde des Clanältesten. Da mein Vater nie ins Dorf zurückkehrte, verblieb der Anteil bei Fu Hou, der somit der reichste Mann im Dorf war. Ihm waren sechs Jahre beschieden, sich dieses Privilegs zu erfreuen. Dann nahmen ihm die Kommunisten das Land und auch sein Leben.

*

Die von meinem Vater im Auftrag und der Verantwortung des Finanzministers H. H. Kung emittierte Währungseinheit Fabi war hochinflationär. Im Einvernehmen mit Chiang Kai-shek hatte der Finanzjongleur die Silberdeckung annulliert. Nun konnte die Regierung den zunehmend defizitären Staatshaushalt nur noch ausgleichen, indem sie immer mehr und immer schneller Fabi-Noten drucken ließ. Die Menge der auf dem Markt umlaufenden Fabi hatte sich in nur acht Monaten um etwas mehr als das Dreifache vermehrt. Daraufhin publizierte die Regierung keine Haushaltspläne mehr. 1944 hatte die chinesische Währung nur noch ein Fünfhundertstel des Wertes, den sie bei Kriegsbeginn 1937 gehabt hatte. Die Inflation raubte einfachen Leuten erst das Fleisch und dann die Bohnen, als Nahrung blieben ihnen Reis und Hirse. Leitende Regierungsfunktionäre wie mein Vater erhielten Sonderrationen. Doch er verlor eine erquicklichere Lebensspeise: sein Weib. Auch das war, sieht man das Geschehene kausal, eine Folge der Inflation.

Es kam so: Zwischen meinem Vater und der Zhung-Yüan-Papierfabrik, die in immer größeren Mengen den Fabi druckte, war ein beamteter Mittelmann tätig, der Huang Zhuo hieß. Er hatte in London Wirtschaftswissenschaft studiert, war also ein gebildeter Mann, und mein Vater freundete sich mit ihm an. Sonntags gingen sie häufig miteinander essen, und eines Tages brachte mein Vater seine Frau mit. Die Dreierrunde fand sich oftmals zusammen, und dann kam der Abend, an dem Chengyu meinem Vater einen Tee aufgoß und sagte: »Ich glaube, der Mann liebt mich. Aber mach dir keine Sorgen.« Mein Vater machte sich keine Sorgen. Sogar als Chengyu sich ihm eines Nachts verweigerte und die Verweigerung mit der nach fünfzehn Jahren sexueller Geneigtheit überraschenden Bekundung rechtfertigte, Sex sei für den Leib nicht gesund, war er nicht sonderlich beunruhigt. Und als sie wenige Nächte später seinen Penis so heftig quetschte, daß er ihm sechs Monate lang weh tat, mißdeutete er auch dieses Signal.

In ihrer Gebärdensprache verfügten chinesische Frauen, da ihnen das unverblümte Wort nicht gegeben oder gestattet war, über ein weitgefächertes Repertoire. Doch mein Vater war der Deutung dieses Codes nicht mächtig. Er dachte sich, seine Frau habe ihm sagen wollen, daß er sie sexuell nicht befriedige. So war er völlig entgeistert, als er die Kinder eines Abends ohne ihre Mutter antraf. Chengyu hatte ihn verlassen, ihn und ihre Kinder.

Sie hinterließ ihm einen Brief, in dem sie schrieb, ihrer beider Liebe sei erloschen. Sie müsse fortan ihren eigenen Weg gehen und ließe ihm seine Kinder, denn nach den Begriffen der Familientradition waren sie das: »seine« Kinder. Daß sie zu ihrem Liebhaber ging, nämlich zu Huang Zhuo, oder wohin überhaupt, ließ sie unerwähnt. Mein Vater übergab einem Polizisten namens Yü einige Fotos von Chengyu und beauftragte ihn, sie in der Stadt zu suchen. Der Polizist zeigte jedem, den er traf, die Fotos. Und er fand sie. Chengyu hatte sich am jenseitigen Ufer des Jialing Jiang, eines Flusses, der bei Chongqing in den Jangtse mündet, mit ihrem Liebhaber in einer wenig wohnlichen Absteige verkrochen. Die beiden gaben sich als Eheleute aus.

Nirgends in seiner Erinnerungsschrift hat mein Vater sich derart offen und so sehr *en détail* mitgeteilt wie in der Schilderung seiner letzten Ehetage. Seine Gefühle enthüllt er natürlich auch an dieser Stelle kaum. Soweit ich der Übersetzung seines Manuskripts trauen kann, war er nicht von Sinnen vor Kummer, nicht larmoyant. Aber er suchte die Schuld auch nicht bei sich selbst. Es kam ihm offenbar nicht in den Sinn, daß er seine Frau allein gelassen hatte, wenn er wochenlang abwesend oder anwesend wortkarg gewesen war. Er war nur gänzlich verständnislos, war ihm doch etwas widerfahren, was im damaligen China kaum ein Beispiel hatte. Selbst wenn Stella zu Recht behauptet, er habe in Chongqing eine Geliebte und ein zweites Haus gehabt, mußte ihm Chengyus Verhalten unverständlich erscheinen. Chinesische Frauen hielten bei ihren Männern aus, selbst wenn sie mit deren Konkubinen Wand an Wand leben mußten. Sie schickten sich ins Übliche. Doch Chengyu war anders. Sie war eine Nora, Ibsens unabhängig denkende, über sich selbst bestimmende Nora, die Kultfigur der weiblichen Jugend Chinas. Als ich Allen bei meinem ersten Taiwanbesuch kennenlernte und er von Chengyu erzählte, fühlte ich, wie sehr er sie bewunderte. Sie war dreiunddreißig gewesen, als er damals ins Haus kam und die Kinder laut heulend auf ihn zurannten und schrien: »Ma ist weg!« Ich glaube, Allen hat diesen Augenblick schmerzlicher erlebt als Vater.

Chengyu heiratete Huang Zhuo. Erst als sie nach einigen Jahren auch ihm durchbrannte, wurde sie, was sie vielleicht immer hatte sein wollen: eine autonom lebende Frau. Als Mao in China siegte und fast jeder Chinese reicher Herkunft nach Taiwan floh, blieb sie in der Volksrepublik. Meine Halbschwester Paula suchte ihre Mutter in den späten siebziger Jahren. Sie fand sie in einer soeben vom Erdbeben zerstörten Stadt, in Tianjin, der südöstlich von Peking am Kaiserkanal gelegenen drittgrößten Millionenstadt Chinas. Die damals weit über sechzigjährige Tochter einer glanzvollen Familie der Gentry bewohnte ein stickiges, enges Zimmer. Sie hatte ein Bett, einen Schrank und einen Tisch. Kohleherd und Abtritt waren vor der Tür. Paula holte sie zu sich nach Brühl. Später brachte sie ihre Mutter zu Stella nach Seattle.

Als mein Vater seine Memoiren schrieb, war Chengyu noch untergetaucht in der Volksmasse Rotchinas. Wie hätte er vorhersehen können, daß sie unter ihre Kinder treten und ihn des Konkubinats bezichtigen würde? Auf seine spröde Weise hat er sie sicherlich geliebt. Denn am Ende seiner nüchternen Klage, in der er sich ihrer erinnert, rang er sich doch noch eine Wendung ab, die mich seinen unbesänftigten Schmerz fühlen läßt. Mein Vater schrieb: »Vielleicht denkt sie manchmal an mich.«

DIE ADRESSE

Ich hätte nach Gesches Tod nicht in Berlin bleiben dürfen. Die Stadt der Zimmervermieterinnen war mir zur Gedächtnishölle geworden, sie machte mich krank. Täglich mehrmals durchsichelte ein scharfer Schmerz mein Gedärm und ließ mich erst los, wenn ich lag. Nachdem Gesches Freitod der Polizei gemeldet worden war, hatte die Kripo unser Zimmer versiegelt; ich fand mich ausgesperrt. Ich war durch die Nacht geirrt. Meine Not hatte mich zu jener Vollzugsbeamtin getrieben, die Gesche einst bei sich aufgenommen hatte. Sie hatte mir ihre Wohnungstür geöffnet und sie erschreckt wieder zugeschlagen. Sie hatte mich nie gesehen und wußte doch, wer ich war. Der kurze Blick, den sie mir gewährte, erfaßte ein wachsames, herbes Gesicht und eine Miene jäh aufgestörter Feindseligkeit. Was hatte ich von ihr erwartet? Trost? Aus ihren Augen sprach ein Urteil, dem ich mich längst gebeugt hatte: Ich war schuldig. Neben meinem Studium jobbte ich, mal als Teppichausklopfer, mal als Kanalarbeiter, einmal als Ofensetzergehilfe, schließlich als Straßenwerber für den Bertelsmann-Buchclub. Dessen Obervertreter hatte mich in einen mit goldgeprägten Buchdeckeln dekorierten Campinganhänger gesetzt und ihn in einer besuchten Geschäftsstraße geparkt. Ich sollte auf die Vorübergehenden zugehen und ihnen eine Mitgliedschaft im Buchclub aufschwatzen. Für jeden »Abschluß« war mir eine Provision zugesagt. Mein verkäuferischer Elan war indes vom Hausierhandel mit unzerbrechlichen Kämmen aufgezehrt. Meist hockte ich in dem Campingwagen und las die Bücher, für die ich werben sollte. Wenn in des Führers Reichshauptstadt wirklich jemand Camus oder Tucholsky lesen will, sagte ich mir, dann wird er wohl zu mir hereinkommen. Nach Stunden kam tatsächlich jemand: das Mädchen, das meine zweite Frau werden sollte.

Zuerst sah ich nur einen kurzgeschnittenen, lohfarbenen Haarschopf, denn die Eintretende mußte den Kopf beugen, um durch das niedrige Einstiegsloch zu gelangen. Dann hob sie den Kopf, lachte, und ich geriet in das Magnetfeld, das sie umgab. Nichts an ihr erinnerte mich an Gesche. Sie war eine Frau, in der kein Mann eine andere gesucht hätte. Ihr Haar war nie an die Brennschere eines Friseurs geraten. Sie hatte ungeschminkte, üppige Lippen. Ihre grauen Augen waren voller Humor und drückten die Selbstgewißheit aus, die bei Mädchen die Gewißheit eigener Anmut ist. Boshaftes Weibsvolk hätte sie, wie es früher hieß, »vollschlank« genannt, denn sie stand in des Fleisches sinnbetörender Blüte. Sie war siebzehn, und sie hieß Sabine.

Sie studierte im Lette-Haus Fotografie. Schon wenige Wochen nach dem Flirt im Campingwagen zog sie weg, und ich hatte nur noch ihre Briefe. In Elmshorn, einer nüchternen Kleinstadt, in der alles Leben der nahen Hafenstadt Hamburg zufloß, hatte sie bei einem Allerweltsfotografen eine Lehrstelle bekommen. Ihr Lehrherr hatte ein Atelier mit großem Schaufenster, in dem er Porträts und Hochzeitsbilder ausstellte. Doch er knipste auch nach Art eines Reporters, nämlich für das Lokalblatt, das im Titelkopf *Elmshorner Nachrichten* hieß und die doppelseitige Beilage der Kreiszeitung war. In der Redaktion saß ein einziger Redakteur. Diesem gewissenhaften Journalisten, der abzüglich der Anzeigen jeden Tag zwei Seiten vollschrieb und den die Elmshorner trotzdem »Schnecke« nannten, brachte Sabine nachmittags die Bilder, die ihr Chef für die Morgenausgabe fotografiert hatte.«Schnecke« war einer jener namenlosen Helden, die allen Lorbeer welken lassen, um der Schläfrigkeit einer kleinen Stadt das tägliche Ereignis abzuringen. Er war glücklos verheiratet, glaube ich. Jedenfalls machte ich mir, als ich ihn kennenlernte, ein Bild davon, wie er in seiner einsamen Dichterklause an Sabines sinnlicher Präsenz erblühte. Sabine machte sich seine Huldigung zunutze und empfahl ihm mit der Wärme ihres Lächelns meine schreiberischen Talente. Dann schrieb sie mir, er wolle mich als freien Mitarbeiter. Ich kaufte von meinem letzten Stipendium ein Ticket und flog, denn auf dem Landweg die überwachte DDR zu durchqueren wagte ich nicht, nach Hamburg.

In der Sekunde, in der ich dem Flugzeug entstieg, spürte ich in meinem Magen ein sattes, befreiendes Klicken. Ich hatte das Gefühl, es schaltete sich darin etwas ab. Wahrhaftig verließ mich in diesem Moment das chronische Magenstechen. Gesches Freitod hatte mir das Leben geschenkt. Mit ihrem Selbstopfer hatte sie mir nicht das Herz zerreißen wollen, wie Mama ihr nachsagte. Sie hatte mir die Bürde abnehmen wollen, die sie mir geworden war, denn sie war sich selbst eine Last. Und ich war entbürdet! Das Entsetzen zerbrach mich nicht. Schon bald befand ich mich auf dem Aufstieg vom Nichtsein ins Sein. Doch nach allem, was Gesche mir gewesen war, Purpurfee und Hexe, nach allem, was ich an ihr, mit ihr erlitten hatte, erschrak ich an mir selbst, fand ich doch allzu schnell, beschämend schnell, wie ich fand, zum Leben zurück. Meine Vitalität war nicht beschädigt. Eine sanfte seelische Gebrechlichkeit blieb, ein Grundton von Trauer, der mit den Jahren leiser wurde.

Nach der Oberschule und dem Volontariat beim *Telegraf* hatte ich nun auch das Studium geschmissen. Bei Sabine zu leben und für zehn Pfennig Honorar pro gedruckter Zeile der Reporter eines Käseblatts zu sein, erschien mir lockender als das Diplom in der Kunst des Möglichen. Ohnehin wollte ich doch nur schreiben. Schreibend wollte ich dem Desaster meines Lebens kleine Triumphe abgewinnen, nun, da ich, eben noch zerstört, zum Leben erwacht war und zur Liebe.

Sabine wurde bald schwanger, und im Februar 1955 heirateten wir. Sieben Monate danach gebar sie unseren Sohn Stefan. Daß ich jetzt eine Familie hatte, änderte meine Lebensplanung erneut. Von einem Familienvater wurde erwartet, daß er, wie es in des Bürgers Sprache damals hieß, »eine gesicherte Position« hatte. Eine Position aber war eine vertraglich gesicherte Anstellung. Ein »Zeilenschinderjob« ohne Kündigungsschutz und Pensionsanspruch bei einer Kleinstadtgazette war keine Position. Da traf es sich, daß mir eine Firma, die Büromöbel und Büromaterial im benachbarten Barmstedt herstellte, einen Arbeitsplatz als »Werbeleiter« anbot, nachdem ich für einen ihrer Prospekte den Text geschrieben hatte. Ich griff zu und verdiente jetzt vierhundert Mark brutto im Monat, das waren zweihundertdreißig netto, fast das Doppelte dessen, was ich mir bei »Schnecke« erschrieben hatte. Zu leiten hatte ich als »Werbeleiter« nichts. Ich redigierte eine Verkaufspostille, tippte einschläfernde Fachartikel, betextete Prospekte und entwarf dafür sogar die Layouts. Das machte ich mit einiger Hingabe. Doch auf Messen, später auch beim Fachhandel, mußte ich mir zum dritten Mal in meinem Leben die Großtat abringen, die ich am wenigsten konnte und am meisten haßte: das »Verkaufsgespräch«. Ich glaubte, ich würde mit dem Schacher nur eine Schrecksekunde füllen. Doch der Bürohandel wurde mein Purgatorium, dreizehn verlorene Jahre lang.

Im Jahr nach unserer Hochzeit wurde Sabine wieder schwanger. Im achten Monat verlor sie unser Kind. Es war ein Mädchen, sie hatte es sich gewünscht und es Bettina nennen wollen. Der Verlust hatte sie mitgenommen. Sie war noch im Krankenhaus, als ich in Elmshorn den protestantischen Pfarrer aufsuchte, weil ich ihn bitten wollte, unser totes Kind zu beerdigen. Doch er sagte, dieses Kind müsse mit seinem und dem Segen des Herrn nicht bestattet werden, denn es sei noch kein Mensch gewesen. Ich solle mich darum nicht kümmern, sagte er, das Krankenhaus würde es entsorgen. Also begrub ich unser Kind ohne den Trost der Kirche, für die es noch kein Mensch war, ein Mensch aber gewesen wäre, hätten wir es abgetrieben. Mit mir ging der Totengräber, der in der regennassen Erde eine Grube ausgehoben hatte. Von der Kapelle bis zum Grab trug er, gemessen an meiner Seite schreitend, den kleinen Sarg auf seinen offenen Händen. Niemand anderes war bei mir. Friedhofsgängern erstarrte der Schritt, als wir an ihnen vorbeikamen. Der Totengräber ließ den Sarg in die Grube gleiten. Dann zog er seine Mütze, faltete die Hände und sprach ein Vaterunser. In diesem Augenblick wuchs er über die Kirche und den Priester hinaus, und ich war ihm dankbar. Ich warf Erde auf den Sarg.

Ich blieb fast vier Jahre bei der Barmstedter Firma. Sie wurde nach Gutsherrenart geführt: despotisch, die Angst der Angestellten bestimmte das Betriebsklima. Oft machte ich bis in die Nacht hinein Überstunden. Zu Hause hatte ich kein Telefon, ich konnte Sabine nicht anrufen. Sie wartete auf mich voller Unruhe. Und wenn ich gegen Mitternacht nach Hause kam, entlud sich ihre gestaute Sehnsucht in Gezänk, nicht weil sie mir mißtraut hätte, sondern weil wir eines Abends beraubt waren und mit ihm der Zärtlichkeiten, die er uns verheißen hatte. Sabine sagte: »Ich kann mich einfach nicht daran gewöhnen, daß die Frau immer und immer zurückstehen muß. Du findest Befriedigung in deiner Arbeit. Wie gerne hätte ich auch eine Arbeit. Doch ich habe nur die Arbeit im Haushalt, eine Mühe, die nie ein Ende findet.« Dem fügte sie ergeben eine damals gänzlich zeitgemäße Einsicht hinzu: »Aber dafür sind wir Frauen ja leider geboren.«

Ich ließ mich von einem Konkurrenzunternehmen abwerben, das seinen Sitz im hessischen Gießen hatte. Jetzt war ich ein Büromöbelexperte, in der Branche bekannt geworden durch die Kundenzeitschrift. Nach einem weiteren Jahr hielt es mich auch dort nicht mehr. Ich kehrte, von meinem früheren Arbeitgeber gebeten und mit höherem Entgelt geködert, in seine Tretmühle zurück. Dreizehn Monate später wurde ich abermals abtrünnig und wechselte zu einem Kölner Unternehmen der gleichen Branche. Wie ein Frosch in der Steppe, der das Wasser sucht, hüpfte ich von Firma zu Firma. Mit Werbung hatte ich bald nichts mehr zu tun, ich stieg in die »Verkaufsberatung« auf. Wie Millionen Angestellte, denen der Olymp ihres Lebens aus dem Blick geriet, war ich blind für den Traum, der mich einst beflügelt hatte. Ich mühte mich, lässig und fleißig in einem. In den Anfangsmonaten bei einem neuen Arbeitgeber gelang es mir, engagiert zu sein. Eine Zeitlang hatte ich sogar Erfolg.

Ich geriet immer tiefer in den Sog einer Karriere, die, ich wußte es, die falsche war. Alle diese Firmen waren mir gleichgültig, ihre Produkte waren es, und die Chefs, deren Günstling ich oftmals war, reizten meinen Spott. Nach jedem Firmenwechsel bekam ich ein schöneres Büro, einen größeren Schreibtisch, dann einen Dienstwagen und eine Sekretärin. Doch den Personalchef der Kölner Firma wies ich mit einem gebrüllten »Raus!« aus meinem Büro, nachdem er einen meiner Mitarbeiter gescholten hatte, weil der keine Krawatte trug. Doch ich konnte nicht gewinnen. Ich ekelte mich vor mir selbst. Ich war leer. Ich füllte die Leere mit den banalen Triumphen nächtlicher Zerstreuungen und verschwieg sie Sabine. Mit dreißig lernte ich in Berlin Karl Hagen kennen, den Chefredakteur der »BZ«. Der hätte mich als Redakteur im Feuilleton seiner Boulevardzeitung eingestellt. Der Kulturteil dieser Zeitung war dem Klatsch näher als dem Geistesleben, aber er wurde mit Gassenwitz geschrieben. In ihm sah ich meine Chance, im Journalismus neu zu starten und später vielleicht Reporter zu werden. Denn das wollte ich: ein Mann sein, der das Leben reflektiert, während er es lebt. Alles in mir schrie, diese Chance wahrzunehmen. Doch Sabine stellte sich mir entgegen, denn das Gehalt, das Hagen mir anbot, war im Vergleich zu meinem Verkäufereinkommen erbärmlich. Und ich gab mehr Geld aus, als ich mir leisten konnte. Sabine fing meinen Leichtsinn mit bitterer Entsagung auf, sie wollte sich nicht noch mehr einschränken. Wir fuhren an die jugoslawische Adria in Urlaub. Dort übernachteten wir in einem Studentenzeltlager statt im Hotel. Wir schliefen auf Strohmatten, wuschen uns am Strand und aßen die Gemeinschaftssuppe. Bald hatten wir wunderbare jugoslawische Freunde. Es waren unsere glücklichsten Wochen.

Im Januar 1959 gebar Sabine unsere Tochter Susanne. Da sie nachts niederkam, erlaubte mir die diensthabende Krankenhausärztin dabeizusein, das war damals ein mutiger Verstoß gegen die Regel. In jenem Jahr war ich bei der Gießener Büromöbelfirma, und wir wohnten bei Sabines Mutter in Bad Godesberg. Sie war als Gräfin von der Schulenburg ins Leben getreten. Ihr Ehemann, Sabines Vater bürgerlichen Namens, war in Hitlers Krieg als Offizier der Fallschirmjäger beim Absprung über Kreta gefallen. Meine Schwiegermutter war eine Aristokratin nobelster Essenz. Sie war Bürochefin der »Deutschen Gesellschaft für Auswärtige Politik« in Bonn. Doch mit den (oft angeheirateten) Gräfinnen, die später die Bühne betraten und als Public-Relations- oder Hotelmanagerinnen in die Hofberichte der Boulevardpresse drängten, hatte sie nichts gemein.

Sabines Mutter war im besten Sinne eine Preußin: zurückhaltend und leidensfähig. Zwei ihrer nahen Verwandten hatten das mißglückte Attentat auf Hitler mitgetragen. Himmlers Gestapo hat sie, wie zweitausend andere Widerstandskämpfer, nach dem 20. Juli 1944 in Plötzensee ermordet. Friedrich Werner Graf von der Schulenburg, der letzte deutsche Vorkriegsbotschafter in Moskau, hatte gegen den Einmarsch in die Sowjetunion opponiert. Fritz-Dietlof Graf von der Schulenburg, bis 1939 stellvertretender Polizeipräsident von Berlin, hatte zwischen getrennt wirkenden Widerstandsgruppen den Kontakt vermittelt und an der Planung des Attentats mitgewirkt.

Im fein gerunzelten Antlitz der Gräfin war all das versammelt, was die Überlieferung diesen Männern zuschreibt: Sittenstrenge, Pflichttreue, Toleranz, verzeihende Güte und das urpreußische »Mehr sein als scheinen«, das ihnen und ihr als Erbanlage in den Gestus gewoben war. Doch wer war ich, der ihr Kind geheiratet hatte? Rassisch wie rechtlich ein Bastard, ein außerehelich geborener halber Chinese, der von seinem Erzeuger den Namen, jedoch nicht die Adresse wußte. Ich fragte mich, wieviele Familien der nachkriegsdeutschen Bourgeoisie, die den Holocaust bagatellisierten und in Ressentiments verharrten, über einen solchen Schwiegersohn die Nase gerümpft hätten. Die Gräfin jedoch sah in meiner Blutmischung fast eine andere Art Adel. Es gefiel ihr, daß ich ein Halbblut war. Sie bestand darauf, daß ich auf meinen Geschäftsreisen ihre adligen Verwandten besuchte, fast so, als wollte sie der Mischpoke Gelegenheit geben, in mir den Ebenbürtigen zu achten. So saß ich bei Rittergutsbesitzern wie beim Rennleiter der Firma Porsche zu Tisch und besuchte mit Sabines Onkel Hubert von Meyerinck, einem bekannten Filmschauspieler, Münchner Premierenfeiern. Es war das erste Mal, daß ich mich als ebenbürtig, nein, als herausgehoben empfand. Als meine Schwiegermutter ihrem Tod entgegendämmerte, mehr als drei Jahrzehnte nachdem ich von ihrer Tochter geschieden war, schrieb sie mir auf dem Sterbebett mit schwindender Kraft einen Brief. Er hatte zwei Seiten und begann lesbar mit der Anrede »Mein lieber Benno«. Die übrigen Wörter zerflossen, Zeile um Zeile, in unlesbar schütteren Wellenlinien, anrührend und insoweit beredt. Sabines Mutter wurde oft von ihrer Verwandtschaft besucht. Eines Nachmittags saß ein Herr von Kaiser am Tisch, der entfernt mit ihr verwandt war. Sie lenkte das Gespräch auf meinen Vater. Wir besprachen seine Unauffindbarkeit in der kommunistischen Volksrepublik. Herr von Kaiser arbeitete als höherer Beamter im Wiesbadener Statistischen Bundesamt. Nachdem ich ihm berichtet hatte, daß mein Vater im Statistischen Reichsamt tätig gewesen war, kam ihm ein Gedanke, der meinem

Leben Richtung geben sollte: Herr von Kaiser sagte, im Wiesbadener Bundesamt gäbe es Beamte, die vom Berliner Reichsamt übernommen worden waren. Und er versprach sich zu erkundigen, ob unter denen einer sei, der sich an den chinesischen Doktoranden jener Jahre erinnerte. Eine nie empfundene Hoffnung zuckte in mir auf.

Kurze Zeit danach schrieb Herr von Kaiser, er habe jemanden gefunden: die Bibliothekarin Barbara Juschke. Sie hätte schon im alten Berliner Amt die Bibliothek verwaltet und erinnere sich gut an diesen Chinesen. Er sei ein bescheidener, sehr höflicher junger Mann gewesen, der stundenlang still und konzentriert im Lesesaal gearbeitet habe. Barbara Juschke faszinierte die Möglichkeit, einem Sohn den Vater und einem Vater den Sohn zuzuführen. Sie schrieb an viele andere Ehemalige des Berliner Statistischen Amtes und fragte nach meinem Vater. Bei einem hatte sie Erfolg: Professor Hans Langelütke. Er war im Berliner Amt als Leiter der Abteilung »Ausländische Wirtschaftsstatistik« meines Vaters Chef gewesen. Langelütke, jetzt Vorstandsvorsitzender des IFO-Instituts für Wirtschaftsforschung in München, schrieb Frau Juschke: »Doktor Kowie Chang ist Professor für Statistik und Finanzwissenschaft an der Universität in Taipei und war vergangenes Jahr für neun Monate in Deutschland – in der Hauptsache in München, wo wir ihm im IFO-Institut einen Arbeitsplatz eingeräumt hatten.«

Ich war einige Male in München gewesen. Wie oft war ich auf fremde Chinesen zugegangen, auf Straßen, in Lokalen, und hatte sie ergebnislos gefragt, ob sie zufällig meinen Vater kannten, während er, das erfuhr ich jetzt, verwehten Spuren nachlief, um mich zu finden. Jetzt hatte ich seine Adresse: 10 Lane 24, Kin Men Street, Taipei, Taiwan.

Es war der September 1959. Ich war dreißig Jahre alt. Und ich schrieb meinem Vater einen ersten Brief.

Später Sieg und
letzte Flucht

Im Frühsommer 1944 fuhr Allen auf einem Militärlaster von
seinem letzten Fronteinsatz befehlsgemäß zum Armeeoberkommando nach Chongqing. Er war Oberleutnant der nationalchinesischen Armee. Die Straße führte an terrassierten Hü-
geln entlang durch den funkelnden Pflanzenwuchs des Roten
Beckens von Sichuan. Es gab nur wenige Straßen in Sichuan.
Die Provinz, so groß wie Frankreich, war gegen das übrige China nahezu isoliert. Der Nachschub für die Front wälzte sich
über diese Straße. Die Soldaten, die Allen entgegenkamen, gingen barfuß, ein paar trugen Strohgamaschen. Ihre maisgelben
Uniformen waren beschmutzt und verschlissen. Um den Hals
gewickelt trugen sie die wurstartigen Felleisen mit ihrer Reisra-
tion, einige hatten so viel gehamstert, daß sie kaum noch Kraft
für ihre Handgranaten und den Karabiner hatten. In ihren
bestäubten Gesichtern las Allen Ergebenheit und versteckten
Haß. Jedoch waren sie besser dran als die armen Teufel, die sie
vor sich hertrieben. Bei ihrem Anblick wurde Allen zum wiederholten Mal der Zweifel inne, die er an der Moral seines
christlichen Generalissimus hegte.
Diese Männer waren für den Kriegsdienst zwangsausgehoben.
Die Soldaten führten sie zu den Einheiten, denen sie zugeordnet
waren. Ein Uneingeweihter hätte sie für Sträflinge gehalten: Die

233

Unglücklichen waren mit langen, über der Hüfte geknüpften Seilen aneinandergefesselt. Für den Fall, daß ihnen trotzdem die Flucht gelang, hatte man ihnen das Haar bis zur Schädelmitte rasiert, so daß jeder den Deserteur erkennen konnte. Sie gingen barfuß, waren zerlumpt, viele waren durch Beriberi, eine Vitaminmangelkrankheit, und Unterernährung geschwächt. Der Koch, der sie auf dem langen Marsch zu ihrer Einheit verpflegen sollte, hielt beträchtliche Mengen der ihm zugeteilten Nahrungsmittel zurück und verhökerte sie an Zivilisten. Allen, der das wußte – und der nicht nur das wußte, denn inzwischen wußte er viel über die Willkür der Kommandeure und das Leid und die Ohnmacht der einfachen Soldaten –, Allen schämte sich für die Armee und sein Land. Die Hauptleute und Sergeanten, die ihre Opfer in den Dörfern gestellt hatten und ihnen nun mit dem Säbel am Zaumzeug voranritten, hätten seine Gefühle kaum verstanden, sie waren ohne Mitleid. Die zum Kriegsdienst gepreßten Männer waren ausnahmslos arm, denn reiche Bauern bestachen die Offiziere – sie handelten ihnen ihre Söhne wieder ab. Die Armen dagegen – im Reisfeld aufgestöberte Tagelöhner, Kulis, die sich im Gebüsch versteckt hatten, zufällig des Weges gekommene Wanderarbeiter – wurden aufgebracht. Ihre Würde, ihre Identität bedeutete den Offizieren nicht mehr als der Fliegendreck an ihrer Satteltasche. Gelang einem dieser unfreiwilligen Krieger die Flucht, griff sich der Offizier einen beliebigen anderen und gab ihm, damit die Liste stimmte, den Namen des Entflohenen.

Es hätte dem Oberkommando einleuchten müssen, meint Allen, daß es mit solchen Männern nur Kanonenfutter bekam. Ohnehin starb nahezu jeder zweite, den die Armee für die Front kassiert hatte, bevor er sie erreichte. Die Männer krepierten an Beriberi, an Hunger oder Erschöpfung. Insgesamt eineinhalb Millionen Zwangssoldaten kamen im Verlauf des Krieges ums Leben, ohne je Pulver gerochen zu haben. Als Allen in jenem Sommer nach Chongqing fuhr, wußte er, wie es um die Armee

234

bestellt war, die unter der Fahne der Guomindang kämpfte. Nicht die halbe Wahrheit hatte er indes gekannt, als er vor mehr als drei Jahren in diese Armee eingetreten war. Als er Chengyu und die Geschwister in Hunan zurückgelassen hatte und weitergefahren war, um in Chongqing bei unserem Vater zu sein, hatte er studieren wollen. Daß er dann freiwillig Soldat wurde, begründet er so: In der Universitätsbibliothek habe er Bismarcks *Gedanken und Erinnerungen* gelesen. Dessen defensive Politik nach 1871 habe in ihm einen patriotischen Nerv gereizt, er habe nicht abseits stehen wollen, während China angegriffen war.

Jedenfalls hatte Allen zwei Jahre an der Militärakademie in Chongqing zugebracht und war dann Leutnant geworden. Er war erst einem Panzerabwehrregiment zugewiesen worden, dann einer Transporteinheit. Aber schon der erste Einsatz seines Bataillons hatte ihn ernüchtert. Seine Fahrzeuge wurden nicht gegen die Japaner eingesetzt, sondern gegen Chinesen. Das Bataillon verlegte nationalchinesische Truppen und ihre Ausrüstung nach Hunan. Dort, im Süden des Jangtse, stand Mao Tse-tungs neue Vierte Armee gegen die Japaner. Doch die Soldaten Chiang Kai-sheks hatten nicht den Auftrag, die tapfer kämpfenden »Roten« zu entlasten. Sie wurden, wie Allen verdutzt begreifen mußte, gegen sie in Stellung gebracht. Der von der Guomindang und den Kommunisten vereint geführte Verteidigungskrieg gegen die Japaner war noch nicht gewonnen, da sicherten sich die Rivalen schon die Ausgangsstellungen für den Bürgerkrieg, der ihm folgen sollte.

Auf der Fahrt nach Chongqing wußte Allen nicht, welch neues Kommando ihn erwartete. Doch welcher Art es auch sein würde, er war sich jetzt schon sicher, daß es ihn aus seiner Frustration nicht erlösen würde. Die Armee der Guomindang war durch und durch korrupt. Die Generäle waren reich und wurden immer reicher. Das Armeeoberkommando zahlte ihnen den Sold für zehntausend Soldaten in einer Summe, doch wenn sie ihn an die Regimentskommandeure auszahlten, fehlten vierzig Prozent. Auch die Regimentskommandeure, die den Sold pauschal an die Kompaniechefs weitergaben, behielten ein »Teegeld«. Wer danach noch seinen Schnitt machte, konnte Allen nur vermuten. Doch er kannte einige Offiziere, die das erhaltene Geld auf die Kupfermünze korrekt an die Soldaten auszahlten. Trotzdem war es zum Weinen wenig. Die Soldaten murrten. Sie wußten kaum etwas über das System der schrittweisen Bereicherung an ihrem Sold. Aber sie kannten China.

Fiel ein Soldat in der Schlacht, unterrichtete niemand seine Familie. Und irgendein Vorgesetzter, der über den Heldentod des Soldaten informiert war, ihn aber nicht gemeldet hatte, kassierte dessen weitergezahlten Sold. Manchmal kam ein Stabsoffizier vom Oberkommando und zählte die Köpfe der Soldaten. Er glich die von den Truppenführern gemeldeten Zahlen mit den ermittelten ab. Doch das brachte die Kommandeure selten in Verlegenheit. Sie liehen sich die fehlenden Männer bei einer Nachbareinheit aus und verliehen die eigenen, wenn sie aus demselben Grund woanders gebraucht wurden.

All dies erzählte Allen mir, als er längst Amerikaner war. Er ist in die USA gegangen, um seinen beiden Söhnen einen solide westliche Ausbildung zu bieten, und damit hatte er Erfolg: Der eine ist Physiker, der andere Maschinenbauingenieur, beide haben promoviert. Im Krieg hatten Allen die amerikanischen Militärs beeindruckt, ihre technische Effizienz, der Kampfgeist ihrer Soldaten und die »flying tigers«, die vor allem. Ihm imponierte das unbefangene Selbstgefühl der amerikanischen Militärberater, dem die Guomindang-Kommandeure mit düsterer Arroganz gegenüberstanden.

1940 hatte Chiang Kai-shek noch siebenunddreißig Kampfflugzeuge und einunddreißig für Nachtflüge ungeeignete russische Bomber. Ihnen standen in China tausend und auf Flugpisten in Indochina hundertzwanzig moderne, leistungsfähige japanische Maschinen gegenüber. In dieser Situation schickte US-Präsident

Roosevelt den Chinesen hundert Flugzeuge samt Piloten, die, denn der Krieg Amerikas mit Japan hatte noch nicht begonnen, von der Air Force als Freiwillige angeworben waren: die »Fliegenden Tiger«. Sie fügten den Japanern hohe Verluste zu, was wohl auch damit zu erklären ist, daß sie für jeden Abschuß eines japanischen Flugzeugs fünfhundert Dollar Prämie kassierten. Ihre in aller Welt gerühmten Heldentaten machten auf meinen damals einundzwanzigjähren Bruder einen so nachhaltigen Eindruck, daß ich vermute, es waren diese Amerikaner, die ihn für das Militär begeisterten, und nicht der Eiserne Kanzler.

Am 7. Dezember 1941 griffen die Japaner Pearl Harbor an und bombten die USA damit in den Krieg. Seither stand Amerika mit offenem Visier an der Seite Chinas. Das Kriegsmaterial, das die Amerikaner lieferten, kam allerdings nur den Truppen Chiang Kai-sheks zugute. Die Kommunisten behalfen sich mit den Waffen, die sie dem japanischen Gegner bei Überfällen abnahmen. Die Chinesen waren den Amerikanern wertvolle Verbündete, denn auf dem chinesischen Kriegsschauplatz banden sie etwa die Hälfte aller japanischen Streitkräfte. Manchmal, selten freilich, waren die Soldaten des Gimo sogar siegreich: Just in dem Moment, als Amerika in den Krieg eintrat, schlugen sie einen Großangriff der Japaner auf Changsha, die Hauptstadt der Provinz Hunan, bravourös zurück.

Der amerikanische General Joseph Stilwell, Roosevelts Verbindungsmann beim Generalissimus, wurde zum Oberbefehlshaber aller amerikanischen und chinesischen Einheiten in Indien und Burma ernannt. Er sprach chinesisch und hatte ein Herz für die einfachen chinesischen Landser. Doch er gab nichts auf Chiang Kai-shek und verachtete wegen ihrer Bestechlichkeit die meisten nationalchinesischen Kommandeure. Um das Offizierskorps des Gimo zu disziplinieren, richtete er in Indien und Westchina Lehrgänge für künftige Truppenführer ein. Allen bewarb sich beim amerikanischen Stab um die Teilnahme, doch sein General hatte einen Narren an ihm gefressen und stellte ihn nicht ab. Allen träumte den »American Dream«, lange bevor er den Begriff kannte.

Als er nach der deprimierenden Begegnung mit den unfreiwilligen Kriegern in Chongqing eintraf, traten die Japaner in Zentralchina zu ihrer Operation *Ichigo* (»Nummer eins«) an. Es sollte ihre letzte siegreiche Offensive und für die chinesischen Truppen ein Desaster werden. Die Japaner rückten in die Provinz Henan ein, erstürmten in Hunan die Provinzkapitale Changsha, die von den Chinesen einst so beherzt verteidigt worden war, dann stießen sie westwärts in die Provinz Guangxi vor und rüsteten sich zum Sturm auf Chongching. Sie trieben dreihunderttausend Chinesen vor sich her. Kleine Einheiten schlugen ganze Divisionen. Chinesische Kommandeure hatten große Teile der von den USA gelieferten Ausrüstung an Japaner verkauft. Sie griffen sich die Lastwagen ihrer Soldaten und brachten ihre angehäuften Besitztümer in Sicherheit. Der britische Premierminister Winston Churchill nannte die chinesischen Niederlagen »grotesk«. Er trat dem Gimo auf der Konferenz von Jalta mit deutlicher Mißachtung entgegen.

Allen wurde zu einem Panzerabwehrregiment befohlen, das in der Provinz Guizhou stand. Es hatte die Order, den Japanern den Weg nach Chongqing zu verlegen. Allen sah es mutmaßlich nicht so, aber er hatte Glück: Sein Regiment kam nicht zum Einsatz. Chiang Kai-sheks Armeen befolgten seit je die Anweisung, Abstand zum Feind zu wahren. Der Gimo schonte sie für den Bürgerkrieg. Maos rote Guerillas bekämpften die Japaner heldenmütig und bemerkenswert erfolgreich, aber auf seiten der Guomindang waren es nur wenige Eliteeinheiten und General Stilwells chinesische Divisionen in Burma, die wirklich kämpften. Als Allen mir davon erzählte, Jahrzehnte danach, hatte er den Sarkasmus in seiner Stimme, den ich von alt gewordenen deutschen Landsern kannte, die über ihren Opfergang in Hitlers Kriegen sprachen. Ich fragte mich, warum er trotz seiner Verbitterung die Offizierskarriere in Chiang Kai-sheks korrupter Armee fortgesetzt hatte. Ich fragte mich. Nicht ihn. Ich versagte mir die Interpellation, denn ich bin der jüngere Bruder, der dem älteren Respekt und taktvolle Zurückhaltung schuldet.

*

Chiang Kai-shek und der amerikanische General Albert Wedemeyer, Stilwells Nachfolger, erwarteten im Sommer 1945 einen langdauernden Fortgang des Krieges. Deutschlands Kapitulation im Mai hatte den Generalissimus ermutigt. Aber die Rückeroberung Kantons und Schanghais lag für ihn in weiter Ferne. Weder er noch Wedemeyer waren über die Atomprogramme der USA unterrichtet. Die Atombomben, die schließlich am 7. und 9. August auf Hiroshima und Nagasaki fielen, schreckten sie vom Kartentisch ihrer strategischen Beratung hoch. Und am 14. August kapitulierte Japan. Der überraschende Sieg stellte die Chinesen, die sich einem frenetischen Jubel hingaben, unversehens vor komplexe Probleme. So schlecht sie acht Jahre zuvor auf einen Krieg vorbereitet waren, so unvollkommen waren sie jetzt für den Frieden gerüstet.

Sie mußten Millionen Flüchtlinge repatriieren und waren nicht darauf vorbereitet. Sie hatten keine Vorkehrungen zur Seuchenverhütung, zur Übernahme der Administration von den Japanern und den diversen Marionettenregierungen sowie zur Währungsumstellung in den japanisch besetzten Gebieten getroffen. In weit auseinanderliegenden Regionen, in Hunderten von Städten, an Tausenden von Frontkilometern mußten sie die Kapitulation entgegennehmen. 2,15 Millionen schwerbewaffnete japanische Soldaten standen auf chinesischem Boden. Nahezu ebenso viele japanische Zivilisten hatten sich in China niedergelassen. Im Waffenstillstandsvertrag war den japanischen Kommandeuren untersagt worden, sich Maos Roter Armee zu ergeben. Die Streitkräfte Chiang Kai-sheks sollten die Japaner entwaffnen. Und sie brauchten dafür viele Monate.

Die Kapitulation des Oberbefehlshabers der japanischen Truppen nahm Chiang Kai-shek persönlich entgegen. Das feierliche Ritual fand in Nanking statt und erfüllte den Gimo mit Genugtuung. Doch mehr war ihm daran gelegen, den Japanern in Nordchina die Waffen abzunehmen, sie sollten ihm und nicht den Kommunisten in die Hände fallen. In der Mandschurei kam er zu spät. Am Tag nach Hiroshima waren sowjetrussische Armeen einmarschiert. Die Russen inhaftierten Kaiser Pu Yi von Mandschukuo, nahmen den Japanern riesige Waffen- und Munitionslager ab und übergaben sie samt kaiserlicher Majestät den Kommunisten. Maos marscherprobte Armee war den Regimentern Chiang Kai-sheks in Eilmärschen zuvorgekommen.

Der Gimo hatte zu spät gehandelt, er mußte sich auch um zivile Probleme kümmern. Er brauchte beispielsweise einen Finanzfachmann, der in den von Japan besetzten Weiten Ostchinas die dort gültige japanische Währung auf den chinesischen Yuan umstellte. Er suchte, selektierte, und er fand den Mann: Es war mein Vater.

Im Einvernehmen mit seinem jüngst berufenen Finanzminister O. K. Yü (den Vorgänger H. H. Kung hatte er in Ungnaden entlassen) ernannte der Gimo meinen Vater zum Sondergesandten für das japanisch besetzte Nordchina. Gemessen an der Machtfülle, mit der er ihn ausstattete, war dies der höchste Karrieregipfel, den mein Vater jemals erklomm. Mit einer Maschine der US-Air Force flog er nach Peking. Wahrscheinlich war er froh, aus der Stadt herauszukommen, in der seine Frau mit ihrem Liebhaber lebte. Aber auch sonst war Chongqing kein Elysium. Die *New York Times* nannte die Stadt in jenen Tagen »einen Hexenkessel aus Angst, Verdacht und Intrige«. Die Stadt ächzte unter der Faust Dai Lis. Vielleicht erleichterte es meinen Vater auch, daß er der beängstigenden Zuneigung des Geheimdienstchefs nun entkam, denn der war fortan nicht mehr sein Vorgesetzter.

240

Taipei, 1978: Mein Vater, nun 78, als Professor für Finanzwissenschaft im Hörsaal der National Taiwan University. (Foto: Michael Wolf)

Taipei, 1978: Mein Vater und ich vor seinem Haus, unter der am Nationalfeiertag aufgezogenen Fahne Nationalchinas. (Foto: Michael Wolf)

Taipei, 1978: Präsident Chiang Ching-kuo (Mitte), autokratisch herrschender Sohn des 1975 verstorbenen Diktators Chaing Kai-shek, empfängt mich im Präsidentenpalast zum Interview. Mein Vater meint, das sei »eine Ehre für die ganze Familie«. Daß ich meine Fragen vorher dem Regierungsinformationsamt zur Genehmigung vorlegen mußte, empört nur mich. Chiang Ching-kuo spricht von »Freiheit und Demokratie«. Doch auf Taiwan kam die Freiheit erst, als er starb. (Foto: Michael Wolf)

Taipei, 1978: Wenn ich wie hier mit meiner Nichte Amy ausgehe, erzählt sie von der Geringschätzung, die sie als Geschiedene erfährt. Von den in Taiwan geborenen Chinesen hält sie nichts. Die dächten nur ans Geld, behauptet sie. Die gehorsame Chinesin sagt, sie liebe die Regierung der Guomindang. Doch da diese Liebe sie nicht erfüllt, ersehnt sie einen Ehemann. Ich zweifle nicht, daß sie auch einen Taiwanesen nehmen würde. (Foto: privat)

Taipei, 1978: Im Arbeitszimmer seines von Japanern erbauten Hauses schreibt mein Vater seine Memoiren. Mit dürren Worten schildert er die Korruption, gegen die er angetreten war, und die Intrigen, deren der chinesische Preuße sich als Finanzminister erwehren mußte. Gefühl äußert er nicht, und manches läßt er im Dunkel. Ehe ich abreise, schenkt er mir sein Manuskript. (Foto: Michael Wolf)

Seattle, um 1970: Mit einer Laientruppe singt meine Schwester Stella unter bombastischem Kopfputz im amerikanischen Exil chinesische Oper. (Foto: privat)

München, 1986: Meine Schwestern Helen, Paula und Stella (von links) besuchen mich mit ihrer Mutter Chengyu (Mitte). Ich bin neugierig auf die selbstbewußte Dame, die Vater und ihre fünf kleinen Kinder mit einem Liebhaber verließ, als weibliche Untreue in China noch ein Sakrileg war. Die Tochter einer steinreichen Gentry-Familie war in Rotchina zurückgeblieben und hatte tiefstes Elend erfahren müssen. Nun umgibt sie wieder das Flair ihrer Herkunft. (Foto: privat)

Taiwan, 1993: Die Witwe meines Vaters, Julia, und meine Schwester Paula führen mich ans Grab meines Vaters, das bei Jilong über dem Meer angelegt ist. In der linken Schriftreihe, zwischen den Namen meiner zwei Brüder sowie über denen meiner vier Schwestern, ist der meine in den Stein gemeißelt. Vater hatte mich 1966 vor einem Richter in Taipei als seinen leiblichen Sohn legalisiert. (Foto: privat)

Shi Long An, 1998: Die nach Maos Sieg 1949 in der Volksrepublik gebliebenen bäuerlichen Angehörigen des über die Welt verstreuten Clans der Changs und ihre Nachkommen umdrängen mich im Teehaus ihres Dorfes. Sie sind zutiefst aufgewühlt, denn keiner der im Westen lebenden Verwandten hat vor mir den Weg zu ihnen gefunden. Als Abkömmling eines Grundherrn haben sie dreißig Jahre lang Demütigungen und bitteres Leid erdulden müssen (Foto: Bernd Jonkmanns)

Shi Long An, 1998: Die Hand auf dem Herzen eines alten Chang macht fühlbar, mit welcher Inbrunst die im Dorf unserer Ahnen lebenden Familien des Clans auf jene Glücklichen gewartet haben, die im Westen zu Wohlstand kamen. Die armen Dörfler haben längst verstanden, daß sie vergessen sind. Desto herzlicher feiern sie mich, den Quereinsteiger des Clans, von dessen Existenz sie nichts gewußt hatten. (Foto: Bernd Jonkmanns).

Shi Long An, 1998: Eine meiner Nichten weint, als sie mich sieht. Sie hält mich für meinen Bruder Allen. Hinter mir mein Dolmetscher Liu Sijia. (Foto: Bernd Jonkmanns)

Shi Long An, 1998: Gleich am ersten Tag meines Besuchs präsentieren mir die Changs die auf Pergament geschriebene vielbändige Familienchronik, die sie während der Kulturrevolution vor dem Zerstörungseifer der Roten Garden bewahrten. Sie reicht weit in die Vergangenheit zurück. Das Kapitel über meinen Vater, den sie wie einen Heiligen verehren, füllt mehrere Seiten. Jetzt tragen sie meinen Namen nach. (Foto: Bernd Jonkmanns)

Shi Long An, 1998: Am Rain eines der Felder, die ihm einst gehörten, steht, geschändet von den Roten Garden, meines Großvaters Grabstein. (Foto: Bernd Jonkmanns)

Shi Long An, 1998: Von keiner dieser Frauen, die einander verschwistert und meine Nichten sind, wurde mir der Name genannt. Frauen bedeuten weniger als Männer, über weibliche Clanmitglieder schweigt auch die Familienchronik. Mao Tse-tung hatte die konfuzianischen Traditionen brechen wollen. Doch in der ländlichen Abgeschiedenheit und unter der Kontrolle des Kommunismus fanden die Bauern Trost in der Welt von gestern. (Foto: Bernd Jonkmanns)

Shi Long An, 1998: Selten sind die Tische des Clans so üppig gedeckt wie mir zu Ehren. Bei jedem Gastmahl, das mir gegeben wird, hockt der barhäuptige kommunistische Dorfvorsteher neben mir. Und stets ist mein grau bemützter Cousin Wang Ch'ang Hsin dabei, der einzige Kommunist Changschen Blutes. Er sitzt neben meinem Cousin Chang Tsu Hsi, der eine blaue Mütze trägt und zu Wangs Frau spricht. Weil ihr Mann in der Partei ist, hat sie als einzige Frau am Tisch einen Platz. Die anderen Frauen, die gekocht und aufgetragen haben, müssen stehen. So will es die bäuerliche Sitte. (Foto: Bernd Jonkmanns)

Zuoz, 2000: Lange habe ich mich gefragt, ob Deutschland oder China meine Heimat ist. Dann aber lehrte mich Cristina, meine deutschspanische dritte Frau, die ich mit einundsechzig kennenlernte, daß Heimat mehr sein kann als eine Region – nämlich ein Mensch. Seit ich mit ihr und unseren drei Kindern (von links) Cosima (»Coco«), Benedict (»Chuli«) und Giacomina (»Giaco«) lebe, suche ich keine andere Heimat mehr. (Foto: privat)

In meiner Jugend lebte ich unter zwei Diktaturen, ich kann das Klima der Angst nachfühlen, das in Chongqing damals herrschte. Aber ich fühle wohl nicht, wie mein Vater empfand; darüber hinterließ er mir kein Wort. Zahllose ehemals loyale Anhänger der Guomindang hatten sich von ihr abgewandt und kritisierten in privaten Zirkeln die Politik der Partei. Mein loyaler Vater hat diese Kreise sicherlich gemieden, selbst wenn er ähnlich dachte. Dai Li ließ die Abtrünnigen, wenn er ihrer habhaft wurde, verhaften, verprügeln; er ließ sie Hungers sterben, enthaupten oder in einem seiner Konzentrationslager süchtig spritzen und am Entzug verrecken.

Mein Vater nahm seine kleinsten Töchter Paula und Anna, die zehn und vier Jahre alt waren, in seiner Maschine mit, während der elfjährige Potter bei Allen in Chongqing zurückblieb und die dreizehnjährige Helen, von einer Dienerin begleitet, nach Nanking flog, wo sie eine Internatsschule besuchen sollte. In Peking sah Vater nach zehnjähriger Entfremdung seine Älteste wieder: Stella, die jetzt vierzehn war. Ihr Großvater, der ihr näher gewesen war, als ihr unser Vater jemals werden sollte, war kurz zuvor gestorben, und ihre Großmutter war ihm vorausgegangen. Großvaters andere Frau aber kümmerte sich nicht um Stella, sie stritt mit der Konkubine um das Erbe. Im Haus des Verstorbenen war es kalt geworden, und Stella fror in ihrer Mädchenseele. Im letzten Jahr der japanischen Besatzung hatte es keinen Reis gegeben, und der Mais, der ihn in winzigen Rationen ersetzen sollte, war schimmelig gewesen, nicht einmal die Hühner fraßen ihn. Auch die Japaner hungerten. Beinahe täglich waren sie überfallartig ins Haus eingedrungen und hatten es nach Eßbarem durchsucht. Immer noch hatte Stella sich vor japanischen Kindern auf der Straße verneigen müssen, selbst wenn sie kleiner waren als sie. Jetzt, als Vater in Peking eintraf, warteten die Japaner in ihren Kasernen noch auf die Entwaffnung. Vater holte Stella ab und brachte sie, Anna und Paula in einem französischen Konvent unter.

Seither war er es, der für Stella sorgte, doch ihre Seele fand nie zu ihm.

Als Vater in Peking seine Arbeit aufnahm, kamen die nationalistischen Soldaten und amerikanische Marineinfanteristen in die Stadt. Die Amerikaner amüsierten sich auf den Straßen mit Rikscha-Rennen: Sie setzten die Kulis auf die Sitze, spannten sich selbst ins Gestänge und zogen die verblüfften alten Männer unter lautem Gebrüll im Wettlauf übers Pflaster. Die Pekinger lachten. Doch die Soldaten der Guomindang verloren in der Bevölkerung bald jede Sympathie. Sie waren anmaßend und korrupt. Sie verhafteten die Quislinge der Marionettenregierung und ließen sie frei, wenn diese dafür bezahlten. Sie schlachteten die Kraftfahrzeuge aus, die sie den Japanern abgenommen hatten, und verramschten die Einzelteile auf dem Schwarzen Markt.

Gleichzeitig mit der Maschine, in der mein Vater saß, waren in Chongqing vier andere Flugzeuge mit dem Ziel Peking gestartet. Sie beförderten den Beamtenstab, der ihm unterstand. Als mein Vater in Peking landete und auf dem Flugfeld vom Chef der Zentralbank abgeholt wurde, mußte er hören, daß eines der Flugzeuge abgestürzt war. Viele seiner besten Beamten waren tot, und die achthundert Millionen alten Yuan, die er für die Währungsumstellung brauchte, waren verbrannt. Er war nicht so abergläubisch wie andere Chinesen, doch er hatte das Gefühl, daß seine »Sonne unter die Erde sank«.

Die Entwaffnung der Japaner war in Peking erst Ende Oktober abgeschlossen. Doch bereits am 2. Oktober begann mein Vater mit der Übernahme der japanischen Banken. Er zog insgesamt vierundzwanzig Milliarden Yen ein, darunter fünfzehn Milliarden in Fünftausender-Banknoten. Auf dem Geldmarkt herrschte das Chaos. Die Wechselkurse schwankten von Stadt zu Stadt, ganz besonders die des US-Dollars. In Tianjin wurden siebenhundert Yuan für einen Dollar gezahlt, in Schanghai zweitausend. Spekulanten pendelten hin und her, erwarben

Dollar in Tianjin und verkauften sie in Schanghai. Den Wechselkurs des Yen fror mein Vater ein, zum Yuan betrug er fortan fünf zu eins. Auf den ungesetzlichen Dollarkurs hatte er keinen Einfluß, den bestimmte der schwarze Devisenmarkt. Er wollte, daß den Menschen beim Umtausch keine Nachteile erwuchsen, und mit seinem Kurs meinte er das bewirkt zu haben. Doch er konnte ihn noch nicht veröffentlichen. Er konnte den Umtausch noch nicht anordnen, denn ihm fehlten die verbrannten achthundert Millionen Yuan. Andererseits mochte er der Direktive des Gimo nicht zuwiderhandeln und den Yen weiter zirkulieren lassen. Mein Vater sah sich in einer Situation, in der ihm jeder Neider, der auf seinen Posten scharf war, ohne Aufwand an intriganter Phantasie ein Bein stellen konnte.

In dieser Situation besuchte ihn der Befehlshaber der Guomindang-Truppen in Nordchina, General Li Tsung-jen. Dem war das Geld ausgegangen, er blieb seinen Soldaten den Sold schuldig. Als mein Vater ihm sagte, daß seine Yen-Reserven, da der Umtausch noch nicht stattgefunden hatte, nahezu abgeflossen seien und er nur noch die Fünftausender-Scheine habe, beschwor ihn der General, diese in Umlauf zu bringen und mit ihnen die Kasse seiner Armee zu füllen. Mein Vater dachte an die kränkelnde Wirtschaft, an die seit Wochen wegen erschöpfter Kassen geschlossenen Fabriken und Kaufhäuser, an die Arbeitslosen, die von den zugesperrten Firmen gefeuert worden waren, an die häufigen Raubüberfälle auf diese Betriebe, an die Offiziere und Soldaten, von denen der General fürchtete, daß sie, unbesoldet und unzufrieden, zu den Kommunisten überlaufen würden – und entschloß sich, die Fünftausender herauszugeben. Ungefähr zur selben Zeit bekam er den Besuch japanischer Offiziere aus dem Nordosten, denen die Kapitulation noch nicht abgenommen war. In ihrem Befehlsbereich oblag ihnen noch die Zivilverwaltung und damit die Verantwortung für die Kohlekraftwerke in Kailuan. Die Kraftwerksleitung hatte bei Pekinger Banken Kredite beantragt und war abschlägig

243

beschieden worden. Die Kohlekraftwerke mußten die Stromversorgung aufrechterhalten. Doch dafür brauchten sie Geld, und die Banken brauchten die Genehmigung meines Vaters. Er erteilte sie.

Schnell kam das Gerücht auf, er habe aus den japanischen Milliardenguthaben, die er eingezogen hatte, etliches für sich abgezweigt. Ein anderes Gerücht besagte, er habe »rote Umschläge« von den japanischen Offizieren angenommen. Nichts davon entsprach der Wahrheit, doch der Rufmord gelangte in die Zeitung. Die Gerüchte waren hinterhältig gestreut, und die Zeitungsleser glaubten ihnen. Nachrichten solcher Art wurden in China nie bezweifelt. Den Chinesen war unvorstellbar, daß ein hoher Regierungsbeamter, dem sich eine derart günstige Chance zur Bereicherung bot, diese nicht nutzte. Tatsächlich hätte im herrschenden Nachkriegschaos niemand etwas gemerkt, wenn mein Vater von den vierundzwanzig Milliarden Yen, die er den Japanern abgenommen hatte, ein paar Millionen in seine Taschen gelenkt hätte. Niemand – außer den Beamten seines Stabes, zumindest den wichtigen. Hätte er getan, was ihm nachgesagt wurde, dann hätte er seine leitenden Mitarbeiter ins Komplott ziehen und mit einem Teegeld abfinden müssen. So verfuhr T.V. Soong, so verfuhren die Generäle, so machte es jeder. Doch mein Vater kann so nicht vorgegangen sein, denn er hat seine Mitarbeiter mit wachem Argwohn kontrolliert und jeden, den er einer Unredlichkeit verdächtigte, gerichtlicher Untersuchung zugeführt. Dem kollegialen Klima war das kaum zuträglich, wahrscheinlich wurde mein Vater von seinen Mitarbeitern nicht geliebt, doch beweist es mir und bewies es damals der alsbald eingesetzten Untersuchungskommission, daß die Gerüchte böswillig waren und die Zeitungen eine gehässige Ente verbreitet hatten. Kaltgestellt wurde mein Vater trotzdem, nicht wegen der Korruptionsvorwürfe, denn die ließen sich nicht erhärten, sondern weil er gegen das Verbot des Gimo die Fünftausend-Yen-Scheine in Umlauf gebracht hatte.

Mein Vater war kein Politiker und kein Diplomat. Er war ein Finanzmanager (in hiesigen Breiten würde man ihn einen »Fachidioten« nennen), der seinen Weg stur geradeaus ging. Er war von einer gewissen bäuerlichen Einfalt, er konnte, sagt Allen, einen Menschen nicht durchschauen, und er war nicht verbindlich. Allen und meine anderen Geschwister sagen, er habe beinahe nie mit ihnen gesprochen und ihnen höchst selten ein Geschenk gemacht. In Allens nachsichtigem Befund war das »nicht sein Stil«. Ich habe ihn so nicht wahrgenommen, aber als ich ihn kannte, war er alt. Außerdem war ich sein verlorener Sohn, der an sein Gewissen rührte, denn angesichts meiner wurde er sich dessen inne, daß ich vaterlos in die Welt getreten war. Doch meine Geschwister beklagen seine starre Unnahbarkeit.

So unduldsam, unelastisch, ungeschminkt wie vor seinen Kindern verhielt er sich auch gegenüber der Öffentlichkeit. Er pflegte keine nützlichen Kontakte. Er gab keine Partys, keine Feste, kein Empfänge. Er gab auch keine Pressekonferenzen. Später, viel zu spät, sah er selbst, daß er die Herausgabe der Fünftausend-Yen-Scheine auf einer Pressekonferenz hätte bekanntgeben müssen. Er habe das Geld dafür nicht ausgeben mögen, schrieb er, denn auf Pressekonferenzen wurde die Journaille schon im damaligen China opulent bewirtet. Wahrscheinlich bereitete es ihm eine große, nach innen gerichtete Genugtuung, daß er sich von den Korrupten im Land durch seine karge Lauterkeit unterschied.

Vermutlich genügte ihm das, denn daß sein Beispiel Schule machte, konnte er nicht geglaubt haben. Doch so preußisch er sich im besten Sinne verhielt, so chinesisch erscheint er mir. Ihn leitete das starre Hierarchieverständnis des Konfuzius. Der Meister sagte: »Wenn der Edle ein Amt übernimmt, dann erfüllt er seine Pflicht. Daß die Wahrheit sich nicht durchsetzt, das weiß er schon.« Vielleicht erklärt das Wort des Weisen meines Vaters unbeugsame Loyalität gegenüber den Männern, denen er diente: Chiang Kai-shek, T.V. Soong, H. H. Kung, Chen Yi, Dai Li – Männer, deren Unredlichkeit er nicht gebilligt haben kann, denen er aber bis ins Wort seiner Memoiren hinein die Treue hielt. Konfuzius sagte auch: »Der Vater deckt die Vergehen seines Sohnes, der Sohn die seines Vaters.«

Bevor mein Vater stürzte, und er stürzte tief, verwandelte sich sein Leben, das er nie richtig genossen, aber als Konsistenz sozialer Höhe doch empfunden hatte, in ein Trauerspiel, das auf ein vorhersehbares Ende zusteuerte. Er wußte sich von unsichtbaren Feinden umstellt, deren Atem er in seinem Nacken spürte, ohne sie sehen und identifizieren zu können. Um »Freunde«, die ihm unerbetene Ratschläge erteilten, war er nicht verlegen. Die einen warnten ihn vor seinen Beamten: Diese seien erbittert, weil sie sich unter seiner Aufsicht nicht bereichern konnten. Andere vermuteten die Drahtzieher der Verleumdung in rivalisierenden Regierungsbeamten, von deren Existenz er nie etwas gehört hatte. Wieder andere verdächtigten die Kommunisten, denn um die Macht zu usurpieren, sei ihnen an einer schwachen Wirtschaft gelegen, er aber habe die Wirtschaft mit der Yen-Emission gestärkt.

In jenen Tagen wurde ihm seine Einsamkeit bewußt. Er litt noch immer an der Trennung von seiner Frau. Und wie damals, in den kalten Wintertagen von Mukden, als die Briefe meiner Mutter ausblieben, sehnte er sich nach einem Weib. Dieses Mal jedoch, im Strahlenglanz seiner Macht, konnte es ihm nicht schwerfallen, eine Frau zu finden. Er war sechsundvierzig, doch eine Junge sollte es schon sein. Er fing an, wie er schrieb, sich »mit jungen Damen« zu verabreden. Bald fand er eine, die ihm »zusagte«, sie war zwanzig Jahre jünger als er: Yu Zi-hong, die aus Harbin stammte und in Peking Pädagogik studiert hatte, eine fügsame, dabei gebildete Chinesin, die sich mit sehenswerten Resultaten in klassischer chinesischer Malerei übte und in ihrer vornehmen Familie Julia genannt wurde.

Mein Vater wählte als Hochzeitsdatum den 20. März 1946.

Am 19. März traf er in Peking Dai Li. Der zeigte sich über die gegen meinen Vater angestrengten Untersuchungen empört. Dai Li äußerte erregt, mein Vater habe, als er den Yen auf dem Markt beließ, für die Wirtschaft und das Volkswohl das allein Richtige getan. Da er am nächsten Tag nach Nanking fliegen wollte, jener Stadt, in der die Regierung nun wieder residierte, machte er sich anheischig, meinen Vater in seiner Maschine mitzunehmen. Mit ihm gemeinsam wollte Dai Li den Verleumdungen entgegentreten und bei Chiang Kai-shek ins Lot bringen. Einen mächtigeren Fürsprecher konnte mein Vater sich nicht wünschen. Doch er lehnte das Angebot ab. Er verheimlichte Dai Li, daß er am nächsten Tag heiraten wollte, schützte unaufschiebbare Geschäfte vor und versprach, tags darauf nachzukommen. Das rettete ihm das Leben. Denn während er am 20. März in einer unauffälligen Zeremonie seine junge Braut heiratete, stürzte Dai Lis Flugzeug bei Nanking ab. Unter den Passagieren, die das Unglück in den Tod riß, war der Geheimdienstchef. Nicht wenige Chinesen wagten wieder zu atmen, als sie davon hörten.

Nach neun Monaten auf dem Gipfelpunkt seiner Laufbahn, am 20. Juli 1946, wurde mein Vater in Nanking angeklagt. Gleichzeitig wurde er von seinem Amt suspendiert und in ein untergeordnetes Finanzamt versetzt. Dieses Amt befand sich dort, wo seine Laufbahn siebzehn Jahre zuvor begonnen hatte: in Mukden, das wieder Shenyang hieß, wie vor der japanischen Besatzung auch. Julia ging mit ihm. Von nun an blieb sie bei ihm, wohin immer er ging. Er erhielt ein so niedriges Gehalt, daß es für Nahrungseinkäufe nicht reichte. In Shenyang ernährten die beiden sich aus den Suppentöpfen einer Behördenkantine. Sie hatten kein Haus. Sie wohnten, schrieb mein Vater, ohne den Gegenstand verständlich zu beschreiben, »im Lager des Finanzamts«. Doch wie ein solches »Lager« auch beschaffen war, das Wort allein macht fühlbar, daß es über den Zustand der Obdachlosigkeit nur knapp erhaben war.

Am 1. November 1946 wurde meinem Vater das Gerichtsurteil zugestellt: Ihm wurde für fünf Jahre untersagt, in der Regierung und jedweder staatlichen Dienststelle einen Posten zu übernehmen, gleichgültig auf welcher Rangebene. Das hieß, daß er nun arbeitslos war, denn auch im Finanzamt mußte er, falls er einen hatte, seinen Schreibtisch räumen. Er war mittellos, doch er hatte einen mitleidigen Chef. Julia suchte ihn auf und bot ihm ihren Schmuck zum Kauf an. Der Mann nahm ihn ihr nicht ab, doch er gab meinem Vater etwas Geld, möglicherweise aus einer Kasse der Finanzbehörde. Was es für meinen Vater bedeutete, dieses Geld anzunehmen, bedarf keiner Beschreibung, er selbst verlor darüber nie ein Wort. Er holte seine Kinder zu sich und ging mit ihnen und seiner Frau nach Schanghai. Ein Freund vertraute ihm die Leitung einer privaten Handelsvertretung an, die mit Sesam und Segeltuchtaschen handelte. Mein Vater mochte die Stadt nicht. Aber so laut, so schrill wie jetzt hatte er sie nie erlebt. Die Reichen tanzten auf dem Vulkan. Funktionäre und Offiziere der Guomindang ließen sich von Verbrechern opulente Bankette geben, während hungernde Mütter auf der Straße für einen Beutel Reis ihre Töchter verkauften.

Als mein Vater Shenyang verließ, wurde die Stadt von kommunistischen Truppen eingekesselt. Lin Biao hatte aus Guerilla-Verbänden die rote Volksbefreiungsarmee geschmiedet, und diese trieb Chiang Kai-sheks Armeen vor sich her. Für den Gimo hatte der Bürgerkrieg mit verlustreichen Niederlagen begonnen. Allein in der Mandschurei verlor er vierhunderttausend Soldaten, und es waren seine besten. Sie fielen im Kampf, kapitulierten oder flohen von der Fahne. Die Kommunisten nahmen Tianjin ein, und der Kommandant von Peking streckte kampflos die Waffen. Zudem verbuchte die Volksbefreiungsarmee Propagandaerfolge in der Zivilbevölkerung, da ihre Soldaten sich von den stehlenden und plündernden Söldnern der Guomindang durch Disziplin und den Verzicht auf Ausschreitungen abhoben. Das übrige besorgte die Wirtschaftskrise.

Als mein Vater in Schanghai eintraf, sah er, daß die Ladenbesitzer unter der Geißel der Inflation täglich mehrmals ihre Preisschilder korrigierten. Ein Sack Mehl, der im Juni 1948 sieben Millionen Yuan gekostet hatte, wurde drei Monate später für zweiundzwanzig Millionen verkauft. Als Handelsmann, der er nun war, nahm mein Vater bei jeder erneuten Geldabwertung Kredite auf, um möglichst viel Ware zu kaufen. Dann beeilte er sich, sie, so schnell er konnte, wieder abzusetzen. Aus dieser Tretmühle erlöste ihn die National Taiwan University, die ihm eine Professur anbot. Am 11. Januar 1949 ging er mit Frau und Kindern an Bord eines Passagierschiffes, das nach Taiwan fuhr. »Wir hatten das Gefühl,« schrieb er später »daß ein neues Leben auf uns wartete, und wir waren glücklich.«

1945 hatte Chiang Kai-shek die Insel Taiwan, die seit 1895 eine japanische Kolonie gewesen war, wieder ins Reich der Mitte eingegliedert. Auf ihr lebten damals etwa zehn Millionen Chinesen und fünfhunderttausend Angehörige einer melanesisch-polynesischen Minderheit. Die Beamten der Guomindang hatten mit ihrer Unfähigkeit und durch Korruption innerhalb weniger Monate die Bevölkerung gegen sich aufgebracht. Meines Vaters ehemaliger Chef Chen Yi, der frühere Gouverneur von Fujian, dem Chiang Kai-shek das Gouvernement der Insel übertragen hatte, sah sich massiver Opposition gegenüber. Als sich der Zorn der Bevölkerung in Krawallen entlud, ließ er auf sie schießen. Zahlreiche Chinesen starben im Feuer nationalchinesischer Maschinengewehre. Um weiteren Demonstrationen vorzubeugen, ließ Chen Yi Tausende führender Bürgervertreter und Intellektueller hinrichten. Das hat die einheimische Bevölkerung Taiwans der Guomindang und ihren Führern nie vergessen. Und demgemäß feindselig sah sie den Flüchtlingen entgegen, die ihre Insel nun überschwemmten.

Bedrängt von den siegreichen Truppen Mao Tse-tungs, die kurz nacheinander Nanjing, Wuhan, Schanghai, Chongqing und Kanton eroberten, ließ Chiang Kai-shek die Insel zu seiner

Fluchtbastion ausbauen. Anfang 1949 verlegte er einen Teil seiner Flotte, ein paar Flugzeuge und dreihunderttausend ihm loyal ergebene Soldaten nach Taiwan. Mit ihnen kam auch Allen. Bis Ende November 1949 landeten fast zwei Millionen Flüchtlinge an den Inselküsten, größtenteils Angehörige der Regierung und der Guomindang mit ihren Familien. Aber schon am 1. Oktober 1949 proklamierte Mao Tse-tung in der alten Hauptstadt Peking, die von nun an die neue Hauptstadt war, die Gründung der roten Volksrepublik China. Der letzte Hafen, von dem aus die Flüchtlinge nach Taiwan entkommen konnten, war Xiamen in der Provinz Fujian. Er wurde von Chiang Kaisheks Getreuen zäh verteidigt. Am 27. November 1949, während das letzte Flüchtlingsschiff unter dem Feuer der kommunistischen Artillerie in die Straße von Formosa auslief, fiel auch dieses Bollwerk.

Es war der Tag, an dem der Clan der Changs für immer auseinanderbrach.

Der Clan zerbricht

Lieh Chih hatte sich so frühzeitig nach Taiwan abgesetzt, daß er meinen Vater und dessen Familie bei deren Ankunft auf dem Hafenpier von Keelung erwarten konnte: Lieh Chih, der Sohn Fu Chungs, des ersten Bruders meines Vaters. Mein Vater hatte ihm, der nur unwesentlich jünger war, in Fuzhou zu beamteter Würde verholfen. Lieh Chih schuldete ihm etwas und gab dies zeit seines Lebens auch zu erkennen (er starb 1983). Er hatte sich von seinen Rücklagen, mag er sie redlich oder nach den Gepflogenheiten erworben haben, in der Inselhauptstadt Taipei einen Wohnsitz gekauft. Jetzt gewährte er den Ankömmlingen Obdach, vorerst, bis sie eigenes Quartier gefunden hatten. Ein anderer Protegé meines Vaters, einer niederen Ranges, hieß Yen Ping und war der Sohn des in Shi Long An dem Großvater nachgerückten Clanchefs Fu Hou. Yen Ping kam Monate später mit der großen Flüchtlingswoge.

Einer kam nicht: meines Vaters vierter Bruder Fu K'uan, der in Fuzhou das anrüchige »Opiumkontrollbüro« gemanagt hatte. Das allein hätte ihm Grund sein müssen, vor den drogenfeindlichen Kommunisten Reißaus zu nehmen. Warum er es nicht tat, ob er das letzte Schiff verpaßte oder ob das Heimweh nach Shi Long An ihn ans Festland band, hat man mir auch im Dorf nicht erzählt. Dort aber kam er an – in einem ungünstigen Moment. Freilich wäre auch jeder spätere Zeitpunkt unglücklich für ihn gewesen – er hatte keine glücklichen Momente mehr. Er wurde verhafte, als er im Dorf erschien, denn er war der Bruder des Grundherrn. In den folgenden Jahren machte er mit anderen Häftlingen jenseits des Jangtse am Poyang-See Ödland urbar. Dort starb er 1960 als unfreier Fronarbeiter. Das ist alles, was ich über sein Schicksal erfuhr.

In Shi Long An hatten die Kommunisten nach der Machtübernahme mit der Bodenreform begonnen. Eine »Arbeitsgruppe« besorgte das im Dorf, etwa zehn Männer in schmucklosen blauen Baumwollanzügen. Einige waren Kader der Partei. Die meisten waren den Bauern fremd, aber sie kannten den kleinen Kerl, der sich wie zugehörig in die Gruppe drängte: Wang Ch'ang Hsin. Es war der einzige Sohn jener T'ung Yin, die meines Vaters 1942 verstorbene, unvergessene Lieblingsschwester war. Er war erst zwölf oder dreizehn, aber als die Menge den Platz vor dem Tempel füllte, Kopf an Kopf die aufgestörte Einwohnerschaft des Dorfes und ihr gegenüber die bellenden Parteikader, war dieser Junge der schrillste. Er war, so erinnern sich die Alten in Shi Long An, ein frühreifer Knabe voller Haß. Er trat vor die Reihe der Parteikader, stellte sich vor seinen Onkel, den Clanchef Fu Hou, bohrte ihm seinen kurzen Finger in die Hemdbrust und schimpfte ihn einen »Volksfeind« oder Ärgeres, wörtlich wurde er vor meinen Ohren später nicht zitiert. Und Fu Hou, ein damals fast sechzigjähriger Mann, hofiert einst von den Dörflern, verbeugte sich vor diesem Kind, fiel weinend vor ihm auf die Knie und rang flehentlich die Hände. Wang Ch'ang Hsin und ein anderer Tochtersohn der Changs, einer, dessen Identität sich mir nicht erschloß, sind die einzigen vom Blute unseres Großvaters, die sich den Kommunisten anschlossen. Wang, der mein Cousin ersten Grades ist, trug mir seine Lebensgeschichte mit einem Ausdruck versteckter Wachsamkeit vor. Sein Bericht war von vorauseilender Selbstrechtfertigung beflügelt, als wäre der unerwartet ins Licht getretene Cousin aus Deutschland sein Richter und als müßte er sich vor dessen Angesicht von Untaten freisprechen, die er verschwieg, von denen er aber annehmen mußte, daß der Cousin sie aus dritter Quelle kannte. Ja, ich kannte sie: Während einer der häufigen »Kampfversammlungen«, die von den Kommunisten unter propagandistischem Lausprechergetön im Dorf veranstaltet wurden, fesselten Wang und andere unseren Onkel Fu Hou an das Kopfende einer langen Leiter und stellten sie lotrecht auf, so daß der alte Mann wie ein Gekreuzigter an der höchsten Sprosse zu hängen kam. Sie ließen ihn eine Weile baumeln, dann versetzten sie die biegsamen Bambusholme aufjauchzend ins Geschwinge, bis die Leiter stürzte. Fu Hou lag innerlich und äußerlich versehrt auf der Erde. Ich weiß nicht, ob sie auch auf ihm herumtrampelten; in jenen Tagen des aufgepeitschten Hasses, der sich gegen die Grundbesitzer entlud, aber wohl auch gegen das eigene elende Dasein, war das durchaus üblich.

Fu Hou, Wangs Onkel wie auch der meinige, kroch am Seeufer ins Schilf, denn das große Haus des Clans war beschlagnahmt. Man verhaftete ihn und warf ihn ins Gefängnis. Verhaftet wurde ebenso sein Sohn Fu HouCh'un, der Bruder des nach Taiwan entwichenen Yen Ping. Beider Vater Fu Hou kam, gefangen ohnedies in seinem Siechtum, irgendwann frei und starb 1954. Seinen Sohn Fu Ch'un ließen die Kommunisten im Gefängnis verhungern. Er starb 1959. Mao Tse-tung hatte den »Arbeitsgruppen« empfohlen: »Tötet nicht einen oder zwei, sondern viele!«

Warum mein Cousin Wang Ch'ang Hsin, der zwar kein Chang, doch Changschen Blutes ist, aufgewiegelt von Ressentiment und Ideologie, zum kindlichen Todfeind unseres Onkels wurde, ist nicht ganz unverständlich.

Der letzte feudale Clanchef hatte nicht das Herz seines Vorgängers gehabt. Fu Hou hatte sich nicht wie Großvater für die Dorfgemeinschaft eingesetzt, hatte keine Geschlechterschule unterhalten, hatte nicht für die Fähre und das Vorratshaus des Dorfes gesorgt, und zum Schlichter hätte er nicht getaugt.

Nicht allein sein damals kindlicher Mörder sagt ihm nach, daß er habgierig und geizig war, das sagt auch Ming Hsin, Lieh Chihs Sohn und nachmaliger Clanchef. Wangs Eltern starben einen Tag um den anderen, als er vier war, zuerst seine Mutter T'ung Yin, tags darauf sein wassersüchtiger Vater. T'ung Yin hatte auch eine Tochter, sie war erst ein Jahr alt, als die Mutter starb. Sie wurde verschenkt, und die um sie bereicherte Familie versklavte sie als Kindbraut eines ihrer Söhne, hieß sie schuften und schlug sie. Wang selbst kam in die Obhut einer Tante, die so arm war, daß sie in Su Song auf der Straße bettelte. Sie konnten sich keinen Reis leisten, sie aßen Salzgemüse, das im Sommer faulte. Er besuchte die gebührenfreie Grundschule in Su Song, die es mittlerweile gab, doch für eine weiterführende Anstalt hatte die Tante kein Geld.

Wang ist voller Empörung, wenn er davon erzählt, er schluckt beim Sprechen, und mit zungenlastiger Stimme prahlt er, er habe in der Zeit, in der andere Kinder *ein* Buch lasen, *sieben* Bücher durchgelesen. Ich denke mir, daß die Larmoyanz sein Schuldgefühl aufwiegen soll. Doch als er half, Onkel Fu Hou an der Bambusleiter zu rädern, war er zwölf oder dreizehn. Die mitreißend über ihn gekommene Ideologie ließ ihm rechtens erscheinen, was er tat. Jetzt, gut fünf Jahrzehnte später, plagt ihn sein Gewissen, und er bekräftigt wie eine Bußstrafe ein ums andere Mal die Volksweisheit: »Blut ist dicker als Wasser.«

So war es wohl die Stimme des Blutes, die dem in die Jahre gekommenen Jünger Maos eine späte Zerknirschung ins Herz flüsterte. Dabei hatte er allen Grund, Fu Hou die Pest an den Hals zu wünschen. Der Onkel hätte Wang, dem verwaisten Neffen, Reis geben und die Schule bezahlen können – ein Trinkgeld hätte es den reichen Fu Hou gekostet, doch er tat nichts. Der kindkleine Wang hätte ein Engel sein müssen, um der Kreuzigung dieses Mannes fernzubleiben. Zudem war er gezwungen, sich daran zu beteiligen, hervortun mußte er sich, war er doch mit dem Makel behaftet, ein Mitglied des Grundbesitzerclans zu sein. Dieser Makel haftete ihm lange an, obwohl er weder den Namen des Clans trug, noch dessen Privilegien genossen hatte. Siebenmal ersuchte er um seine Aufnahme in die Kommunistische Partei Chinas, erst nach achtzehn Jahren wurde sie ihm bewilligt. Aber als Fu Hou an seinen Blessuren starb, wurde Wang Bürobote in der sozialistischen Gebietsverwaltung, und wenn der politische Kommissar mit dem Lautsprecherlaster in die Dörfer fuhr, um nach dem Rechten zu sehen, durfte Wang mitfahren und ihm die Pistole tragen.

Zwei Monate vor Hiroshima und Nagasaki waren die Soldaten der Volksbefreiungsarmee ins Dorf gekommen. Sie waren ernst, aber freundlich gewesen, auch zu Fu Hou, der sich einen zerschlissenen Rock seines Dieners angezogen hatte, um als Landlord nicht erkannt zu werden. Natürlich konnte ihn das nicht retten. Die Soldaten sagten: »Wir sind gekommen, um euch zu befreien.« Doch die Bauern, die etwas Land besaßen, waren mißtrauisch. Zu Beginn verfolgte die Partei noch die Politik, die ihr in den Jiangxi-Sowjets und dann im Krieg gegen Japan die Sympathien der Landbevölkerung eingetragen hatte. Da hatten sie nur den Großgundbesitzern Land genommen und an die Armen verteilt. Das taten sie auch jetzt, doch sie zwangen die kleinen, landbesitzenden Bauern, die ihre Äcker selbst bestellten, ein Viertel ihrer Ernten zu extrem niedrigen Preisen an den Staat zu verkaufen. Und sie organisierten gewalttätige Kampagnen gegen die kleineren Grundbesitzer.

Bevor er an die Leiter gebunden wurde, hatte Fu Hou vor seine Pächter treten, den Kotau vor ihnen vollziehen und Abbitte leisten müssen. Er war vor ihnen niedergefallen, die Stirn im Sand, und hatte gewinselt. Neben ihm krümmte sich Großvaters anderer Erbe, der junge Ming Hsin, und neben diesem Yen Pings Sohn Tsu Lai, der ein Kind war. Fu Hou war gewiß nicht beliebt, trotzdem taten die Bauern sich schwer, dem Geheiß ihrer Aufpeitscher zu gehorchen und ihn zu begeifern, zu bespeien oder gar zu züchtigen. Mochte er auch ein Landlord gewesen sein, der sich zu ihresgleichen nicht herabließ, so hatte er doch Tür an Tür mit ihnen gelebt, und er war von ihrer Art. Einige spuckten vielleicht, die anderen standen mit gesenkten Köpfen und ließen die Arme hängen. Wang Ch'ang Hsin war leichter aufzuwiegeln, denn Fu Hou hatte ihn in seinem Knabenstolz verletzt. »Fu Hou war reich«, sagt er heute, »ich war arm. Der Abstand zwischen uns war riesig, ich galt ihm weniger als sein Diener. Er verachtete mich. Sein Hund verachtete mich. Er biß mich, wenn er mich sah.« Als vor den Grenzen und Küsten Chinas Maos Bambusvorhang niederging, waren über eine Million Grundherren getötet worden, die meisten am Rain ihrer Felder. Manche Historiker und Sinologen schätzen die Zahl auf drei Millionen.

*

In den letzten Monaten auf dem Festland hatte Allen seinem General, jenem, der ihm wohlgesinnt war, im Nankinger Hauptquartier als Stabsoffizier gedient. Nun war er in Tainan an der Südwestküste Taiwans stationiert; er war jetzt Hauptmann und Chef einer Aufklärungskompanie. Sein Oberkommandierender war immer noch Chiang Kai-shek. Der Gimo war im Januar 1949 als Staatschef zurückgetreten, auf Taiwan aber vom Exekutivkomitee seiner Partei erneut berufen worden. Seither war er Präsident der nationalchinesischen »Republik China« auf Taiwan, deren Regierung die Staatsgewalt über ganz China beanspruchte. Um sich von der roten Diktatur abzuheben, schmückte sie sich mit dem Titel *Free China*. Im demokratischen Sinn frei war Taiwan selbstverständlich nicht, der Generalissimus regierte die Insel autoritär.

Doch auf dem überschaubaren Eiland, das nur wenig größer ist als Baden-Württemberg, wurde ein neuer Geist geboren – in der Guomindang und der Armee. Nach der traumatischen Erfahrung der Niederlage, nach der Barbarei eines Krieges, der zwölf

Jahre gedauert und die Herzen der Politischen gegen das Leid des Volkes verhärtet hatte, in der Seelenhölle von Demütigung und Zerknirschung, besannen sich die Verantwortlichen, wenigstens einige. Sie entdeckten ihr soziales Gewissen.

Auch Chiang Kai-shek schien geläutert. Auf Taiwan verdorrte die Sumpfblüte der Korruption. Die Amerikaner hatten ihrem unsteten Verbündeten, dem Gimo, schon in Chongqing angedroht, sie würden ihm den Geldhahn zudrehen, wenn er der Korruption in Behörden und Armee nicht energischer entgegenträte. Jetzt wählte er seine Adlaten gewissenhafter aus. Zwar bevorzugte er immer noch Männer aus seiner Heimatprovinz Zhejiang, doch er hielt sich an die Redlichen.

Nachdem er seinem Landsmann Chen Yi den Posten des Gouverneurs von Taiwan genommen hatte (1950 ließ er ihn hinrichten), ernannte Chiang Kai-shek die Ausnahmepersönlichkeit eines gänzlich integren, ebenfalls in Zhejiang beheimateten Generals. Der Mann hieß Chen Cheng. Er organisierte die Massenflucht seiner Parteigenossen vom Festland und wurde 1950 Ministerpräsident der Inselrepublik. Er vollbrachte das Wunder einer vorbildlichen Bodenreform, die weder Leichen noch Benachteiligte zeugte, doch zum Unterbau des grandiosen Aufstiegs der taiwanesischen Wirtschaft wurde.

Die Armee wurde von den Instruktoren der *US-Advisory and Assistance Group* reformiert. Den Soldaten wurde der Sold jetzt von Zahlmeistern in die Hand ausgezahlt, somit konnte er nicht mehr an den Fingern ehrloser Kommandeure klebenbleiben. In kürzester Zeit entstand eine von den USA ausgerüstete, fünfhunderttausend Mann starke Armee, die, was Kampfbereitschaft und Disziplin betraf, allenfalls den Ledernacken der US-Marineinfanterie nachstand. Allen wurde zum Stab der Zweiten Armee versetzt. Jetzt war er der Verbindungsoffizier zu den US-Instruktoren. So war er am Neuaufbau der Armee unmittelbar beteiligt, und er schämte sich nicht mehr seiner Uniform.

Die Geschichte wäre sicherlich anders verlaufen, hätten nordkoreanische Truppen nicht am 25. Juni 1950 überraschend Südkorea angegriffen. Denn die Gefühle des demokratischen US-Präsidenten Harry S. Truman für Chiang Kai-shek waren merklich abgekühlt. Jetzt aber besuchte der US-General Douglas MacArthur den Gimo in Taipei. In der Straße von Formosa marschierte die Siebente US-Flotte auf und sicherte die Insel. Nachdem der Republikaner Dwight D. Eisenhower 1952 zum US-Präsidenten gewählt worden war, sprudelte auch wieder die Dollar-Quelle. Der Kampf gegen den Kommunismus, der im McCarthyismus hysterische Züge annahm, stand für Amerika jetzt obenan. In Washington wurden die Stimmen leiser, die Chiang Kai-shek der Despotie bezichtigt und die Demokratisierung Chinas gefordert hatten. Und der Gimo zeigte, daß er noch der alte war: Von den Amerikanern losgelassen, knebelte er die Opposition. Er bediente sich der ihm hörigen Jugendpartei, der mein Vater einst angehört hatte, um parlamentarische Vielgestalt vorzutäuschen. In Wahrheit war die Republik China auf Taiwan, deren Führer sich wie Mao auf die demokratischen Prinzipien Sun Yat-sens beriefen, ein auf das Militär und den Geheimdienst gestützter Einparteienstaat.

Die Nordkoraner überrollten Südkorea in wenigen Wochen. Sie eroberten die Hauptstadt Seoul und trieben ihren überrumpelten Gegner in den äußersten Winkel der Halbinsel. Der Sicherheitsrat der Vereinten Nationen verurteilte den Aggressor, und unter der Führung der Amerikaner landeten Truppen aus fünfzehn Mitgliedstaaten im Rücken der Angreifer. Auch Chiang Kai-shek erbot sich, Soldaten zu schicken. Der amerikanische Oberbefehlshaber der UN-Streitkräfte, General MacArthur, wies das Angebot jedoch zurück. Im Herbst sickerten rotchinesische Einheiten in Korea ein, dann trat die Volksbefreiungsarmee mit siebenhunderttausend Soldaten zur Offensive an. In dieser Situation erbat das Oberkommando der UN-Armee von Taiwan die Entsendung nationalchinesischer

Offiziere, die englisch sprechen und chinesische Kriegsgefangene vernehmen sollten. Dreißig Offiziere wurden nach Korea abgeordnet. Einer von ihnen war mein Bruder Allen.

An die Amerikaner band ihn eine Art Beratervertrag, und er verdiente harte amerikanische Dollars. Er hatte einen Stahlhelm auf dem Kopf und trug eine US-Uniform ohne Rangabzeichen, aber mit einem Ärmelstreifen, der ihn als Zivildienstler auswies. MacArhurs Stab teilte ihn der Fernmeldekompanie des Neunten US-Korps zu, später einem Divisionsstab hinter der Front. Am Kampfgeschehen war er nicht beteiligt. Doch er beobachtete es. Und ihm gingen die Augen über, als er sah, mit welchem technischen Aufwand die Amerikaner ihre Kriege führten. Sie besaßen ein Wasserreinigungssystem und waren um Trinkwasser nie verlegen, sie duschten und sie wuschen sich sogar damit. Da die GIs Generatoren zur Stromversorgung hatten, brannten nachts immer irgendwelche Lampen. Sie schliefen in regenfesten Zelten, kochten auf Propangasöfen, und nur wenige Infanteristen marschierten, denn es mangelte ihnen nicht an Jeeps und Trucks.

Allen fühlte eine späte Bitterkeit. Er war an seine japanischen Kriegszüge erinnert. Er dachte daran, daß seine erschöpften Barfußsoldaten keine Kettenfahrzeuge hatten, daß sie sich nur wuschen, wenn sie an einen Fluß kamen oder in einem Reisfeld, in dem der Monsunregen stand, daß sie dieses Wasser so brühwarm tranken, wie sie es schöpften, daß der Küchenbulle in schwarzen Eisentöpfen auf offenem Feuer kochte, daß sie keine Zelte hatten und im Regen schliefen oder in Städten und Dörfern Quartier in den Häusern zu Tode erschrockener Familien nahmen, deren Bewohner Töchter, Frauen und das Federvieh versteckten, weil die Soldaten die einen wie das andere an sich rissen.

Und da saß er jetzt vor den gefangenen Soldaten der ihres Heldentums und ihrer Lauterkeit gerühmten Volksbefreiungsarmee, und er blickte in ihre dreckverschmierten Gesichter und versuchte zu ergründen, ob sie anders waren. Nein, sie waren aus dem gleichen Holz. Jetzt, dem Schlamassel entkommen, desolat und von Kontrolle und Befehl entzügelt, gaben sich die meisten dem Verhör willig hin. Sie sagten, was sie wußten. Es war nicht viel, doch im Divissionsstab setzte man das Puzzle kleinen Wissens aus vielen Verhören zusammen und machte sich ein Bild der Lage. Die Gefangenen führten sich nicht als Helden auf und nicht als Kommunisten. Sie waren des Krieges so müde wie einst die anderen. Sie hätten nie zur Genüge Transportmittel gehabt, jammerten sie, keine Zelte, kein ordentliches Schuhwerk und – dies vor allem – zuwenig Reis. Die amerikanischen Offiziere, denen Allen die Klage übersetzte, belachten das Verlangen nach Reis. Warum brauchten die Chinesen so viel Reis? Allen lächelte in ihre gesunden Gesichter und erwiderte: »Sie sind arme Landarbeiter. Für einen chinesischen Landarbeiter, der oft nur Hirse und Knoblauch hat, ist eine Handvoll Reis etwa dasselbe wie für euch ein Truthahn.«

Im Juli 1953 schlossen die Kriegsgegner den Waffenstillstand von Panmunjom, und der 38. Breitengrad war, wie vor dem Krieg, wieder die Grenze zwischen den Bruderstaaten. In Taiwan kehrte Allen zu seinem Stab zurück, blieb aber nicht. Für ihn erfüllte sich ein lange gehegter Wunsch: Er durfte nach Amerika fliegen. Er wurde zu einem Fünfmonatslehrgang beordert, den die amerikanische Panzerschule in Fort Knox für nationalchinesische Offiziere eingerichtet hatte. Sonntags wanderte er durch die grüne Pferdekoppellandschaft von Kentucky, oder er fuhr nach Louisville und las in einem Coffeeshop politische Satiren, übermannt von dem Gefühl, in einem freien Land zu sein.

*

In einem an den Tamsui-Fluß stoßenden spinnwebartigen Gassenviertel von Taipei überließ die Universität meinem Vater ein

einstöckiges Haus. Es war ein zu Kolonialzeiten erbautes japanisches Haus, umwallt von einer hohen Steinmauer, gedeckt mit schweren braunen Ziegeln, innen von lackholzgerahmten Schiebewänden gegliedert, deren pergamentene Wandfüllungen Licht und Schall durchließen. Es war schon eine seltsame Schicksalslaune, daß mein Vater, der zwei Drittel seines Lebens gegen Japan gestanden hatte, seine Erdentage in einem japanischen Ambiente beschloß. Doch in diesem Haus fand er Frieden. Er hatte sich von seinem abrupten Karriereknick erholt. Er genoß die Arbeit an der Universität, die stillen Abende, die Entbundenheit von politischer Verantwortung, das Ausbleiben von Kabalen und Verdächtigungen. Er lehrte Finanzwissenschaft und forschte auf dem Feld der Finanzstatistik. Er verdiente wenig, aber auskömmlich, sein Verzicht aufs Überflüssige war durch seine Seelenruhe mehr als ausgeglichen. Zum Haus gehörte ein kleiner Steingarten. Julia legte Gewürzbeete an und zog die üppigen Blumengewächse, die auf der subtropischen Insel endemisch sind. Als Vater mit seiner Familie das Haus bezog, war er fünfzig. In einem Staatswesen, in dem ein Mann mit achtzig noch Minister werden konnte und Mandarine nach steilem Absturz erneut höchste Gipfel erklommen, hätte auch er sich wieder aufrappeln können. Doch er hatte – und er dachte die Sottise auf deutsch – »die Schnauze voll«.
Aber der Generalissimus hatte ihn nicht vergessen. Er bat ihn zu sich in den Regierungspalast, und die Posten im weißen Koppelzeug legten die weiß behandschuhten Hände an ihre weißen Stahlhelme, als er das Portal durchschritt. Chiang Kai-shek ließ ihn nicht warten, er trat auf ihn zu und begrüßte ihn mit der Frage: »Woher kennen wir uns?« Mein Vater hatte ihn in Chongqing oft gesehen, die Frage war eine der Schrullen, mit denen der Gimo seine Gesprächspartner zu verunsichern pflegte. Mein Vater aber blieb gelassen. Chiang Kai-shek war dreiundsechzig. Sein glatzköpfiger Schädel, der General Stilwell an eine Erdnuß erinnert hatte, erstrahlte im Glanz eines ihm unge-

261

mäßen Lächelns. Er trug seine schmucklose Uniform (auch Hitler hatte sich durch den Verzicht auf Rangabzeichen aufgeblasen). Sein zänkisches Temperament, seine Unnachgiebigkeit und das Launische in seinem Wesen schienen abgeschliffen. Er bot meinem Vater zuerst einen Sessel und dann einen Job an. Es kann keinen Zweifel geben, daß er sich – unter amerikanischem Druck und um die Bevölkerung Taiwans zu gewinnen – nun der Minorität redlicher Beamter erinnerte und daß er meinen Vater gerufen hatte, da es von seiner Art nur wenige gab. Doch mein Vater wies das Angebot zurück, noch bevor er hörte, an welchen Posten der Gimo überhaupt gedacht hatte. An diesem Gespräch nahmen auch andere Besucher teil, deshalb entließ Chiang Kai-shek ihn mit der Bemerkung: »Ich will noch einmal allein mit Ihnen sprechen.«

Doch er war auch beim nächsten Mal nicht allein, seine Frau Meiling war bei diesem Gespräch dabei. Sie war dreiundfünfzig, gab sich für Ende Vierzig aus und war in ihrer preziösen Positur höchst attraktiv. Sie saß unter dem Bilde Sun Yat-sens, dessen Witwe Qing Ling ihre Schwester war, jene, die Maos Regime mit ihrer romantischen Prominenz schmückte. Sowenig wie das ihres Gatten war auch das Antlitz Madame Chiang Kaisheks von den seelischen Blessuren der Niederlage gezeichnet. Der Reflex eines ungebrochenen Machtwillens ging von ihr aus. Mit einem einzigen Heben ihres Kopfes durchdrang sie den großen Raum. Wie jeder Chinese wußte mein Vater, daß sie ihrem Mann Stütze und Beraterin war. Um sie, die Tochter eines reich gewordenen Methodistenpredigers, heiraten zu können, hatte Chiang Kai-shek sich im Namen Jesu Christi taufen lassen. Die Freiheit der Religion war die einzige Freiheit, die er seinem Volk beließ. Diesmal bot er meinem Vater drei Wirkungsgebiete zur Auswahl an: den Parteivorstand, das Finanz- und das Wirtschaftsministerium. Er ließ durchblicken, daß er an allerhöchste Positionen dachte, etwa auf Staatssekretärsebene. Mein Vater hatte das Gefühl, daß der Diktator ihm gewogen war, ja daß er ihn auch in zurückliegenden Zeiten geschätzt hatte, jedenfalls soweit er in seinen Wahrnehmungskreis hatte eindringen können. Trotzdem sagte er nein.

Und dann kam der Abend, an dem der Rolls-Royce des Staatspräsidenten durch die enge Kin-Men-Straße fuhr und vor dem Tor des japanischen Hauses hielt. Chiang Kai-sheks Adjutant entstieg ihm und ließ die Türglocke scheppern. Als mein Vater, bekleidet mit einem Morgenmantel, das Tor öffnete, stieg der Gimo aus. Mein Vater bat ihn ins Haus, hieß ihn aber nicht die Stiefel gegen die bereitstehenden Filzpantoffel tauschen, wie es in den reinlichen Häusern chinesischer Mittelständler eigentlich verlangt wird. In der Küche goß Julia Oolong-Tee auf. Der Generalissimus kam in einer Tonlage, die dem Widerspruch entgegenraunzte, bevor er geäußert war, auf sein Angebot zurück. Und mein Vater wiederholte leise sein Nein. Doch diesmal stützte er es mit einer Begründung. Es läßt sich sagen, er habe dem Despoten, der einem Vasallen ins Herz zu sehen für weichlich hielt, das seine weit geöffnet. Denn er ließ nichts aus. Er sprach von seinen Hilferufen im mandschurischen Partisanenkrieg, die niemand erhört hatte, von den Brüchen in seiner Laufbahn, die hinter seinem Rücken ausgeheckt worden waren, von seinem verzweifelten Kampf gegen die Korruption, von den heimtückischen Anschlägen auf seine Ehre und von den Yen-Scheinen, die in Umlauf zu belassen die einzig richtige Entscheidung gewesen war. Er sprach nicht larmoyant, sondern mit der Würde des Bescheidenen, doch kühl wie ein Pokerspieler, der sein Blatt auf den Tisch legt. Chiang Kai-shek hörte ihn geduldig an, einige Male senkte er seine Lider oder er nickte, und dann gab er zu, daß sein eigener Sekretär Shao ihm nahegelegt hatte, die Anklage gegen meinen Vater zurückzuziehen. Nicht daß er sich erklärt oder gar entschuldigt hätte, doch nun akzeptierte er das Nein meines Vaters und empfahl sich mit einer ratlosen Gebärde, die der Höflichkeit das Formelle nahm. In den folgenden Jahren ließ mein Vater sich für verschiedene

Entwicklungsprojekte der Regierung als Berater engagieren. Als Universitätsprofessor bekam er alle sieben Jahre für zwei Semester Urlaub. 1955/56 verbrachte er ihn in Deutschland. Um sein Wissen zu mehren, arbeitete er neun Monate im Münchner IFO-Institut für Wirtschaftsforschung. Er fuhr nach Berlin und suchte mich. Er ging in die Hohenstaufenstraße, wo seine Wirtin Paula Kühl gewohnt hatte, doch das Haus war eine Ruine. Die freundliche Zimmervermieterin war tot. Das fand er heraus. Mich fand er nicht, weil er unter Mamas Mädchennamen nach mir forschte. Er erkundigte sich auch nach ihr. Doch er wußte nicht, welchen Namen sie bei ihrer Heirat angenommen und mir gegeben hatte.

Er liebte Deutschland noch immer, doch seine Kinder teilten diese Neigung nicht, sie zog es nach Amerika. Der frische Wind Amerikas wehte über das Meer und umfächelte die jugendlichen Chinesen auf Taiwan, vor allem jene, die ihre Heimat verloren hatten, und vornehmlich die gebildeten. Doch der verheißungsvolle Zauber ging von anderen Reizmitteln aus als denen, die zur selben Zeit die jungen Europäer lockten. In Taiwan gab es keine Musiklokale, in denen Jazz oder Rock'n'Roll gespielt wurde. Amerikanische Zeitungen kamen nicht in das abgeschottete Land. Jenseits des Präsidentenpalastes und des *Government Information Office* durften US-Magazine nicht gelesen werden, nicht *Time*, nicht *Newsweek*, nicht einmal *Vogue*. Op-art, Pop-art wurde nicht ausgestellt, wurde auch nicht publiziert, es gab nicht einmal Coca-Cola. Die zwanzigtausend in Taiwan stationierten amerikanischen GIs hatten damals – anders als überall sonst auf der Welt – noch keinen eigenen Soldatensender, den junge Chinesen hätten hören können, wie ich es zur selben Zeit in Deutschland tat. Und dennoch lockte Amerika. Es gleißte über der vom Meer isolierten Insel wie eine Himmelsspiegelung.

Taiwan war ein Terrarium chinesischer Fügsamkeit und überlebter Stile. Es gab keine Liebespaare, die sich in den Parks küß-

264

ten, und keine Filme, keine aus Hollywood, keine aus Taipei, in denen ein Kuß die Jugend hätte erwecken können. Maler malten in den höfischen Stilarten versunkener Dynastien. Der Wandel der Welt ging an der Insel vorbei. Ans Sensorium der Chinesen aber rührte Amerika mit dem Triumph über Japan, mit seinen bekanntermaßen harten Dollars, mit seinem Wohlstand, der sich ihnen in den Secondhand-Cadillacs zeigte, die wie Prachtdschunken durch die Straßen ihrer Städte schaukelten, mochten sie auch verbeult und verrostet sein.

Madame Chiang Kai-shek und ihr Clan hatten sich am Reichtum Amerikas aufgerichtet. In Amerika hatte ihr Vater Charlie Soong als jugendlicher Habenichts den Grundstein für seinen legendären Reichtum gelegt. Sie selbst und ihre beiden Schwestern hatten das Wesleyan College in Georgia absolviert. Ihr Bruder T.V. Soong hatte in Harvard, H. H. Kung, der Gemahl ihrer Schwester Ailing, in Yale studiert, und beide waren in die Geldaristokratie der Welt aufgestiegen. Das wußten die Chinesen in Taiwan. Höhere Regierungsposten in Taipei wurden seltener mit Persönlichkeiten besetzt, die in Berlin oder Paris studiert hatten, sondern vorzugsweise mit solchen, die ein US-Diplom vorlegen konnten.

Taiwan war noch arm, und die Flüchtlinge vom Festland waren die Ärmsten. Sogar hohe Beamte wurden lausig entlohnt, der Staat alimentierte sie mit Nahrungsmitteln. Der Schock des verlorenen Bürgerkrieges wurde noch empfunden. So war es für viele Auswanderer eher ein Weg als ein Hinsehen, das sie übers Meer trieb, wenn es nicht beides war. Wenige, die zum Studieren in die USA gingen, hatten die Heimkehr im Blick. Die Amerikaner examinierten die Einwanderungskandidaten und ließen nur die Begabtesten ins Land. So schöpften sie die junge geistige Elite Taiwans zum Nutzen ihrer eigenen Stärke ab.

Die erste, die in die USA emigrierte, war Stella. Auf Wunsch unseres Vaters hatte sie in Taiwan Wirtschaftswissenschaft studiert und den *Bachelor of Science* erworben. Dann arbeitete sie ein Jahr im *US-Agricultural Reconstruction Committee* in Taipei. 1954 heiratete sie John Chien, einen Studenten meines Vaters. John, Sohn eines Luftwaffengenerals und späteren Abgeordneten der gesetzgebenden Körperschaft Taiwans, wanderte 1956 nach Amerika aus und heuerte bei den Boeing-Flugzeugwerken in Seattle an. Er arbeitete sich empor, und er blieb der Firma bis zur Pensionierung treu. 1958 folgte ihm Stella. Ihr kühles Verhältnis zu unserem Vater hatte ihr den Abschied leicht gemacht. Sie hatte noch immer ihren Großvater Jia Dernao im Herzen, doch Vater hatte ihr untersagt, dessen zwei Neffen zu besuchen, die einzigen Jias, die sich dem Exodus nach Taiwan angeschlossen hatten. Das amerikanische Exil wurde ihr zum Wohlstandsparadies, kaum jedoch Heimat. Erst in ihren Sechzigern beantragte sie die amerikanische Staatsbürgerschaft, die sie früher hätte bekommen können.

Als nächster emigrierte Potter, der als Leutnant in der nationalchinesischen Kriegsmarine gedient hatte. Er kam erst zu Stella, blieb dort eine Weile und studierte dann in Minnesota. Ihm folgte Paula in die USA. In Seattle heiratete sie einen dort lebenden Chinesen und ließ sich nach drei von Ehestreitigkeiten verdüsterten Monaten wieder scheiden. Helen blieb in Taiwan. Sie hatte Kuangyü geheiratet, einen von Amerika weniger geblendeten Sohn des obersten taiwanesischen Richters. Doch erwarb sie die Greencard und damit Lebens- und Arbeitsrecht in den USA. Einmal im Jahr besucht sie ihre amerikanischen Geschwister, so bleibt ihr dieses Recht erhalten. Anna heiratete den Luftwaffenpiloten Shun-ming Chang. Auch diese beiden wanderten aus und ließen sich in Los Angeles nieder. Als letztes emigrierte meines Vaters einziges Kind, das noch einen chinesischen Paß hatte: Allen. Auch er und seine Frau Jenny, die Schwester des Boeing-Managers John Chien, den Stella geheiratet hatte, wurden Amerikaner. Fünf meiner Halbgeschwister gehörten jetzt zu den rund hundert Millionen Chinesen, die über die Welt verstreut sind und in beiden Chinas »Überseechinesen« genannt werden – Chinesen, die ihre Heimat verließen, ohne von ihr zu lassen. Doch der Clan der Changs war zerfallen, nicht nur geographisch – er starb in den Herzen der Auswanderer und in denen ihrer Kinder.

Der amerikanische Traum – wie eine Flamme den Mückenschwarm zog er meine Geschwister an. Sie verbrannten nicht in ihr. Ihre Kinder wuchsen zu Amerikanern heran, die besser Englisch als Mandarin sprechen, und die meisten schlossen ihr Studium mit einem Titel ab. Sie sind nicht ganz so fruchtbar wie die Erde von Anhui, die sie nie gesehen, nie gefühlt, nie gerochen haben und der sie doch entstammen, aber auch sie mehren sich. Wie der biblische Jakob die Sprößlinge seiner zwölf Söhne nicht beim Namen rufen konnte, so hat auch mein Vater sich ihrer Namen besinnen müssen, wenn er – so selten es geschah – auf seine Enkel zutrat. Ich glaube nicht, daß er sich einsam fühlte, als seine Nachkommenschaft ihn verließ. Er hatte seine junge Frau, ohne die er keine Reise unternahm. Er hatte manchen bedeutenden Freund: Alle bisherigen Finanzminister in Taiwan waren seine Studenten gewesen. Und er hatte seine Arbeit.

Dann geschah das Unerwartete: Am 20. März 1959 empfing er den Brief seines verloren geglaubten Sohnes. Darin erzählte ich ihm auf vielen engbeschriebenen Seiten, wie ich ohne Vater groß geworden war. Am 23. März antwortete er mir: »Dein Brief war mir eine große Freude, eine Freude voller Schmerz.«

BEIM VATER

Am 19. Tag des 10. Monats im 55. Jahr der chinesischen Republik auf Taiwan (im Gregorianischen Kalender war es der 19. Oktober 1966) legalisierte mein Vater mich vor einem Richter in Taipei als seinen leiblichen Sohn. Ich unterschrieb die Urkunde in lateinischen Buchstaben mit »Benno«. Sie war in chinesischer Schrift abgefaßt. Mein Vater übersetzte sie mir nicht, der Inhalt verstand sich ohnedies von selbst. Deshalb blieb mir verborgen, daß ich mit meiner Unterschrift Staatsbürger der nationalchinesischen Republik China (Zhongua Min-Kuo) geworden war. Auch das mag sich für meinen Vater von selbst verstanden haben, er hat mich jedenfalls nicht informiert. In der Urkunde wurde mir der Name Chang Penno gegeben. In der außerhalb Taiwans für die Romanisierung des Chinesischen gebräuchlichen Pinyin-Umschrift heiße ich Chang Bennuo. Und in meinem Paß steht mein deutscher Name. Den Paß der Republik China auf Taiwan habe ich nie beantragt. Mir scheint, als bilde sich in der Zwiefalt meiner Staatszugehörigkeit und der Dreifalt meiner Benennung der Mangel an Bodenständigkeit ab, den ich stets empfunden habe. Von Geblüt bin ich zur Hälfte ein Han-Chinese und zu je einem Viertel Tscheche und Deutscher. Doch was bin ich wirklich?

Zu jener Zeit, als ich auch mit richterlichen Weihen meines Vaters Sohn wurde, kam in der westlichen Gesellschaft der Begriff Identität in Mode, und ich prüfte mich: Lebte ich in Übereinstimmung mit der Kultur, in der ich aufgewachsen war? War ich ein Deutscher? Oder gründete sich mein Selbstverständnis auf das Bewußtsein meiner Fremdheit in der eingesessenen Kultur? Befand ich mich überhaupt in Übereinstimmung mit mir selbst? Ich fand zu jeder Frage Gründe für ein Ja und Gründe für ein Nein. Das hieß, daß ich jeglicher Identität entraten war.

Als Kind hatte ich alle fünfundsechzig Bücher von Karl May gelesen und darin die These gefunden, Mestizen, Mulatten, Kreolen, Mischblütige also, erbten von ihren Eltern nur die jeweils negativen Eigenschaften. Dann erfuhr ich, daß auch ich ein Halbblut war. Inzwischen war ich erwachsen geworden – natürlich glaubte ich nicht mehr an die Torheiten Karls Mays. Doch sie wirkten in mir nach. Ich hatte den Rassismus, der meiner Generation ins Herz gesät ist, verstehend überwunden, doch er war in mir, wie er in jedem von uns ist, und er richtete sich gegen mich. Ich mißfiel mir.

Ich war unstet, in der Liebe wie in dem ungeliebten Job. Ich war ein Bastard im Sinne Karl Mays. Ich hatte das nicht, was man Identität nennt, weder rassisch noch kulturell. Also versuchte ich, autonom zu sein. Identität ist eine Sache der Entscheidung, sagte ich mir. Ich hätte sagen können, was viele sagen, die ihre Wurzeln kennen und Heimat haben: Ich bin ein Kosmopolit. Doch in der Schule hatte ich ein Epigramm des Seneca lernen müssen: *Quisquis ubique habitat, nusquam habitat* – Wer überall zu Hause ist, haust nirgendwo. Ich war in Deutschland zu Hause, ich wollte Deutscher sein, obwohl es nicht leicht ist, vor der Geschichte ein Deutscher zu sein. Daran habe ich festgehalten – bis zu dem Tag, an dem ich meinen Vater kennenlernte. Seitdem, seit dem 23. November 1964, gab es wieder Zeiten, in denen ich mich unbehaust fühlte.

Den Höhepunkt jenes Tages erlebte ich in Düsseldorf. Um elf Uhr vormittags landete das Flugzeug aus Frankfurt, das mir meinen Vater brachte. Ich war fünfunddreißig Jahre alt. Ein herzbeklemmendes Gefühl bedrängte mich. Es war aus Angst,

Unbehagen, Zuversicht und dem Nachbeben einer langen Erwartung gemischt. Nahe bei mir stand eine junge Chinesin. Sie faßte mich in einen scheuen Blick und schlug die Augen nieder, als ich zu ihr hinsah. Ich mutmaßte, daß sie wie ich auf meinen Vater wartete. Ich musterte die Passagiere, die aus der Gepäckhalle traten. Dann sah ich ihn. Und ich trat auf ihn zu.

Er trug einen Trenchcoat und eine bräunliche, gestrickte Mütze mit steifem Schirm; es war eine Kopfbedeckung von der Sorte, die amerikanische Ranger bei der Forstüberwachung tragen. Die derbe Kappe verlieh seinem müden Gelehrtenantlitz etwas Widersprüchliches, sie ließ ihn lächerlich erscheinen und sie gab zu erkennen, daß er auf sein Erscheinungsbild nichts gab. Den Bildern, die er mir geschickt hatte, auf denen er steif und gefroren war, glich er nur entfernt, denn nun war Spannung in seinen Zügen. Ein Zollbeamter sprach zu ihm – ich sah meinen Vater im Profil und bemerkte, daß sein Schädel so kurz war wie der meine. Er war einen halben Kopf kleiner als ich. Seine Miene war starr, wie betäubt. Wer von den Umstehenden ihn in diesen Minuten beobachtete, mußte seine Mienenstarre für die Maske halten, die den Asiaten als Larve der Heimtücke zugeschrieben wird. Doch ich empfand die Gefaßtheit, mit der er sich wappnete. Denn wie für mich war der Moment auch für ihn nicht leicht.

In einem ersten Brief hatte er sich zu einer Schuld bekannt, die ihn nicht betraf, nämlich zu dem Versäumnis, mich großgezogen und ernährt zu haben. Der Zöllner hielt ihn nicht auf. Mein Vater trat in die Halle, ging auf mich zu, und ich erlebte die schwierigste Sekunde meines Lebens. Er nahm meine Hand, umschloß sie behutsam mit der seinen, so zögerlich, daß sie geraume Zeit den Griff verhielt. Dann aber drückte er zu und ließ die meine nicht mehr los. Seine mongoliden Augen waren mäßig geschlitzt. Er sah mir lange von unten her ins Gesicht, als suchte er mich zu erkennen oder in mir sich selbst. Seine weichen Lippen bogen sich in die Mundwinkel, seine Brauen hoben sich. Endlich – über den fortdauernden Händedruck hinweg – sprach er. Er sagte:

»Mein Sohn.«

Die fremde Chinesin stand lächelnd dabei. Sie verbeugte sich, als sie meinen Vater begrüßte. Sie war die Tochter seines Freundes Chun-Chuan Chow, des Vizepräsidenten der Elektrizitätsgesellschaft in Taiwan. Sie studierte in Düsseldorf Musik. Ihr Vater, ein in Taiwan geborener, höchst liebenswürdiger Gentleman, hatte mich im Auftrag meines Vaters während einer Europareise 1961 besucht und ihm berichtet. Ich wurde oft gefragt, wie man sich fühlt, wenn man im fortgeschrittenen Alter zum erstenmal den Mann sieht, dem man sich verdankt. Ich habe die Frage nie wahrheitsgemäß beantwortet. Ich konnte das Geschehnis, das Unbeteiligten nur als steife Begrüßung, mir aber wie eine Initiation erschien, nicht beschreiben. Bis dahin hatte ich nur gewußt, daß ich asiatischer Abkunft war, nun sah ich es. Meines Vaters langer Händedruck wurde mir zur Qual, denn er hob die Fremdheit nicht auf. Und dann fuhren wir in meinem Wagen über die Autobahn nach Kohlkaul. Ich suchte nach Worten, die dem Ereignis angemessen waren. Doch die Worte, die ich dachte, waren zu klein und die großen zu schwülstig. Was ich auch ab und an sagte, es war banal. Und mein Vater schwieg.

Er hatte mir geschrieben, er habe sich kürzlich »zu Jesus Christus bekehrt«. Daran dachte ich im Auto. »Nun habe ich den Heiligen Geist, Christus Jesus, in mir«, hatte er geschrieben, »und Du hast mich in Dir. Du wirst Jesus begegnen und in seiner Liebe leben.« Daran mochte ich nicht anknüpfen, hätte ich doch bekennen müssen, daß ich mich von der Kirche abgewandt hatte. Statt dessen sprach ich ihn auf Konfuzius an. Er sagte: »Zwischen Konfuzius und Jesus Christus gibt es keinen Widerspruch. Die Lehren des Konfuzius sind im Christentum enthalten. Wer ein Anhänger des Konfuzius ist, kann mühelos Christ werden. Doch Konfuzius ist totes Gesetz. Jesus Christus jedoch ist der lebendige Geist.« Er sah mich von der Seite an. Ich blickte auf die Autobahn.

Dann saßen wir, Sabine, ich, unsere Kinder Stefan und Susanne, mit meinem Vater in der Kohlkauler Reihenhauswohnung am Mittagstisch, und als er die Hände faltete, taten wir es ihm nach. Er sprach ein Tischgebet, und das tat er hinfort vor jeder Mahlzeit, selbst in der Stunde des Kaffees. Mein Vater betete für uns. Ich versuchte meine Gedanken festzuhalten, doch die Andacht vermochte sie nicht zu fesseln. Ich schielte zu Sabine hinüber. Sie lächelte fein und traurig, denn durch mich war sie aus dem Paradies vertrieben. Ich dachte an meinen außerehelichen Sohn. Eine Frau in Hamburg hatte ihn geboren, die junonische Tochter einer sozialdemokratischen Arbeiterfamilie, Geliebte eines Sommers. Da ich sie nicht heiraten konnte, hatte sie einen anderen Mann geheiratet. Ihr Sohn war meines Vaters Enkel, und mein Vater hatte Anspruch, von ihm zu wissen. Der Junge war noch ein Baby, nach dem Willen der Mutter hieß er Lars. Er sollte nicht erfahren, daß er ihres Ehemannes Sohn nicht war, so wollte sie es. Damit war auch Sabine einverstanden. Doch es linderte die Wunde nicht, die ich ihr zugefügt hatte. Es war nicht die einzige. Seit ich für meine Büromöbelfirmen auf der Landstraße lebte, suchte ich den Zauber flüchtiger Liebschaften, gierig nach Leben. Ich hatte Sabines Herz zerrissen, als ich ihr das beichtete, doch das meine war mir danach leichter.

Da saßen wir nun und hörten meines missionierenden Vaters Worte, die von Jesu Liebe sprachen. Der neunjährige Stefan streckte einen Finger aus dem Gebet seiner Hände und popelte, ohne seine anderen zu entfalten, in der Nase. »Eine gute Saat hatte ich gesät«, hörte ich meinen Vater, »doch ich konnte sie nicht begießen. Der Sohn gedieh durch Gott. Herr, ich bitte Dich, gib auch seiner Familie Gedeihlichkeit und Deinen Segen.« Niemand sagte ihm, daß er für eine Familie betete, die sein Gebet nicht retten konnte.

In den folgenden Wochen hielt er Vorträge über Methoden der Entwicklungshilfe an der Bonner Universität. Er verfaßte sie auf deutsch und bat mich, sie im Wortlaut zu korrigieren. Ich tat es. Er sprach sie auf Tonband und spielte es vor meinen Ohren ab. Ich sollte ihm zu einer besseren Artikulation verhelfen. Wie der Chinese aus dem Witz sprach er statt des R ein L, obgleich er sich mühte, es zu vermeiden. Gelang ihm ein R, war es ein chinesisches: teigig aus dem Kehlkopf heraus gegen die aufwärts gestellte Zungenspitze geröhrt. Das deutsche, am Zäpfchen geriebene oder gar das spanisch gegen die Zähne gerollte R war ihm nicht möglich. Das spanische R gelingt auch mir nicht. Meine jetzige Frau Cristina ist Deutschspanierin, unsere drei noch kleinen Kinder sprechen außer deutsch akzentfrei spanisch. Nur ich bin der Tölpel, der das R nicht rollen kann. Niemand konnte mir bisher sagen, ob dieses Unvermögen meiner Herkunft geschuldet ist.

Als ich meinem Vater half, seine deutschen Vorträge einzuüben und dabei meiner eigenen R-Schwäche inne wurde, glaubte ich das. Wir saßen uns bei dieser Arbeit gegenüber, sie brachte ihn mir näher. Als ich indes eine inhaltliche Änderung vorschlug, wies er sie lächelnd zurück. Einer seiner Vorträge trug den Titel »Die Möglichkeiten der Ökonometrie in den Entwicklungsländern unter besonderer Berücksichtigung von Taiwan«. Mein Vater hatte seinen nüchternen Text um die Bergpredigt bereichert: »Selig sind, die da Leid tragen; denn sie sollen getröstet werden.« Meinen Einwand, er würde die Mehrheit seiner Hörer damit befremden, ließ er nicht gelten. Er war Laienprediger der Evangelisch-Freikirchlichen Gemeinde in Taipei; er war, wie so viele Konvertiten, ein Verkünder. Am Ende probte er die Darbietung vor dem Spiegel. Es störte ihn nicht, daß ich ihm zusah. Bei alldem wurde er mir als nützlich denkender, gänzlich uneitler Mensch deutlich. Und je deutlicher er mir wurde, desto wärmer empfand ich für ihn.

Nach zwei Wochen kam Julia, seine Frau, und sie blieb. Sabine schloß sie sofort ins Herz. Ich hörte die beiden in der Küche lachen. Auf mich wirkte Julia wie herausgetreten aus einer antiken Porzellanmalerei Chinas – bleich, porenfrei und altmodisch. Sabine und ich sprachen englisch mit ihr, jedoch nur, wenn wir mit ihr allein waren. In Gegenwart meines Vaters sprach sie wenig, doch sie begleitete jedes seiner deutschen Worte mit einem beipflichtenden Lächeln, so als hätte sie es verstanden.

*

Zwei Jahre danach bezahlte mein Vater mir das Ticket für einen Flug nach Taipei. Die Maschine der China Air Lines landete in der Abendröte des 1. Oktober 1966. Niemals vorher hatte ich die Grenzen Europas überflogen. Der erste Interkontinentalflug meines Lebens hatte mich so erregt, daß ich in der Vierstundennacht über den Wüsten des Nahen Ostens nicht hatte schlafen können. Ich war noch immer an die ungeliebte Arbeit gefesselt. Und ich wollte immer noch schreiben. Ich schrieb während des ganzen Fluges. Ich beschrieb, was ich aus zehntausend Meter Höhe sah: Ödland, trockene Flußtäler, Salzbänke hinter schäumenden Brandungsstreifen am Arabischen Meer. Mein Stift war die Kamera, die ich nicht besaß. Ich schrieb, als könnte ich mir schreibend die Schöpfung aneignen. Ich war nun sechsunddreißig. Doch ich zweifelte keine Sekunde, daß ich noch werden würde, was zu sein ich berufen war: Reporter. Tatsächlich trennten mich von diesem Ziel nur noch vier Jahre, obgleich ich nichts tat, um es zu erreichen, denn ich ließ das Leben fließen. Ich meinte zu alt zu sein, um mich in Redaktionen zu bewerben. Ich schrieb einfach. Von der Taiwanreise brachte ich ein Manuskript mit dem Umfang eines Buches zurück. Ich hätte es einem Verlag anbieten können. Heute weiß ich es. Damals dachte ich nicht daran. Bei irgendeinem meiner zahlreichen Umzüge ging das Manuskript verloren.

Der Flughafen von Taipei war in jener Zeit ein dem Militär gewidmetes Provisorium. Das Flughafengebäude war eine Baracke, denen ähnlich, die ich später als Reporter an den Flugsandpisten früherer Kolonialstaaten kennenlernen sollte. Als ich es betrat, hörte ich eine kindliche Mikrophonstimme: »Mistel Benno Kloll!« Nur: »Mistel Benno Kloll!« Sie schallte aus allen Ecken, beließ es aber beim Aufruf, sie sagte nicht, wohin ich mich wenden sollte. Der kindliche Frauendiskant hetzte mich durch leere Gänge, bis ich in eine Sackgasse geriet, die ein Drahtgitterzaun abschloß. Davor stand ein Militärpolizist mit weißem Stahlhelm, auf seinem Gewehr war das Bajonett aufgepflanzt. Er vertrat mir den Weg. Hinter dem Zaun aber drängte sich mit glänzenden Gesichtern ein Auflauf zahlloser Menschen, die mich neugierig anstarrten. Ganz vorn, von den Hintenstehenden in den Maschendraht gedrückt, standen Julia und mein Vater. Sie winkten mir zu. Aus der Kopfmenge ragten hochgereckte Fotoapparate. Blitzlichter entluden sich über die Köpfe hinweg. Ein kleiner Chinese boxte sich mit einer Kamera nach vorne durch und kletterte flink über den Zaun. Er rief dem Soldaten etwas zu, der lachte, gab ihm den Weg frei, und der Mann rannte auf mich zu und fragte: »Are you Mister Benno Kroll?« Ich sagte: »Ja!« Er schrie: »Welcome home!« Dann hob er seine Kamera, blendete mich mit seinem Blitz und begleitete mich, immerfort fotografierend, zur Paßkontrolle. Der Paßbeamte sah mir skeptisch ins Gesicht und fragte mich grinsend auf Pidgin: »You wan' Chinese Citizen ship?« Auf diese Frage war ich nicht vorbereitet. Ich stotterte. Er grinste. Dann ging ich hinaus zu meinem Vater, umringt von etwa hundert Menschen. Er gab mir die Hand, zog mich unter die Leute und stellte sie mir vor. Kaum daß ich ihre Namen gehört hatte, vergaß ich sie: »Lieh Chih, dein erster Cousin.« – »Yen Ping, dein vierter Cousin.« – »Deine erste Cousine Amy.« Ich kannte nur die Namen meiner Schwestern: »Anna, deine vierte Schwester.« – »Helen, deine zweite Schwester.« Aus der Menge grüßte mich Julia.

Verwandte von Verwandten drängten sich an mich heran. Sie waren fast alle kleiner als ich. Sie schoben mir ihre Kinder zu, schüttelten mir die Hand, und während Vater die Namen und Verwandtschaftsgrade ausrief, schrien sie: »Welcome home!« Es entschlüpfte ihren Mündern wie eine stimmliche Umarmung, die sie sich physisch nicht erlaubten, denn ihre Haltung war gemessen und feierlich. Ich, ein als Einzelkind Aufgewachsener, der in Paris nur zwei Cousinen und in Mecklenburg eine Tante hatte, der den Terminus Clan für schottischen Slang hielt, sah mich einer Großfamilie ausgeliefert, die nun die meine war. Schließlich trat ein kräftiger Mann auf mich zu. Er war so groß wie ich und hatte ein offenes Gesicht. Er legte mir seine Hand auf die Schulter, grinste mich an wie ein alter Zechkumpan und sagte mit kraftvoller Stimme: »Brother!« Es war Chian Chih, den sie Allen nannten. Er war, kommentierte Vater, mein »erster Bruder«.

Als letzter begrüßte mich Herr Chow, der Elektrizitätsvize, der auch Vaters Nachbar war. In seiner alten amerikanischen Limousine fuhren wir zu Vaters Haus. Das letzte Sonnenglühen rötete die niedrigen Schindeldächer der turbulent belebten, heißen Stadt. Niemals danach, wenn ich als schreibender Reporter neue Welten durchmaß, waren meine Sinne so wach wie diesmal. Beim Vorbeifahren sah ich die Menschen in ihren flachen, zur Straße hin offenen Häusern, ich sah sie schreinern, schmieden, töpfern, essen, lachen, streiten, und mir war, als sähe ich ihre Herzen schlagen. Ich sah die Feuer unter den Eisentöpfen der Garköche und roch unbekannte Gerüche, die mich durchs offene Wagenfenster umfächelten. In mir war eine Glückseligkeit, wie ich sie nie zuvor gefühlt hatte. Es mag der herzliche Empfang gewesen sein, der das Gefühl von Fremdheit in mir unterdrückte, bevor es sich zu regen begann, jetzt erschien mir diese Welt so vertraut, als hätte ich sie im Zoo oder im Zirkus gesehen, und ich fühlte mich zugehörig.

Wir fuhren durch eine Stadt, die es heute nicht mehr gibt. Heute ist Taipei eine Wolkenkratzermetropole mit betonierten Straßen. Die »Pedicabs« sind ausgestorben: Dreiradrikschas mit Pedalantrieb, in denen Familien manchmal mit all ihrem Hausrat in neue Domizile umzogen. Die Wohnhäuser waren Theaterbühnen, auf denen die Bewohner vor den Augen der Welt ihren Fleiß und ihr familiäres Schicksal aufführten. Die Autos kamen »second hand« aus Amerika. Ihre Fahrer respektierten keine Regel und keine Ampel, sofern es eine gab. Sie schreckten Fußgänger auf, wenn sie millimeterdicht an ihnen vorbeipreschten. Doch keiner schimpfte, keiner drohte. Man fügte sich dem Gesetz, das schon immer in China galt und dem Stärkeren verzeiht.

In Vaters Haus angekommen, führte Julia mich in sein kalligraphiengeschmücktes Arbeitszimmer, dann in das rosenholzmöblierte Wohnzimmer und schließlich in einen kleineren Raum, in dem ich hausen sollte. Ein blütenweiß bezogenes Bett erwartete mich. Darüber bauschte sich wie ein Baldachin das Moskitonetz. An der papiernen Wand waren die zarten Rollbilder aufgehängt, die Julia malte. Anstelle einer Matratze lag eine Bastmatte unter dem Bettlaken. Die war, wie ich später feststellte, steinhart. Doch auf ihr schlief ich wie ein Gott, denn ich war zu Hause.

Ich blieb einen ganzen Monat in Taiwan. Aber schon am zweiten Tag war ich unter meiner Haut ein anderer. Der chinesische Teil von mir, den ich bis jetzt hinzunehmen, aber nicht zu leisten hatte, war mit Wucht herausgefordert. Im Gewühl der Menschen, durch das wir tags zuvor hindurchgefahren waren, sollte ich das Volk erkennen, dem ich angehörte. Ich sollte mich in einen Clan einfügen. Doch Volk und Clan machten es mir leicht. Sie rissen mich fort von dem Land, das mich geboren hatte. Denn es ging eine gewinnende Magie von ihnen aus, die ich mir nicht erklären konnte und die ein anderer wohl nicht empfindet. Frühmorgens weckte mich der Kopfstimmensingsang des Lumpensammlers, der ein überladenes Fahrrad durch die sandige Gasse schob. Der Morgenwind strich durchs Fenster und betörte mich mit den Gerüchen von Sesam und Anis. Ich hörte das balzende Gackern und Girren jäh aufspringender Stimmen, und wenn ich nach draußen ging, sah ich, wie die Hitze den Bäumen schon die Farben nahm. Ich sah in die Gesichter der Passanten, die häufig abweisend oder mürrisch waren. Doch ich ließ mich auf diese Gesichter ein, denn auch in ihnen fand ich China.

Nach den modischen Standards der westlichen Zivilisation sind die Chinesen kein attraktives Volk. Doch sie sind zartgliedrig, viele anmutig, und einige, besonders junge Frauen, herzbewegend schön. Und nie, nicht im dichtesten Marktgewühl, habe ich, wie so oft in deutschen Städten, empfunden, was meine späteren Freunde, die Hippies, »bad vibrations« nannten. Obwohl die Chinesen mich auf den Straßen ansahen, weil sie einen Fremden sichteten, der über sie hinausragte, haben ihre Blicke mich nie belästigt, denn sie waren nie zudringlich, sondern ernst und friedfertig. Nie habe ich mit angesehen, später auch in der Volksrepublik nicht, daß ein Chinese einen ihm fremden Landsmann maßregelte, etwa weil er regelwidrig sein Auto parkte oder weil seine Kinder lärmten. Wenn die Regierenden ein anderes Verhalten nicht erzwingen, bestimmt das *Laisser-faire* die Umgangsart der Chinesen, eine Tugend, die ich in Deutschland manchmal entbehre. Sie machten es mir leicht, mich ihnen anzuschließen. Gewiß wußte ich, daß ich ein Chinese niemals werden konnte, selbst wenn ich ihre Sprache erlernte. Aber ich mußte meine Unzugehörigkeit nicht erleiden. Denn man ließ sie mich nicht spüren.

Am Tag nach meiner Ankunft brachten alle Zeitungen in Taipei die Flughafenfotos von Vater und mir, und sie erzählten die Story vom heimgekehrten Sohn. Noch lebte Chiang Kai-shek. Noch regierte der Alleinherrscher. Die Demokratie war ausgesetzt, mit der Begründung, Taiwan befände sich mit Rotchina im Krieg. Dieser »Ausnahmezustand« wurde erst 1987 aufgehoben – nach achtunddreißig Jahren. Die Zeitungen waren zensiert, also langweilig. So war ich für einen Tag die unpolitische Hauptnachricht. Heute bin ich sicher, daß sie schrieben, ich sei gekommen, um ein Bürger Taiwans zu werden, einer, der seinen westlichen Paß für den ihren aufzugeben bereit war. Taiwan lechzte nach der Zuneigung des Auslands. 1964 hatte de Gaulles Frankreich die diplomatischen Beziehungen zu Nationalchina abgebrochen und Rotchina anerkannt. Diesem Beispiel folgten weitere Nationen. Die Bundesrepublik hatte sich nie entschließen können, mit Taiwan Botschafter auszutauschen. Taipei wurde von der sogenannten »Fernost-Information« repräsentiert, die in Hamburg niedergelassen war und keinen diplomatischen Status hatte. Bonn ließ sich in Taipei von der »Steyler Mission« vertreten, einer katholischen Kongregation, die sich missionarischer Seelsorge in China verpflichtet hatte. Sie nahm Visa-Anträge an, doch bewilligt wurden sie vom deutschen Konsulat in Hongkong.

Von der Diktatur verspürte ich fast nichts. Die Begegnung mit ihr blieb einer Taiwan-Reise vorbehalten, die ich zwölf Jahre danach als Reporter unternehmen sollte. 1966 war ich unter Vaters Obhut. Das hieß, daß ich von der Geheimpolizei nicht überwacht wurde, andererseits aber nur zu sehen bekam, was mein Vater mich sehen ließ. Er war überaus angesehen in Taipei. Abend für Abend saß ich mit ihm, eingeladen von prominenten Persönlichkeiten, bei opulenten Soupers zu Tisch. Die Gastgeber waren Generaldirektoren, beispielsweise der Taiwan Sugar Company, auch der Bank of Taiwan, oder militärische Befehlshaber wie der General des östlichen Verteidigungsbereiches, selbst der Justizminister, der Helens Schwiegervater war, lud zum abendlichen Diner. Überall traten wir in Filzpantoffeln auf, und alle begrüßten mich mit »Welcome home«.

Am Vorabend des »Double Ten« dinierten wir auf dem Bankett, das der amerikanische Botschafter im »Grand Hotel« gab, einer der Liegenschaften Madame Chiang Kai-sheks. Der Dou-

279

ble Ten ist der 10. Oktober. Da unter diesem Datum im Jahre 1911 Sun Yat-sens Revolution begann, ist er auf Taiwan Nationalfeiertag. In seiner Tischrede verkündete der Botschafter, Amerika werde ewig »Schulter an Schulter« an der Seite Nationalchinas stehen. Er konnte nicht vorhersehen, daß dieser Ewigkeit nur noch zwölf Jahre beschieden waren: Im Januar 1979 eröffneten die Amerikaner ihre Botschaft in Peking, die in Taipei hatten sie geräumt. Aber am Double Ten 1966 war Chiang Kai-shek, als er vor dem Präsidentenpalast die Parade abnahm, noch von US-Militärs begleitet. Ich saß neben Vater auf einer Seitentribüne und schaute der Parade zu. Die Soldaten paradierten martialischer als die Preußen, dies jedoch mit unpreußischer Anmut.

Morgens ging ich mit Vater auf dem Deich des Tamsui-Flusses spazieren. Dann hatte er nichts an als einen Pyjama, schwarze Lederschuhe und einen grauen Hut. »Altes Plofessol kann auch im Pyjama spazielengehen«, sagte er. Die von der feuchten Hitze noch ungeschwächte Morgenfrische schien mir ein geeignetes Klima, Politisches zu erfragen. Warum entmündigte Chiang Kai-shek das Volk? Warum war die Guomindang die einzige Partei? Wie verhielt es sich mit der Korruption?

Vater beantwortete keine Frage spontan, er dachte lange nach, bevor er antwortete, meist mit geschlossenen Augen, und manchmal blieb er stehen. »Unsere Insel Quemoy, die vor der rotchinesischen Küste liegt, wird von der kommunistischen Artillerie noch beschossen«, sagte er. »Taiwan steht unter Kriegsrecht. Das Kriegsrecht schließt die Demokratie aus.« Doch das Regime habe sich erneuert, sagte er. Die Guomindang habe zweihunderttausend Mitglieder hinausgeworfen, von mehr als einer halben Million, die nach Taiwan geflohen waren. Von den zweihundertzweiundzwanzig Angehörigen des Zentralkomitees seien zweihundert entfernt worden. Der Gimo habe korrupte Generäle erschießen lassen. Die großen Landlords habe man enteignet. Doch man habe sie mit *land bonds* (Nationalrentenbriefen) auf Reis und mit Aktien am staatlichen Industriebesitz entschädigt. Ihr Land habe man an ihre früheren Pächter verkauft. Die aber könnten den Kaufpreis in Raten bezahlen. In Taiwan sei verwirklicht, was die Kommunisten auf dem Festland proklamiert, aber nie erreicht hätten: Wohlstand für alle. Die meisten rotchinesischen Soldaten, die den Koreakrieg als Kriegsgefangene überlebt hatten, seien nach dem Waffenstillstand nicht nach Hause gefahren, sondern nach Taiwan gekommen.

Vaters Plädoyer für das Regime Chiang Kai-sheks, dem er gedient und an dem er gelitten hatte, war so leidenschaftslos, daß ich sein Bemühen um Loyalität erriet. Er wollte mir nicht die ganze Wahrheit sagen, mich aber auch mit der halben nicht abspeisen. Ich sah ihm an, daß unsere Gespräche ihn anstrengten. Seine Lider waren schwer, der Blick ging nach innen, seine Gestik, das Gesagte sonst bildhaft untermalend, gefror zu einer Gebärde hilfloser Abwehr.

Gänzlich anders war seine Gebärdensprache, wenn er aus seinem Leben erzählte. Dann war sie ausgreifend und dennoch weich. Wenn er seine Überzeugung kundtat, formte er Daumen und Zeigefinger aus dem erhobenen Arm heraus zu einem O und ließ es zitternd in der Luft stehen. Oder er öffnete seine andere Hand himmelwärts, bog alle fünf Finger wie eine gespreizte Kralle in die Handfläche und klopfte mit seinem O auf die eingekrümmten Finger. Vaters Gebärden sprachen in Zeitlupenbildern. Sie verrieten Nachdenklichkeit und Selbstzweifel. So waren sie, als er von den letzten Briefen meiner Mutter sprach. So waren sie auch, als er vom Treubruch seiner Frau Chengyu berichtete. In einer der langen Gesprächspausen, die seinen Äußerungen folgte, wagte ich das Bekenntnis, daß ich von Sabine geschieden war. Das war auf dem Deich am Tamsui-Fluß. Er fragte: »Warum?« Ich deutete meine Untreue an und erwähnte meinen illegitimen Sohn. Er schwieg und schritt mit knirschenden Schritten voraus. Dann sagte er: »Kein Grund für eine Trennung. Die Familie muß erhalten bleiben.« Er blickte auf das bleigrau fließende Wasser und sagte:»Gott segne das Kind.« Dann wandte er sich mir zu und fragte:»Willst du nach Quemoy fahren? Allen wird das arrangieren.«

Abends, wenn wir gegessen hatten und Fledermäuse im Laternenlicht durch das immergrüne Laubwerk der Tamarinden huschten, unternahmen wir Spaziergänge in der Nachbarschaft. Vater hatte seit einigen Jahren Diabetes, er mußte in Bewegung sein. Dann ging Julia mit und meistens auch Helen. Meine »zweite« Schwester kam nach dem Abendessen in Vaters Haus, vornehmlich um mich zu sehen. Sie war vierunddreißig, dennoch war sie keine chinesische *femme de trente*. Ihr Teint schien mir zu glatt zu sein, glatt wie Japanlack, selbst wenn ich bedachte, daß Chinesinnen spät altern, weil sie ein festeres Bindegewebe haben als weiße Frauen. Ihre Stimme war so kindlich hell und dünn wie jene der Flughafensprecherin. Wenn Helen an der Tür mit Julia oder der Dienerin sprach, zerschnitt ihr Falsett die Membran der dünnen Papierwände, und ich lief zu ihr. Sie grüßte mich stets mit dem Respekt, auf den ich Anspruch hatte, weil ich ihr älterer Bruder war. Doch ihr Blick war so hingegeben, daß schwärmerisch zu sagen kein Euphemismus wäre. Und ich war in sie verliebt.

Ihr Mann Kuangyü, der Sohn des Justizminsters, war hinter seinen zwei Brüdern, die es zu Universitätsprofessoren gebracht hatten, in der Karriere zurückgefallen. Einmal fragte ich ihn, welchen Beruf er ausübe. Er grinste etwas betreten und erwiderte:»Public Relations«. Ich meinte mich selbst zu hören, wenn ich die peinliche Frage, wurde sie mir gestellt, mit »Büro-Organisation« beantwortete. Helen sprach nur mangelhaft englisch. Wir haben nie über den Clan gesprochen und fast nie über ihre Ehe. Solcher Thematik enthielt sie sich – nicht aus sprachlichem Unvermögen, sondern weil sie ein Gefühl dafür hatte, daß der »heimgekehrte« Bruder in der von Schuld und gezügelten Haß beladenen Familie nie wirklich heimisch werden konnte. Doch aus der Inbrunst, mit der sie mich nach dem Schicksal europäischer Frauen befragte, folgerte ich, daß ihre Ehe in der Krise war. Sie schien keine gute Zeit mit ihrem Mann zu haben, wohl nicht, weil er es an Ehrgeiz fehlen ließ, das war ihr gleichgültig, sondern weil sie ihm kein Kind geboren hatte, also auch keinen Sohn. Das war in Taiwan noch ein Scheidungsgrund.

Ihr Mann ließ sich nicht scheiden. Doch die chinesische Gesellschaft ächtete eine kinderlose Frau. Helens Mann, den ich als großzügig und liebenswert erlebte, machte Helen ihr Unvermögen, das ja auch das seine sein mochte, vermutlich nicht zum Vorwurf. Der Makel aber haftete ihr an, und sie litt an ihm.

Mit mir war die Urbanität eines liberaleren Kontinents ins Haus gekommen. Helen fragte mich, wie die Frauen in Deutschland lebten. Sie war noch nicht in Amerika gewesen, auch Allen und Anna hatten den Umzug noch vor sich. Helen wußte wenig von der äußeren Welt, denn nicht einmal ein harmloses Frauenmagazin kam ins Land. Aus ihren Fragen sprach eine unmanipulierte, allein erfahrungshungrige Emanzipationssehnsucht. Vielleicht hatten die Briefe sie entzündet, die Stella und Potter ihr aus Amerika schrieben. Vielleicht war es ohnedies an der Zeit, daß junge Frauen in Taiwan solche Fragen stellten. Wir besprachen diese Themen, wenn wir nach Sonnenuntergang mit Julia und Vater durch verlassene Straßen gingen. Wir blieben dann oft hinter ihnen zurück. Helen wollte nicht von ihnen gehört werden, etwa wenn sie fragte, ob Liebespaare sich in Deutschland auf der Straße küssen. Sie fragte mich, weshalb ich geschieden war und ob ich eine neue Frau liebte. Manchmal, wenn ihre Impulse sie aufwühlten und meine Antworten ihr die Sprache verschlugen, ergriff sie jäh meine Hand. Beim ersten Mal ließ sie mich gleich wieder los. Später – und von Mal zu Mal länger – ließ sie ihre Hand in der meinen. Klein und zierlich und so nah, daß ich ihren Atem spürte, stand sie vor mir. Ein zartes Rot überflog ihr Gesicht. Es rötete sich im gelben Licht bestäubter Straßenlaternen, und wenn sie zu mir aufblickte, verschwanden ihre lackschwarzen Netzhäute fast unter ihren mongoliden Lidfalten. Ich liebte diesen Reptilienblick, der ins Wehmütige spielte. Hand in Hand wie kleine Kinder liefen wir Vater und Julia hinterher.

Einmal gingen wir mit Vater und Julia ins Kino. Es war ein vollbesetztes brutheißes Zementgemäuer, das einen Höllenlärm zurückwarf. Die Kinder schrien, die Frauen überschrien beim Geschwätz die Kinder, und die Männer lachten laut. Sie rollten ihre Hosenbeine übers Knie, zogen ihre nackten Füße auf die Klappsitze, spuckten ihre abgelutschten Sonnenblumenkerne auf den Fußboden, und niemand senkte die Stimme, als der Film begann. Er war im hochchinesischen Mandarin gesprochen, sie verstanden es nicht, in Taiwan spricht man das Fujian-Idiom. Sie lasen die Schriftzeichen, die das Bild untertitelten, wie Schulkinder laut vor sich hin. Der Film war ein Historiendrama, in dem die Kriegsknechte eines chinesischen Herrschers sich mit ihren Schwertern die Hälse aufschnitten, weil sie den Kampf verloren hatten. Er hatte um neun angefangen und dauerte bis eins. Nach der Pause schliefen die Kinder ein, und die Großen waren des lauten Lesens müde. In der eingetretenen Stille ließen Helen und ich einander von den Händen.

Eines Abends, ich hatte mit Vater, Julia, Helen und ihrem Mann in einem Restaurant zu Abend gegessen, ermunterte mich Kuangyü zu einem Bummel durch das nächtliche Taipei. Helen lächelte verständnisvoll (rückblickend denke ich: komplizenhaft) und fuhr mit Vater und Julia nach Hause. Diesmal war also Kuangyü mein Hüter und Mentor, und da ich auf Chinas nächtliche Kurzweil neugierig war und die warme Dunkelheit mich lockte, war ich ihm dankbar. Ein Freund Kuangyüs holte uns mit seinem Auto ab, und wir fuhren an den Schlangenverkäufern vom Nachtmarkt vorbei durch die funkelnde Innenstadt und hielten vor einem Etablissement, das »Mayflower Restaurant« hieß. Wir stiegen eine Innentreppe empor und betraten ein wandhoch verspiegeltes Foyer mit vergoldeten Konsolen und zahlreichen ebenfalls verspiegelten Türen. Erwartet wurden wir von einem Reigen attraktiver Chinesinnen. Sie trugen den *Cheongsam*, das hauteng zugeschnittene Seidenkeid, das unter dem Kinn in einem kleinen Stehkragen endet, während der Rockteil einen seitlichen Schlitz hat, der mal kürzer, mal länger ist und im »Mayflower« nur einen halben Schenkel entblößte, somit fast züchtig war. Die Damen bildeten eine Gasse, und als wir sie durchschritten, applaudierten sie.

Man führte uns in einen seidentapezierten Raum, der augenscheinlich für uns reserviert war. In der Mitte stand ein runder Dinnertisch, umgeben von sechs Stühlen. Drei nahmen wir Männer ein, auf die verbliebenen setzten sich, artig um Erlaubnis bittend, drei Frauen. Wir hatten soeben gegessen, doch als auch hier aufgetragen wurde, reizte der Duft nach Knoblauch, Zwiebeln, Nelken, Anis und heißem Öl meine Geschmacksnerven erneut. Ich wähnte mich in einem chinesischen Herrenklub, der alten, mir unbekannten Traditionen gewissermaßen denkmalpflegerisch gewidmet war, vielleicht auch, zog ich in Erwägung, als Relikt der japanischen Kolonialzeit. Geishas, dachte ich, diese Frauen sind eine Art Geishas, die uns mit kultivierter Konversation amüsieren sollen, und ich bedauerte, daß ich ihr helles Geschnatter nicht verstand.

Die Geisha an meiner Seite, sie hieß Jun-ying, wie sie mir eröffnete, sprach leidlich englisch, doch nicht genug für eine über das Alltägliche triumphierende Unterhaltung. Sie wandte mir ihr Gemmenlächeln zu, die Seidenwulst vor ihrem Busen, und wenn ich mir etwas zuführen wollte, kam sie mir eilends zuvor. Sie goß mir den Gaoliang ins Glas, sie nahm mir das Streichholz aus den Fingern, wenn sie sah, daß ich rauchen wollte, und sie zündete meine Zigarette an und steckte sie mir zwischen meine Lippen. Nachdem serviert worden war, tunkte sie mit ihren Stäbchen ein mit Ingwer und Knoblauch fritiertes Böhnchen in einen der Gewürznäpfe und legte es anmutig auf meinen Reisnapf. Sie legte mir kroß gedünstete Gemüsestengel vor, zu Blütenkelchen geschnittene Brokkoliköpfe oder aus dem Schwanzende eines kurz gebratenen Fisches das saftigste Stück. All das tat sie mit einer schwebenden Gestik, der nichts Zudringliches anzumerken war. Dennoch genoß ich Jung-yings Zuwendung wie eine nicht taktile Zärtlichkeit. Auch Kuangyü und der Freund schienen sich zu amüsieren, und wie stets, wenn Chinesen trinken, wurde es laut. Das Gelächter und Gegacker übertönte schließlich sogar das Scheppern des Ventilators.

Als wir aufbrachen, fragte ich Jung-ying, ob sie uns einen netten Nightclub empfehlen könnte. Ich wagte nicht die Bitte, uns zu begleiten, doch sie kam mir auch diesmal zuvor und fragte mich höflich, ob mir ihre Gesellschaft angenehm wäre. Wir fuhren zum damals noch exklusiven »First Hotel«, Kuangyü und sein Freund ohne Begleitung. Im Nachtklub des Hotels ging ich mit Jun-ying aufs Parkett und tanzte mit ihr. Sie hatte ihr schwarzes Haar mit Gel glatt an den Kopf gekämmt, und ihr Gesicht war so rund wie der Vollmond am Winterhimmel. Sie schmiegte sich an mich, in mich, wie heißes Wachs in eine Form. Neben uns tanzte ein sehr alter Chinese mit einer blutjungen Lilienschönheit. Als ich darüber eine leise Ironie verlor, ließ Jun-ying mich spüren, daß sie eine fügsame Chinesin war: »Der Gentleman ist ein Viersternegeneral«, sagte sie tadelnd.

Sie wurde meine Freundin. Dreimal besuchte ich sie in ihrer bescheidenen Wohnung. Kuangyü hatte mir ihre Adresse in chinesischen Schriftzeichen auf einen Zettel geschrieben, den ich den Taxifahrern zeigte. Ihre Wohnung war von Stellwänden unterteilt, und aus den anderen Raumteilen drangen leise Stimmen zu uns, wenn ich bei ihr war. Mit Hilfe eines dicken Wörterbuches erzählte sie mir von ihren Brüdern, die bei der Armee waren, und von ihrem Wahrsager, dessen Weissagungen ihr größeres Glück verhießen, als ich ihr hätte geben können. Sie bewirtete mich mit Gaoliang, Litschis und Nüssen. Auf ihrem harten Bett, über dem Drucke chinesischer Gemälde hingen –

Landschaften ohne Sonne und Horizont –, massierte sie mir die
Füße. Es amüsierte sie, daß ich mich stets bedankte. Als ich
mich das letzte Mal bedankte, sagte sie: »Du mußt nicht danke
sagen. Deine Freunde haben doch dafür bezahlt.« So erfuhr
ich, daß Jun-Jing eine Hure und das »Mayflower« ein Bordell
war.

Ich war jäh ernüchtert und maßvoll enttäuscht. Doch ich beklagte mich nicht bei Kuangyü. Er hatte mich beschenken
wollen. Nach den Usancen unverbildet machistischer Gast-
freundschaft hatte er mir kurz vor dem Anbruch der chinesischen Moderne ein letztes Fest bereitet.

Kurz darauf gingen Vater und Allen mit mir auf eine einwöchi-
ge Reise über Land. Wir flogen nach Hualien an der Ostküste,
dann in den tropischen Süden, nach Tainan und Gaoxiong. Allen war nach seinem Jahr auf dem »U. S. Army Command and
General Staff College« in Fort Leavenworth, Kansas, Oberst
geworden, hatte die Armee danach aber verlassen. Sein General
war zum Minister für Personal ernannt worden und hatte Allen
gebeten, ihm in den neuen Dienst zu folgen. Das hatte er, loyal
wie stets, getan. Im Ministerium für Personal war er jetzt Direktor für Personal. Das hieß, daß ihm einige tausend Beamte und
Offiziere gerne gefällig und wir auf unserer Reise um Transportmittel nie verlegen waren.

Soldaten chauffierten uns mit Armee-Jeeps ins Gebirge zu den
Ureinwohnern, zur stillen Zedernidylle am zweitausend Meter
hohen Sonne-Mond-See und mit Sturmbooten durch die Man-
grovenwälder an der Küste. Allen schlief, wenn der Fahrer eine
einspurige Geröllstraße im dritten Gang befuhr und die in
schroffe Gebirgswände geschlagenen Kurven durchraste, während ich mir vor Angst auf die Zunge biß. Doch als Allen mich
während einer stillen Kahnfahrt auf dem verzauberten Sonne-
Mond-See fragte, ob ich darin schwimmen würde, und ich die
Frage bejahte, rief er entsetzt: »Aber der See ist dreißig Meter
tief!« Wenn er bei offenkundiger Gefahr schlummerte, den in

der Sonne glitzernden See aber fürchtete, dann, dachte ich, war mein anders geartetes Sensorium wohl unchinesisch.

Unser Abendessen in den Restaurants hatten die Honoratioren der von uns besuchten Orte auf der Rechnung. Ich bin mit frugaler Kost zufrieden, doch in Taiwan wurde ich zum Genießer: Mir wurden Haifischflossen oder Abalonen aufgetragen, über Kampferholz und Teeblättern geräucherte, lange zuvor marinierte Mastenten, gegrillte Spanferkel, frischer Hummer, gedünstete Nacktschnecken, sautierter Fisch, geraspelter Bohnenquark, gebackene Austern, Samthuhn in der Schwalbennestsuppe, Sellerie und Seetang. Bankiers oder Generäle brachten ihr »Welcome home« als Trinkspruch auf mich aus, schlürften den hochprozentigen Gaoliang, der ihre Gesichter schlagartig rötete, und zeigten mir auf diese Weise, daß sie »gan bei« getrunken hatten: Ex.

Vater wollte meine Liebe zu China wecken. In diesem Bestreben zog er seltsame Vergleiche mit Deutschland. Vor einem dschungelgesäumten Kurhotel bei Tainan deutete er auf die zierliche Fontäne eines kleinen Springbrunnens und lachte, Zustimmung heischend: »Wie Baden-Baden – nicht wahr?« Sie waren auf Schritt und Tritt bei mir, Vater und Allen. Irgendwann entfuhr mir: »Ich möchte einmal allein unterwegs sein. Ich will dem Volk ins Gesicht sehen.« Vater schüttelte verständnislos den Kopf. »Du hast das Palastmuseum noch nicht gesehen«, erwiderte er.

Mit dem Zug fuhren wir durch die in der Sonne dampfende Reisbauernebene des Inselwestens zurück nach Taipei. Tags darauf ging Vater mit mir zum Palastmuseum in Waishuangxi. Es ist Chiang Kai-sheks sicherlich größte Kulturleistung, daß er die zweihundertfünfzigtausend Gemälde, Kalligraphien, Porzellane, Jade- und Bronzestücke aus fünf Jahrtausenden zuerst vor den Japanern und dann vor den Kommunisten gerettet hat, deren Kulturrevolutionäre sie niedergebrannt hätten. Von der riesigen Zahl an Artefakten, die einst zu den kaiserlichen

Sammlungen gehörten, war nur ein kleiner Teil ausgestellt, während der Hauptteil im Magazin lagerte. Ich sah einen Auszug aus dem Kunstschaffen der Ming-Dynastie. Als ich die Literatenmalerei dieser Epoche sah, als ich betroffen seufzte und dann offenen Mundes den Atem anhielt, hörte ich beinahe, wie Vater schwieg. Es war auf ihn übergesprungen, daß es seiner Vergleiche nicht bedurfte, um mir China nahezubringen. Nun verstand ich Julia, die im Stil der Alten malte. Es war nicht Imitation, es war Anbetung. Tief in meinem Innern fühlte ich einen nicht ganz uneitlen Stolz. Und am nächsten Tag flog ich nach Quemoy.

Auch diese Reise unternahm ich nicht unbegleitet. Da Allen im Büro gebraucht wurde, attachierte er mir den Luftwaffenmajor Lin als Begleiter. In einem Transportflugzeug der Armee überflogen wir die Straße von Formosa. Mit einer halben Kompanie chinesischer Soldaten saß ich mit dem Rücken zur Bordwand auf einer Segeltuchbank, und Major Lin hockte in seiner glattgebügelten Khaki-Uniform so steif aufgerichtet an meiner Seite, als wäre er mein Adjutant. Mir schräg gegenüber saß ein amerikanischer Colonel. Nachdem wir die Pescadores überflogen hatten, ließ der Pilot die Maschine auf achtzig Meter Flughöhe fallen. Von heftigen Windstößen gebeutelt, unterflogen wir dicht über den Wellen den rotchinesischen Radarschirm. Wir landeten zwischen Bunkern und Sanddünen auf der vom Festland aus uneinsehbaren Ostseite der Insel. Durchs Fenster sah ich einen goldbetreßten General, flankiert von mehreren Offizieren. Ich dachte, daß er den Amerikaner abholen wollte, hoffte es. Doch als ich mit Major Lin dem Flugzeug entstieg, schritt er geradewegs auf mich zu, salutierte lässig und sagte: »Ich grüße Sie im Auftrag des Kommandanten der Festung Quemoy! Er bittet Sie zu entschuldigen, daß er Sie nicht persönlich begrüßen kann. Die besonderen Umstände auf Quemoy« – der General deutete auf einen mit »Shelter« beschrifteten Bunkereingang in den Dünen – »erlauben es ihm nicht.« Er riß die Grußhand von

der Mütze und sagte mit breitem Lächeln: »Welcome home!«
Dann rief er einen Infanterieoffizier im Tarnzeug zu sich und erklärte: »Major Wu wird Sie und Major Lin begleiten.« Jetzt erst
wandte er sich dem amerikanischen Obristen zu und begrüßte
auch ihn.

Die Inseln Quemoy (Chinmon), Matsu, Tungyung und Wuchiu
liegen, wie vom Festlandsockel abgesprengt, in Sichtweite vor
der rotchinesischen Küste. Alle Versuche kommunistischer
Truppen, sie zu erobern, waren gescheitert. In den Jahren nach
Maos Sieg hatten die nationalchinesischen Pioniere sie zu tief
untertunnelten Bollwerken ausgebaut. Auf Quemoy, der größten Insel, harrten hunderttausend Soldaten in ihren Kasematten
des Angriffs, der nie kam. Doch es kam zu Artillerieduellen.
Beide Seiten schossen Schrapnellgranaten, die, wenn sie über
den Köpfen der Soldaten barsten, Propagandaflugblätter frei-
setzten. Die Streuung der Granatsplitter war gefährlich, doch
ein heißer Krieg war das nicht. Nach einem stillschweigenden
Agreement schossen beide Parteien nur an Tagen mit ungera-
dem Datum. Die voraussehbaren Kanonaden ähnelten dem
Schattenboxen, einem Kung Fu ohne körperlichen Kontakt. Als
ich in Quemoy ankam, war der Beschuß eben vorüber, und
morgen würde ein Tag mit geradem Datum sein.

Wäre die Düneninsel Quemoy keine Fortifikation, dann könnte
sie mit ihren langen weißen Strandsicheln als Ferieninsel Karriere machen. Doch die Strände haben ihre Unschuld an Minen-
felder, Deckungslöcher, Laufgräben, Unterstände, Geschütz-
stellungen, Panzersperren, Trichterstellungen, Schützenmul-
den, spanische Reiter und Faschinen verloren. Im offenen Jeep
fuhren die Majore mich auf makellos betonierten Straßen zu
meinem Quartier. Ich sah überall Soldaten, aber nirgends Zivilisten und keine Frau. Ich dachte an den Mai 1945, als ich fünf-
zehnjährig auf Hitler vereidigt wurde und mit eckigen Griffen
mein Gewehr präsentierte. Diese Armee gab sich weicher. Auf
Straßenkreuzungen standen Militärpolizisten und versperrten

uns die Durchfahrt oder gaben sie frei. Sie hoben ihre Rechte an den weißen Stahlhelm und salutierten. Das zu sehen wurde mir zum Genuß. Denn Haltung und Gestus der Soldaten, die graziöse Art, in der sie sich umdrehten, die Anmut, mit der sie uns die Richtung wiesen, und der weiche Schwung, mit der sie die Hand zum Gruß hoben, waren dem Ballett ähnlicher als dem Kommiß. Ich hatte immer schon ein Faible für die Ästhetik des Militärischen gehabt, doch diese chinesischen Soldaten übertrafen alles Gesehene.

Ich besichtigte unterirdisch eingebunkerte Lazarettstationen, lief durch kellertief ins Erdreich gegrabene, schier unendliche, sich gabelnde, sich kreuzende Betongänge und sah ein unterirdisches Kino mit mehr als tausend Sitzplätzen. Ich lief – ein Major vor mir, der andere in meinem Rücken – tief gebückt, weil auch die Majore die Köpfe einzogen, über den Brandungswogen durch Schützengräben. Ich sah unchinesisch großwüchsige, athletische Kampfschwimmer beim Training. Von einer Artilleriestellung aus, die den Strand und die wenige Seemeilen breite Meerenge vor der rotchinesischen Küste beherrschte, sah ich zum ersten Mal chinesisches Festland. Mit bloßem Auge konnte ich die schaumweiße Strandlinie sehen, davor Klippen, dahinter buschiges grünes Land. Ich sah meines Vaters Schicksalsprovinz Fujian. Zweihundert Kilometer weiter nördlich, von der nationalchinesischen Insel Matsu gegen den Pazifik abgeriegelt, wußte ich Fuzhou, wo Vater einst Minister war. Direkt da drüben indes war Xiamen, die Stadt, in der er als junger Mann eine Professur gehabt hatte.

Major Lin gab mir ein Fernglas, doch ich sah nur das Gleißen der Sonne über dem Ort, an dem ich die Stadt vermutete. Deutlich sah ich die rotchinesischen Artilleriestellungen und sogar einzelne Soldaten, davor eine besegelte Dschunke, die auf den Wellen schaukelte. Ich setzte das Fernglas ab und blickte über die Küste hinweg nach Norden. Irgendwo dort drüben lag das kleine Dorf Shi Long An, bewohnt von den anderen Changs.

Kein Sippenmitglied, das in Taiwan lebte, wußte etwas über ihr Schicksal. Aber daß sie im Spiel ums Glück die schlechteren Karten bekommen hatten, das wußte jeder. Es war der Herbst 1966, und dort drüben hatte die Kulturrevolution begonnen. Ich würde meine Verwandten wohl nie zu Gesicht bekommen, dachte ich. Der schmale Wasserarm, über den die grauen Möwen ungehindert hinwegflogen, trennte den Clan der bäuerlichen Changs wie eine Berliner Mauer von der übrigen Welt. Der Batteriechef, ein freundlicher Oberleutnant im Stahlhelm, erklärte mir die Gefechtslage. Dann ging er zu seiner Haubitze, stieg auf die Lafette, deutete auf das automatische Zielwerk, lächelte und rief: »Heute ist ein gerader Tag. Aber wenn Sie morgen wiederkommen, gebe ich Ihnen die Erlaubnis, die Kanone abzufeuern.« – »Morgen werde ich nicht mehr hiersein«, sagte ich. »Aber selbst wenn ich es wäre: Nein! Niemals!«

GROSSER SPRUNG
NACH VORN

Etwa in jenem Herbst, in dem ich auf dem befestigten Strand-
ufer des nationalchinesischen Vorpostens Quemoy neben
einem Geschütz stand und meine Gedanken Großvaters Dorf
suchten, das sich im selben China und doch in einer fernen Welt
befand, mußte sich mein Cousin Wang Ch'ang Hsin in ebendie-
sem Dorf heftiger Anwürfe durch die Roten Garden erwehren.
Großvaters Tochtersohn, dessen glücklose Mutter T'ung Yin
meines Vaters Lieblingsschwester war, wurde des Frevels bezichtigt, Blutsverwandte in Taiwan zu haben. Er arbeitete als Chauffeur für die kommunistischen Mandarine in der Kreisstadt Su
Song. Unglücklicherweise waren das nicht mehr der Parteisekre-
tär und der Kreisvorsitzende, deren Machtfülle er eigenes Ansehen entlehnt hatte. Die beiden waren von den Roten Garden
abserviert worden. Nun chauffierte er den Vorsitzenden des Mi-
litärkomitees, der von den Ausschreitungen der Roten Garden
eingeschüchtert war und ihn im Regen stehenließ.
Wang hatte beharrlich um Mitgliedschaft in der Kommunistischen Partei Chinas gebuhlt, doch die Partei hatte seine Anträge
abschlägig beschieden, alle sechs oder sieben. Oder waren es
schon acht? Er verstand es nicht. Hatte er der Partei nicht schon
in jungen Jahren gedient, als er dem Politischen Kommissar Li
die Pistole trug, ihm Rasierwasser holte, den Fußboden scheu-

erte, sein Bürozimmer aufräumte? Hatte er nicht seinen eigenen
Onkel Fu Hou, den Großgrundbesitzer, an der Leiter aufge-
knüpft? Da hatte es ihn wie ein Faustschlag getroffen, als er sich
auf einer der mit Pinsel und Tusche geschriebenen Wandzeitun-
gen in Su Song erwähnt sah: »Es ist in hohem Maße schädlich,
wenn Wang Ch'ang Hsin als Kraftfahrer für die Partei arbei-
tet«, stand da. »Er ist der Neffe des Guomindang-Kriminellen
Chang Kuo Wei, der in Taiwan lebt. Wangs Haus ist eine Beste-
chungsgabe seines Onkels.«
Mein unglücklicher Cousin, der als Waise fast verhungert war,
den der reiche Fu Hou verachtet hatte, den die Partei nicht
wollte, obgleich er sie pflichtgemäß liebte, mußte sich jetzt in
einer »Kampfversammlung« der Roten Garden für eine Verwandtschaft rechtfertigen, deren er sich schämte. Er sollte
Selbstkritik üben. Das habe er verweigert, behauptete er Jahre
später, doch glaubhaft ist das nicht. Der Pflicht zur reinigenden
Selbstkritik konnte sich in kommunistischen Kampfversammlungen niemand verweigern. Sie seien über ihn hergefallen, sagte er später, er aber habe sich kühn zur Wehr gesetzt: »Warum
ist das schädlich, wenn ich für die Partei arbeite?« habe er ge-
schrien. »Ich habe meinen Onkel nie gesehen! Und wie soll er
mir mein Haus geschenkt haben? Hat er es aus einem Flugzeug
abgeworfen?«
Als Wang Ch'ang Hsin die dunkelste Stunde seines Lebens hinter sich hatte, suchte er sich den Anfeindungen zu entziehen, indem er selbst Rotgardist wurde. Natürlich trat er nicht den radikalen Garden bei, die ihn begeifert hatten. Nein, er gründete
eine eigene, denn mit dreißig war er gerade noch jung genug,
ein Empörer der Großen Proletarischen Kulturrevolution zu
werden. Er gab seiner Neugründung den programmatischen
Namen: »Die Armee unterstützende und das Volk liebende Re-
bellionsgruppe«. Leider brachte es seine Garde nur auf drei
Mitglieder. Der eine war er selbst, der andere ein Kontorist, der
in einer Behörde arbeitete, der dritte so unbedeutend, daß er in

Wangs Erinnerung bald verblaßte. Doch den Titel seiner Dreimannkohorte hatte er schlau gewählt: »Die Armee unterstützende …« Die Armee hatte die Übergriffe der Rotgardisten anfangs nicht behindert: die Zerstörung von Tempeln, Prunkbauten, Kunstwerken und die in vielen Fällen tödliche Gewalt gegen Intellektuelle und verdiente Veteranen der Partei. Doch als militante und radikale Rote Garden sich Zugang zu militärischen Einrichtungen verschaffen und vertrauliche Akten an sich bringen wollten, ging die Armee mit Waffengewalt gegen sie vor. Die Armee mißdeutete den ihr erteilten Befehl, »konterrevolutionäre Organisationen« zu liquidieren, und zerschlug die militanten Roten Garden, die umstürzlerische Aktionen gegen das Militär unternahmen. In Su Song hatten Soldaten einen Haufen der radikalen Roten Garden zusammengeschossen und die Toten als »bourgeois-reaktionär« geschmäht. In Wuhan hatten sie fünfhundert rotgardistische Rädelsführer verhaftet und mehr als tausend ihrer Gefolgsleute auf den Straßen hingeschlachtet, als diese gegen die Festnahmen demonstrierten. Meinem Cousin Wang Ch'ang Hsin schien es an der Zeit, sich auf die Seite der Armee zu schlagen.

Seine Verwandten in Shi Long An, die, anders als er, das Stigma des Clannamens trugen, mögen sich heimlich ins Fäustchen gelacht haben, als es dem roten Vetter an den Kragen ging. Sie hatten viel gelitten und litten immer noch. Seit der Bodenreform, die ihnen alles Land, alles Vieh, alles Geld, alle Geräte und das große Haus genommen hatte, standen sie am Pranger. Sie besaßen nichts, sie waren niedriger als jeder Tagelöhner, ihnen wurden die schmutzigsten Arbeiten zugewiesen, doch der Grundbesitzermakel blieb an ihnen haften. Mein Großneffe Chang Pin Hsiang wurde 1949 geboren, im »Jahr der Befreiung«. Vom Reichtum des Clans hatte er nur das Leinen in seinem Babybett abbekommen, und das wurde unter ihm weggerissen, als er ein Jahr alt war. Doch als seine Eltern ihn in die Schule schicken wollten, wies man sie ab. Der Grund: Pin

Hsiang war der Ururenkel meines grundbesitzenden Großvaters und der Urgroßneffe von Fu Hou. Erschwerend kam hinzu, daß sein Großvater Lieh Chih zu den Volksfeinden der Guomindang gehörte und nach Taiwan geflohen war. Pin Hsiang hat seinen Großvater nie gesehen. Später, als Deng Xiaoping in der Volksrepublik China der tonangebende Politiker war und Taiwan-Flüchtlinge die Heimat besuchen durften, starb Lieh Chih im Exil.

Pin Hsiangs Vater Chang Ming Hsin, der 1926 geboren wurde, also drei Jahre älter als ich und dennoch mein Neffe ist, war der Clanälteste geworden. Das war eine nichtige Würde, denn es gab nichts mehr zu verwalten, nichts zu verteilen und fast nie etwas zu entscheiden. Er hat drei Söhne und drei Töchter. Mit ihnen und seiner 1922 geborenen Frau Ssu Kuei chü mußte er bis über Mao Tse-tungs Ableben hinaus in der kleinsten Hütte des Dorfes hausen, zwischen brüchigen Wänden, auf der nackten lehmigen Erde und unter einem Dach, durch das der Wind heulte. Wenn die Partei eine der zahlreichen Dorfversammlungen angesetzt hatte, mußte er den Dörflern die Zettel bringen, auf denen Ort und Uhrzeit angegeben waren. Oft wurde er nachts geweckt und zur nächtlichen Stunde mit den Zetteln losgeschickt. Er rannte los, und im Winter klapperten ihm die Zähne. Manchmal bluteten ihm die Füße, denn er besaß keine Schuhe. Er lief barfuß. Er lief nicht nur im Dorf herum, sondern auch zu entfernt liegenden Weilern. Für diese Arbeit bezahlte die Partei ihm keine Kupfermünze.

Wie er sich und seine Familie durchgebracht hat, steht dahin. Ich fragte ihn, Jahrzehnte danach. Doch mehr, als er bereits gesagt hatte, mochte er nicht preisgeben. Vielleicht, weil die Summe seiner dreißigjährigen Leiden zu schwer wog, um sie in eine Erwiderung zu fassen, die ein Außenstehender verstand. Vielleicht aber auch, weil Cousin Wang in seinem blauen Mao-Anzug neben uns stand und die Ohren spitzte, als ich die Frage stellte. Solange ich in Shi Long An war, war er es auch, obwohl er in Su Song wohnte. Einmal aber sprach ich Ming Hsin unter vier Augen. »Wang Ch'ang Hsin«, hörte ich ihn flüstern, »hat uns nicht geholfen. Er kam nie zu uns, er stand auf der anderen Seite. Nun kommt er, weil du bei uns bist. Wer damals mit Landbesitzern abrechnete, konnte von der neuen Macht einen Zipfel erhaschen. Deshalb hat er sich auf Fu Hou gestürzt wie ein tollwütiger Hund.«

Anfangs hatten die Kommunisten nur die großen Landbesitzer und reichen Bauern enteignet, und die Armen, an die der Boden verteilt worden war, durften sich eigenen Besitzes erfreuen. Um dem Wiederaufleben patriarchalischer Sozialstrukturen auf dem Land entgegenzuwirken und die Erträge zu erhöhen, wurden die Bauern dann jedoch zum Beitritt in große Produktionsgenossenschaften genötigt – je zwei- bis dreihundert in eine Kooperative, in der nicht sie selbst, sondern die Partei das Sagen hatte. Es war die Zeit, in der Mao Tse-tung zu einer radikalen Umgestaltung der Gesellschaft aufrief. Die Schwerindustrie sowie der Außenhandel wurden verstaatlicht. Und die Kommunistische Partei zerschlug ihre alte, verdiente Führungselite in Maos »Kampagne gegen Rechtsabweichler«. Zehn Millionen Chinesen, und manch einer war ein Held des Langen Marsches oder des Widerstandskampfes gegen das Guomindang-Regime, bezahlten diese Kampagne mit dem Leben.

Als die Volksbefreiungsarmee 1949 ins Dorf gekommen war, waren ihr die Bauern von Shi Long An, besonders die landlosen, mit weit offenen Herzen entgegengelaufen, denn es hatte sich herumgesprochen, daß ihre Weiber und Hühner vor den roten Soldaten sicher waren. Und als die Soldaten die Hungernden speisten, als die roten Kommissare die Felder des arroganten Chang Fu Hou den Armen gaben, da sahen sie zum erstenmal, wie schön das Land war, auf dem sie lebten, und der Himmel über ihnen hatte Farbe.

1949: Es war wirklich das Jahr der Befreiung gewesen. Es hatte sie von Steuereinnehmern, korrupten Beamten, von der Pachtpflicht und viele vom Hunger befreit. Bald aber mußten die Bauern dreißig Prozent ihrer Ernten zu Vorzugspreisen an den Staat verkaufen, eine Kopf- und eine Grundsteuer bezahlen, und dann war Maos »permanente Revolution« über sie gekommen und mit ihr die Gedankenkontrolle, die Versammlungen und die Rituale von Kritik und Selbstkritik. Ihre Herzen waren wieder umklammert, diesmal vom Griff der fortdauernd sich verschärfenden »Revolution«. Nun duckten sie sich vor den Funktionären weg wie einst vor Fu Hou.

Nur einmal gab es einen Anlaß zur Freude: Als der Gebietskommissar den Leuten von Shi Long An auf einer Dorfversammlung verkündete, die Armee habe ein britisches Kanonenboot im Jangtse versenkt, dabei zwanzig Matrosen getötet, und die einzige Reaktion der britischen Regierung sei ein lauer Protest gewesen. Da grinsten sie. Das Jahrhundert der Ungleichen Verträge, der fremden Taipane und der britischen Kanonenboote auf ihrem großen Fluß war endgültig vorbei. Doch welche Zeit war angebrochen?

Noch waren die Bauern Eigentümer des Bodens, den sie in die Genossenschaften eingebracht hatten. Zudem besaßen sie kleine Parzellen, die der Gesamtflur einer Genossenschaft entzogen waren. Auf ihnen durften sie nach eigenem Gutdünken Agrarprodukte anbauen und auf den ländlichen Märkten verkaufen. Insoweit waren die Bauern noch Unternehmer. Sie steigerten die Erträge von Jahr zu Jahr. Viele hielten Schweine, Enten oder Hühner auf ihrem Landstück. Ohne sie hätten viele Industriearbeiter in den Städten Eier und Fleisch nicht kaufen können. Doch daß einige Bauern schon wieder reich wurden, mißfiel Mao Tse-tung und seinen Genossen in der Parteiführung. Sie sahen das Wiederaufleben einer Mehrklassengesellschaft voraus. Überdies waren sie von den Erträgen der Produktionsgenossenschaften enttäuscht. Die galt es entscheidend zu steigern. Anders jedoch als Zhou Enlai, der zu Lasten einiger Schlüsselindustrien Landmaschinen und anorganische Düngemittel erzeugen wollte, schwebte Mao eine Ertragssteigerung durch moralische Appelle und die Mobilisierung der Massen vor. Die Frauen sollten jetzt auf dem Feld arbeiten. Ihre häuslichen Verrichtungen, hauptsächlich jene des Kochens und der Kinderpflege, sollten zentralisiert werden. Die Bauern und ihre Familien sollten in Landkantinen essen, die privaten Woks verschwinden. Mit Maos Segen startete die Partei eine Kampagne zur Abschaffung der Privatparzellen und zum Aufbau von »Volkskommunen«. Die Entwicklung Chinas wurde durch diese Kampagne um Jahre zurückgeworfen, doch die Partei nannte sie den »großen Sprung nach vorn«.

Fünfhundert Millionen Bauern verloren ihre privaten Parzellen. 740 000 Produktionsgenossenschaften wurden zu 26 000 Volkskommunen zusammengefaßt, denen im Schnitt zehn- bis zwölftausend Bauernhaushalte angehörten. Niemand aß mehr in seinem Haus, es war verboten. Doch Ming Hsin und seine Familie, die keine Parzelle besessen, also auch keine verloren hatten, wurden seit langer Zeit zum erstenmal satt, obwohl es in der Kantine nur Reissuppe und Salzgemüse gab. Ming Hsin wurde nun zur Arbeit in die Reisfelder geschickt. Doch er blieb der Paria von Shi Long An. Das Dorf durfte er nicht verlassen. Tag für Tag mußte er sich zur Dorfverwaltung bemühen und hämisch grinsenden Funktionären Bescheid geben, wieviel er gearbeitet, was er sonst getan und wo er sich aufgehalten hatte. Und jedesmal, wenn Mao, der große Steuermann, eine neue Kampagne verfügt hatte, mußte Ming Hsin sich wieder vor dem ganzen Dorf erniedrigen. Dann mußte er ein ums andere Mal die »Fliegerstellung« einnehmen, den Rumpf nach vorn gebeugt, die Hände nach hinten gestreckt, und er mußte Schläge, Geifer und Gespei ertragen. An solchen Tagen befahl man ihm, die Tätigkeitsberichte niederzuschreiben und zur Polizei zu bringen.

Etwas besser hatte es sein Cousin Tsu Lai getroffen. Den 1948 geborenen Sohn des nach Taiwan geflohenen Yen Ping hatte die Volkskommune zum Drachensee beordert, wo er Brachland urbar machte. Die Arbeit war schwer, aber außerhalb von Shi Long An war Tsu Lai den Schikanen nicht ausgesetzt, die Ming Hsin erdulden mußte. Außerdem lernte er im Arbeitslager am Drachensee das Fiedeln auf der *Er-hu,* der chinesischen Zweisaitengeige. Die hatte der Sohn des Parteisekretärs gekauft. Es war ein älteres Instrument, dessen Klangkörper mit Schlangenhaut bespannt war. Oft, wenn der Parteisekretärssohn das Geigenspiel erlernte, war Tsu Lai dabei. Es war Tsu Lai, der es schließlich lernte, der andere kam über einige Akkorde nicht hinaus. Deshalb verkaufte der Funktionärsabkömmling seinem talentierten Mitschüler die Geige. Zu welchem Preis? Darüber schweigt Tsu Lai. Doch mit der *Er-hu* gelang ihm ein ungewöhnlicher Aufstieg. Er, Sohn des in Taiwan verbliebenen Volksfeindes Yen Ping, Enkel des ehemals grundherrlichen Ausbeuters Fu Hou, somit ein lebenslanger Volksschädling, wurde in die Propagandagruppe seiner Volkskommune aufgenommen und durfte dort seine Geige spielen. Mit seinem rostigen Bariton, der über zwei Oktaven nicht hinausreichte, sein Publikum aber aufreizte, so daß es nur seine Stimme und nicht die Worte hörte, sang er von der Liebe zum Großen Vorsitzenden und zur Kommunistischen Partei. Vielleicht war diese Zeit die glücklichste im Leben Tsu Lais. Denn als Deng Xiaoping das freie Unternehmertum zuließ und ein paar andere Changs im Dorf einen Laden aufmachten, blieb Tsu Lai von allen der ärmste – ein liebenswerter, geigespielender Kuli.

Die Ernten des Jahres 1958 waren in ganz China, vom Wetter begünstigt, herausragend gut ausgefallen. Mao berauschte sich an den Zahlen, die ihm gemeldet wurden. Sie schienen den großen Sprung und die Mobilisierung der Energie des chinesischen Volkes zu rechtfertigen. Doch in Wahrheit war dem Volk die Motivation genommen. In ihren kostenlosen Kantinen aßen die Bauern, soviel ihre Bäuche fassen konnten. Die Lautsprecher in der Kantine kündeten mit blechernem Ton vom vorzeitigen

Sieg des Kommunismus. Das also war er, der Kommunismus: kostenlose Mahlzeiten.

Die Bauern vernachlässigten ihre Arbeit auf den Feldern, denn was sie dort produzierten, brachte ihnen keinerlei Gewinn. Zudem war es üblich geworden, die Produktionszahlen zu frisieren. In ihrem Buch *Wilde Schwäne* berichtet die Chinesin Jung Chang, die heute in England lebt, von Bauern, die das auf zahlreichen Feldern geerntete Getreide auf einem einzigen Feldstück aufhäuften und gegenüber Reportern und Parteifunktionären als Ertrag dieses Ackers ausgaben. Es waren nicht die treuherzigen, oft einfältigen Bauern, die solchen Schwindel anzettelten. Die Anstifter waren die Produktionsbosse in den Volkskommunen. Sie meldeten den Kadern der Partei die Zahlen, die diese lesen wollten, und die Kader gaben sie hochgemut und ungeprüft an die Presse und nach Peking weiter. Und Peking verkündete für das Jahr 1958 einen Ertrag von 375 Millionen Tonnen Getreide, eine Zahl, die Maos Wirtschaftsstatistiker dann kleinlaut um ein Drittel kürzen mußten. Die parteigefällige Lüge erhob sich über Chinas Bauernland wie die betörende Geruchswolke einer Kokotte. Wer sich der Lüge verweigerte, wurde handgreiflich zu ihr gezwungen. In der Provinz Sichuan, wo Jung Chang damals ihre Kindheit erlebte, wurden Vorarbeiter, die ihre Zahlen nicht fälschen mochten, mit auf den Rücken gefesselten Händen aufgehängt und so lange geprügelt, bis sie die Zahlen hinausschrien, die ihre Peiniger hören wollten.

Ob es zu Exzessen dieser Art auch in Shi Long An kam, konnte ich nicht in Erfahrung bringen. Ich habe nicht gezielt danach gefragt, und was ich nicht zielgerichtet erfragte, berichteten mir meine Verwandten nicht. Ich hatte bei vielen meiner Gespräche das Gefühl, sie fürchteten, ihr Gesicht zu verlieren, wenn sie allzuviel von den Demütigungen preisgaben, deren sie sich hatten schämen müssen. Aber sie lachten in sich hinein, als ich unser Gespräch auf die Stahlerzeugung lenkte, die Mao seinen Landmenschen in jenen Jahren aufgetragen hatte. Die galt ihnen mittlerweile trotz der Plackerei, die sie ihnen abverlangt hatte, als des großen Vorsitzenden bester Witz. Sogar Wang, der Kommunist, lachte, als die Changs ihn erzählten.

Geleitet von seinem Vorsatz, die Stahlproduktion der UdSSR, Englands und Amerikas zu überflügeln, hatte Mao erklärt: »Wir haben zuwenig Stahl, doch die Massen können ihn selbst herstellen.« Da verließen die Bauern von Shi Long An ihre Felder und türmten im Dorf aus Ziegelsteinen einen Hochofen auf. Sie rissen Drahtzäune ein, holten Töpfe, Pfannen, Woks von ihren Kochstellen, schleppten rostige Nägel, stumpfe Äxte, auch die Eisenfedern ihrer Bettgestelle heran und gelierten das Altmetall, bald aber auch fabrikneue Gerätschaften, im Hochofen zu Roheisenschmelze. Da auch sie besser sein wollten als Russen und Amerikaner, mühten sie sich so hingegeben, daß ihnen der Wechsel der Jahreszeiten entging. Nachts flammte über Shi Long An der Himmel, denn der Hochofen wurde rund um die Uhr befeuert, damit die Schmelztemperatur nicht abfiel. Um das feuerschluckende Ungetüm herum häufte sich die Schlacke. Jeder Produktionsbrigade war ein Soll vorgegeben, das es zu erfüllen galt. Kaum jemand arbeitete noch auf den Feldern.

Damals gab es bei Shi Long An noch dichte Wälder, darunter jenes Gehölz, in dem Großmutter »Mao« als junge Ehefrau beim Holzdiebstahl erwischt worden war. Auch die Genossenschaftsbauern gingen in die Wälder, wenn das geheute Seegras verfeuert war, mit dem sie ihre Küchenherde üblicherweise heizten. Gegen Mitte der fünfziger Jahre hatten sie in den Wäldern Vogelnester vergiftet, Gelege zerstört, Spatzen mit der Zwille aus dem Geäst geschossen oder sie mit dem Glockenton ihrer Gongs so lange in der Luft gehalten, bis sie entkräftet vom Himmel fielen, all das, weil Mao zum Kampf gegen die getreidepickenden Spatzen geblasen hatte. Sie hatten getan, was zu tun die unfehlbare Partei ihnen geboten hatte, und keiner hatte gelacht. Mit dem gleichen Ernst holzten sie jetzt bis zum letzten Baum ihre Wälder ab, denn der Hochofen brauchte Brennholz. Daß es ein gallebitterer Witz war, merkten sie erst später.

Eine Million Schmelzöfen brannten in jener Zeit in China. Gut hundert Millionen Bauern wurden von der Feldarbeit abgezogen, weil sie Stahl kochen sollten. Doch der gewonnene Stahl erwies sich als minderwertig. Das einzig sichtbare, vor allem fühlbare Resultat der Kampagne war eine Hungersnot: 1958 hatte es pro Kopf der chinesischen Landbevölkerung 201 Kilo Getreide gegeben. 1959 fiel die Zahl auf 183, 1960 auf 156 und 1961 auf 154 Kilo. Das Volk wurde von einer Hungerkatastrophe heimgesucht, wie sie verheerender kaum vorstellbar ist. Zwischen 1959 und 1962 starben nach westlichen Schätzungen mindestens zwanzig Millionen Chinesen an hungerbedingter Auszehrung, und jeder zweite war ein Kind. Die Changs von Shi Long An aßen in jenen Jahren selten Nahrhafteres als eine Suppe aus Baumrinde, Pfirsichkernen oder Gras. Sie hatten Hungerödeme, sie schrumpften, allein ihre Bäuche quollen. Wang Ch'ang Hsin darbte weniger kläglich. Weil er Beamtenstatus hatte, alimentierte ihn der Staat pro Monat mit dreizehneinhalb Kilo Getreide und pro Kopf seiner Familie (er hatte eine Frau und sechs Töchter) mit hundert Gramm Speiseöl.

In den Jahren der Hungersnot erwies sich, daß es den Kommunisten nicht gelungen war, das chinesische Erbübel der Korruption mit der Wurzel herauszureißen. Auf dem Land mißbrauchten Parteikader ihre Machtstellung. Sie plünderten schwache und ihnen unliebsame Bauern und beschlagnahmten deren aufgesparte Lebensmittel. Es wurden Fälle von Schleichhandel bekannt, Funktionäre befaßten sich mit illegaler Kuppelei und verkauften blutjunge Mädchen, eines, wie ebenfalls aufgedeckt wurde, dreizehnmal, an zahlungsfähige Männer. Sogar in der ehemals rechtschaffenen Armee regten sich alte Unsitten. Offiziere beschlagnahmten private Wohnungen für ihre Familien, sie fuhren ihre Kinder im Dienstwagen zur Schule, eigneten sich volkseigene Ländereien an, nutzten ihre Macht bei der Beschaffung rationierter Theater- oder Kinokarten, und mancher hatte schon wieder Konkubinen. Die ehemals eiserne Regel der Solidarität zwischen Soldaten und ländlicher Bevölkerung galt nicht mehr. Die Soldaten der Volksbefreiungsarmee glichen sich mehr und mehr denen an, die einst für Chiang Kai-shek in die Dörfer eingedrungen waren. Auch rote Soldaten jagten jetzt Mädchen und Frauen, um sie zu vergewaltigen, und die Bauern hetzten ihr Weibsvolk wieder ins Gebüsch, wenn die Soldateska anrückte. Die vom »großen Sprung« verursachte Hungerkatastrophe hatte Raubtierinstinkte freigesetzt und der vormals so tugendhaften Kommunistischen Partei die Unschuld genommen. Die war so unwiederbringlich dahin wie bei einer geschändeten Jungfer.

Und dann, im Herbst 1966, während ich auf Quemoy war und einen Küstenstreifen des roten Riesenreiches erblickte, das mir so unverständlich war wie der übrigen Welt, lasen verstörte Bürger der Kreisstadt Su Song in einer ersten Wandzeitung der Großen Proletarischen Kulturrevolution, daß die Respektspersonen ihrer Stadt »reaktionäre Konterrevolutionäre« waren. Maos eigene Ehefrau Jiang Qing hatte zum Angriff auf die »vier alten« Erscheinungen der chinesischen Gesellschaft – die Sitten, Feste, Denkweisen und Künste – aufgerufen. Die jugendlichen Mitglieder der Roten Garden griffen anfangs »feudal« oder »reaktionär« denkende Intellektuelle an, dann »konterrevolutionäre« Parteikader. Sie zerschlugen drei Viertel des kommunistischen Parteiapparats. Die Losung »vier alte Elemente« deuteten sie nach ihrem persönlichen Empfinden.

In Shi Long An brandschatzten sie den Tempel, dann stürmten sie die elenden Katen der Changs, die seit nahezu zwanzig Jahren keine Grundbesitzer mehr waren. Die meisten Rotgardisten wohnten im Dorf oder der Umgebung. Sie wußten, daß die Changs keine Kunstgegenstände besaßen. Sie waren von blindem Haß, viele aber auch von eigensüchtigen Beweggründen

304

getrieben. Sie zerschlugen den Changs das armselige Mobiliar, die wackeligen Hocker, die splissigen Tische. Sie rissen die Dielen auf, sofern es welche gab, und einige brachen die dünnen Wände auf. Sie hatten von dem »Silberschatz« meines Großvaters gehört, von dem seit langem gemunkelt wurde, die Changs hätten ihn versteckt. Sie fanden ihn nicht. Doch an den Feldwegen standen die grauen Grabsteine. Die flaumbärtigen Eiferer rissen sie nieder und hämmerten auf die Ornamente ein.

Auf dem Dorfplatz beugten sich die Changs, allen voran Ming Hsin, vor den geifernden, spuckenden Burschen abermals in den Kotau. Die Rotgardisten hängten ihnen Pappschilder um die Hälse, auf die sie das Schmähvokabular ihrer Revolte gepinselt hatten, und trieben die Gebrandmarkten durch die enge Dorfstraße. Die Dörfler bildeten weisungsgemäß ein Spalier, doch sie senkten den Blick, als Ming Hsin an ihnen vorbeistolperte. Sie hatten den Glauben an »die rote Sonne« Mao Tsetung verloren. Sie verstanden ihn nicht mehr. Er hatte ihr Staatsoberhaupt Liu Shaoqi des Verrats bezichtigt und aus der Kommunistischen Partei ausgeschlossen. Lin Biao, Schöpfer der Volksbefreiungsarmee und Maos erklärter Nachfolger, war mit Frau und Kind in einem Militärflugzeug Richtung Sowjetunion geflohen und über der Mongolei abgestürzt. Einst gepriesene Parteiführer waren geschmäht und vielerorts ermordet worden. Die Changs waren froh, daß sie verachtete »Volksschädlinge« waren und so den Wahnsinn überlebten.

WIE ICH REPORTER WURDE

Zu Beginn des legendären Jahres '68 suchte ich den Chef der Kölner Mauser-Werke auf und erklärte ihm höflich, jedoch maßvoll frohlockend, ich würde ab Juli nicht mehr sein Marketingchef, sondern »ein freier Mann« sein. Von welcher Konkurrenzfirma ich mich habe anwerben lassen, fragte er bestürzt. »Von keiner«, antwortete ich. »Wie ich sagte: Ich will nur ein freier Mann sein.« So erlebte ich die Sternstunde, von der Millionen Angestellte träumen, die ihrem Boß den Bettel vor die Füße werfen würden, gewännen sie im Lotto. Ich hatte nicht in der Lotterie, sondern eine Einsicht gewonnen: Verzicht macht stark.

Ich löste meine Wohnung auf, verkaufte meine Designermöbel, die Lithos, das Auto, die Rolex, alle Bücher außer Huxleys *Die Pforten der Wahrnehmung* und packte den verbliebenen Besitz in einen einzigen Koffer. Da ich den Plunder schnell loswerden wollte, denn ich erstickte an ihm, hatte ich mit den Käufern nicht gefeilscht, und mein Erlös war mager. Ich hatte keinerlei Ersparnisse, denn ich hätte mein Büromöbeldasein nicht ertragen können, hätte ich nicht leichtfüßig gelebt. Hingegen hatte ich Pflichten, nämlich drei Kinder, zwei ehelich und das dritte ohne Trauschein gezeugt, zwei Mütter hatten Ansprüche gegen mich. Ich war also wieder, was ich zu sein gelernt hatte: arm. Vogelfrei! Eine von ihrem begüterten Gemahl ausgehaltene *femme fatale* bat mich auf Kosten ihres ahnungslosen Mannes zu einer Autoreise nach Kampanien, und um sich meiner nicht schämen zu müssen, kaufte sie mir eine Armbanduhr.

Den Winter über in München, schlug ich mich ich mal als Diskjockey, mal als Barkeeper in Bars und Diskotheken und in der Vorweihnachtszeit als Aushilfsverkäufer in der Spielwarenabteilung eines Kaufhauses durch, hielt es aber nirgends lange aus, denn meine Vogelfreiheit duldete keine Autorität.

Im Frühling des Jahres 1969 floh ich auf die spanische Mittelmeerinsel Formentera. Das damals vom Tourismus noch unentdeckte karge Eiland war ein Refugium der »Hippies«. Bei ihnen, mit ihnen, blieb ich zwei Jahre. Ich wurde keiner von ihnen, kein »Eingeweihter«, so nannten sie sich, doch sie waren meine Freunde.

Ich war neununddreißig Jahre alt. Meine Zeit näherte sich der Lebensmitte oder hatte sie überschritten, doch auf der Hippie-Insel war mir, als flösse sie zurück. Die Insel machte es mir leicht, meinem Leben eine schwärmerische Deutung zu geben: Ich war von Liebe erfüllt, von Liebe zur Welt, zum Leben, zu allem Kreatürlichen und erstmals zu mir selbst. Unter Hippies, in ihren Hütten, auf ihren Vollmondfesten, auf der legendären Steinbrüstung der »Fonda Pepe« in San Fernando von ihrer leisen Gesellschaft bezaubert, meinte ich der Schöpfung eines neuen, friedlichen und genügsamen Menschen beizuwohnen. Natürlich wußte ich, daß dieser Mensch keine Chance hatte, geboren zu werden. Doch ich war gegen meine Skepsis taub. Ich glaubte meinen neuen Freunden, wenn sie sagten, die Welt werde friedlich, fänden wir den Frieden nur in uns selbst. Zudem war ich einer der Ältesten und einer der ersten, die das Modewort »Selbstbestimmung« lebten. Ich lebte einen romantischen Traum und vermied das Erwachen. Ich war entrückt – nein: ich hatte mich entrückt – dem Land, das mich geboren hatte, meine Heimat aber nicht geworden war.

Ich war erdrückt von diesem Land, seinem eiskalten Gefühlsklima, seiner philiströsen Enge und seiner faschistoiden Nostalgie.

Die allermeisten Deutschen glaubten sich im Recht, wenn sie ihre Kinder schlugen und eine ehelose Mutter als Hure schmähten. Aus nichtigsten Anlässen riefen die zur Denunziation Erzogenen die Polizei. Ich hatte anonyme Briefe erhalten, weil ich meine Fenster nicht mit Gardinen verhängte. Regierungsbeamte waren in großer Zahl alte Nazis. 1952 waren zwei Drittel aller Mitarbeiter des Auswärtigen Amtes ehemalige Mitglieder der Hitlerpartei. Wenn beim Arbeitsessen mit Geschäftspartnern das Gespräch aufs Politische kam oder absichtsvoll darauf gebracht wurde, hatte ich die Hartherzigkeit beleibter Günstlinge des Wirtschaftswunders gegenüber den toten Opfern der Hitlerzeit erfahren. Sie hatten keinerlei Mitleid mit ihnen, nicht mit Juden, Russen, Zigeunern, aber sie waren voller Selbstmitleid, wenn sie Besitztümer oder ihre Heimat verloren hatten, und ihre Larmoyanz war aggressiv. Manchmal konnte ich nicht an mich halten, pfiff aufs Geschäft und sagte, was zu sagen war. Zur selben Zeit faßte die Demokratie in Westdeutschland Wurzeln. Ich weiß es heute. Damals zweifelte ich. Bis tief in die sechziger Jahre hinein hegte ich den Verdacht, daß der deutsche Untertan zur Wahlurne ging, weil die Obrigkeit, nämlich die Alliierten, es ihm befohlen hatte. Die jüdische Philosophin Hannah Arendt, die den deutschen Westen bereist und mitbekommen hatte, wie Deutsche den Wiederaufbau anpackten, vor fremdem Leid aber ihr Herz verschlossen, hatte schon 1950 geschrieben: »Und man möchte aufschreien. Aber das ist doch alles nicht wirklich – wirklich sind die Ruinen; wirklich ist das vergessene Grauen, wirklich sind die Toten, die ihr vergessen habt. Doch die Angesprochenen sind lebendige Gespenster, die man mit den Worten, mit Argumenten, mit dem Blick menschlicher Augen und der Trauer menschlicher Herzen nicht mehr rühren kann.« Es war ein eisiges Mutterland, in dem zu leben mir bestimmt war. Und mein Vaterland war eine Diktatur.
Doch die sechziger Jahre gingen zu Ende. In Amerika rebellierten die Blumenkinder, »Hippies« also, gegen den Vietnam-

krieg. Sie verweigerten sich den Autoritäten und steckten den Soldaten, die nach Vietnam mußten, Blumen an die Gewehre. Die Bürgerrechtsbewegung gegen die Rassentrennung in den amerikanischen Südstaaten fand im »Sit-in« zu ihrer Form zivilen Ungehorsams. Und als in Westberlin Studenten demonstrierten, als sie den Namen des vietnamesischen Kommunistenführers Ho Chi Minh auf dem Kurfürstendamm skandierten, mein Gott, da sprengten sie die Klammer, die mir das Herz abgedrückt hatte. Es war mir egal, daß der Mann ein Roter war. Ho Chi Minh predigte Askese und ermahnte seine Genossen, »den alten Menschen abzustreifen«. Ich war kein Kommunist und wußte, daß ich nie einer werden würde. Doch der Appell des alten Ziegenbarts erleuchtete auch andere, die keine waren. In Lateinamerika begründeten katholische Priester eine »Theologie der Befreiung«. Sie mochten die Seelen nicht aus der Sünde erlösen, sie wollten die Körper vom Hunger befreien, und sie stellten sich damit gegen den Vatikan. »Sünde«, predigte der peruanische Seelsorger Gustavo Gutiérrez, »ist die Aufkündigung der Liebe zum Nächsten und zu Gott!« Solche Botschaften erleuchteten mich wie Verkündigungen aus irdischem Jenseits. Ich kümmerte mich nicht um Ideologien, ich schloß mich ihnen nicht an, ich empfing nur ihre rebellische Kraft. Diese Kraft war in mir, als ich meine bürgerliche Existenz abstreifte wie der Aussätzige die Quaddel, die ihn ekelt.

An einem regnerischen Aprilmorgen traf ich, mit einem Schiff aus Barcelona kommend, in Ibiza ein. Ich setzte mich auf einen regennassen Stuhl vor dem Café »Formentera«, sah die Wolken aufreißen, sah die frühe Sonne, sah eine Greisin im schwarzen Kattun ihrer Tracht, und dann sah ich junge Menschen mit sehr langen Haaren und in phantastisch buntem Putz. Ich meinte, nie in meinem Leben ein schöneres Volk gesehen zu haben: Die Haltung war anmutig, und die Augen lachten. Ich fuhr auf einem betagten Küstenmotorschiff nach Formentera. Ich kannte dort niemanden. Über dem südlichen Strand, der Cala Mitjorn, mietete ich eine weiß verputzte Kate mit blauer Holztür und reisiggedeckter Terrasse, das aus einem einzigen Raum bestand. Die Miete belief sich auf fünfzig Pesetas pro Tag, das waren zwei Mark.

Wie ich schon sagte: Ich wurde kein »Hippie«. Das Wort war eine Medienschöpfung, selbst nannten die jungen Leute sich Junkies, Drop outs, Freaks. Denn ihre lockere Gemeinschaft hatte das Haschisch wie bayerische Stammtischbrüder ihr Bier. Ich gab keinen Joint ungeraucht weiter, der mir im Sichtschutz des Strandhafers oder auf der Balustrade der Fonda Pepe gereicht wurde. Das »Gras« machte mich träumerisch und weich, jedoch nicht süchtig. Ich teilte die meisten Überzeugungen jener, die Marihuana rauchten und LSD nahmen, und jede einzelne ihrer Abneigungen. Mit der Zeit verstand ich, in ihre Eingebungen einzudringen und ihre Seelen zu fühlen. Viele kamen aus Amerika, andere aus westeuropäischen Ländern, einige aus Israel, einer aus Japan.

Immer noch zu rastlos, um mich mit meinen unartikulierten Gedanken zu begnügen, wie die Hippies es vermochten, fing ich zu schreiben an. Ich schrieb einen Roman. Er gedieh nur bis zum sechsten Kapitel. Ein einziger Mensch hat ihn gelesen: meine Freundin Monica, die mit mir die Hütte teilte. Der Protagonist des Romans war ein deutscher James Bond. In dieser Romanfigur befreite ich mich von meinen Vorbehalten gegen das Volk, in das ich geboren war. Ich schrieb auf der Terrasse, wo ich hörte, wie das Meer über die Klippen sprang, und ich schrieb Blatt um Blatt mit der Hand. Als das sechste Kapitel geschrieben war, merkte ich, daß ich meinen Bond und mit ihm die Deutschen zu mögen begann. Ich hatte ihn ein pedantisches Ekel sein lassen, doch das Ekelhafte mußte ich bedenken. Meine Einwände, die zu denken ich genötigt war, entwaffneten meine Unlust an den Deutschen. Ich sah sie nachsichtiger. Ich sah mich in sie hinein. Da hörte ich zu schreiben auf.

Monica malte. Sie war fünfundzwanzig. Sie hatte das Salz des Meeres in ihrem braunen Haar. Und wenn der frische Frühjahrssturm die krummen Kiefern peitschte, war sie warm wie ein Ofen. Abends gingen wir den langen steinigen Weg zur Fonda Pepe in San Fernando. Der Weg war von kniehohen Mauern gesäumt. Sie waren aus Kalkstein geschichtet, dann bündig geschlagen und zeichneten die dürre, sandgelbe, von den ärmlichen Fincas der Bauern weiß gesprenkelte Meseta mit strengen Linien. Ich schlug mir an den kantigen Steinen, die aus dem Sandweg wuchsen, die nackten Zehen auf. Wenn wir uns der Fonda Pepe näherten, stand da der Patron, dem sie gehörte, die Augen unter einem schlappen Strohhut verkniffen, das lederne Antlitz von stürzenden Linien gegerbt, die Lippen dünngepreßt, dazwischen eine kalte Zigarette: Pepe, der Katalane. Ihm vertraute jeder von uns, obwohl er mutmaßlich keinen von uns liebte. Drinnen, hinter dem Tresen, standen seine Frau Catalina, Pepe, der Sohn, und Pepe, der Neffe.

Hier hatte ich Freunde, die kein Wort zu schnell und keines zuviel sprachen: den katalanischen Journalisten Juan Ramòn de la Cruz, der unter Franco nicht mehr schreiben mochte, den Israeli Chaim Seligman, der im Sechstagekrieg in die Luft geschossen hatte und mit einem Beduinenkopfputz sein Einverständnis mit den Palästinensern kundtat, und Masao Asakura, einen Künstler aus Japan. Ich habe sie später selten wiedergesehen, denn unseren Freundschaften war nur der gelebte Augenblick wertvoll. Doch Masao schenkte mir eine seiner Radierungen, die so zart war wie er selbst. Er war der lebendige Widerspruch zum Bild der Japaner, das Taiwan und Chinas Geschichte mir vermittelt hatten: empfindsam und warm. Sie alle waren jünger als ich. Aber da war auch der polnische Jude Sam, der, als ich ihn kennenlernte, schon nahe der Fünfzig war. Er war ein bühnenabtrünniger Schauspieler, der Auschwitz überlebt hatte und im Opiumtraum den Bildern entfloh, die ihn verfolgten. Auch er wurde mir ein Freund, meiner deutschen Herkunft ungeachtet.

Meine chinesische enthüllte ich ihm nicht. Ihm, dem Juden, gegenüber wollte ich nur Deutscher sein. Nationale Zugehörigkeiten bedeuteten diesen Menschen ohnehin so wenig oder so viel wie die Zeit: Keiner hatte eine Uhr. »Du wirst mir das Buch vorlesen, das du schreibst«, sagte Sam. »Denn ich kann deine Sprache nicht lesen. Doch ich werde verstehen, wenn ich deiner Stimme lausche.«

Monica reiste ab und fehlte mir dann. Ich zog aus meiner jetzt leeren Hütte aus und mietete im Hostal der Fonda Pepe ein einfaches Zimmer. In ihm hörte ich nachts das Herz der Hippie-Insel schlagen: Chaims Flötenspiel und das Geraune, das mir von der Balustrade her in die Ohren drang und mich erquickte, bis vor meinem Fenster der Mond verblich. Die Formenterenser waren Bauern oder Fischer oder beides. Die Hippies begegneten ihnen mit Respekt. Doch manchmal erregten sie den Unwillen der Franco-Diktatur. Gewöhnlich traf es jene, die auf der Mola, der Felskuppe im Inselwesten, leere Ziegenställe bewohnten, oder die, die in den Dünen schliefen. Manchmal drangen die Guardias Civiles in die Verschläge ein, die von den armen Bauern für wenige Pesetas an die Hippies vermietet wurden. Die Lackhüte pferchten ihre Opfer in einen Bus, karrten sie in der Frühe zum Hafen La Sabina und hetzten sie mit Schlagstöcken aufs Schiff. Ich hörte, die Bauern hätten die Guardias bespuckt und sich vor den Bus geworfen, doch das ist wohl eine tröstliche Mär. Tröstlich, weil sie über die Kluft hinwegführt, die Hippies und Formenterenser trennte. »Als ich den ersten Hippie sah«, sagte eine alte Bäuerin zu mir, »dachte ich, es wäre eine Frau. Doch es war ein Mann.« Sie kicherte. »Wir haben uns daran gewöhnt.« Diese Menschen, so genügsam und arbeitsam ich sie erlebte, erinnerten mich oft an die Bauern in Taiwan. In ihren vom Wind gegerbten Gesichtern entzifferte ich die Runen einer gleichartigen Zähigkeit, den gleichen traurigen Ernst, denselben Fatalismus.

An einem Julitag des Jahres 1970 verließ ich die Insel. In der

Fonda hatte ich einige Wochen zuvor Esther kennengelernt, eine Schauspielschülerin aus Zürich, die im Schatten eines Horrortrips auf Trebe gegangen war. Wir hatten bei Bartolo und Catalina, einem Bauernehepaar, eine kleine Hütte gemietet, die noch armseliger war als meine frühere. Abends, unter seinem mächtigen Feigenbaum, hatte Bartolo uns von der Pasionaria erzählt, die Franco im Bürgerkrieg die Stirn geboten hatte. Und von dem Konzentrationslager, dessen Mauern bei La Sabina bröckelten. Als ich Formentera mit Esther verließ, umarmte uns der kleine Mann, und Catalina weinte. Esther lief barfuß, eine zerrissene Bluse über ihren schimmernden Brüsten. An ihren Fußgelenken trug sie Messingschellen, die mit ihren Schritten klingelten. Wir wollten nach Almeria. In der Fonda hatten wir erfahren, daß amerikanische und italienische Filmproduktionen in der andalusischen Steppenlandschaft Westernfilme drehten und Komparsen engagierten, nämlich weiße Hippies und braune Gitanos. Die Hippies würden als Cowboys kostümiert, hieß es, die Zigeuner spielten mexikanischen Pöbel in ihren eigenen Lumpen. Ich konnte nicht reiten, aber mein Geld war alle. Also würde ich reiten können.

Mit uns gingen die Engländerin Corinne und ein Franzose, der Marc hieß. Wir fuhren für eine Passage von je zehn Pesetas auf dem Oberdeck eines kleinen spanischen Passagierdampfers bis Alicante und den restlichen Weg mit dem Bus. Doch wir fanden in Almeria keinen, der wie einer vom Film aussah. Von unseren letzten Pesetas, die wir zusammenlegten, hausten wir zwischen lärmenden Wasserklosetts und klirrendem Kristall in der Prunkwohnung einer ehemals wohlhabenden Señora. Sie lebte davon, daß sie ihre Zimmer an Leute vom Film vermietete. Sie sagte, Candice Bergen sei in der Stadt. Um die Dame aus Hollywood zu finden, liefen wir Stunde um Stunde, Tag für Tag die Avenida hinauf und hinunter. Die jungen Zigeunerinnen grüßten Esther, wenn sie glöckchenklingelnd auf nackten Füßen an ihnen vorüberging. Doch wir trafen keinen, der so glamourös

313

und anmaßend aussah, wie wir dachten, daß Filmleute aussehen, und wir hatten keinen Job.

Dann jedoch, am fünften Tag, als ich allein die Avenida abschritt, rannte ein Mann hinter mir her und packte mich am Arm. Er sei Señor Cordoba, sagte er atemlos, Casting Manager der Howe Production. Er fragte mich spanisch, ob ich zum Film wolle. »Hombre!« sagte er. »Hollywood!« – »Ja!« schrie ich. Ob ich noch mehr Typen kennen würde, die aussähen wie ich, fragte er: »Tipos duros! Tipos americanos!« Ich schrie: »Ja!« Dann solle ich mit den anderen in die Calle San Sebastian Nummer drei kommen – morgen früh um zehn.

Die marmorgetäfelte Halle eines ehemaligen Bankhauses, die ich mit Esther, Corinne und Marc zur angegebenen Zeit betrat, war voller hippiesker junger Männer. Fast alle trugen langes Haar, breitkrempige Hüte, einige Lederstiefel, manche mit Sporen. Sie waren lauter, eitler, maskuliner als die Hippies, die ich kannte. Mir wurde schnell klar, daß diese Männer mehr suchten als einen Gelegenheitsjob. Ich hörte sie über Clint Eastwood sprechen und daß dessen Karriere in Almeria begonnen hätte. Franco Nero sei als Tramp gekommen und als Star gegangen, rief einer. Ein anderer erinnerte sich an einen Fußtritt, den Yul Brynner ihm versetzt hatte. Der Bursche hatte einen toten Mexikaner verkörpert, und Brynner hatte ihm in den Hintern getreten. »Da war ich groß im Bild!« brüllte der Mann. »Totale!« Dann erschien Señor Cordoba mit Mister Morheim, dem Producer. Ihnen folgte Candice Bergen. Señor Cordoba blickte den Leuten aufmerksam ins Gesicht, dann deutete er auf mich. »Der Bursche ist okay«, sagte er. »Oh yes«, antwortete Mister Morheim, während er mich taktvoll musterte, »this gentleman is alright.« Ich fragte ihn, ob er für meine Freunde etwas hätte. Corinne und Marc, die ihre Füße anstarrten, beachtete er nicht. Er sah Esther. »Vielleicht«, sagte er, »Im Atelier. Das ist in Madrid. Aber es ist eine Nacktszene.« – »Nein«, seufzte sie. Abends blickte ich in einen Spiegel der Señora. Erstmals nach

langer Zeit, nach zwei Sommern und einem Winter, hatte ich
eine Konkurrenz bestanden. Ich hatte lange nicht in einen Spiegel geguckt. Nun, in dem halbblinden Kristall, suchte ich den
Grund für Mister Morheims Entschluß, mich, nur mich, einen
stummen Westernhelden spielen zu lassen. Ich sah einem Mann
ins Gesicht, den ich noch nie gesehen hatte. Das war nicht der
Mongolenfurz. Wie genarbtes Kalbfell spannte sich die Haut
über meine Jochbögen. Die Wangen waren hohl, die Lidfalten
gestrafft, die Augen, die nie chinesisch waren, schienen halb-
mondförmig geweitet. Tipo duro? Woher kam die Härte, die
dieses einst angefettete Gesicht ausstrahlte? Ich spürte sie nicht
in mir. Und wieder sah ich das Chinesische nicht. In Taiwan
hatten einige Leute in mir einen Japaner gesehen. Weshalb sah
ich es nicht? Es schien, als sei ich jünger geworden. Dann grinste ich mich an – und erschrak: Meine Schneidezähne waren
von schwarzen Höhlungen entstellt, wie angebohrt.
Corinne und Marc packten am selben Tag ihre Bündel und gingen fort. Esther freute sich, weil ich den Job hatte, doch am
nächsten Morgen ging auch sie. Ich fragte jeden Tag in der Calle San Sebastian nach meinem Drehtag, doch der wurde Tag für
Tag verschoben. Da folgte ich den anderen. Ich trampte nach
München. Während ich an der Landstraße stand und den Daumen hob, dachte ich an die verwilderten Kerle in Mister Morheims Komparsenschau. Sie standen im Jahr kaum öfter als
dreißigmal vor einer Kamera, und die Tagesgage blieb meist
unter den vierhundertfünfzig Pesetas, die ihnen zugesagt wurden. Wie kamen sie von Film zu Film über die Runden? Und ich
dachte an die Gitanos aus der Chanca, dem Slumviertel Almeri-
as, das wie eine kalkige Riesenwabe über die Stadt hinausragte.
Die Zigeuner hatten lichtlose Höhlen in die Wand getrieben, in
denen sie hausten. Sie hatten kein Wasser und keine WCs. In
den Schluchten neben ihren Höhlen dampften die Abfälle und
der Kot. Die Gitanos stellten sich den Casting-Managern
nicht in der Calle San Sebastian vor, sie rotteten sich auf einem

Platz vor dem Bahnhof zusammen, und die Filmleute taxierten sie wie Fleischfetzen in der Markthalle. Während ich all das bedachte, durchfuhr es mich. Ich begriff, daß mir der Stoff für eine Reportage zugefallen war, die ich über den »Sklavenmarkt für Filmbosse« schreiben würde. Ich sah bereits die Überschrift. Ich mußte nur noch das Blatt finden, das meine Geschichte drucken würde.

In München ging ich zur Redaktion der Zeitschrift *Twen*. Sie war das Kultblatt der zwanzigjährigen Deutschen. Dem stellvertretenden Chefredakteur Rüdiger Dilloo gefiel mein Themenvorschlag so gut, daß er mit mir zu Doktor de Haas ging, dem Chefredakteur. Auch ihm gefiel die Story, doch ehe er mich beauftragte, wollte er Gedrucktes aus meiner Feder lesen. Ich hatte nichts. Meine Volontärsartikel hatte ich längst verloren. Als ich mich zum Gehen wandte, geschah ein Wunder: De Haas kam hinter mir her, hielt mich fest, sah mich lange an und sagte: »Gehen Sie zur Kasse. Man wird Ihnen einen Spesenvorschuß von tausend Mark auszahlen und ein Ticket für den Flug nach Almeria geben. Der Fotograf Jan Michael fliegt mit Ihnen. Bringt mir die Geschichte.«

Wir brachten ihm die Geschichte. De Haas, der nur wenig älter war als ich, las sie, billigte sie, billigte auch, obwohl ich im Fünfsternehotel gewohnt hatte, meine Spesenrechnung und wies mir dreitausend Mark Honorar an, die ich mir von der Kasse auszahlen ließ. Wenige Wochen danach starb er an einer unerkannten Erkrankung. Meine Geschichte erschien unter dem neuen Chefredakteur Kai Hermann im Dezemberheft von *Twen*: »Django – verkauf dich oder stirb«. Die Titelzeile hatten die Redakteure erdacht. Als das Heft an den Kiosken hing, war ich für die Redaktion schon wieder unterwegs. Denn nun, einundvierzig Jahre alt, war ich endlich geworden, was ich von Jugend an hatte sein wollen: ein umgetriebener, schreibender Reporter.

FAMILIENRECHERCHE

Angesichts meiner Flucht in die Bohème des Hippiedaseins mag der Leser sich gefragt haben, wie es der Aussteiger mit seinen bürgerlichen Pflichten hielt. Wie mit seinen Kindern? War er ihnen ein Vater? Hat er für sie gesorgt? Hat er sie hin und wieder besucht und ihnen Geschenke mitgebracht? Die Antwort ist nein. Dreimal nein. Sabine, der Mutter meiner Kinder Stefan und Susanne, ließ ich nur ab und an kleine Beträge zukommen, eben so viel, daß ich dem Strafrecht nicht anheimfiel. Sie lebte noch in Bonn und verdiente das Allernötigste mit der Vermittlung von Mietwohnungen, ein Handel, den sie verabscheute. Ihr Einkommen war spärlich. Die Berufsbezeichnung Maklerin war ein Euphemismus, doch er beschwichtigte mein Gewissen. In der Imagination unserer Kinder verblaßte das Denkbild »Vater«. Nur dem Kind, das mir zur Linken geboren war, meinem Sohn Lars, der unter seinem Stiefvater heranwuchs und ihn lange für den leiblichen hielt, blieb ich materiell nichts schuldig. Seiner Mutter zahlte ich auch aus Formentera, was mir gesetzlich auferlegt war.

Dieses Buch ist für mich eine qualvolle Hervorbringung. In ihm frage ich nach meiner Herkunft. Das schließt Selbsterforschung ein, ich bin genötigt, die Schichten abzutragen, unter denen ich meine Sündenschuld vergrub. Ich bin versucht, meine Verfehlungen zu beschönigen oder mich der Erwähnung zu enthalten, und kann doch nicht umhin, mich ihnen zu stellen. Denn ich forsche nach meinen Wurzeln und schreibe auch für meine Kinder, die sich der ihren gewiß sein sollen. Als ich in Formentera lebte, kamen ihre kleinen, hellen Gesichter des Nachts zu mir. In der Nähe krähte allmorgends gegen drei ein Hahn und weckte mich. Dann waren die Kinder da, und mich floh der Schlaf. Aber ich lief nicht nach La Sabina, ich bestieg nicht das erste Schiff. Ich blieb. Ich war dem neuen Modewort »Selbstverwirklichung« erlegen, das ein Appell an den Egoismus war.

Sabine hat mir verziehen. In späteren Jahren schrieb sie mir, sie verstehe nun, daß ich die Umwege gehen mußte, die ich gegangen bin, anders hätte ich mich im Beruflichen wie Menschlichen nicht vollenden können. War Sabine zu großmütig, als sie mir das Unverzeihliche verzieh? War ich vollendet? Ende 1972, ich hatte mich in Hamburg niedergelassen, schickte Sabine die Kinder zu mir. Fortan sollten sie bei ihrem Vater leben. Damals war Stefan siebzehn, Susanne fast vierzehn. Da ich als Journalist mittlerweile mehr verdiente als vorher in der Industrie, hatte ich eine geräumige Wohnung gemietet, und jedes Kind hatte ein eigenes Zimmer. Sie gingen zur Schule, und ich kam für sie auf. Doch der Abwesenheitszustand, den ich auf der Hippie-Insel gelebt hatte, blieb meinen Kindern Vaterbild. Ich war oft lange verreist, aber die Kinder entbehrten mich auch, wenn ich zu Hause war. Als ich später von Stella und Allen hörte, wie in sich selbst versponnen unser Vater war und daß er sich ihnen nie geöffnet hatte, erkannte ich mich in seinem Wesen. Wie sie einst ihn, so hatten meine Kinder mich erlebt: seelisch und gedanklich abwesend, wenn auch – liberalen Erziehungsmustern gemäß – verzeihend. Doch die Wunden, die ich in ihre verlangenden Seelen gerissen hatte, weil sie in mir die Familie entbehrten, konnte meine snobistische Toleranz nicht heilen.

Vollendet? Falls ich im Sinne Pestalozzis als Vater überhaupt Vollendung erreichte, meine verborgensten Keime also zur Blüte brachte, dann erst in meinem siebenten Lebensjahrzehnt. Mit zweiundsechzig heiratete ich zum letztenmal. Meine deutsch-

spanische Frau Cristina ist siebenunddreißig Jahre jünger, eine Tatsache, die Nachbarn und Fremde verwirrt, manch einen zu verstohlenem Spott herausfordert, mein Gewissen aber unbehelligt läßt, denn unser regelwidriges Bündnis rechtfertigt eine stetige Liebe, die mit unserem ersten Händedruck begann. Als Cristina unsere Tochter Cosima gebar, war ich dreiundsechzig, als sie mit Benedict niederkam, sechsundsechzig, und ich war neunundsechzig, als Giacomina geboren wurde. Diese Kinder empfinde ich im tiefsten Seelengrund. Sie erfahren die Gefühlsstarre nicht, mit der ich mich meinen großen Kindern entfremdet hatte. Den kleinsten bin ich ein Vater, der sie wahrnimmt, mit ihnen redet und sie mit seiner Liebe berührt. Meine Familie ist mir die Heimat, die ich nicht fand und nicht mehr entbehre.
Der Leser könnte mich auch fragen, warum ich nie Chinesisch gelernt habe. Mit meinen Kindern spreche ich spanisch, meinen Vater und meine Verwandten konnte ich in deren Sprache nicht befragen. Warum? Weil ich spontan gelebt habe, meinen Impulsen nachgebend, wenn sie mich packten. Der Impuls, das Chinesische zu lernen, war indes zu schwach, um ihm nachzugeben und Lebenszeit zu opfern. Solange ich nicht wußte, wo mein Vater war, sah ich keinen Anlaß, seine konsonantenreiche Viertonsprache zu lernen, gegen die meine Zunge und mein Gehör sich sträubten. Sie erschien mir so abstrakt wie Mathematik. Sobald ich mich ihr zu nähern suchte, gelegentlich tat ich das, verlor ich vor den Tondifferenzierungen schnell den Mut, zumal ich schon im schulischen Gesangsunterricht die Töne nicht getroffen und »falsch« gesungen hatte. Und als ich meinen Vater kennenlernte, sprach und verstand er deutsch, wie meine Geschwister englisch sprechen und verstehen. Zu passioniert dem Hier und Jetzt hingegeben, habe ich mich um das Morgen nie gesorgt und auf meine Spontaneität vertraut. Als ich spät Reporter wurde, war mein Englisch miserabel. Zu Anfang konnte ich meine amerikanischen Interviewpartner zwar befragen, doch ihre Auskünfte erfaßte ich nur stückweise. Ich

hielt ihnen ein Mikro unter die Nase und übersetzte das Tonband nächtens im Hotel mit einem Wörterbuch. So lernte ich Englisch. So lerne ich auch Spanisch: plaudernd mit meiner Frau Cristina und den zweisprachig heranwachsenden Kindern, die mir mit ihren unverbrauchten Synapsen und flinken Zungen stets voraus sind.

Einmal allerdings bereute ich, daß ich mich ums Chinesische nie bemüht hatte. Das war in Shi Long An. Meine bäuerlichen Verwandten sprachen nur ihren heimischen Dialekt und einige etwas Mandarin. Doch dann merkte ich, daß mein Unvermögen in manchem Bedacht von Vorteil war. Denn meinem Dolmetscher, dem klugen Liu Sijia, vertrauten sie manches an, was mir ins weiße Angesicht zu sagen ihnen als Sakrileg erschienen wäre. Doch nun war ich Reporter. Meinem Hindrängen an die Ursprünge meines Seins und zu den Menschen meines Blutes waren Grenzen geöffnet. Denn auf meinen weltumspannenden Reportagereisen für GEO, den *Stern* und das ADAC-Reisemagazin fand ich oft und in entlegenen Regionen zu ihnen, öfter, als es mir möglich gewesen wäre, hätte ich die Reisen aus eigener Tasche bezahlen müssen.

Im Oktober 1974 führte mich eine Reportageunternehmung in die kanadische Provinz British Columbia. Meine letzte Reisestation war die pazifische Hafenstadt Vancouver. Jenseits der amerikanisch-kanadischen Grenze, wenig mehr als zweihundert Kilometer entfernt, liegt Seattle. Dort lebte (und lebt) meine »erste Schwester« Stella. Sie hatte mich noch nie gesehen, und ich war im Zweifel, ob ich zu ihr fahren sollte. In Vancouvers Chinatown sah ich die Nachfahren jener »Orientals«, die gegen Ende des neunzehnten Jahrhunderts für zwei Drittel des Lohnes, den weiße Arbeiter erhielten, den Bau der Canadian Pacific Railway vorangetrieben hatten. Es war der Vorabend des Tages, für den der Fotograf und ich den Rückflug gebucht hatten. Wir waren aus Nanaimo auf Victoria Island mit der Fähre herübergekommen. Nun saßen wir in einem China-

320

restaurant, in dem es nach Fischsoße und Schweinefett roch, und ich richtete mein Augenmerk auf die chinesischen Gäste. Seit sechs Jahren, seit meiner von Vater bezahlten Taiwan-Reise, hatte ich das Volk, das einen Teil von mir besaß, so massiert nicht mehr gesehen. Hier aß kein Weißer. Die Chinesen unterschieden sich von denen in Taiwan nur durch ihre ledernen Lumberjackets, kanadische Holzfällerjacken, die ihre weichen Züge im Kontrast noch weicher erscheinen ließen. Auch tranken sie keinen Gaoliang, sondern kanadischen Brandy, und sie waren so laut und fröhlich wie bei ihrer Völlerei die Menschen von Taiwan. Von ihren Eßnäpfen wehten mir die Düfte Chinas in die Nase. In mir erwachte ein Gefühl, das dem Heimweh nicht fern war. Draußen dann, in der von bunten Neonreklamen überflammten, alten Straße, beschloß ich, Stella zu besuchen.

Am Mittag des nächsten Tages fuhr ich mit einem Greyhound-Bus nach Seattle. Dort mietete ich mich in einem Hotel ein und erkundigte mich nach einem Bus, der nach Bellevue fuhr, jenem außerhalb der Stadt gelegenen Vorort, in dem Stella und ihr Mann John damals ein Haus hatten. Erneut unentschlossen flanierte ich durch die Stadt, ohne sie indessen einprägsam zu sehen. Es war das erste Mal, daß ich eine Familienangehörige besuchen wollte, die Taiwan verlassen hatte. Ich wußte nicht, was sie von mir wußte. Und ich wußte nicht, ob ich willkommen war. Schließlich rief ich sie an.

Stella hatte eine ähnliche Stimme wie Helen, aufsteigend in einen fast schrillen Diskant, als sie Überraschung ausdrückte und unbezweifelbare Freude. Am kommenden Morgen würde sie mit John, ihrem Mann, zum Hotel kommen und mich mit dem Wagen abholen, sagte sie. So geschah es. Stella und John kamen zum Hotel und begrüßten mich mit verhaltenem Überschwang. Dann fuhren wir nach Bellevue, und ich verbrachte die Nacht in ihrem schönen Haus. Bellevue ist Äonen vom chinesischen Orient Chinatowns entfernt: ein gepflegter Villenvorort mit grünen Gärten, in denen Rasensprenger unablässig ihren Wasserreigen tanzen. In Bellevue waren Stella und John mit ihren Kindern Grace und Herman die einzigen Bürger nichtweißer Hautfarbe. Zuerst glaubte ich, eine rassistische Attitüde gegenüber ihresgleichen zu bemerken. Dann ging mir auf, daß es ihr Klassenbewußtsein war, das sie von Chinatown entfernte. Als sie mir stäbchenklappernd beim Dinner die köstlichsten Bissen vorlegten und das Leben besprachen, das sie in Amerika führten, begriff ich, daß sie nicht verloren hatten, was ich in mir manchmal zu erlauschen suchte: »Chineseness« – ihre chinesische Identität. Stella gehörte in Seattle einer chinesischen Laientheatergruppe an, die Peking-Opern aufführte. Und ihren Paß aus Taiwan hatte sie in jener Zeit noch nicht gegen den amerikanischen getauscht, anders hätte sie das Gefühl gehabt, wie sie sagte, ein Stück Heimat zu verlieren.

Damals war Stella dreiundvierzig. Sie war (und ist) eine attraktive Frau. Bei meinem ersten Besuch trug sie ihre schimmernden schwarzen Haare hochgesteckt. Ihre Kleidung war auf gewählte Art amerikanisch, mit fast unauffälligen chinesischen Attributen. Am zweiten Tag, der auch mein Abreisetag war, nahmen Stella und ich den Lunch in einem chinesischen Restaurant, das »Jangtse« hieß und an dem ihr früher ein Teil gehört hatte. Beim Essen erzählte sie mir von ihrer Prinzessinnenkindheit in Peking, vom roten Palast ihres reichen Großvaters, von den vierzig Bediensteten, über die er gebot, und den drei Dienerinnen, die ihr dienstpflichtig waren. Obwohl sie sich dabei erregte, hob sich ihre Stimme nicht, sondern wurde dunkel und funkelnd und träumerisch, und in meiner Vorstellungswelt wurde Stella, raschelnd in glänzender Seide, zu so etwas wie einer kaiserlichen Hofdame. Dann jedoch gab sie mir ein Beispiel für chinesischen Pragmatismus: Sie ließ die Reste unseres Mahles in einen »doggy bag« schaufeln und steckte ihn in ihre geräumige Handtasche. »Für Herman«, erklärte sie nüchtern, »so hat er was, wenn er aus der Schule kommt.« Die Hofdame schrumpfte zur nützlich denkenden Mutter, und in mir war ein Gefühl des Erwachens. Dann chauffierte Stella mich zum Bus. Ich fuhr nach Vancouver, um von dort nach Frankfurt zu fliegen. Erst im Flugzeug fiel mir auf, daß Stella mir keine Frage gestellt hatte. Wir waren beinahe zwanzig Stunden zusammen gewesen, hinter mir lag ein halbes Leben, ich war der ins Licht getretene, unbekannte Bruder, und sie hatte nicht gefragt, wer ich war, wie ich lebte, ob es jemand gab, den ich liebte.

Im Sommer 1976 machte ich eine Reportage über den Colorado. Sie erschien im dritten Heft von GEO. Die Recherchereise führte mich im Leihauto über das Gebirge und am Fluß entlang, im gemieteten Flugzeug durch den Grand Canyon, auf dem Floß aus Neopren-Schläuchen die Stromschnellen hinab, und am Ende nach Mexiko. In Yuma an der mexikanischen Grenze rief ich meinen Bruder Potter in Los Angeles an und fragte ihn, ob mein Besuch ihm genehm wäre. Er sagte ja, und ich flog nach Los Angeles. Potter holte mich vom Flughafen ab und fuhr mit mir nach Pacific Palisades, wo er mit seiner Frau Diana und den Söhnen Steven und Tommy ein dreistöckiges Giebelhaus bewohnte, das Stellas Anwesen in Bellevue hinsichtlich Geräumigkeit und Komfort nicht nachstand. Der über dem Sunset Boulevard gelegene Wohnbezirk machte mich ehrfürchtig. Denn Pacific Palisades war in Nazizeiten das Exil Thomas Manns gewesen. Potter, zweiundvierzig Jahre alt, lehrte als Professor für Biostatistik an der UCLA (University of California in Los Angeles). Er gab sich kumpelhaft aufgeräumt, ließ keine Befangenheit aufkommen. Seine treffliche Frau Diana war die Tochter eines Guomindang-Generals, der sich, als der Bürgerkrieg zu Ende ging, statt nach Taiwan ins entlegene Brasilien abgesetzt hatte. Daß Potter sich von dieser Frau lossagen würde, hätte ich mir damals nicht vorstellen können. Doch in den achtziger Jahren ließ er sich von ihr scheiden.

Ich wohnte eine knappe Woche in Potters Haus. Die Colorado-Recherche war noch nicht ganz fertig, ich beendete sie von dort aus. Ich brauchte Archivmaterial zum Thema, und Potter begleitete mich in die Bibliothek seiner Uni, zu den Archiven der *Los Angeles Times* und des *Herald Examiner,* und zu Mittag aßen wir mit einer seiner Studentinnen in einem Speisehaus auf dem Campus. Am dritten Tag flog ich nach El Centro im Imperial Valley und sprach mit den unterbezahlten Mexikanern, die illegal in den Gemüsefeldern arbeiteten, interviewte auch einen tapferen jüdischen Arzt, der die Wanderarbeiter kostenlos behandelte, sie zum Streik aufwiegelte und von weißen Gangs bedroht wurde, und am Abend flog ich zu Diana und Potter zurück, die mir in Chinatown ein opulentes Dinner spendierten.

Ich glaube, es war in dieser Nacht, daß ich vom Rassismus der Chinesen erfuhr: Seit Kennedys Präsidentschaft mußten weiße Kinder, wenn sie eine staatliche Schule besuchten, zusammen mit schwarzen Kindern unterrichtet werden. Das war Gesetz. Viele weiße Eltern, die es sich leisten konnten, schickten ihre Kinder deshalb auf private Schulen, die schwarzen Kindern verschlossen waren. Als Diana und Potter davon sprachen, äußerte ich mein Unverständnis. Potter sah mich verständnislos an und lächelte. Schließlich sagte er: »Wir tun das auch. Wir wollen auch nicht, daß Steven und Tommy mit Schwarzen auf einer Schulbank sitzen.« Ich setzte spontan zu einer Entgegnung an und sagte: »Aber …« Dann schwieg ich. Daß auch sie *coloured* sind, daß auch ich es bin, selbst wenn man es mir nicht ansieht, hatte ich sagen wollen. Doch ich schluckte es herunter, es hätte sie verletzen können. Ich wechselte das Thema und fragte, wie es unserer Schwester Anna geht.

Anna war mit ihrem Mann, einem von der nationalchinesischen Luftwaffe abgemusterten Jetpiloten, 1967 in die USA eingewandert. Ihr Mann hatte bei einem tragischen Unglücksfall in Amerika sein Leben gelassen. Auch Anna lebte in Los Angeles, allein jetzt: mit vier Kindern. Als ich 1976 bei Potter war, habe ich sie nicht getroffen. Irgendwie ergab es sich nicht, vielleicht weil sie um ihren Mann trauerte und mich in ihrem

Schmerz nicht treffen mochte. Ich hatte sie auch in Taiwan nur kurz gesehen, und ich sah sie erst 1994 wieder. Wie sie es geschafft hatte, allein ihre vier Kinder durchzubringen und allen ein Studium zu ermöglichen – das war nichts, wovon zu reden sie bemüßigt war. Daß ihr Sohn Thomas zweimal promoviert hat und Forscher wurde, daß er und ihre Töchter Nancy und Jaqueline in Harvard studiert haben, daß Judy, ihre Älteste, Dozentin an der University of Long Beach ist – sie brüstete sich nicht damit. Anna ist Christin, demütig, aber nicht schüchtern. Ich fühlte ihre ruhige Kraft, wenn sie schwieg, sich in sich selbst zurückzog, und ich dachte, diese Kraft ist chinesisch.

Wie chinesisch ist die meine? Es gibt einen den Chinesen (oder den Deutschen) eigentümlichen Charakter, Herder und Hegel sprachen vom »Volksgeist«. Was sagt mir die Anthropologie, die eine Geschichte menschlicher Selbstdeutung ist? Amerikanische Ethnologen prägten den Begriff *basic personality type,* die »Modalpersönlichkeit«, die in einem Volk so häufig zu finden ist, daß sie für dessen charakterliche Eigenschaften als typisch gelten kann. Chinesisch ist die Anpassungsfähigkeit. Die habe ich an meinen nach Amerika ausgewanderten Geschwistern bewundern können. Annas flüsternde Kraft sprach aus jedem von ihnen: Stella, Potter, Paula, Anna, Allen – in dieser Reihenfolge waren sie ausgewandert. Amerika hatte sie gelockt, das Land war ihnen fremd gewesen. Es hatte ihnen keine vertrauten Bilder geboten, keine Lebensbeispiele, an denen sie ihre anfangs beirrten Seelen hätten aufrichten können, und Chinatown war nicht das Elysium, von dem sie geträumt hatten. Doch sie hatten sich eingefügt, hatten sich durchgesetzt, waren Amerikaner geworden und hatten Erfolg gehabt. Ihre Kinder gehörten in jeder Schule stets zu den allerbesten Schülern. Die Fähigkeit zur Anpassung an eine fremde Umwelt, schrieb Darwin, sei die Fähigkeit zum Überleben. Ich glaube, dieses Potential ist wenigen Völkern so verläßlich gegeben wie dem chinesischen. Doch die chinesische Modalpersönlichkeit war meinen chinesischen Geschwistern von einer Umwelt eingegraben, die nicht die meine war. Zu der Frage, ob auch der Fluß der Gene sie gebiert, habe ich keine Quellen. Und so prüfte ich mich an meinen Geschwistern.

Allen war 1974 nach Los Angeles gekommen. Seinen gewichtigen taiwanischen Posten hatte er seinen beiden Söhnen Enson und Hanson geopfert. Sie sollten eine solidere Ausbildung erfahren und einen aussichtsreicheren Start ins Leben haben, als Taiwan ihn geboten hätte. In Seattle hatte Allen mit einem chinesischen Restaurant Pleite gemacht und alles Geld verloren. Nun, in Los Angeles, begann er von neuem. Am Community College studierte er Elektronik. Seine Frau Jenny verdiente den Unterhalt ihrer Familie als Graphikerin. Später bekam Allen bei Hughes Electronics einen Job. Taipei überwies ihm eine kleine Pension. Unter Entbehrungen kamen sie voran, und die Söhne erfüllten ihre Erwartungen, sie promovierten.

Jenny und Allen erwarben das Haus in Los Alamitos, einem von einfachen Amerikanern bewohnten Gartenviertel im Süden von Los Angeles. Damals jedoch, während meines ersten Besuches bei Potter, bewohnten sie inmitten farbiger, vielfach unerwünschter Zuwanderer in einem slumähnlichen Stadtrevier ein Obdach, das wenig mehr als eine Hütte war. Damals blieb ich bloß eine Stunde. Allen war zu jener Zeit dreiundfünfzig. Ich trank eine Tasse Tee mit ihm, sprach Belangloses, und diesmal war ich es, der sich des Fragens enthielt. Denn ich fühlte, daß er sich seiner Lebensumstände schämte. Meiner Erinnerung haben sich seine Söhne eingeprägt, wie sie vor der Hüttentür saßen und kaum den Kopf hoben, denn sie mochten sich von ihrem Bücherstudium nicht ablenken lassen. Sie waren sechzehn und fünfzehn Jahre alt. Ihr vom Vater und ihrem eigenen Willen angestoßener Lerneifer sprang ihnen aus den verstörten Blicken, mit denen sie mich musterten.

Ich dachte an unsere Schwester Paula, die anfangs auch nach Amerika gegangen war. Ende 1966, kurz nach meiner Rückkehr aus Taiwan, war sie zu mir nach Köln gekommen und geblieben. Sie beherrschte zwei chinesische Sprachen, natürlich Englisch, und das Französische sprach sie so gut, daß sie es an der Pariser Sorbonne unterrichtet hatte. Nun, am Goethe-Institut, lernte sie Deutsch. Sie lernte so schnell, daß sie Preise als Klassenbeste gewann und jedes zweite Trimester überspringen durfte. Sie wohnte zwei Monate bei mir in meinem Apartment im feinen Viertel Marienburg. Der Hauseigentümer war ein protestantischer Pfarrer. Er bewohnte das Erdgeschoß, ich die Dachwohnung, ein Kaufmann die Beletage. Der Pfarrer war von Paula entzückt. Doch eines Tages bat er mich zu sich und eröffnete mir betreten, Paula müsse ausziehen, denn der Kaufmann wolle mit einer Asiatin nicht unter demselben Dach leben. »Verstehen Sie bitte«, sagte er, »der Mann bezahlt mir eine höhere Miete, als er müßte. Doch er will in diesem Haus nur seinesgleichen begegnen. Ich fürchte, er wird ausziehen, und ich verliere seine Miete.« Hätte ich Jesu Bergpredigt im Kopf gehabt, dann hätte ich Matthäus 7, Vers 15 zitiert: »Sehet euch vor den falschen Propheten vor, die in Schafskleidern zu euch kommen, inwendig aber sind sie reißende Wölfe.« Da mir der Vers nicht einfiel, antwortete ich bloß: »Die Entscheidung obliegt meiner Schwester.« Dann erlebte ich, wie Paula sie traf: Von des Kaufmanns Rassismus ersichtlich unberührt oder den empfundenen Tort hinter einem stoischen Lächeln verbergend, sagte sie: »Laß es gut sein, ich ziehe aus.« Ich dachte: Aha! Das ist chinesisch! Später fragte ich Potter, ob Paulas verhaltene Gefügigkeit chinesisch war. Er wußte es nicht. Warum sollte er sich darüber den Kopf zerbrechen? Als er mich zum Flugplatz fuhr, entschlüpfte ihm eine Bemerkung, die ihm als chinesisch sicherlich auch nicht aufging, mir aber so erschien: »Wäre Vater nicht so korrekt gewesen, könnten wir alle Millionäre sein.«

Einen Chinesen, der nicht korrekt und darum Millionär war, besuchte ich in São Paulo: Dianas Vater. Ich kam aus dem

Amazonas-Urwald. Der Fotograf René Burri und ich waren bei den »Garimpeiros« gewesen, Goldwäschern, denen nie so viel Goldstaub in der Pfanne blieb, daß sie der Hölle und den Parasiten – Moskitos und Minenbossen – je hätten entkommen können. São Paulo lag nicht an meinem Weg, doch Diana hatte ihrem Vater meinen Besuch avisiert, und ich fuhr hin. Ich war neugierig auf ihn. In Dianas Bericht war er mir als chinesischster der Chinesen sichtbar geworden, nämlich als ein Ehrloser, der zuinnerst ein Ehrenmann war. In Chiang Kai-sheks marodem Feldhaufen war er als Zweisternegeneral Quartiermeister der Kavallerie gewesen, verantwortlich also für Logistik und Versorgung. Er kaufte ein, was die Truppe brauchte: Bewaffnung, Sättel, Zaumzeug, Verpflegung für Pferde und Reiter. Nur ein chinesischer Kaspar Hauser wäre auf diesem Posten nicht reich geworden. Dianas Vater aber wurde Dollarmillionär, und am Ende des Bürgerkrieges drohte ihm der Galgen. Darum floh er nicht nach Taiwan, sondern nach Brasilien.

In São Paulo kaufte er für sich, sein Weib, für acht Kinder, die er aus zwei Ehen hatte, und für eine vielköpfige Dienerschaft eine herrschaftliche Villa und im Binnentiefland eine Kaffeeplantage. Als sich die Investition nicht auszahlte, ließ er seine Ländereien mit Maulbeerbäumen bepflanzen und widmete sich der Seidenraupenzucht. Doch er war im Geschäftlichen nicht geübt; als Einkäufer hatte er zwar gelernt, um Schmiergeld-Kommissionen zu feilschen, doch als Grundherr vermochte er nicht zu reüssieren. An der Seidenspinnerei verlor er sein Kapital. Er hatte sich Kredite aufgebürdet und konnte sie nicht zurückzahlen. Bis hierhin war an seiner Geschichte nur die Korruption chinesisch, das übrige indes von weltweiter Landläufigkeit. Dann aber wurde seine Biographie so bildhaft chinesisch, daß man meinen könnte, Chinas berühmter Schriftsteller Lu Xun hätte sie aufgeschrieben: Dianas Vater sah sich vor der Frage, ob er seine prächtige Villa in São Paulo verkaufen und seine Schulden bezahlen sollte oder ob es richtiger und komfortabler wäre, die Villa zu behalten, Konkurs anzumelden und die Gläubiger zu narren. Seine Frau fiel vor ihm auf die Knie und rang ihre Hände, er möge sich doch für das letztere erwärmen. Sie liebte das Haus, und nach ihr mochte ohnehin die Sintflut kommen. Doch ihr Mann, der korrupte General, entschied sich für die ehrbare Alternative. Er verkaufte den Besitz, zahlte seine Schulden und mietete ein ärmliches Domizil. Fortan schlug er sich als Hausierer durch. Wenn ich mich recht erinnere, bot er in den bürgerlichen Wohnvierteln São Paulos Billigwaren aus Hongkong feil. Seiner Frau sagte er: »Wenn ich unseren Kindern sonst nichts hinterlassen kann, dann wenigstens meinen ehrlichen Namen.«

Stolz fuhr er mit mir zu zweien seiner Söhne, zuerst zu dem ältesten, einem in Brasilien berühmten Kardiologen, dann zu dem zweitältesten, der als Facharzt für Pädiatrie einem kindertoxikologischen Institut vorstand, eines von zweien, die es gibt in der Welt. Das alte Schlitzohr hatte all seinen Kindern, unter ihnen Diana, zu einer soliden Ausbildung verholfen, sein »guter Name« mag ihm dabei geholfen haben. Seine »Chineseness« wurde mir noch einmal deutlich, als die Söhne mir erzählten, ihr Vater habe ihnen gegrollt, weil sie weiße Brasilianerinnen geheiratet hatten. Auch als diese Frauen ihm die ersehnten Enkel gebärten, blieb er ihnen fern. Doch das hielt er nur zwei Jahre durch. Dann zog es ihn mit Macht zu seinen Kindeskindern. Ich durfte sehen, wie er den Nachwuchs des Kardiologen auf den Schoß hob und umfing, ein Mädchen, zwei Knaben. Der Schnitt ihrer Gesichter ist kaum chinesisch, ein Uneingeweihter würde sie für Portugiesen halten. Aber auch das hatte der General, falls er es überhaupt bemerkte, seinem Sohn verziehen.

*

Und dann, am 22. September 1979, war ich fünfzig. Als ich an diesem Tag in meiner Hamburger Wohnung zum Fenster hinaussah, erblickte ich eine junge Frau mit zitronengelb gefärbten, streifig geschorenen Haaren, großen mascaraumschwärzten Augen und krapprot bemalten Lippen. Ich sah zum erstenmal eine Punkfrau. Dem sterilen Deutschland erwuchs soeben eine Subkultur unangepaßter Jugendlicher. Sie wollte schockieren, auch mich, doch ich dachte: What a wonderful world. 1979 – das war das Jahr, in dem biedere Bürger zum erstenmal mit rebellischen Naturschützern gegen das nukleare Entsorgungszentrum Gorleben demonstrierten. Es war die Zeit, in der die Grünen eine Partei wurden, in der deutsche Schwule unkeusche Männerbünde bildeten und frivole Demos veranstalteten, in der deutsche Frauenrechtlerinnen eine weibliche Gegenkultur schufen, in der Bürgerinitiativen verurteilten Strafgefangenen Kuchen in den Knast brachten, in der meine Kinder ihre Studienräte duzten. Das letztere billigte ich nicht, aber auch des Unbilligen wegen erschien mir die Bundesrepublik nun bewohnbar. Die Achtundsechziger hatten ihre Ziele verfehlt, dem Obrigkeitsstaat indes das Rückgrat gebrochen, denn sie hatten das Klima erzeugt, in dem der Untertan sich zunehmend als Souverän erkannte. Deutschland war mir jetzt ein leidlicher Aufenthalt. Und wenn ich es von außen sah, empfand ich manchmal einen schüchternen Stolz.

In New York lebte ich damals einige Wochen bei einer amerikanischen Jüdin, und wir betrachteten uns als verlobt. Sie hieß Sara, war zehn Jahre jünger und arbeitete selbständig als Modedesignerin. Ich hatte sie in der indischen Rajputenstadt Jaipur kennengelernt, als ich die Maharani Gayatri Devi, eine Feindin Indira Ghandis, für den *Stern* interviewte. Sara hatte ein buntes indisches Kleid getragen, und ich hatte sie für eine dieser Frauen gehalten, die in hippiesker Manier ziellos die Welt durchstreifen. Erst jetzt, in ihrem eleganten Apartment an der Upper East Side Manhattans, sagte sie mir, daß sie Jüdin war. In diesem Augenblick wurde alles anders, denn nun mußte ich als Deutscher hervortreten. Die Leichtigkeit von Jaipur, die unbeschwerte Gleichmütigkeit gegen die Zeit, die uns zusammengeführt hatte, war dahin. Tagsüber war Sara in ihrem Geschäft, während ich an ihrem langen Eßtisch saß und eine Geschichte schrieb, die ich recherchiert hatte. Ihre gutmütige schwarze Haushälterin servierte mir Kaffee und Gebäck, und ich war mit mir im reinen. Doch wenn Sara abends nach Hause kam und die Haushälterin ging, wurde die Luft schwer, denn dann war Sara die Jüdin, und ich war der Deutsche. Es gelang uns nie, den Holocaust aus unseren Gesprächen herauszuhalten. Sara verkörperte einen Frauentyp, dem ich nur im jüdischen New York begegnet bin: sprachlich geschliffen, geistreich, blitzschnell in der Stellungnahme zu allen Fragen, selbstironisch, schwelgerisch im erotischen Witz, üppig gereift wie eine Orientalin, mit immerfeuchten Netzhäuten, auf denen ein sprungbereiter Humor funkelte. So blieb sie auch, wenn wir den Holocaust besprachen. Sie verfiel nicht über dem Thema, sie war ohne Larmoyanz. Sara erzählte mir von amerikanischen Antisemiten, nicht allein, um einen Teil meiner Bürde jenen aufzuladen, sondern weil es sie gibt. Sie hielt das damalige Amerika mit dem Deutschland von 1933 für vergleichbar und sagte: »Deshalb brauchen wir Juden Israel.«

Mich erachtete sie als Ausnahmedeutschen, doch das machte mir meine Rolle noch schwerer. Ich wollte von ihr als Deutscher erkannt werden, um der vielen Ausnahmedeutschen willen, die meine Freunde und Kollegen waren. Ich wollte den Chinesenbonus nicht. Ich konnte den Antisemitismus und den Holocaust oder die anderen Verbrechen der Deutschen nur als Deutscher diskutieren. Ich bestritt ihre Untaten nicht, natürlich nicht. Aber ich erzählte Sara von dem gewandelten Land, von der Widersetzlichkeit der Jungen gegen die Unbelehrbarkeiten der Alten und von den Juden, die wieder in Deutschland leben. Das war unser Liebesgeflüster, wenn von der Fifth Avenue die

Polizeisirenen zu uns heraufheulten und ich ein Deutscher war, der nach der Liebe den Schlaf nicht fand.

Als Sara mir die Worte einer New Yorker Jüdin wiedergab, die mir den Chinesenbonus verweigerte, war ich fast erleichtert. Sara sagte: »Sie ist eine litauische Jüdin. Ich habe ihr von dir erzählt. Ich sagte ihr, daß du ein halber Chinese und ein wunderbarer Mann bist, und ich fragte sie, ob sie mit einem Deutschen, der ein halber Chinese und ein wunderbarer Mann ist, essen gehen würde. Weißt du, was sie mir geantwortet hat? ›Nein! Niemals!‹ Und sie sagte: ›Meine Tochter würde mit mir schimpfen, könnte sie mich hören. Aber ich kann nicht vergessen, daß die Deutschen meine Eltern, meine Geschwister ermordet, daß sie meine ganze Familie ausgerottet haben. Meine Tochter würde sagen, daß ich ungerecht bin, weil nicht jeder Deutsche ein Mörder ist. Ich selbst habe ihr von den Deutschen erzählt, die uns in Litauen damals verstohlen ein Brot durch den Lagerzaun gesteckt haben. Sie haben ihr Leben für uns riskiert. Und trotzdem ... Ich könnte mit einem Menschen dieses Volkes nicht ausgehen wie mit irgendeinem Amerikaner, auch nicht, wenn er nur ein halber Deutscher und – okay – ein wundervoller Mann ist.‹ Meine Freundin gab mir eine Massage, als sie das sagte. Dann schwiegen wir beide, und sie ließ ihre Hand auf meinem Rücken und wischte sich mit der anderen Hand die Augen. Ich sah es nicht, ich wußte es.«

Kurz darauf gab Sara für mich in ihrer Wohnung eine Party. Sie lud sechzig Freunde ein. Ich bat ein paar Kollegen hinzu, die in den New Yorker Büros deutscher Blätter arbeiteten. Die anderen Gäste waren ausnahmslos Juden. Beinahe jeder suchte an diesem Abend das Gespräch mit mir. Und jeder war aufs liebenswürdigste bemüht, mich und wohl ebenso sich selbst vergessen zu machen, was zwischen uns stand. Das war schwieriger, als mit Sara in offener Zwiesprache über Neonazis zu reden. Wer nicht erlebt hat, wie eine empfundene Anklage um seinethalben höflich, aber herzbebend beschwiegen wird, kann schwerlich die Scham ermessen, die mich innerlich erglühen ließ. Deutscher sein, das ist mein Schicksal. Und wenn es nicht die Heimatliebe ist, dann ist es die Scham, die mich an das schöne, verhängnisvolle Land bindet, das mich geboren hat.

*

1978, zwölf Jahre nach meinem ersten Besuch, war ich wieder in Taiwan, diesmal als GEO-Reporter. Ich war mit einer Reportage über das Land beauftragt, das in Ansehung seiner wirtschaftlichen Erfolge zu den »vier kleinen Tigern« Asiens zählte. Zwölf Jahre waren vergangen – und wenig war wie damals. Taipei hatte jetzt eine Skyline. Auch in Vaters einst beschaulichem Viertel am Tamsui-Fluß ragten himmelstürmende Apartmenthäuser auf. Zwischen ihnen wirkte seine ebenerdige japanische Wohnstätte, die sich gegen das Betonwuchern behaupten konnte, wie eine schrullige Widersetzlichkeit. Noch stand der gelbe Brotbaum hinter der Gartentür, dessen fleischige Blätter, hatte die Sonne sie gedörrt, wie Holzplanken auf den Kiesweg stürzten. Die Gartentür aber war zum Tor geworden, gesichert mit Rufanlage und Zylinderschlössern. Die Mauer war hochgemauert, das Haus verriet sich zur Straße hin nur noch durch seine blaßroten Dachziegel. Taiwan war reich geworden, doch der Wohlstand stimulierte das Verbrechen.

Dieses Mal blieb ich nur zwei Nächte in Vaters Haus. Wie meistens auf Reportagereisen begleitete mich ein Fotograf, und ihn alleine im Hotel wohnen zu lassen wäre nicht kollegial und auch nicht praktisch gewesen. Doch ich war oft bei Vater. Er war hinfällig, achtundsiebzig nun, seine Augen waren zweimal operiert worden, doch er lehrte noch, jetzt an einer privaten Hochschule. Ein Student trug ihm die Tasche, wenn er zur Uni ging oder von ihr kam. Helen kam diesmal selten ins Haus. Wenn ich sie traf, sah sie mich kühl, fast prüfend an, doch sie hatte keine Fragen mehr an mich. Sie war von den Geschwistern die einzige, die in Taiwan geblieben war.

Am zweiten Abend lud Vater mich mit Julia, Helen und ihrem Mann Kuangyü (sie waren kinderlos geblieben) im Schanghai-Restaurant »Tau Tau« zum Dinner ein. Der Taxifahrer sprach englisch. Er sagte: »Wir haben immer mehr Geld und immer mehr Kriminalität und immer weniger Kultur.« So war das Restaurant mit seinem glänzenden Parkett und den verspiegelten Wänden wohl ein Exempel für die dem Land verbliebene Kultur: Im Vestibül, auf einem von edelhölzernen Drachenfüßen getragenen Rauchglastisch, war das üppigste Blütengesteck arrangiert, das ich je gesehen hatte. Auf den blaßblau gedeckten Tischen standen Orangenblüten, Papageienblumen, rote Nelken und gelbe Rosen, und die Kellnerinnen trugen blaue Spencer zu hellgrauen Röcken. Aus Silberkörben reichten sie heiße Tücher. Das *amuse gueule* bestand aus eingelegten, vorgedünsteten Saubohnen, hauchdünnen, marinierten Rettichscheiben und getrocknetem Tofu. Die Klimaanlage bannte die Oktoberhitze. Nicht ohne Wehmut dachte ich an damals, als die Hitze durch offene Restauranttüren kahle Wände schwitzen ließ. Ich vermißte die Pedicabs. Ich hatte schon das Viertonfalsett des Lumpensammlers entbehrt, der mich dem Morgenschlaf einst entrissen und mir gesungen hatte: Hier bist du zu Hause.

Vater hatte als ehemaliger Regierungsberater am taiwanischen Wirtschaftswunder einen respektablen Anteil und war stolz auf das Erreichte. Taiwan habe eine Währungsreserve von sechseinhalb Milliarden Dollar, sagte er jetzt, und die Verteilung des Volkseinkommens sei ausgeglichener als in Japan und den USA. Er orderte Haifischflossen in Austernsoße, gedünstete Nacktkiemerschnecken, gebratenes Langustenfleisch, gekochten Fischkopf in brauner Soße und Gebäck aus roten Bohnen mit Mandelsplittern. Um uns herum wurde es laut. Die Gäste, meist wohl Geschäftsleute mit ihren Frauen oder Konkubinen, waren wie aus dem Mode-Journal gekleidet. Sie tranken keinen

Gaoliang, sondern französischen Cognac V.S.O.P. Das alte Taiwan war mir chinesischer erschienen. Das neue gefiel sich in den Posen des Parvenues. Ich hatte mir nicht vorstellen können, daß Chinesen protzen. Doch vor der Tür parkte eine Mercedes-Limousine mit goldenen Nummernschildern. Ich sagte mir: Dies ist die Prunkseite der Medaille, nun finde die Rückseite. Chiang Kai-shek war im Alter von fünfundachtzig Jahren 1975 gestorben. Man hatte ihn in der Sun-Yat-sen-Gedenkhalle aufgebahrt. Drei Millionen waren gekommen, um seinen Leichnam zu sehen. Dreißig Tage hingen die Flaggen auf halbmast. Theater, Tanzbars und Kinos blieben zwei Wochen geschlossen, und das Fernsehen blendete die Farbe aus und sendete schwarzweiß. Zum Nachfolger im Amt des Staatspräsidenten wurde der Mann bestimmt, der meinen Vater dreieinhalb Jahrzehnte zuvor als Finanzminister in Fujian abgelöst hatte: Yan Jiagan. Der war, wie Allen ihn mir beschrieb, ölig wie Fischtran, einer, der keine Feinde hatte. Als Vater 1986 starb, erschien Yan Jiagan, obwohl er in Fujian an Vaters Stuhl gesägt hatte, auf der Trauerfeier und drückte Allen mit ergriffener Miene die Hand. Yan Jiagan war ein Übergangspräsident, dazu ausersehen, der Nachfolge das Odium des Dynastischen zu nehmen. Im März 1978, ein halbes Jahr bevor ich auf die Insel kam, setzte sich Chiang Kai-sheks älterer Sohn Chiang Chingkuo auf den Präsidentenstuhl und übernahm den Parteivorsitz. Er gab mir im Präsidentenpalast ein Interview.

Chiang Ching-kuo, 1910 geboren, war das einzige Kind aus des Gimos erster, arrangierter Ehe. Als Schüler einer Schanghaier Schule war er ein Linker geworden. Damals war er während einer antiimperialistischen Demonstration verhaftet worden. Später hatte er, denn das war sein glühendster Wunsch gewesen, in Moskau studiert. Dort war er dem Komsomol beigetreten, Stalins kommunistischer Jugendorganisation. Nachdem sein Vater das berüchtigte Massaker von Schanghai angerichtet hatte, schrieb der empörte Sohn an eine sowjetische Zeitung:

»Chiang Kai-shek ... ist mein Feind geworden. Vor einigen Tagen ist er als Revolutionär gestorben und als Konterrevolutionär auferstanden. Er hat schöne Worte über die Revolution gemacht, doch bei passender Gelegenheit verriet er sie. Nieder mit Chiang Kai-shek! Nieder mit dem Verräter!«

Doch wie die Dinge in China nun einmal gehen, saß der einstige Komsomol jetzt im Sessel seines väterlichen Feindes, ich neben ihm und zwischen uns sein Dolmetscher. Chiang Ching-kuo hatte sich damals bald besonnen und in der Guomindang Karriere gemacht. Er glich aufs Haar den soignierten Gentlemen, die ich im Restaurant »Tau Tau« gesehen hatte: klein von Wuchs, etwas dicklich, kurzsichtig, höchst liebenswürdig, geradezu harmlos. Der Einparteienstaat, den er beherrschte, hatte Federn lassen müssen. Erstmals 1972 – und 1977 abermals – hatten unabhängige Bewerber für den Provinziallandtag in Taichung und für einige Bürgermeisterämter kandidieren dürfen. 1977 hatten sie der Guomindang in vier kreisfreien Städten jede zweite Stimme abgenommen. Dennoch kam das Gerücht auf, die Guomindang habe die Wahlergebnisse gefälscht. In Zhongli gingen die Menschen auf die Straße, stürmten das Polizeibüro und setzten Polizeiautos in Brand. Mir war nicht gestattet, den Präsidenten auf den peinlichen Vorfall anzusprechen. Ich hatte dem Regierungsinformationsamt meine Fragen schriftlich vorlegen müssen. Diese – und einige andere Fragen – hatten die Meinungswächter von der Liste gestrichen. Sie dennoch zu stellen wagte ich nicht, die Diktatur hätte sich an Vater rächen können. Also fragte ich nur nach der Zukunft der Demokratie in Taiwan. Chiang Ching-kuo neigte sich mir mit einem großen Lächeln zu und erwiderte: »Meine Regierung wird fortfahren, die konstitutionellen demokratischen Rechte durchzusetzen.« Gegen wen? Ich verschluckte auch diese Frage.

Am Nachmittag des gleichen Tages interviewte ich den Taiwan-Chinesen Chen Inn Tsen, einen Schriftsteller. Seine Werke setzte die Zensur auf den Index, also wurden sie nicht veröffentlicht. Chen Inn Tsen war damals einundvierzig, ein großer, athletisch gewachsener Mann mit einem mongolisch flächigen, offenen Gesicht. Meine anfängliche Warnung, er möge seine Worte sorgfältig bedenken, denn ich könnte sie in meiner Reportage zitieren, und das könnte ihm unter diesem Regime gefährlich werden, beantwortete er mit einem breiten Lachen. Er berichtete ohne Umschweife von den Umständen seiner Verhaftung: »Ich kannte ein paar Japaner in der japanischen Botschaft in Taipei. Sie bereiteten den Umzug ihrer Botschaft nach Peking vor. Deshalb hatten sie Bücher aus Rotchina, keine Propaganda, nur Akademisches. Sie gaben sie mir, ich las sie wie verrückt. Und ich sah, daß dieser Teil Chinas nicht entfernt so war, wie ich gedacht hatte. Wie hatte ich nur so ignorant sein können? Ich konnte mich nicht beherrschen und sprach darüber mit engen Freunden. Wir wurden alle zu zehn Jahren verurteilt. Nach sieben Jahren im Straflager auf Green Island, einem Eiland, das fern der Südwestküste Taiwans im Pazifik liegt, kam ich frei. Doch die Geheimpolizei überwacht mich. Und ich werde nicht gedruckt.«

Was von dieser Geheimpolizei zu halten war, sagte mir in Shilin, einem Vorort von Taipei, ein taiwanchinesischer Industriearbeiter. Ich hatte ihn gefragt, ob er sich gegen die Regierung auflehnen würde, wenn sie ihm unzuträglich erschiene. »Nie!« hatte er ausgerufen. »Niemals! Wir haben eine hervorragende Geheimpolizei. Sie würde das sofort erfahren. Sie ist wundervoll. Jeder in Taiwan würde ihr gern angehören.« Ein junger Taiwanchinese übersetzte mir seine Worte: Jerome. Als ich für die Recherchen einen Dolmetscher gesucht hatte, war ich nicht zum Regierungsinformationsamt gegangen, denn es hätte mir, nebst Gratisauto, einen parteikonformen Mann gestellt. Ich hatte ohne Staatshilfe Jerome gefunden. Er war angestellter Buchhändler, grüblerisch, ernst, er sprach englisch und dachte kritisch. Mit ihm war ich in Taiwan herumgereist, er hatte meine Fragen den Bauern und Arbeitern gestellt, und durch ihn war ich auf Chen Inn Tsen gestoßen, von dem ich nichts gewußt hatte. Und nun, in Shilin, übersetzte er mir, was der Arbeiter über den Vizepräsidenten sagte. Der war, wie er, wie Jerome, in Taiwan geboren. Er war der Alibi-Taiwanese im Kabinett, dem sonst nur Festländer angehörten »Wir Taiwanesen mögen ihn nicht«, sagte der Befragte, »denn er dient den Chinesen vom Festland.«

Dreihundert Jahre länger als die Festlandflüchtigen leben die Taiwanesen auf der Insel, die von den portugiesischen Entdeckern »Ilha Formosa« genannt worden war: Schöne Insel. Sie waren Hakka und Hokkien aus dem Süden Chinas. Im siebzehnten Jahrhundert waren sie vor den Mandschus geflohen, als die den Kaiserthron der Ming usurpierten und über China die letzte Dynastie aufrichteten. Sie hatten die malayisch-polynesischen Ureinwohner in die Berge getrieben und das Land besiedelt. Ebenso wie die Flüchtlinge sind Taiwanesen Han-Chinesen, somit vom gleichen Stamm. Doch seit meines Vaters einstiger Regierungschef Chen Yi Taiwanesen abschlachten ließ und sie die Diktatur Chiang Kai-sheks kennengelernt hatten, war zwischen ihnen und den Festländern eine tiefe Kluft aufgerissen. Die Taiwanesen wollten fort von China, sie wollten einen unabhängigen Staat. Die Festlandchinesen, die Mehrheit jedenfalls, propagierten den Anschluß ans Festland. Wie tief diese Kluft war (und immer noch ist), erfuhr ich von Angehörigen meiner Familie aus deren Sicht.

»Die Taiwanesen sind Barbaren.« Mit diesen Worten schokkierte Paula mich, als ich mit ihr, Helen und Kuangyü in des letzteren Limousine 1993 durch Taipei rollte. Verstimmt wandte ich meiner Schwester den Rücken zu und blickte nach draußen. Wir fuhren durch eine monumentale Metropole, die mit taiwanischem Geld von taiwanischen Architekten erbaut worden war. Ich dachte an Chen Inn Tsen, den taiwanischen Schriftsteller, dem Festlandchinesen die Stimme genommen hatten. Paulas Bemerkung fiel mir wieder ein, als ich später die

338

wundervollen Filme sah, die taiwanische Regisseure gedreht hatten. Paulas Sottise war gedankenlos dahingesagt, doch sie war das Grundmuster einer verbreiteten Geisteshaltung. Das hatte mir 1978 schon ein anderer Mund zugetragen.

»Wir verachten die Taiwanesen«, sagte 1978 Amy, die schöne Tochter meines Vetters Lieh Chih, bei einem Abendessen zu zweit. Lieh Chih, der Sohn Fu Chungs, Vaters ältestem Bruder, Lieh Chih, der Vater Ming Hsins, der in Shi Long An der Clanchef war, Lieh Chih, der als Vaters Günstling in Fujian ein hoher Beamter gewesen war, dieser Cousin also, der in Vaters Gegenwart grundsätzlich schwieg, hatte nach seiner Flucht in Taiwan seine zweite Frau geheiratet und von ihr zwei Kinder bekommen: Amy (chinesisch: Shao Lin) und Tsu Hsi, der Lehrer wurde. Amy war dreißig. Mit ihrer bleichen Gesichtsfarbe, ihren hohen Jochbögen, ihren weitstehenden Augen mandelförmigen Zuschnitts und einem vollendeten Amorbogen über zart gewölbten Lippen schien sie mir aus der Art der Changs geschlagen. Anders als die anderen Changs, die darauf weniger Sorgfalt verwendeten, war sie mit sublimem Geschmack gekleidet. Amy war geschieden, was im Urteil chinesischer Männer auch 1978 noch ein Makel war. Wenn ich mit ihr zusammen war, mußte ich oft an Helen denken, die ihre Kinderlosigkeit zu bestehen hatte. Und wie einst für Helen der Bruder, war ich für Amy nun der Onkel aus dem toleranten Westen, der für weibliches Ungemach ein Ohr hatte. In ihren Schicksalsenthüllungen erlauschte ich einen leisen, elementaren Schrei nach einem Mann, doch einem endgültigen.

Und nun dinierten wir im Restaurant »Langes Leben«, eine Walstatt der Völlerei auch das. Mich beeindruckte, wie Amy aß. Auf meiner Seite war die Tischdecke von linkischem Stäbchengetapse erdnußbraun und eiergelb besudelt. Doch ihre Seite war blütenweiß. Drei rote Krebsschalen lagen, akkurat vom Fleisch gelöst, neben ihrem Reisnapf. Sie bändigte die Stäbchen mit ihren schlanken Fingern und fischte wie mit

339

einem Storchenschnabel einen vierten Krebs aus dem Feuertopf. Amy biß ihm, während sie mit der Linken den Porzellanlöffel darunterhielt, mit blanken Zähnen die Kopfbrust ab, wendete sie weit offenen Mundes mit der Spitze ihrer Kinderzunge, lutschte sie aus und ließ sie so appetitlich auf die Tischdecke fallen, daß ich nicht zu denken vermochte, sie hätte sie ausgespuckt. Mit ihren Stäbchen hob sie sich den geköpften Krabbenleib zwischen die Zähne und biß ihm lächelnd, zärtlich fast, das Fleisch aus dem Panzer. Dabei hörte sie mich von Chen Inn Tsen erzählen. Jäh vereiste ihr Lächeln über dem Biß, und durch ihn hindurch zischte sie: »Du hast mit den falschen Chinesen gesprochen. Die Taiwanesen erklären dir nicht die politische Situation Taiwans. Die denken nur ans Geldverdienen. Die Taiwanesen vergessen viel zu gerne, was auch du nicht begreifen willst: Wir sind im Krieg! Wir führen Krieg mit Rotchina.«

Es war das erste Mal, daß wir nicht über Amys Liebesgeschick sprachen. Diesmal beklagte sie die Verachtung nicht, die in den Blicken ihrer Verehrer und den Augenschlitzen ihres Vorgesetzten neben der Anzüglichkeit glomm, weil chinesische Männer in einer geschiedenen Chinesin eine schuldige Chinesin sahen. An diesem Abend glitt unser Geplauder ins Politische. Der starre Konfuzianismus war von der Guomindang konserviert, war insoweit politisch. Doch da zeigte sich, daß Amy, Graduierte der Ökonomie, obwohl die erlittene Ächtung sie empörte und obwohl sie von ihrem künftigen Leben nicht viel mehr erwartete als eine lange, letzte Einsamkeit, eine gehorsame Chinesin geblieben war. Dem just Gesagten fügte sie hinzu: »Ich liebe meine Regierung.« Sie hauchte es auf ihren Löffel. »Aber man kann doch keine Regierung lieben!« rief ich schockiert. Amy jedoch, deren Antlitz hinter den Feuertopfdämpfen zum chinesischen Männertraum verblich, beharrte: »Ich liebe meine Regierung. Und ich liebe China.«

An einem der folgenden Abende war ich zu einer Party der

340

chinesischen Luftwaffe eingeladen. Dort lernte ich den Luftwaffengeneral Chiang Wei-kuo kennen. Er war der andere Sohn Chiang Kai-sheks. Jedoch hatte er mit seinem Bruder, dem Präsidenten, nicht die Mutter gemeinsam. Ihn hatte des Gimos Konkubine Yao Yiching geboren, ein Kindermädchen, das der damals Fünfundzwanzigjährige im Haus einer berühmten Prostituierten kennengelernt hatte. Chiang Wei-kuo war in Sorge, denn die Amerikaner bereiteten den Umzug ihrer Botschaft nach Peking vor. Die offizielle Aufnahme der diplomatischen Beziehungen mit der Volksrepublik sollte erst in zwei Monaten stattfinden, doch sie verweigerten dem General schon jetzt die Lieferung von Kampfflugzeugen der Typen F-4 und F-16. Festländer wie Taiwanesen sahen sich von ihrem Bündnispartner USA hintergangen. Und vom Westen enttäuscht: Das einzige Land Europas, das seine Botschaft in Taipei beließ, war der Vatikan. Ich bat den General um eine Stellungnahme. Da ließ er mich hören, wie ein Chinese sein Gesicht wahrt: »Das Zeitalter diplomatischer Beziehungen geht zu Ende«, sagte er, und da ihn Hitlers Wehrmacht abgerichtet hatte, sagte er es auf deutsch. »Wir sehen das in Taiwan zuerst, doch bald werden wir es in der ganzen Welt erleben.«

Vater schüttelte nur den Kopf, als ich Chiang Wei-kuos Meinung vor ihm wiederholte. Er kommentierte sie nicht. Er sprach auch nicht über die taiwanische Opposition. Daß er ihr heimlich Geld spendete, sollte ich erst später von Allen erfahren. Vater wußte, daß ich nicht als chinesischer Sohn zu ihm gekommen war, sondern als abendländischer Reporter. Die westdeutschen und amerikanischen Medien hatten das Taiwan Chiang Kai-sheks sonderbar nachsichtig, vielfach beifällig beurteilt. Das Regierungsinformationsamt hatte jeden ausländischen Journalisten, der die Insel besuchte, an die Hand genommen, hatte ihm Autos, Fahrer, Dolmetscher zur Verfügung gestellt und ihn das Land durch die Brille sehen lassen, die es ihm aufsetzte. Doch als Bürger Taiwans hatte ich mich dem Regierungsinformationsamt entzogen. Vater wußte das, und er wußte auch, daß ich einen taiwanischen Dolmetscher angeheuert hatte. Er teilte Amys Meinung über die Taiwanesen nicht, doch das gab er nur mit einem Seufzer von sich. Er suchte nicht zu erforschen, was ich über Taiwan und die Politik der Guomindang schreiben würde, das war ihm, vermute ich, ungehört bewußt. Dennoch fragte ich ihn, ob er Schwierigkeiten zu gewärtigen hätte, wenn ich schriebe, daß die Freiheit der Individuen, somit auch der Chinesen, und das Selbstbestimmungsrecht der Völker, also auch der Taiwanesen, sittliche Prinzipien seien. Da wandte er mir sein alterszartes Antlitz zu, breitete seine zerbrechlichen Arme aus und sagte, was er noch nie zu mir gesagt hatte. Er sagte:

»Mein Kind.«

Es war einsam um ihn geworden. Viele jener Persönlichkeiten, die uns zwölf Jahre vorher zu üppigen Gastmählern geladen hatten, waren aus ihren Ämtern geschieden oder tot. Mit dieser Hinwendung hatten sie Vater ihren Respekt bekundet. Doch es läßt sich kaum sagen, sie seien in dem Sinn seine Freunde gewesen, in dem einflußreiche Chinesen Freunde haben: als Mitverschworene einer Clique. Vater hatte nie einer Clique angehört. »Er hätte sich manches erspart, hätte er eine Clique gehabt«, sagte mir Allen. Die Schlüsselpositionen in der Regierung waren vornehmlich mit Festländern besetzt, die aus der Heimatprovinz Chiang Kai-sheks, also aus Zhejiang stammten, und selbst wenn sie Vaters frühere Studenten waren, so war er ihnen doch entfremdet. Denn er kritisierte mit maßvollen Worten die Politik der Regierung, und das tat er öffentlich: in der Fachzeitschrift *Economics and Public Finance Monthly*, deren Herausgeber er war. Die Mächtigen ließen ihn gewähren, doch sie wandten sich von ihm ab.

An unserem letzten Tag gab er mir das Manuskript seiner Memoiren. Das Erinnern sei ihm manchmal nicht leichtgefallen, doch er habe sich um Wahrhaftigkeit bemüht, sagte er und fügte hinzu: »Aber ich weiß nicht, mit wieviel Schmutz der Umwelt ich mich infiziert habe. Seit 1954 bin ich Christ. Ich schrieb dieses Bekenntnis im Angesicht Gottes. Ich bin ein sündiger Mensch, jedoch gereinigt durch Jesu Blut.« Dann sprach er mich doch auf meinen Taiwan-Artikel an: »Wenn du etwas gesehen hast, was zu kritisieren ist, dann kritisiere es. Aber mache es mit Klugheit. Wähle eine positive Form. Ein Vorschlag ist klüger als die Negation. Schlag Reformen vor.«

Tags darauf begleitete er mich mit Julia, Helen, Amy und Tsu Hsi zum Flugplatz. Es war der 1. November 1978. Fast auf den Tag genau vor vierzehn Jahren hatte ich ihn zum erstenmal gesehen. Wie damals lähmte der Affekt sein Gesicht, es wurde zur Maske, während er lange meine Hand festhielt. Ich ging zur Paßkontrolle und drehte mich um. Vater streckte sich über seinem Spazierstock und winkte. Julia stützte ihn. Wir hatten wenig Zeit gehabt. Jetzt war sie abgelaufen. Ich sah ihn zum letztenmal.

*

Am 17. März 1986 rief Paula mich an: Vater war tags zuvor gestorben. Ich fragte sie, wann er beerdigt werden würde. Sie antwortete: »Du mußt nicht kommen, wirklich nicht. Du kennst doch keinen, der daran teilnimmt.« Ihr Tonfall war bestimmt, es klang, als wollte sie mir sagen, daß niemand mich am Grab vermissen würde. Vielleicht mißdeutete ich ihren Anruf. Vielleicht hatte sie recht. Ich würde wenige Leute kennen und niemand verstehen. In der Familiengemeinschaft hatte ich immer nur eine Gastrolle gespielt. Ihre Trauer war anders als meine. Paulas Trauer war das Innewerden eines unwiederbringlichen Verlustes, für sie war es ein Zeitenwandel. Meine Trauer galt Erinnerungen, die weiterleben würden. Für mich, dachte ich, würde unser Vater niemals sterben.

Sieben Jahre später stand ich mit Julia und Paula vor seinem

Grab. Die Stätte befindet sich einige Kilometer westlich der Hafenstadt Keelung auf einer abseitigen Anhöhe, der das Meer zu Füßen liegt. Ein Geomanter, ich nehme an, ein taoistischer, hat den Ort nach Schamanenart abgefluchtet, die Lage des Grabes bestimmt und dem Umfeld Bedeutung zugemessen. Der kleinere Grashügel im Osten ist ein Drache, der größere im Westen ein Tiger, wie Julia mir erklärte. Der Granit für das Grabmal ist aus dem Berg gebrochen, auf dem er steht, ebenso das Pflaster der Einfassung. Die eingeschnittene Grabschrift ist golden und rot – in Gold bronziert die Namen der Söhne, blutrot auslackiert die der Töchter. Dort das Ideogramm meines Namens zu sehen, erfüllte mich mit Genugtuung. Julia legte keine Blumen auf das Grab. »Ein Mann mit vielen Blumen hat viele Frauen«, sagte sie, und sie lächelte dabei.

Sie hatte Vaters Leichnam eine Perle auf die Zunge und Jade auf die Stirn gelegt. Die Preziosen sollten ihm den Weg durchs Totenreich erleuchten. Der Sarg war im Stück aus einem harten Baumstamm ausgehöhlt. Zur Trauerfeier in einer neuen Aussegnungshalle von Taipei war er unter einem Meer von Chrysanthemen aufgebahrt. Darüber hing das große, gerahmte Foto des Toten und über dem Bild die von weißen Blumen gerahmten plakatgroßen Beileidsgrüße des Präsidenten und des Vizepräsidenten. Chiang Ching-kuo nannte meinen Vater auf seiner Tafel »einen guten Kameraden« und »einen Fluß der Ehrenhaftigkeit«. Er wäre vielleicht selbst gekommen, doch er litt an schwerer Diabetes und war an den Rollstuhl gefesselt. Statt seiner neigten der Expräsident Yan Jiagan, ein paar Minister und viele greise Abgeordnete des Gesetzgebungs-Yuan ihre Köpfe vor Julia und meinen Geschwistern. Ihre Mienen waren sorgenvoll. Sie vermochten die »illegale« Opposition, obwohl deren Führer auf Green Island und in anderen Gefängnissen eingesperrt waren, nicht mehr zu bändigen. Wenige Monate später, am 28. September 1986, dem Geburtstag des Konfuzius, gründeten Oppositionelle die Demokratische Fortschrittspartei. Es war ein verbotener Akt, doch die überrumpelte Diktatur duldete ihn schließlich. Mein Vater, der verhinderte Demokrat, durfte den Tag nicht mehr erleben.

Noch in seinem Todesjahr besuchten meine Schwestern Stella, Helen und Paula mich mit ihrer Mutter Chengyu in München, wo ich seit kurzem lebte. Wir gingen zum Lunch in ein chinesisches Restaurant, dann reisten sie wieder ab. Chengyu war nun sechsundsechzig. Das ärmliche Leben in der Volksrepublik hatte sich ihr nicht eingegraben. Sie war, wie ihre Töchter auch, eine erlesen gekleidete Dame aus den besseren Kreisen Chinas. Ein Gespräch war nicht möglich, sie sprach nur Mandarin. Wir beobachteten einander. Meine Blicke mögen die vorwitzigeren gewesen sein, denn ich sah die Frau, die meinem Vater einst davongelaufen war. Ihre Blicke sagten mir, daß ich nicht zu ihnen gehörte. Für sie, aber wohl nicht nur für sie, war ich ein Trabant, der um seinen Planeten kreist.

Im Februar 1989 starb meine Mutter. Vater hatte sie, wenn er in Deutschland war, oft besucht. Doch meine Wärmespenderin, meine Vertraute, war sie nach Gesches Tod nicht mehr geworden. Meine einst so zärtlichen Gefühle für sie waren damals abgekühlt. Ich hatte es sie nicht spüren lassen wollen und es mit meiner erstickten Mitteilsamkeit doch getan. Sie mißbilligte meine Lebensführung, und wenn ich ihr meine Reportagen brachte, legte sie diese zur Seite und las sie nicht. Ich erhoffte vergeblich ein Wort der Anerkennung. Ich wartete umsonst auf ein letztes Liebeszeichen. Viele Jahre vor ihrem Tod erkrankte sie an Alzheimer. Ich könnte auch sagen, sie floh ins Vergessen.

Im November 1990, ein Jahr nachdem die Mauer gefallen war, zog ich wieder nach Berlin. In der Stadt, die mich geboren hatte und selbst wiedergeboren war, wollte ich altern. Doch diesen Prozeß bremste Cristina ab, eine Malerin, deren junges Gesicht von der Blässe vorweggefühlter Lebenskenntnis getönt war. Wir heirateten im November 1992. Im April 1993 gebar Cristina das erste unserer drei Kinder: Cosima. Als zweiten Namen

345

gaben wir ihr den romanisierten meines Vaters: Kowie. Aus Cosima und Kowie entstand ihr Kosename Coco. Mit ihr und Cristina kam ich im März 1994 nach Los Angeles. Wir trafen Allen, Anna und Potter. Der letztere hatte eine andere Frau, mit ihr seinen dritten Sohn Ean und in Glendale ein schönes neues Haus, in dem er uns Quartier gab. Beim Lunch in Chinatown, den wir gemeinsam nahmen, stellte Allen fest, ich sähe Vater von allen seinen Kindern am ähnlichsten. Anna und Potter stimmten ihm zu. Später verlor ich Potter gegenüber eine banale, wenn auch zutreffende Bemerkung. Ich sagte, ich sei auf der Suche nach meinen chinesischen Wurzeln. Potter blickte lange zum Fenster hinaus, dann erwiderte er: »Deine Wurzeln sind in Deutschland.«

DAS VERGESSENE DORF

Nach Maos Tod im Jahre 1976 öffnete Deng Xiaoping das rote China für Wirtschaftsbeziehungen mit den Industriestaaten Europas und Nordamerikas. Als dann 1979 die Bilder von seinem Besuch in Washington weltweit Hoffnungen weckten und China weniger isoliert erschien, beauftragte GEO-Chefredakteur Rolf Winter mich mit einer Reportage über den Jangtsekiang – vorausgesetzt, die chinesischen Behörden würden mich, den Reporter eines westlichen Magazins, ins Land lassen.

Um das zu bewirken, suchten der stellvertretende GEO-Chefredakteur Peter Ebel und ich Chinas Botschaft in Bonn auf. Wir trugen einem starrgesichtig lauschenden Diplomaten unser Ansinnen vor, und der lehnte es kommentarlos ab. Doch wir hatten einen Trumpf: Ich war Chinese.

Als der Mann sich erhob, um uns zu verabschieden, legte ich ihm die Urkunde vor, die mich als Sohn meines Vaters, aber auch als Bürger der Republik China auf Taiwan auswies. Der Diplomat las sie, stutzte, dann zerschmolz seine Maske zu einem Lächeln, und er sagte, wenn das so sei, dann bekäme ich selbstverständlich ein Visum. Doch plötzlich widerrief er: »Nein! Aber nein! Sie sind ein Bürger Taiwans! Als Taiwaner sind Sie de jure natürlich ein Bürger der Volksrepublik China. Sie wissen es doch: Wir betrachten die Insel nicht als Ausland. Sie ist eine Provinz unseres Landes. Sie brauchen kein Visum.

347

Wir geben Ihnen einen Paß. Schicken Sie uns einen Antrag! Wir werden ihn genehmigen.«

Ich hatte mich auf die Reise gefreut, vor allem, weil ich begierig war, das Dorf meiner Ahnen zu sehen. Ich wußte zwar nicht, wo an dem sechstausend Kilometer langen Strom ich Shi Long An suchen mußte, doch ich war sicher, daß ich es finden würde. Andererseits fragte ich mich, ob es klug war, mit einem rotchinesischen Paß einzureisen. Wie unabhängig darf ein Bürger des roten Reiches sein Reich überhaupt bereisen? Und was würde mir geschehen, würde ich in Spionageverdacht geraten? Mein deutscher Paß würde mich, einen durch Körpergröße und Sprachlosigkeit auffälligen »Chinesen«, eher dem Verdacht aussetzen als erklären. So beantragte ich bei der chinesischen Botschaft keinen Paß, wohl aber ein Visum. Ich bekam nie eine Antwort.

Ein Chinakenner erklärte mir, wie töricht ich war: Als ich statt eines Passes ein Visum begehrte, hatte ich die mir wohlwollend angetragene Einbürgerung ausgeschlagen und den kommunistischen Chinesen das Gesicht genommen. Selbst wenn westliche Touristen einreisen dürften, sollte ich besser zu Hause bleiben, sagte er. Nun wollte ich einige Jahre verstreichen lassen, bevor ich erneut ein Visum beantragte. Doch meine Vision vom stillen Dorf am Jangtse verlor allmählich an Gravitation. Potter bereiste Europa und besuchte Paula, aber nicht mich. Meine Geschwister entfernten sich von mir, und ich ließ ab von meiner Chinaobsession. Auf meinen Auslandsreisen hatte ich zu Deutschland gefunden. Ob ich Chinese oder Deutscher war – die Frage meines Lebens verlor an Wichtigkeit. So gingen fast zwei Jahrzehnte ins Land, bis es zu der Reise kam. Den Anstoß gab Joachim Negwer, der Chefredakteur des »ADAC reisemagazins«, für das ich seit 1992 oft unterwegs war. Jetzt beauftragte *er* mich mit der Jangtse-Geschichte. Und er wollte auch eine Reportage über mein Dorf. Während wir über den Auftrag sprachen, trat mir das verlorene Ziel wieder in den

Blick, und ich fühlte wieder das imaginäre Heimweh. Ich war neunundsechzig Jahre alt. Jetzt fühlte ich wieder wie ein junger Mann, der seinen Ursprung sucht.

Anfang April 1999 reiste ich mit dem Fotografen Bernd Jonkmanns nach Schanghai und dann mit ihm und dem jungen chinesischen Universitätslehrer Liu Sijia zur Schicksalsstadt meines Vaters, die ich als ahnungsloses Kind auf einem Illustriertenfoto begafft hatte: Chongqing.

*

Chongqing überrascht mich mit seiner Verkehrsdichte, hier, im fernen Westen Chinas, wo das goldene Zeitalter des letzthin gefeierten Kapitalismus eben erst anbricht. Sijia erzählt von reichen Männern: Unternehmern, Managern, Funktionären. Sie profitieren von dem dereinst größten hydroelektrischen Kraftwerk der Erde, dessen gewaltiger Damm bei Yichang aus dem Flußbett des Jangtse wächst. So verdienen auch die Marktschreier, die Höker, die Trödler, die illegalen Geldwechsler auf den Stufen der Bank von China. Die Stadt ist ein Bazar und jeder Hupton eine Ovation an die Wiederkehr des Wettbewerbs. Doch die Armut ist nicht überwunden. Vor einer Garküche sehe ich mit geschulterten Bambusjochstangen zwei Kulis stehen. Es regnet, und ihre feuchten Lumpen kleben ihnen auf der Haut. Ein Imbiß kostet zweieinhalb Yuan, das ist manchmal ihr Tagesverdienst: fünfundzwanzig Cents. Zweihunderttausend Kulis gibt es in Chongqing. Sie verdingen sich für Groschenlohn, hängen sich, wenn befohlen, das Zweifache ihres Eigengewichts an die Jochstange und wuchten die Last steil bergan, mit tiefhängendem Kopf und barfüßig schlurfend. Ich sollte sie nicht Kulis nennen. Britische Kolonialherren führten den Hindi-Slang nach dem Opiumkrieg aus Indien ein. Er schmäht die mageren, oft zierlichen, vielfach alten, unfaßbar zähen Männer. Wieder nehme ich alles Chinesische persönlich. In jedem dieser Lastenträger suche ich den Bruder, in jeder Bettlerin, die sich nach Anbruch der Nacht in meinen Ärmel krallt, die Schwester. Sijia, klug und gedankenvoll, sieht in mir, dem Mischblütigen, keinen halben, nein, einen ganzen Chinesen.

Nach Shi Long An reisen wir auf alten, rostigen Fahrgastschiffen, die wir mehrmals wechseln. In Fengdu, in Fengjie und dann wieder in Wuhan verlassen wir das Schiff und bleiben einige Zeit, um für die Reportage zu arbeiten. In Fengjie sehen wir ein ausgesetztes Baby unter den Augen steingesichtiger Zuschauer auf der Straße sterben. Es liegt in einem Pappkarton. Seine Augen sind geschlossen, auf den Lidern krabbelt eine Fliege. »Es ist ein Mädchen«, sagt ein alter Mann. »Die Bauern wollen keine Mädchen.«

Das vierte Schiff bringt uns nach Jiujiang, es heißt »Hai He«. Wir belegen eine Kabine der zweiten Klasse mit drei kurzen Betten. Sie ist eng, die Eisenwände dröhnen unter den Kolbenstößen der Maschine. Vor jeder Kabinentür steht ein bauchiger Spucknapf aus bemaltem Porzellan. Geflügelhändler reisen in unserer, Wanderarbeiter auf den zweistöckigen Pritschen der vierten Klasse, entwurzelte Landbewohner und verstoßene Ehefrauen ungebettet an Deck. In der ersten Klasse schlafen tagsüber Glücksspieler, die nachts im plüschigen Salon unter der Brücke Mahjongg spielen. Manchmal blicke ich ihnen dabei über die Schulter. Dabei denke ich an das Teehaus in Shi Long An, von dem Vater schrieb, es sei die Hölle des Mahjongg gewesen. Jiujiang wird unsere vorläufig letzte Zwischenstation sein, denn von dort aus sind es nur noch sechzig Kilometer Straße bis Shi Long An. Plötzlich ist mir, als sei mein ganzes Leben nur auf dieses Dorf zugeflossen.

Am sechsten Reisetag erreichen wir frühmorgens Jiujiang. Mit einem Taxi fahren wir zur Kreisstadt Su Song. Dort finden wir einen Dreiradlaster, dessen Fahrer uns für kleinen Lohn nach Shi Long An fährt. Wir sitzen auf harten Bänken im Regen, weil der Fahrer die Plane abgenommen hat, damit wir hinausblicken können. Wir fahren auf schlecht befestigten Straßen und sehen das grüne Bauernland, das Tuktuk des Viertakters in den Ohren wie eine Gewehrattacke. Bei Kilometer zehn hört es zu regnen auf, doch der Himmel bleibt schwer von Gewitterwolken. Bei Kilometer fünfzehn erreichen wir auf abschüssiger Straße die außenliegenden Häuser des Dorfes. Ein Sonnenstrahl fällt durch ein Wolkenloch, entschleiert eine weite Talsenke vom Dunst, und unter uns, im jäh entfachten Licht, glitzert das Land meiner Vorfahren. Der Boden ist üppig, doch wie ein geborstener Spiegel tausendfach in winzige Parzellen zersplittert. Die Landnot Chinas zeigt sich mir darin. Gleichwohl ist das Bild von beglückender Harmonie, lindgrün vom jungen Weizen, goldgelb vom reifen Raps und schwarz, wo die Erde den Sommerreis ausbrütet. Und dahinten, wo der baumlos wogende Landstrich in einen diffusen Horizont verläuft, schimmert ein See. Es müßte der Lange See sein, von dem ich aus meines Vaters Memoiren weiß. Jenseits des Sees weiß ich den Jangtse. Wir sind in einem großen Bogen hierhergefahren.

Wir fahren ins Dorf hinein und sehen erdnahe Sparrendächer auf ziegelgelben Mauern. Beiderseits gespaltener brauner Türen beschwören blutrote Ideogramme Glück und langes Leben. Eine junge Frau, gepanzert in einer wattierten Jacke, schüttet Seifenlauge vor ihre Tür. Das laute Knattern unseres Gefährts schreckt sie auf. Sie blickt zu uns herein. Sie erblickt mich – in ihren Augen steht der blanke Schreck. Hat sich je ein Ausländer nach Shi Long An verlaufen? frage ich mich. Was mag mich im Dorf erwarten? Wird es die Dörfler beeindrucken, daß mein Vater in Shi Long An geboren wurde, wie sie wahrscheinlich auch? Sein letzter Besuch liegt fast sieben Jahrzehnte zurück. Mir ist bang. Sie werden sich seiner nicht erinnern.

In einer unbefestigten, schmalen Gasse, von der ich später erfahre, daß sie die alte Dorfstraße ist, steigen wir aus. Geduckte Ziegelhäuser säumen sie. Sie sind von den Wunden entstellt, die Krieg und Geldnot ihnen schlugen. Ich kann mir nicht vorstellen, daß es das Teehaus noch gibt. Dennoch lasse ich Sijia einen Bauern fragen, wo es zu finden ist. Der Mann im blauen Mao-Kittel nickt, dann geht er uns wortlos voran, die hölzerne Egge geschultert. Also gibt es das Teehaus noch? Wir gehen durch lehmigen Morast und stolpern über die Steintrümmer gebrochener Gemäuer. Vor einem frisch verputzten Giebelhaus, das von der Straßenfront einen halben Schritt zurückgesetzt ist, bleibt unser stummer Führer stehen. Er blickt neugierig an mir hoch, dann grinst er breit und nickt mir zu. Das Haus prunkt mit einem säulengestützten Vordach. Es ist das Teehaus.

Wir treten ein, Sijia voran – und mir ist, als sei ich aus der Zeit gefallen. Eine Welt von gestern nimmt mich gefangen. Unter verräucherten Holzbalken, auf denen das rohe Giebeldach des Hauses steht, blaken Räucherkerzen. Auf dem Schrein vergilben Ahnenbilder. Schweinelenden, Strohgarben, Kalligraphien hängen an den Wänden. Im Licht flackernder Öllampen ist das Teehaus ein Schattenreich. Und als hockten sie dort seit Vaters Kindheit, sitzen etwa zwanzig Männer in Vierergruppen über dem jahrhundertealten Kartenspiel Paijio. Sie rauchen aus der langstieligen Pfeife mit dem Silberkopf. Ihre Schirmmützen haben sie sich ins Genick geschoben. Wenige tragen den Mao-Anzug, die meisten ein zotteliges Winterwams. Sie haben ihre Einsätze flugs von den Tischen gefegt, als wir eintraten. Sie drücken die zerschlissenen Geldscheinbündel bäuchlings gegen die Tischkanten und belauern uns verstohlen. Hier ist das China der Mandschu-Dynastie, das Vater beschrieb, zum Panoptikum erstarrt. Nur ein großes Rollbild paßt nicht in mein Déjà-vu. Aus ihm blickt Mao milde lächelnd über die Männer hinweg, die beim Glücksspiel seine Ermahnungen vergessen. Wir setzen uns abseits vor eine Wand und schlürfen heißen Tee aus Deckeltassen.

Plötzlich fühle ich mich entmutigt. Ich mag keinem eine Frage stellen, fühle mich auch nicht mitteilsam. Ich möchte nur durchs Dorf gehen und es auf mich wirken lassen. Doch einer

der Spieler faßt mich in einen schrägen Blick und ruft quer
durch den verräucherten Raum eine Frage, die mir nicht gestellt
wurde, seit ich ein Kind war: Ob ich Chinese sei. Halbchinese,
lasse ich Sijia antworten, und daß mein Vater in diesem Dorf
geboren wurde. Wer denn dieser Vater sei? Sijia sagt es ihm. Da
heben die Männer ihre Köpfe, starren mich an, neigen sie wieder und raunen. Ein Alter im sichtlich oft gereinigten Mao-
Anzug tritt an mich heran und fragt höflich, ob ich über meine
Herkunft ein Dokument besäße. Ich gebe ihm meine Abstam-
mungsurkunde aus Taipei. Er nimmt das Dreiseitenpapier in
beide Hände und hebt es dicht unter seine Brille. Noch bevor er
die dritte Seite gelesen hat, ruft er aufgeregt, er wolle kurz mal
hinausgehen, und er fragt, ob er das Papier mitnehmen dürfe.
Ich nicke, und er rennt davon, als sei er in höchster Eile. Nach
wenigen Minuten ist er zurück. Doch er kommt nicht allein.
Ihm nach drängt eine Menschenmenge ins Teehaus: Männer,
Frauen, Kinder, und wenn die vorderen stehenbleiben, werden
sie von den hinteren tiefer in den Raum geschoben. Wie eine
Meereswoge schwappt das Gewühl auf mich zu. Mir scheint,
da kommt das ganze Dorf. Die schreiende, lachende Bran-
dungswelle droht mich zu verschlingen, sie lähmt mich. Aber
dann rufe ich: »Sijia! Was schreien die?« Und Sijia schreit zurück: »Das hörst du doch! Den Namen deines Vaters!«
Die Leute zerren mich aus dem Stuhl und in die Dorfstraße hinaus. Dort, umringt von der Menge, gefeiert wie ein Popstar, be-
greife ich, daß all diese Menschen meines Blutes sind. Die Stimmung ist aufgekratzt, die Tonlage das Falsett. Eine kleine, sehr
alte Frau, in deren gefurchter Miene vor Jahren das Lachen er-
starb, blickt flehentlich zu mir hoch, krallt ihre mageren Finger
in meinen Arm und versucht, mich irgendwohin zu zerren.
Mich erschreckt die unerwartete Zuneigung, die mich umstellt
und erdrückt. Doch das Gedränge vermittelt mir ein Berüh-
rungsgefühl, das mich allmählich zu tragen beginnt. Im Chinesischen von Anhui rufen die Männer mir zu, wie ein jeder mit

mir verwandt ist. Die Gebildeten dolmetschen ins Mandarin, damit Sijia ins Deutsche übersetzen kann. Acht Familien aus vier Generationen der Changs huldigen mir. Die Männer, meist mehrere zugleich, bieten mir aus knochigen Fingern einzelne Zigaretten an, ich empfinde das Dringliche ihrer Bemühung, mir Gutes anzutun.

Sie haben Vater also nicht vergessen. Die Changs rechnen mich zu den ihren. Einer hat einen Feuerwerksböller geholt und entzündet ihn. Es knattert wie Gewehrfeuer. Ich denke an die Changs in Taipei. Auch sie waren eine vielköpfige Menge, als sie mich mit Vater in der Flugplatzhalle erwarteten. Doch gaben sie sich anders, die Gebärden waren weich und gemessen. Sie waren dem Bilde gemäß, das die Welt von den Chinesen hat. Doch hier ist mir, als entdeckte ich ein anderes China. Hier entladen sich die Gefühle mit vulkanischer Heftigkeit. Keines meiner Geschwister ist je hierhergekommen, obwohl sie die Volksrepublik alle besucht haben. Nun feiern die Changs von Shi Long An den abgetrennten Zweig des Clans in mir.

Ein Alter mit lachenden Augen und einem dünnen Bartbüschel auf der Wange drängt sich zu mir hindurch: mein vierundsiebzigjähriger Neffe Ming Hsin, der Clanälteste. Er nimmt mich zärtlich an die Hand, und seine Söhne Pin Hsiang und Pin Huang geleiten mich wie einen Gebrechlichen die Straße hinab. Ihre Hände greifen um meinen Arm oder schweben, als müßten sie mich vor fallendem Ungemach beschützen, über meinem Kopf. Die anderen stolpern mir voran oder stiefeln mir nach. Ich werde in das Haus des Clanchefs geführt, und mein Gefolge drängt lärmend hinterher. Als der Alte mir mit feierlicher Gebärde einen Stapel Bücher vorlegt, den ein rotes Seidenband umgürtet, wird es leise. Das Konvolut ist die Familienchronik der Changs, eine Reliquie. Sijia ist der erste, der sich über sie beugt. »Ich sehe so etwas das erste Mal«, sagt er bewegt. »Die Roten Garden haben diese Bücher in der Kulturrevolution verbrannt.«

354

Chin Pao, der Enkel Fu Hous, gibt uns in seinem Haus Quartier. Es ist ein neues Haus und eines der wenigen im Dorf, das zwei Etagen hat. Wir bekommen ein Zimmer mit drei Betten, die duftend frisch bezogen sind. Bei den Mahlzeiten, die mir – und natürlich auch meinen Mitreisenden – in ihrem Haus auszurichten jeder Familie spürbar ein Bedürfnis ist, verzaubern sie mich mit ihrem rustikalen Charme. Es geht jedesmal hoch her, es wird viel Bier getrunken, sie schmeicheln mir mit Trinksprüchen, und manchmal singen sie. Es ist die Zeit des Frühjahrshungers, von dem ich noch nichts weiß. Doch die runden Zehnpersonentische tragen schwer an den Speisen. Es gibt Schweineklöße, Schweinenieren, Schweineleber, gebratene Erdnüsse, Gurken, Morcheln, gedünsteten Spinat, gedämpfte Süßkartoffeln, »faule« Eier, Tofu, gekochte Zwiebeln, süßen Reis und die teuren Silberfische aus dem See. Am Tisch sitzen nur Männer, die Frauen stehen hinter ihnen, doch sie haben keine Mühe, von dort aus die Konversation zu beherrschen. Nur eine Frau sitzt im Kreis der Männer: die meines Cousins Wang Ch'ang Hsin, dessen achter Aufnahmeantrag bei der Kommunistischen Partei Chinas schließlich Gnade fand. Die beiden wohnen nicht in Shi Long An, sie leben in der Kreisstadt Su Song, doch solange ich im Dorf bin, sind sie es auch. Und immer sitzt der kommunistische Dorfvorsteher neben mir, der kein Chang ist. Wie die anderen heißt er mich jedesmal willkommen. Welcome home, sagten die Changs von Taiwan. »Bleib tausend Jahre bei uns!« sagen sie hier.

Am letzten Abend speisen wir bei Tsu Lai, dem Enkel Fu Hous, dessen Vater Yen Ping in Taiwan lebt. Tsu Lai ist der ärmste der Changs. Er hat eine Frau und einen zehn Jahre alten Sohn. Als den vor fast fünfzig Jahren Enteigneten einiges Land zurückgegeben wurde, bekam er mit vier Fünftel Mu das kleinste Stück. Seine Familie überlebt nur, weil das Schwemmland am Jangtse zwei gute Ernten im Jahr hervorbringt. Tsu Lai verdingt sich als Tagelöhner, doch er wird selten gebraucht. Manchmal spielt er einer Hochzeit mit seiner Zweisaitengeige auf. Im Monat hat er rund zweihundert Yuan, das sind zwanzig Euro. Das alljährliche Schulgeld für seinen Sohn, zweihundert Yuan, ist seine alljährliche Sorge.

Sein Haus ist eine kleine, zugige Lehmkate mit brüchigen Mauern und einem Fußboden aus gestampfter Erde. Zufällig sehe ich, wie die Changs ihm für die abendliche Speisung einen großen Tisch, Gläser und Porzellan ins Haus tragen. Ich muß die Befürchtung niederkämpfen, daß er sich für sein Gastmahl verschuldet hat. Fülle und Opulenz der dann aufgetragenen Gerichte sprechen auch bei ihm dem Frühjahrshunger hohn. Als Tsu Lai sich mit dem Bierglas in beiden Händen vor mir verneigt, trinkt, mir dann das geleerte Glas vor die Augen hält, entläßt sein Mund eine groteske Untertreibung: Leider gebe es wenig zu essen, sagt er, auch sei nicht bekömmlich gekocht worden, und überdies sei die Bedienung meiner Würde nicht angemessen.

Nach der Speisung bleiben die leeren Schüsseln auf dem Tisch: das Panorama der Völlerei soll uns noch ein Weilchen erhalten bleiben. Tsu Lai spielt seine im Arbeitslager erworbene und erlernte Zweisaitengeige. Manchmal setzt er sie ab und singt mit heiserer Saxophonstimme die Balladen aus Anhui. Er geigt weiter, und die Frauen singen und wiegen sich in den Hüften.

*

Die Nacht weicht einem grauen Frühlingstag. Es ist früher Morgen, es regnet, und es ist kalt. Ich stehe im Obergeschoß unseres Quartiers am Fenster und überblicke das Dorf meiner Ahnen. Magnolienbäume stehen in schwerer Blüte. Jenseits der Straße liegt zart wie ein Tuschebild das wogend zum Langen See abfallende, in Regenschleiern wie schwebende Land. Nie haben die Changs von Shi Long An mich über die anderen Changs befragt. Nein, sie haben mir erzählt, was von ihnen ins

Dorf gedrungen ist. Es war herzbeklemmend wenig. Zu Beginn der achtziger Jahre, als derlei wieder möglich geworden war, schickte Vater eine Summe Geldes an Ming Hsin. Und Amy, Ming Hsins eineinhalb Generationen jüngere Halbschwester, sandte ihm ein Foto. Auf ihm posiert sie schön und perfekt à la mode vor Notre Dame in Paris. Zwanzig Jahre warteten die bäuerlichen Changs auf den Besuch eines ihrer Verwandten aus der anderen Welt. Doch keiner kam, keiner außer mir. Sie lächeln. Sie lassen sich ihre Enttäuschung nicht anmerken. Ich habe selten so viel Wärme in chinesischen Gesichtern gesehen wie in den ihren, wenn sie die erwähnen, auf die sie mit schwindender Hoffnung immer noch warten.

Ming Hsin nennt mich Vater. Alle Neffen sagen Vater zu mir. Die Cousins heißen mich Bruder, meinen Großneffen bin ich Großvater. Mao Tse-tung hatte die Bindung der Chinesen an ihre Familien und Sippenverbände zerschlagen wollen. Doch in Shi Long An waren die Worte des großen Vorsitzenden eine Predigt an die Fische.

Gestern sah ich meine Cousins Wang Ch'ang Hsin und Chang Tsu Hsi, den Sohn Fu K'uans, der in einem anderen Dorf lebt und gekommen ist, um mich zu ehren, mit Feder und Papier an einem splissigen Tisch beisammen sitzen. Die beiden hatten ein halbes Leben lang nicht viel gemein gehabt – der Lehrer Tsu Hsi, der den Clannamen Chang trägt, und der Kommunist Wang, der ihn erst entbehrte und dann begeiferte. Nun aber malten sie gemeinsam eine Genealogie des Clans aufs Papier. Mir war, als mühten sie sich, den Clan zusammenzufügen, von dem sie fühlten, daß er für immer zerbrochen ist. Ich sah, daß sie meinem Namen in chinesischer Schreibweise unter dem meines Vaters seinen Platz zuwiesen. Seit ich das gesehen habe, weiß ich, daß ich in der Welt wenn schon keine Heimat, so doch eine Zuflucht habe.

SCHREIBWEISE
CHINESISCHER BEGRIFFE

Für die Romanisierung der chinesischen Schrift, das heißt für ihre Übertragung in lateinische Buchstaben, gibt es zwei Systeme. Das ältere Wade-Giles-System wird heute nur noch in Taiwan verwendet, aber auch dort vom jüngeren Pinyin-System allmählich verdrängt. Das Pinyin-System wurde 1979 in der Volksrepublik China gesetzlich eingeführt. Weil es ohne diakritische Zeichen auskommt, wird es die Schreibweise nach Wade-Giles über kurz oder lang überall verdrängen. Deshalb sind in diesem Buch die meisten Orts- und Personennamen in Pinyin wiedergegeben. Davon ausgenommen wurden jene Orts- oder Personennamen, die sich den meisten Lesern in der Wade-Giles-Umschrift eingeprägt haben: *Peking* statt (Pinyin) Beijing oder *Mao Tse-tung* statt (Pinyin) Mao Zedong. Ebenfalls nach Wade-Giles transkribiert sind die Namen aller Mitglieder des Clans der Changs. Da die im Westen lebenden Changs ihre Namen heute noch in alter Schreibweise auf ihren Visitenkarten haben, während die in der Volksrepublik lebenden ihre Namen nie transkribiert zu Gesicht bekommen, erschien es angemessen, so zu verfahren.

Danksagung

Dir, mein teurer älterer Bruder Allen, gebührt mein Dank vor allen anderen. Du hast mich mit deinen Erzählungen in das China mitgenommen, das es nicht mehr gibt. Und Vaters Erinnerungen, in denen die konkreten Sachverhalte, doch selten die Regungen seines Herzens bewahrt sind, hast du, soweit sie sich dir mitgeteilt haben, zum Nutzen meiner Arbeit um das Gefühl bereichert.

Dir, meine Schwester Stella, danke ich für den Blick auf die dahingeschwundene Welt der chinesischen Gentry, den mir deine Worte in Seattle eröffnet haben. Aber ich danke dir auch für die Rückbesinnung, die unheilvollen Ereignissen galt und somit für dein kritisches Urteil über unseren Vater.

Dir, lieber Freund Liu Sijia, danke ich für deine Hilfe in Shi Long An, für deine Anteilnahme am Clan der Changs und für die Übersetzung der ersten Hälfte der Memoiren meines Vaters, die ich dir nicht besser bezahlen konnte als geschehen.

Dir, June Yang, und deinem Mann Eckhard Dreier danke ich für die Übersetzung der zweiten Hälfte, aber auch für die sinologische Beratung während des Schreibens.

Ihnen, lieber Wolfgang Bauernfeind, bin ich dafür verbunden, daß Sie mit Ihrer Feature-Redaktion des Senders Freies Berlin mein Hörfunk-Feature »Du bist gekommen wie ein Stern« produzierten, das diesem Buch vorausging.

Dankbar habe ich auch den Sinologen und Historikern zu sein, auf deren Werke sich die geschichtlichen und sozialen Anteile dieses Buches stützen: dem Briten Jonathan D. Spence für *Chinas Weg in die Moderne* (1995), dem Deutschen Oskar Weggel für *Die Geschichte Taiwans* (1991) und dem Chinesen S. W. Kung für *Chinese in American Life* (1973).

PERSONENREGISTER

Arendt, Hannah 308
»Alte Kuh« 186, 213
Amy 275, 339 ff.
Asakura, Masao 311

Baker, Josephine 40
Bartolo 313
Bender, Hans 164
Bergen, Candice 313 f.
Bismarck, Otto von 188, 235
Brüning, Hans 44
Brynner, Yul 314
Burri, René 328

Cao Xueqin 49
Catalina 311, 313
Chang Chian Chih (»Allen«) 53, 87,
    125 ff., 129 ff., 133, 137–141,
    143, 145 ff., 176, 184, 190 ff.,
    209 f., 212 ff., 222 f., 233–238,
    241, 245, 249, 256–260, 266,
    276, 282 f., 287 ff., 318, 325 f.,
    335, 341 f., 346
Chang Chian T'an (»Potter«) 184,
    186, 191, 241, 266, 283,
    323–327, 346, 348

Chang Ch'ein Chih 128, 131,
    192 ff.
Chang Chih P'u 18
Chang Chin fu 131, 192 f.
Chang Chin Pao 354
Chang, Diana 323 f., 328 f.
Chang, Ean 346
Chang, Enson 326
Chang fu Ch'un 128, 253
Chang fu Chung 192, 220, 251,
    339
Chang fu Hou 85 ff., 128, 131,
    176 f., 218, 220, 251–256, 294,
    296 ff., 300, 354 f.
Chang fu K'uan 128, 137, 192 ff.,
    213, 219 ff.
Chang Hai Lan (»Helen«) 146, 177,
    212, 241, 266, 275, 279, 282 ff.,
    321, 333 f., 338 f., 343, 345
Chang, Hanson 326
Chang Hsiao Mei (»Paula«) 186,
    192, 211, 215, 223, 227 ff,. 241,
    266, 325 f., 338 f., 343 ff., 348
Chang Hung Chu (Großvater)
    18 ff., 75 ff., 88, 126 ff., 173,
    218

363

Chang Hung fei 19 ff., 23, 30, 54, 57, 64, 131, 190, 192
Chang, Jacqueline 325
Chang, Jenny 326
Chang Kuo Wei (Kowie) 12, 68–88, 109, 114–119, 121–125, 128, 131–139, 141 ff., 145, 148–157, 174 f., 219, 232, 294
Chang Lan Chih (»Stella«) 130, 139, 145, 184, 192, 199–204, 212 ff., 222 f., 241, 265 f., 283, 318, 320 ff., 325, 345
Chang Lieh Chih 128, 192 f., 251, 253, 275, 296, 339
Chang Ming Hsin 51, 198, 220, 254 f., 296 f., 299 f., 305, 339, 354, 357 f.
Chang, Nancy 325
Chang Pao Pao (»Anna«) 211 f., 241, 266, 275, 283, 324 f., 346
Chang Pin Hsiung 354
Chang Pin Huang 354
Chang Shao Lin (»Amy«) 275, 339 f., 342 f., 356
Chang Shun-ming 266
Chang, Steven 323
Chang, Thomas 325
Chang, Tommy 323
Chang Tsu Hsi (Cousin) 357
Chang Tsu Hsi (Neffe) 339, 343
Chang Tsu Lai 255, 299 f., 355 f.
Chang T'ung Yin 29, 48 f., 51 f., 131, 176, 220, 252, 254, 293
Chang Xueliang (der »Junge Marschall«) 122, 134, 140, 150 f., 204–209
Chang Yen Ping 251, 253, 255, 275, 299 f., 355

Chang Yi 7
Chang Yü Hsia 131
Chang Zuolin 150
Chen Cheng 257
Chen Inn Tsen 336 ff., 340
Chen Yi 184 ff., 188, 193, 198, 209, 219, 246, 249, 257, 338
Cheng Xiao Chu 79, 81
Chiang Ching-kuo 194, 335 f., 344
Chiang Kai-shek (»Gimo«) 10, 55, 64, 66, 119, 121 ff., 130, 140, 146, 149 f., 154, 157, 176 ff., 181–186, 189 ff., 194 ff., 202, 204, 215 ff., 220, 235–240, 243, 246, 247 ff., 256 ff., 261 ff., 278, 280 f., 288, 304, 328, 335 f., 338, 341 f.
Chiang Wei-kuo 341
Chien, Grace 322
Chien, Herman 322
Chien, Jenny 266
Chien, John (Mann Stellas) 202, 266, 321 f.
Chow Chun-Chuan 271, 276
Churchill, Winston 238
Ci Xi 56
Cordoba 314
Corinne 313 ff.
Cruz, Juan Ramòn de la 311

Dai Li 55, 216 f., 240 f., 246 ff.
Darwin, Charles 325
Deng Xiaoping 144 f., 204, 296, 300, 347
Devi, Maharani Gayatri 330
Diana 323 ff.
Dilloo, Rüdiger 316
Dressler, Ottilie 169

Du Yuesheng (»Großohr Tu«) 121, 217
Duan Qirui 134 f., 203

Eastwood, Clint 314
Ebel, Peter 347
Eberstein, Frau von 45 f.
Eisenhower, Dwight D. 258
Esther 313 ff.

Falkenhausen, Alexander von 178 f., 181 ff.
Franco, francisco 194, 311 ff.
Friedrich II., der Große 179

Gandhi, Indira 330
Gao Yiji 125, 132, 140
Gaozong, Kaiser von China 7
Gärtner, Lars 272, 281, 317
Gaulle, Charles de 279
Gesche 100–105, 158–172, 224 ff., 345
Geske, Ines 106
Gnädig, Zwillinge 42 f., 93
Goebbels, Paul Joseph 34, 91, 94
Göring, Hermann 44
Gorki, Maxim 94
Grass, Hans 38
Guang Ming fu 71
Guang Xu, Kaiser von China 12, 55
Guo Erjia 151 f., 154
Gutiérrez, Gustavo 309

Hagen, Karl 229
He 218
Hendricks, Cristina 319
He Zhuguo 134, 176
Hegel, Georg Wilhelm Friedrich 325

Herder, Johann Gottfried von 325
Hermann, Kai 316
Himmler, Heinrich 97, 230
Hindenburg, Paul von 37
Hitler, Adolf 10, 34 f., 37, 39, 41 f., 46 f., 92, 94, 98, 120, 182, 194, 230, 238, 261, 290, 308, 341
Ho Chi Minh 309
Huang Zhuo 221 ff.
Huxlex, Aldous 306

Ibsen, Henrik 136 f., 223
Iwan 90 f.

Jerome 337 f.
Jia Chengyu 136 ff., 141, 143 ff., 176 f., 184, 186, 191 f., 194, 201 f., 211–215, 218, 221 ff., 235, 281, 345
Jia Demao 134 ff., 203
Jia Deyao 134
Jiang Qing 304
Jonkmanns, Bernd 349
Jung Chang 301
Jun-ying 285 ff.
Juschke, Barbara 232

Kaiser, Herr von 231 f.
Keitel, Wilhelm 35
Kennedy, John F. 324
Köhler, Hans 38
Konfuzius 20, 28 f., 55, 63, 81, 188, 245 f., 271, 344
Kottik, Artur 38
Kottik, Blanche (Mama) 34 ff., 38, 90, 105, 132 f., 345
Kottik, Edgar 38
Kroll-Hendricks, Benedict 319

Kroll-Hendricks, Cosima Kowie (Coco) 319, 345
Kroll-Hendricks, Giacomina 319
Kroll, Heinrich (»der Alte«) 34–38, 90 ff., 109, 111, 120, 159
Kroll, Sabine 179, 225–231, 272 ff., 281, 317 f.
Kroll, Stefan 179, 227, 272, 317 f.
Kroll, Susanne 179, 230, 272, 317 f.
Kuangyü 266, 282, 284, 286 f., 334, 338
Kühl, Paula 117, 120, 132, 186, 264
Kung, H. H. 182, 195 f., 207, 209, 211, 221, 240, 246, 265

Langelütke, Hans 232
La Pasionara 313
Lenin, Wladimir Iljitsch 63
Li, familie 30, 70, 76, 82, 84
Li Guang Jiong 71
Li Tsung-jen 243
Lin 289 ff.
Lin Biao 248, 305
Lippmann, Walter 98
Lisieux, Theresia von 160 f.
Liu Shaoqi 305
Liu Sijia 220, 320, 349–354
Lu Xun 63, 328
Luo Hou Ze 73–77

MacArthur, Douglas 258 f.
Mann, Thomas 323
Mao Tse-tung 68, 122, 124, 183, 185, 197, 202, 204, 216, 223, 235, 238 ff., 249 f., 253 f., 256, 258, 262, 290, 296 ff., 301 f., 304 f., 347, 352, 357
Mark 313 ff.

Marx, Karl 63
May, Karl 269
Meyerinck, Hubert von 231
Michael, Jan 316
Miller, Glenn 100
Monica 310 ff.
Morheim 314 f.
Mühsam, Erich 39
Mussolini, Benito 194

Negwer, Joachim 348
Neiva, Tia 162 ff.
Nero, Franco 314
Nieke, Werner 99
Niko 92
Nikolai 90 f.
Niu (»Alte Kuh«) 186, 213 ff.

Pepe 311
Pestalozzi, Johann Heinrich 318
Pu Yi, Kaiser von China 56, 141, 151, 157, 240

Qianlong, Kaiser von China 200

Roosevelt, Franklin Delano 237

Sam 311 f.
Sara 330 ff.
Schimmelmann, Carl Hubertus Graf von 91, 118
»Schnecke« 225 ff.
Schulenburg, Friedrich Werner Graf von der 230
Schulenburg, Fritz-Dietlof Graf von der 230
Schulenburg, Sabine Gräfin von der 230

Seeckt, Hans von 178 f., 181
Seligman, Chaim 311 f.
Seneca 269
Shao 263
Shi, Familie 82
Si, Familie 82
Snow, Edgar 196
Sombart, Werner 118
Soong Ailing (Madame Kung) 195 f., 265
Soong, Charlie 196, 265
Soong Meiling (Madame Chiang Kai-shek) 182, 195 f., 262, 279
Soong Qingling (Madame Sun Yat-sen) 195 ff., 262
Soong, T. V. 190 f., 195 f., 244 f., 265
Ssu Kuai Chu 296
Stalin, Jossif 94, 123, 194, 335
Sternheim, Carl 39
Stilwell, Joseph 237 ff., 261
Sun Yat-sen 30, 56, 66, 121, 123, 189, 195 f., 258, 262, 280, 335

Tillich, Ernst 108
Trübe, Joachim 99, 106 ff.
Truman, Harry S. 258

Ulbricht, Walter 105
Unger, Heinz 106

Wagemann, Ernst 113, 119
Wang Bao Shan 70, 73
Wang Ch'ang Hsin 252–256, 293–297, 303, 355, 357

Wang feng t'ai (»Mao«) 25, 49, 52, 126, 131, 138, 175 f., 302
Wedekind, Frank 39
Wedemeyer, Albert 239
Wiegner, Karl 97 f., 102
Wilhelm II., Kaiser von Deutschland 38, 58
Wilson, Woodrow 61
Winter, Rolf 347
Wolfe, Thomas 39
Wu 290
Wu Mei 52, 83, 86 f., 126, 129, 138, 214
Wu Pei fu 70
Wu Shui Ting 70–82, 84–88

Xu Shi Zheng 71, 86

Yan Jiagan 335, 344
Yang Xu Guang 73, 75
Yao Yiching 341
Ye fu Chu 70, 73, 80, 84 f.
Yen Zhia-Gan 209
Yü 222
Yü, O. K. 240
Yu Zi Hong (»Julia«) 179, 246, 248, 261, 263, 273 ff., 277, 282 ff., 289, 334, 343 f.
Yuan Shikai 56, 58, 134, 155, 192

Zhang Xueliang 122 ff.
Zhang Zuolin 150
Zhao Xinbo 142
Zhen Zhi-tang 178
Zhou Enlai 63, 298
Zhu De 63, 124, 183
Zuo Zongtang 149, 154